인권법

이현정 · 전형준

Human Rights Law

정독
DEEP READING

인권법

Human Rights Law

서문: 보편성의 약속과 현실의 간극을 넘어

인권의 보편성에 대한 비판적 성찰

21세기 인류는 과학적 합리성과 이성의 발전이 직선적 진보를 보장한다는 계몽주의적 낙관론에 회의적 시각을 견지하게 되었다. 과학사(科學史)를 조금만 소급해 보아도, 오늘날 우리가 몰상식(沒常識)으로 간주하는 수많은 가설들이 상당 기간 학계의 정설로 존속했음을 확인할 수 있다. 가령 우생학적 인종 위계론(racial hierarchy), 인류 다원발생설(polygenesis), 그리고 사회진화론적 문명 서열화(civilizational ranking)가 그 대표적 예시이다. 이러한 관념들은 자연과학적 방법론을 차용했다는 이유만으로 한 시대의 '합리적' 지식 체계로 간주되었다.

이러한 역사적 고찰은 우리가 현재 '과학적 사고'라 명명하는 것이 **절대불변의 초월적 이성**이 아니라, 인권 보편주의(human rights universalism)라는 규범적 지평의 확장과 더불어 끊임없이 재구성되어 온 역사적 구성물(historical construct)임을 시사한다. 즉, 과학적 지식의 생산과 유통은 그 자체로 가치중립적이지 않으며, 각 시대의 지배적 가치 체계와 권력관계에 의해 매개되고 형성된다는 것이다.

1. 보편성 개념의 계보학적 고찰

보편적 인권 담론의 제도화 역사는 예상외로 짧다. 18세기 계몽주의가 자연권으로서의 "인간"을 호명한 이래, 전 지구적 차원에서 "모든 인간"을 권리의 주체로 선언한 첫 문서는 1948년의 "세계인권선언(UDHR)"이었다. 불과 80여 년이 지난 지금, 인권의 보편성은 조약과 결의, 그리고 국가·시장·시민사회가 얽힌 복합적인 실천 속에서 끊임없이 해석되고 재구성되고 있다. 다시 말해 보편성은 이미 완결된 진리가 아니라, 제도적 안정성과 사회적 투쟁이 교차하는 장(場)에서 끊임없이 갱신되는 정치·법적 기획이다.

이 짧은 시간 동안에도 보편성은 여러 차원의 자기 검증을 경험했다. 한나 아렌트가 『전체주의의 기원』에서 제시한 난민·무국적자의 "권리를 가질 권리" 담론은 보편주의가 지닌 가장 급진적인 균열을 드러낸다. 국적을 상실한 존재는 시민권과 더불어 인권마저 상실한다는 사실은, '인간의 권리'가 실제로는 국민국가라는 정치 공동체를 전제한다는 점을 폭로한다. 보편의 이름으로 호명된 권리가 법적·정치적 토양을 잃는 순간 무력해진다는 이 역설은, 오늘날 기후난민과 디아스포라[1] 공동체의 삶을 통해 더욱 선명해지고 있다. 피에르 부르디외(Pierre Bourdieu)는 이러한 간극을 상징 권력의 관점에서 분석했다. 국가가 '보편'이라는 이름 아래 특정 담론을 제도화하는 과정은 특수한 이해관계의 상징적 변환이며, 이는 교육·법·통계와 같은 일상적 장치를 통해 재생산된다. 그러나 그가 주목한 것은 기만이 아니라 수행적 효과였다. 곧, 보편을 말하는 순간 행위자는 자신의 담론을 그 기준에 맞추도록 자신을 스스로 규율한다. 보편성은 허구적 선언인 동시에 현실적 구속력이라는 이중적 위상을 지니며, 그 자체가 하나의 권력관계를 조직한다. 아마르티아 센(Amartya Sen)은 권리의 형식적 보장에서 한 걸음 나아가 인간이 실제로 "할 수 있는 것과 될 수 있는 것"에 초점을 맞추는 역량 접근법을 제시했다. 그의 눈에 보편성은 추상적 동일 처우가 아니라, 각자가 가치 있다고 여기는 삶을 살아갈 실질적 능력을 확장하는 것이다. 마사 누스바움(Martha Nussbaum)은 이러한 틀 위에 열 가지 핵심 역량 목록을 제안하며 생명, 신체 건강, 실천이성, 감정, 정치적 참여 등 인간 번영의 조건을 구체화했다. 그녀는 이 목록이 문화적 차이를 초월하는 동시에, 각 사회가 고유의 방식으로 실현할 열린 여지를 지닌다고 주장한다. 보편성은 여기서 '모두에게 같은 규정'을 강제하기보다 '각자의 다양성을 존중하며 최소한의 공통 기준'을 요구하는 형태로 전환된다. 위르겐 하버마스(Jürgen Habermas)는 보편성의 정당성을 그 내용이 아니라 그것이 도출되는 절차에서 찾는다. 모든 이해당사자가 자유롭고 평등하게 참여하는 담화 과정에서 합의된 규범만이 보편적 타당성을 주장할 수 있다는 그의 담론 윤리는, 인권과 민주주의를 동근원적인 것으

---

1) '디아스포라(Diaspora)'는 원래 고대 그리스어로 '흩뿌리다'는 의미를 갖고 있으며, 고향을 떠나 타지에 정착한 이주 공동체를 의미한다. 이들은 종종 원천 지역과의 문화적, 감정적 연결을 유지하려는 경향을 지닌다.

로 파악한다.

보편성은 선험적으로 주어진 명제가 아니라, 민주적 의사소통의 상시적 재검토 속에서 끊임없이 구성·재구성되는 열려 있는 과정이다. 이처럼 아렌트가 드러낸 정치적 조건성, 부르디외가 해명한 상징 투쟁, 센·누스바움이 제시한 실질 역량, 하버마스가 강조한 절차적 정당성은 인권 보편성이 단선적인 개념이 아님을 밝힌다. 보편성은 배제된 주체를 식별하고, 상징 권력의 장을 민주화하며, 역량 격차를 실질적으로 해소하고, 절차적 참여의 문턱을 낮추는 과제를 동시적으로 요청한다. 다시 말해, 보편적 인권은 추상적 이상도, 서구적 가치의 일방적 확산도 아니다. 그것은 구체적 삶의 조건과 민주적 대화 속에서 끊임없이 재정의되는, 하버마스의 표현대로 "미완의 기획"이다.

이 책은 바로 그 미완성의 공간을 향해 나아간다. 인권을 둘러싼 정치적 배제와 상징적 투쟁, 역량의 격차, 그리고 절차적 정당성을 종합적으로 탐색함으로써, 보편성이라는 약속을 구체적 현실 속에서 다시 묻고자 한다. 오늘날 디지털 플랫폼 노동자와 기후난민, 성소수자와 장애인, 그리고 우리가 아직 이름 붙이지 못한 새로운 주체들은 모두 이 보편성의 미완성성을 증언한다. 그들과 함께 나누는 비판적 대화와 제도적 상상력만이, 권리의 언어를 살아 있는 규범으로 갱신할 수 있을 것이다. 독자들이 이 여정을 통해 보편적 인권을 '완성된 교리'가 아닌 '함께 만들어 가야 할 과제'로 받아들이기를 기대한다.

2. 과학적 합리성과 인권 규범의 상호작용

과학적 합리성과 인권 규범의 상호작용이라는 주제는 근대성의 핵심적 긴장을 드러낸다. 20세기 초반 서구 과학계에서 인종적 차이가 지적·도덕적 역량의 차이를 수반한다는 관념이 광범위하게 수용되었다는 사실은, 과학적 지식 생산이 결코 가치중립적이지 않으며 당대의 사회적·정치적 맥락과 깊이 연동되어 있음을 보여준다.

프랜시스 골턴(Francis Galton)이 창시한 우생학은 찰스 다윈의 진화론을 인간 사회에 적용하려는 시도였다. 골턴은 1883년 『인간 능력과 그 발달에 관한 탐구』에서 우생학(eugenics)이라는 용어를 처음 사용하며, 인간의 지적·도덕적 특성이 유전된다고 주장했다. 이는 단순한 학술적 이론에 머물지 않고 사회 개혁의 '과학적' 근거로 활용되었다. 두개골 측정학(craniometry)은 폴 브로카(Paul Broca)와 같은 해부학자들에 의해 발전되어, 두개골 크기와 형태가 지능 및 도덕성과 상관관계를 갖는다는 주장을 뒷받침하는 데 사용되었다. 스티븐 제이 굴드(Stephen Jay Gould)는 『인간에 대한 그릇된 측정』에서 이러한 연구들이 어떻게 측정 오류와 편향된 해석을 통해 기존의 인종적 편견을 '과학적으로' 정당화했는지를 상세히 분석한다. 이러한 '과학적' 인종주의는 구체적인 정책으로 구현되었다. 미국의 1924년 이민제한법(Immigration Act of 1924)은 우생학적 논리에 근거하여 '열등한' 인종의 이민을 제한했다. 해리 라플린(Harry Laughlin)과 같은 우생학자들은 의회 청문회에 출석하여 동유럽과 남유럽 출신 이민자들의 '유전적 열등성'을 증언했다. 더욱 극단적으로, 나치 독일의 1933년 인종 위생법(Law for the Prevention of Genetically Diseased Offspring)은 우생학적 논리를 대량 학살의 이데올로기적 토대로 활용했다. 역사학자 로버트 프록터(Robert Proctor)는 『인종 위생』에서 나치 정권이 어떻게 의학과 생물학을 동원하여 홀로코스트를 정당화했는지를 자세히 추적한다.

그러나 제2차 세계대전과 홀로코스트라는 극단적 인권 침해를 경험하며, 과학의 이름으로 자행된 이러한 잔혹 행위에 대한 근본적 반성이 시작되었다. 뉘른베르크 재판(1945~1946)과 뉘른베르크 강령(1947)의 제정은 과학 연구에 있어 인간 존엄성의 절대적 우선성을 확립하는 전환점이 되었다. 이는 지식 생산의 패러다임 자체를 변화시켰다. 카를 야스퍼스(Karl Jaspers)는 『죄의 문제』에서 과학적 합리성이 어떻게 극단적 비인간성으로 전도될 수 있는지를 철학적으로 성찰했으며, 테오도르 아도르노(Theodor Adorno)와 막스 호르크하이머(Max Horkheimer)는 『계몽의 변증법』에서 도구적 이성이 지배와 억압의 도구로 전락할 수 있는 메커니즘을 분석했다.

이러한 역사적 경험은 토마스 쿤(Thomas Kuhn)이 『과학혁명의 구조』에서 제시한 패러다임 전환 개념으로 이해될 수 있다. 우생학적 패러다임에서 인권적 패러다임으로의 전환은 단순한 과학적 발견의 축적이 아니라, 과학 활동 자체를 규정하는 근본적인 규범적 전제의 변화를 수반했다. 쿤의 용어를 빌리면, 이는 '정상과학'의 점진적 발전이 아니라 '과학혁명'에 해당한다. 그러나 이 혁명은 순수하게 인식론적인 것이 아니라 깊이 윤리적이고 정치적인 성격을 띤다.

브루노 라투르(Bruno Latour)의 과학기술학(Science and Technology Studies) 관점에서 보면, 과학적 사실의 생산은 실험실, 연구자, 기구, 제도, 가치 등이 복잡하게 얽힌 네트워크의 산물이다. 인권 규범의 확립은 이러한 네트워크를 근본적으로 재구성했다. 오늘날 모든 인간 대상 연구가 기관윤리위원회(Institutional Review Board, IRB)의 사전 승인받아야 하고, 연구 참여자의 충분한 정보에 근거한 동의(informed consent)를 얻어야 하는 것은 이러한 재구성의 제도적 결과다.

현대의 생명공학과 인공지능 연구에서도 이러한 긴장은 계속된다. CRISPR-Cas9와 같은 유전자 편집 기술의 등장은 우생학의 유령을 다시 불러일으키며, 과학적 가능성과 윤리적 허용 가능성 사이의 경계 설정이라는 과제를 제기한다. 2018년 중국의 허젠쿠이(He Jiankui)가 유전자 편집 아기를 탄생시킨 사건은 국제 과학계의 강력한 비난을 받았는데, 이는 과학 공동체가 인권 규범을 내재화하고 있음을 보여준다. 인공지능 연구에서도 알고리즘적 편향(algorithmic bias)과 프라이버시 침해 문제가 제기되면서, 기술 개발이 인권 고려와 분리될 수 없음이 명확해지고 있다. 유럽연합의 일반개인정보보호규정(GDPR)이나 AI 윤리 가이드라인은 기술 발전이 인권 규범의 틀 안에서 이루어져야 함을 제도화한 사례다.

이러한 역사적 전개는 과학적 합리성과 인권 규범이 단순한 대립 관계가 아니라 복잡한 상호작용과 상호구성의 관계에 있음을 보여 준다. 과학은 인권 규범에 따라 제약받지만, 동시에 인권의 구체적 내용을 정의하고 실현하는 데 이바지한다. 예컨대, 뇌과학의 발전은 인지 능력에 따른 차별의 부당성을 입증하는 데 이바지했고, 유전학 연구는 인종 개념의 생물학적 근거 없음을 밝혀냈다.

결론적으로, 20세기의 역사적 경험은 과학적 합리성이 그 자체로는 충분하지 않으며, 반드시 인권이라는 규범적 틀 안에서 작동해야 함을 교훈으로 남겼다. 동시에 인권 규범도 과학적 지식의 발전과 함께 진화하고 구체화된다. 이러한 상호작용은 과학과 윤리, 사실과 가치, 기술과 인문이 분리될 수 없는 하나의 복잡한 체계를 형성하고 있음을 시사한다. 우리 시대의 과제는 이 두 차원을 생산적으로 결합하여, 인간의 존엄성을 증진하는 방향으로 지식과 기술을 발전시키는 것이다.

3. 담론과 실천의 간극: 공감의 한계와 이성적 정초의 필요성

보편성 논쟁이 추상적 이론에 머물지 않음을 보여주는 구체적 사례로 2002년 한국 대통령선거를 들 수 있다. 당시 주요 후보들에게 '자녀가 동성애자임을 밝힌다면 어떻게 하겠는가?'라는 질문이 제기되었고, 진보와 보수를 막론하고 대부분의 후보가 '불편하지만 개인의 선택을 존중하겠다'는 유사한 답변을 제시했다. 20년이 경과한 현재, 한국 사회의 성소수자 인권 상황은 어떠한가? 동성혼은 여전히 법적으로 인정되지 않으며, 포괄적 차별금지법 제정은 반복적으로 좌절되고 있다. 그 사이 오히려 보편적 인권이라는 주제는 공론장에서 논의되기 어렵게 되었다. 이는 **담론적 진보와 제도적 정체** 사이의 현저한 괴리를 보여준다.

이러한 간극은 두 가지 중요한 함의를 내포한다. 첫째, 사회적 합의(social consensus)는 시간의 경과에 따라 가역적(reversible)일 수 있다는 점이다. 둘째, 인권 담론이 단순한 '정치적 올바름(political correctness)'을 넘어 실효성 있는 제도로 구현되려면, 개인의 신념 체계와 공적 규범 사이의 간극을 최소화하는 지속적 노력이 필요하다는 것이다.

한국 사회에서 인권 문제는 빈번하게 '공감 능력'의 문제로 환원된다. 성소수자, 이주민, 장애인에 대한 차별 금지 논의가 "그들의 처지를 이해해보자"라는 감정적 호소로 귀결되는 경향이 강하다. 그러나 공감(empathy)은 본질적으로 **비보편적(non-universal)** 특성을 지닌다. 개인마다 공감 능력의 편차가 존재하고, 상황적 맥락에 따라 가변적이며, 특히 피로사회(fatigue society) 속에서 쉽게 소진된다.

아담 스미스(Adam Smith)의 『도덕감정론』이나 데이비드 흄(David Hume)의 도덕철학이 감정을 도덕의 기초로 삼았다면, 임마누엘 칸트(Immanuel Kant)는 보편적 도덕 법칙이 이성적 근거에 기초해야 함을 주장했다. 인권의 맥락에서도 유사한 논증이 필요하다. 여성과 남성이 동등하게 대우받아야 하는 이유는 여성에 대한 연민이나 동정 때문이 아니라, **모든 인간이 내재적 존엄성(inherent dignity)을 지닌다는 이성적 원칙** 때문이다. 장애인 차별 금지는 소수자에 대한 온정주의가 아니라, 사회 구성원 모두가 자유롭고 자율적으로 삶을 설계할 평등한 권리(equal rights)를 보유한다는 규범적 전제에서 도출된다. 그렇다면 인권의 보편성과 문화적 상대주의는 필연적으로 충돌할 수밖에 없는가? 본서는 이러한 이분법적 사고를 넘어, '**대화적 공간**(dialogical space)'**의 확보**가 인권 이론과 실천의 핵심 과제임을 주장한다.

위르겐 하버마스(Jürgen Habermas)의 의사소통적 합리성 개념을 원용하면, 대화는 참여자들이 자신의 내재적 논리와 가치를 자율적으로 설명하고 정당화할 수 있는 기회를 제공하는 과정이다. 이는 단순한 문화적 차이의 인정을 넘어 규범의 상호 비판적 검증(mutual critical examination)을 포함한다. 이러한 대화적 과정이 결여될 때, 보편성은 서구 중심적 제국주의의 도구로 전락하고, 상대주의는 폐쇄적 문화 본질주의의 방어막이 된다. 따라서 진정한 보편성은 차이를 통한 보편성(universality through difference)으로서, 다양한 문화적 맥락 속에서 끊임없이 재해석되고 재구성되는 열린 보편성(open universality)이어야 한다.

인권의 보편성은 완성된 교리가 아니라 미완의 기획(unfinished project)이다. 그것은 역사적 투쟁과 대화를 통해 지속적으로 확장되고 심화되어야 할 규범적 지평이다. 본서는 이러한 관점에서 인권법의 이론과 실천을 비판적으로 검토하고, 한국 사회의 맥락에서 보편성과 특수성의 생산적 긴장 관계를 탐구하고자 한다.

궁극적으로 인권은 단순한 법적 권리의 목록이 아니라, 인간의 존엄성을 실현하기 위한 **집단적 상상력과 실천의 결정체**이다. 이 책이 그러한 상상력과 실천을 확장하는 데 이바지할 수 있기를 기대한다.

2025년 5월 독일 Erlangen에서
이현정, 전형준 드림

차 례

제 1 부 인권의 개념, 보편성 및 개괄

제 1 장 인권의 개념과 국제인권조약에 관한 개괄 3
Ⅰ. 서 론 • 3
Ⅱ. 국제 인권 조약과 기구 • 8
Ⅲ. 결론: 보편적 인권 체계의 지속적 발전과 전망 • 17
▮ 주요 참고문헌 / 19

제 2 장 유럽인권협약(ECHR)과 유럽인권재판소(ECtHR) 20
Ⅰ. 유럽인권협약(ECHR)의 개요와 역사적 배경 • 20
Ⅱ. 유럽인권재판소(ECtHR)의 구조, 역할과 기능 • 21
Ⅲ. 주요 판례를 통해 본 ECtHR의 영향력 • 31
Ⅳ. ECtHR의 오늘날의 과제와 대응 • 35
▮ 주요 참고문헌 / 37

제 3 장 보편적 인권에 대한 도전 39
Ⅰ. 서론 — 인권의 '보편성'은 여전히 유효한가? • 39
Ⅱ. 문화 상대주의와 인권: '다름'의 인정인가, 인권의 후퇴인가? • 39
Ⅲ. 국가 주권과 인권: 국제인권법의 실효성 위기 • 43
Ⅳ. 보편적 인권과 안보의 충돌: 감시사회와 인권의 재구성 • 45
Ⅴ. 탈식민주의와 인권 담론의 재배치 • 48
Ⅵ. 결론: 보편성과 대화 가능성 • 51
▮ 주요 참고문헌 / 52

제2부 절대적 인권과 상대적 인권

제4장 고문의 금지와 강제 추방당하지 않을 권리 55
Ⅰ. 서 론 • 55
Ⅱ. 유럽인권협약(ECHR)과 유럽인권재판소(ECtHR) • 57
Ⅲ. 사디 사건(Saadi v. Italy) • 59
Ⅳ. 결 론 • 70
▮ 주요 참고문헌 / 77

제5장 표현의 자유의 보장과 제한 78
Ⅰ. 서 론 • 78
Ⅱ. 표현의 자유 침해에 대한 엄격 심사 • 79
Ⅲ. 표현의 자유와 인격권 사이의 이익형량 • 89
Ⅳ. 결 론 • 101
▮ 주요 참고문헌 / 102

제6장 혐오 표현과 국제인권법 104
Ⅰ. 서 론 • 104
Ⅱ. 혐오 표현에 관한 논의 • 106
Ⅲ. 결 론 • 126
▮ 주요 참고문헌 / 130

제3부 차별금지와 평등권

제7장 종교에 따른 차별금지 135
Ⅰ. 서 론 • 135
Ⅱ. 대상 판례의 사실관계 및 법원의 판단 • 136
Ⅲ. 대상 판례에 대한 비판적 검토 • 140

Ⅳ. 결 론 • 148
▮ 주요 참고문헌 / 150

제8장 장애에 따른 차별금지 ······ 152
Ⅰ. 서 론 • 152
Ⅱ. 독일 연방헌법재판소의 Triage 결정(2021) • 154
Ⅲ. Triage 결정 분석 및 시사점 • 158
Ⅳ. 결론: 간접차별 방지를 위한 대안 제시를 중심으로 • 166
Ⅴ. 관련 판례 분석: 유럽인권재판소의 Centre for Legal Resources on behalf of Valentin Câmpeanu v. Romania 사건 • 167
▮ 주요 참고문헌 / 172

제9장 성차별의 금지와 비례성원칙 ······ 173
Ⅰ. 서 론 • 173
Ⅱ. 비례성의 일반 원칙과 판례 • 175
Ⅲ. 유럽인권협약 제14조와 성차별과 관련된 사례 연구 • 179
Ⅳ. 결 론 • 189
▮ 주요 참고문헌 / 191

제4부 취약계층의 인권

제10장 난민의 권리 ······ 195
Ⅰ. 서 론 • 195
Ⅱ. N.D.와 N.T. 대 스페인 판결 • 198
Ⅲ. 대재판부 판결의 주요 논리 • 203
Ⅳ. 판결의 시사점 • 206
Ⅴ. 결 론 • 210
▮ 주요 참고문헌 / 215

제11장 여성에 대한 폭력 216
Ⅰ. 서 론 • 216
Ⅱ. 여성에 대한 폭력의 법적 정의와 범위 • 218
Ⅲ. 유럽인권재판소의 볼로디나 대 러시아 판결(제2호) • 225
Ⅳ. 판결에 대한 비판적 논의 • 232
Ⅴ. 디지털 폭력 대응을 위한 과제 • 234
Ⅵ. 결 론 • 235
▮ 주요 참고문헌 / 241

제12장 성 소수자의 인권 243
Ⅰ. 서 론 • 243
Ⅱ. 성 소수자 차별 금지의 법적 논의 • 245
Ⅲ. Oliari and Others v. Italy 사건 • 250
Ⅳ. 결 론 • 262
▮ 주요 참고문헌 / 268

제5부 새로운 이슈들

제13장 인공지능과 인권 271
Ⅰ. 서 론 • 271
Ⅱ. 인공지능에 내재된 편향과 차별의 구조 • 273
Ⅲ. 인공지능 차별에 관한 법적 규제와 대응 전략 • 283
Ⅳ. 알고리즘 차별에 대한 EU의 법·제도적 대응 • 291
Ⅴ. 결 론 • 295
▮ 주요 참고문헌 / 297

제14장 교차차별의 문제 300
Ⅰ. 서 론 • 300

Ⅱ. 교차차별에 관한 이론적 이해와 유럽인권재판소의 역할 • 302
Ⅲ. 고정관념에 관한 비판적 접근과 실질적 평등의 요청 • 305
Ⅳ. 주요 판례 분석을 통한 교차차별의 이해 • 310
Ⅴ. 판단 여지 원칙(Margin of Appreciation)과 교차차별 보호의 한계 • 318
Ⅵ. 유럽인권협약의 동태적 해석(dynamic interpretation)과 교차차별 대응 • 322
Ⅶ. 결론: 교차차별 대응을 위한 법리 발전과 향후 과제 • 325
▮ 주요 참고문헌 / 330

제15장 연령 차별과 노인의 인권 ········· 332
Ⅰ. 서론: 구조적 불평등에 대한 국제인권법적 대응 • 332
Ⅱ. 연령주의와 구조적 차별: 개념, 실태, 국제인권법적 접근 • 334
Ⅲ. 미국의 연령차별 규제와 판례 분석 • 339
Ⅳ. 유럽인권재판소의 판례 동향과 그 의미: 연령차별에 대한 사법적 접근 • 344
Ⅴ. 결론: 국제인권법적 과제와 미래 방향 • 352
▮ 주요 참고문헌 / 358

찾아보기 ········· 360

제 1 부

인권의 개념, 보편성 및 개괄

제 1 장

인권의 개념과 국제인권조약에 관한 개괄

Ⅰ. 서 론

인권(human rights)은 모든 인간이 단지 인간이라는 이유만으로 소유하게 되는 기본적 권리로서, 개인의 존엄성과 자유를 보장하고 사회 정의를 구현하는 데 있어 핵심적인 법적·윤리적 기준으로 자리 잡아 왔다. 이 개념은 특정 정치 체제나 문화, 종교, 인종에 구애받지 않는다는 점에서 '보편성(universality)'을 그 본질적 특징으로 삼는다. 다시 말해, 인권은 인간 조건의 공통된 본질을 기반으로 하여 성립하며, 그러한 공통성은 문화적 상대주의에 따라 상대화될 수 없는 최소한의 규범적 기준을 형성한다. 이러한 보편성에 관한 주장은 단순한 철학적 선언이 아니라, 국제인권법(International Human Rights Law)의 기본적 전제이자 인권 담론 전반을 구성하는 이론적 축이 되어 왔다. 그러나 이 보편성의 개념이 당연하게 받아들여지기까지는 수 세기에 걸친 철학적 사유, 사회적 투쟁, 정치적 협약, 그리고 국제법적 제도화의 과정을 거쳐야만 했다.

1. 보편적 인권 개념의 철학적 토대와 역사적 형성

보편적 인권 개념의 뿌리는 고대 철학과 자연법 사상에서 찾을 수 있다. 스토아 철학자들은 인간 이성의 보편성을 강조하며, 인간은 자연법(law of nature)에 따라 평등하게 창조되었음을 주장하였다. 이는 훗날 17세기 근대 자연법 이론가들—특히 홉스(Thomas Hobbes), 로크(John Locke), 루소(Jean-Jacques Rousseau)—에게 이어지며, '천부적 권리(natural rights)'라는 개념을 통해 구체화하였다. 특히 로크는 개인이 생명, 자유, 재산에 대한 권리를 자연 상태에서부터 보유한다고 보았으며, 이러한 권리는 어떤 국가 권력에 의해서도 임의로 침해될 수 없는 '불가침의 권리'로 간주하였다. 이 사상은 미국 독립선언(1776)과 프랑스 인권선언(1789) 등에 큰 영향을 미쳤으며, 인간의 권리를 헌법이나 법률이 아닌 인간 존재 자체에서 유래하는 도덕적 권리로 이해하는 사유를 전환할 수 있게 하였다.

그러나 이 시기의 인권 개념은 주로 백인 남성, 시민 계급, 특정 종교를 중심으로 한 제한적 보편성에 머물러 있었으며, 여성, 식민지 주민, 인종적 소수자, 장애인 등은 그 범주에 포함되지 못했다. 이러한 한계를 극복하고 진정한 보편적 인권 개념이 형성되기까지는 인류가 경험한 역사적 비극과 그에 대한 윤리적 성찰, 그리고 국제사회의 제도적 대응이 병행되어야 했다.

2. 제2차 세계대전 이후 보편적 인권 개념의 국제적 정립

현대적 의미에서의 '보편적 인권' 개념은 제2차 세계대전이라는 인류사적 비극을 계기로 결정적인 전환점을 맞이하게 되었다. 홀로코스트, 일본군의 만행, 민간인에 대한 무차별 폭격 등은 인간 존엄성에 대한 근본적인 물음을 제기하였고, 이에 따라 인권 보호는 더 이상 국가 주권의 영역에 국한된 문제가 아닌 국제사회의 공동 책임으로 재징의되있다. 진쟁 이후 국제사회는 새로운 규범 체계를 수립하고자 했으며, 그 중심에 인간의 기본권을 보호하고 증진하려는 노력이 자리하였다.

이러한 맥락에서 1945년 창설된 국제연합(United Nations)은 인권 보호를 핵심적 목적 중 하나로 명시하였으며, 1948년 채택된 세계인권선언(Universal Declaration of Human Rights, UDHR)은 인류 역사상 최초로 인권의 보편성을 국제적인 수준에서 선언한 문서로 자리매김하였다. 세계인권선언은 법적 구속력은 없지만, 이후 제정된 수많은 인권 조약과 국내 헌법에 결정적인 영향을 끼친 규범적 지침으로 기능하였다. UDHR은 인간이 단지 인간이라는 이유만으로 존엄과 권리를 가진다는 원칙을 명확히 천명하고, 이는 국제인권법의 형성에 있어 이정표가 되었다.

1966년에는 세계인권선언의 이상을 법적으로 구속력 있는 형태로 구체화한 국제인권규약들이 채택되었다. 즉, 경제적, 사회적, 문화적 권리에 관한 국제규약(International Covenant on Economic, Social, Cultural Rights, ICESCR)과 시민적, 정치적 권리에 관한 국제규약(International Covenant on Civil and Political Rights, ICCPR)이 각각 인권의 두 축을 구성하며, 국제사회는 이를 통해 인권을 단지 선언적인 이상이 아니라 구속력 있는 법적 권리로서 인정하였다. 각 규약은 가입국에게 정기적인 보고 의무와 감시 절차를 부과하며, 인권 보호에 대한 국가의 책임을 강화하였다.

3. 지역적 인권 체계의 형성과 보편성의 실질화

보편적 인권 개념은 또한 다양한 지역적 인권 체계를 통해 구체화되고 실질화되었다. 특히 유럽에서는 1950년에 체결된 유럽인권협약(European Convention on Human Rights, ECHR)[1]이 그 대표적 사례이다. 이 협약은 냉전 초기 유럽의 분열된 정치 지형 속에서, 자유민주주의 질서 아래 인권 보호를 제도화하기 위한 시도로 제정되었으며, 유럽인권재판소(European Court of Human Rights, ECtHR)의 설치를 통해 그 실효성을 담보하였다.

ECHR은 고문과 비인도적 처우를 금지하는 제3조(Prohibition of Torture),[2] 생명권을 보호하는 제2조(Right to Life),[3] 표현의 자유를 보장하는 제10조(Freedom of Expression)[4] 등 다양한 조항을 통해 인권을 구체적으로 명문화하였으며, ECtHR은 이를 해석하고 집행하는 판결을 통해 인권의 실질적 보호를 실현해 왔다. 예를 들어, 고문 금지 원칙은 예외 없이 절대적으로 적용되며, 이

1) 유럽인권협약의 정식 명칭은 “Convention for the Protection of Human Rights and Fundamental Freedoms”로 ‘인권 및 기본적 자유의 보호에 관한 협약’으로 번역할 수 있으나 통상 European Covention on Human Rights, 약칭 ECHR로 통용된다.

2) 제3조(고문의 금지) 어느 누구도 고문, 비인도적인 또는 굴욕적인 취급이나 형벌을 받지 아니한다.

3) 제2조(생명권) 제1항 모든 사람의 생명권은 법에 의하여 보호된다. 어느 누구도 법에 규정된 형벌이 부과되는 범죄의 유죄확정에 따른 법원의 판결을 집행하는 경우를 제외하고는 고의로 생명을 박탈당하지 아니한다.

4) 제10조(표현의 자유) 제1항 모든 사람은 표현의 자유에 대한 권리를 가진다. 이 권리는 의견을 가질 자유와 공공당국의 간섭을 받지 않고 국경에 관계없이 정보 및 사상을 주고받는 자유를 포함한다. 이 조가 방송, 텔레비전 또는 영화 사업자에 대한 국가의 허가제도를 금지하는 것은 아니다.

는 국가안보나 공공질서를 명분으로 한 인권침해 행위를 정당화하는 것을 강력히 제한하는 법적 장치로 작용한다. 이와 같은 판례법은 인권과 국가 주권 사이의 긴장을 조율하는 데 중요한 역할을 하며, 지역적 맥락에서 보편적 인권의 원칙을 어떻게 구현할 수 있는지를 보여주는 사례가 된다.

4. 국제정치 질서의 재편과 보편적 인권 개념의 확장

보편적 인권 개념은 제도적·법적 구조 속에서만 형성된 것이 아니라, 국제정치 질서의 재편과 사회경제적 변화에 따라 지속해서 재구성되고 확장됐다. 특히 탈식민화, 냉전 종식, 그리고 세계화의 진전은 인권 담론의 지형을 결정적으로 바꾸어 놓았다. 탈식민화는 근대적 인권 개념이 서구 중심의 역사적 맥락에서 출발하였다는 비판과 함께, 다양한 비서구 국가들이 인권의 재정의와 재맥락화를 요구하는 계기가 되었다. 아시아·아프리카·라틴아메리카의 국가들은 서구적 인권 패러다임이 자국의 역사적·문화적 맥락과는 충돌할 수 있음을 지적하며, 경제적 자립, 집단적 권리, 발전권(right to development) 등을 강조하였다. 이러한 요구는 '문화적 상대주의(cultural relativism)' 논쟁[5]을 불러일으켰고, 인권의 보편성과 상대성 사이의 긴장 관계에 대한 이론적·정치적 논의로 이어졌다.

한편 냉전의 종식은 자유주의적 인권 담론의 세계적 확산을 가능케 했지만, 동시에 신자유주의 경제질서의 확대는 새로운 형태의 인권침해 문제를 초래하였다. 특히 시장 중심의 경제 구조는 사회적 약자에 대한 보호 장치를 약화하는 결과를 낳았고, 이는 사회적 불평등, 노동권 침해, 사회복지의 후퇴와 같은 문제로 이어졌다. 이에 따라 보편적 인권 개념은 단지 시민적·정치적 권리에 머무르지 않고, 경제적·사회적 권리의 실질적 보장이라는 과제로까지 확대되었다. 인권은 더 이상 국가의 억압으로부터의 자유만이 아니라, 인간다운 삶을 위한 조건의 보장이라는 적극적 권리로 재정의되기 시작한 것이다.

이러한 변화는 인권을 하나의 폐쇄된 규범 체계가 아니라, 다양한 사회적 맥락과 역사적 조건 속에서 끊임없이 재해석되고 투쟁 속에서 갱신되는 개방적

5) 대표적으로 Samuel Huntington의 주장을 들 수 있다(Samuel P. Huntington, The Clash of Civilizations and the Remaking of World Order, 1996).

실천으로 바라보게 하였다. 인권 담론은 이념이나 제도에 선행하는 보편적 진리가 아니라, 인간 공동체가 끊임없이 구성하고 논쟁하며 재정립해 나가는 윤리적·정치적 프로젝트로 자리 잡게 된 것이다.

5. 시민 사회와 국제 NGO의 역할

보편적 인권 개념의 확산과 실질화에 있어, 시민 사회와 비정부기구(Non-governmental organization, NGO)의 역할은 결정적이었다. 정부 주도의 인권 담론이 때로는 정치적 이해관계에 의해 제한될 수밖에 없는 반면, 시민 사회는 보다 실천적인 차원에서 인권의 감시자이자 옹호자의 임무를 수행해 왔다. 국제앰네스티(Amnesty International), 휴먼 라이츠 워치(Human Rights Watch)와 같은 국제 NGO들은 각국 정부의 인권침해를 독립적으로 감시하고, 피해자에 대한 국제적 연대를 조직하며, 세계 각지에서 인권의 실효성을 확보하는 데 중대한 이바지를 하였다.

이들의 활동은 종종 국제 여론을 형성하는 데 있어 핵심적인 역할을 하였으며, 국가들이 인권 관련 국제 규범을 채택하거나 이행할 때 주요한 압력 요인으로 작용하였다. 특히 정보 기술의 발전은 이러한 시민 사회의 감시 기능을 더욱 강화했고, SNS를 통한 인권침해의 신속한 공유와 대응은 국제사회의 즉각적인 주목을 가능하게 만들었다. 이는 보편적 인권 개념이 단지 법적 규범이나 국가 간 조약에 머무르지 않고, 개인과 공동체의 일상적 실천 속에서 살아 있는 규범으로 자리 잡을 수 있게 한 동력이 되었다.

6. 국제 제도 및 법적 구조의 정교화

보편적 인권의 실현을 위한 또 하나의 중요한 축은 국제기구 및 제도적 장치의 정비이다. 유엔 인권이사회(United Nations Human Rights Council, UNHRC), 국제형사재판소(International Criminal Court, ICC), 그리고 유엔 산하의 조약기구들(예: 인종차별철폐위원회, 여성차별철폐위원회, 아동권리위원회 등)은 국가의 인권 이행 상황을 정기적으로 감시하고, 권고를 제시하며, 심각한 인권침해에 대해서는 제재와 처벌의 절차도 수행할 수 있는 구조를 마련하였다.

이러한 기구들은 국가 주권이라는 전통적 국제법의 원칙에 도전하면서, 국제사회가 보편적 인권이라는 규범에 따라 공동 책임을 지는 새로운 국제법 질서의 가능성을 열었다. 특히 국제형사재판소는 제노사이드, 반인도적 범죄, 전쟁범죄와 같은 중대한 인권침해에 대해 개인의 형사책임을 묻는 구조를 통해, 인권침해가 더 이상 면책되지 않음을 세계에 명확히 선언하였다.

이와 같은 제도적 진전은 단지 법률적 차원에서의 기술적 발전을 의미하는 것이 아니다. 이는 인간 존엄이라는 궁극적 가치를 실현하기 위한 정치적·윤리적 의지를 제도화하는 과정이며, 이를 통해 인권은 국제 질서의 중심 규범으로 부상하게 되었다. 즉, 오늘날의 국제사회에서 인권은 더 이상 부차적인 논의가 아닌, 국제법과 국제정치의 핵심 의제로 자리매김하고 있다.

II. 국제 인권 조약과 기구

1. 주요 국제 조약: 인권 보장을 위한 핵심 체계

1) 세계인권선언(Universal Declaration of Human Rights, UDHR)

1948년 12월 10일, UN 총회에서 만장일치로 채택된 세계인권선언은 법적 구속력은 없으나, 이후 채택된 모든 인권 조약과 제도의 기초가 된 문서로 평가받는다. 세계인권선언은 "모든 인간은 태어날 때부터 자유로우며 존엄성과 권리에 있어 평등하다"는 제1조[6]로 시작하여, 생명권·자유권·재산권·교육권 등 폭넓은 권리를 명시했다. 비록 선언 자체가 법적 강제력을 지니지는 않지만, 시간이 흐르면서 세계인권선언의 많은 조항이 국제 관습법(customary international law)으로 인정될 만큼 국제사회의 인권 기준으로 확립됐다. 여기서 국제 관습법이란 국제사회의 구성원들이 오랜 기간 반복적으로 행한 관행이 법적 확신에 의하여 법규범으로 인정되어 형성된 법이다. 다시 말해, 국가들이 특정한 행위를 의무라고 인식하면서 지속적이고 일관되게 실천할 때 국제 관습법이 성립한다.[7]

---

6) Universal Declaration of Human Rights, Article 1. <u>All human beings are born free and equal in dignity and rights</u>. They are endowed with reason and conscience and should act towards one another in a spirit of brotherhood, 1948.

7) I. Brownlie, Principles of Public International Law(7th ed.), Oxford University Press, 2008, pp.6–7.

국제 관습법은 성문법적 조약과는 달리 명문화되지 않더라도 국제사회의 보편적 인식과 실천을 통하여 법적 구속력을 갖게 된다.

2) 국제인권규약

세계인권선언의 내용을 구체화하고, 법적 구속력을 부여하기 위해 1966년 UN 총회에서는 두 가지 핵심 조약인 시민적 및 정치적 권리에 관한 국제규약(International Covenant on Civil and Political Rights, ICCPR)과 경제적·사회적·문화적 권리에 관한 국제규약(International Covenant on Economic, Social, Cultural Rights, ICESCR)을 채택하였다. 이 둘을 합쳐 흔히 '국제인권장전(International Bill of Human Rights)'이라 부르기도 한다. ICCPR은 생명권, 자유권, 신체의 자유 및 적법 절차 보장, 고문 금지, 종교·표현·결사의 자유 등 이른바 '1세대 인권(시민적·정치적 권리)'을 포괄한다. 위반 사항에 대해서는 개인 청원을 통해 자유권규약위원회(Human Rights Committee)에 제소할 수 있는 장치를 두고 있다. ICESCR은 노동권, 교육권, 사회보장권, 건강권 등 '2세대 인권(경제·사회·문화적 권리)'을 규정한다. 이는 실질적 평등과 사회적 보호를 중시하여, 국가들이 해당 권리를 점진적으로 실현할 의무를 진다는 점이 특징이다.

1966년 인종차별 철폐협약(International Convention on the Elimination of All Forms of Racial Discrimination, CERD), 1979년 여성차별철폐협약(Covent ion on the Elimination of All Forms of Discrimination against Women, CEDAW), 1984년 고문 방지협약(Convention against Torture and Other Cruel, Inhuman or Degrading Treatment or Punishment, CAT), 1989년 아동 권리협약(United Nations Covent ion on the Rights of the Child, CRC) 등 유엔은 인권침해 사례가 특정 집단이나 분야에서 두드러지게 나타난다는 점을 고려해, 차별과 폭력을 근본적으로 금지하기 위한 개별 조약들을 마련했다. 예컨대, 인종차별 철폐협약(CERD)은 '인종'이라는 이유로 불이익을 주는 모든 형태의 차별을 불법화하고, 여성차별철폐협약(CEDAW)은 성평등 증진과 여성 권익 보호를 명문화함으로써 각국에 법 제도 개선 의무를 부여했다. 고문 방지협약(CAT)은 고문을 절대 금지 대상으로 규정하며, 이를 위한 감시 및 절차적 장치를 마련하도록 하고, 아동 권리협약(CRC)은 아동을 보호하는 국제사회의 책임을 구체적으로 명시한다. 이들 조약은 각각의 분야에서 국가를 구속하는 준칙을 확립해, 보편적 인권을 세부 영역으로 확장·심화시켜 왔다.

2. 보편적 인권 관련 국제기구

국제연합(United Nations, UN)은 세계 인권 체계에서 가장 중심적이고 포괄적인 임무를 수행하는 국제기구로, 1945년 창설 이래로 인류 공동의 기본권 보장이라는 목표 아래 다양한 기구와 메커니즘을 통해 국제인권법 체계의 구축과 실천을 선도해 왔다. 특히 국제인권장전(International Bill of Human Rights)이라 불리는 일련의 문서 — 즉, 1948년의 세계인권선언(UDHR), 1966년 채택된 시민적 및 정치적 권리에 관한 국제규약(ICCPR)과 경제적·사회적·문화적 권리에 관한 국제규약(ICESCR) — 는 현대 인권 체계의 법적·윤리적 기초를 제공하며, 이후 다양한 주제별·집단별 인권 조약으로 확장되었다.

1) 유엔 총회(UN General Assembly)

유엔 총회는 모든 회원국(2024년 기준 193개국)의 동등한 참여와 표결권을 보장하는 유엔의 핵심 심의기구로, 인권 분야에서도 핵심적 입법 임무를 수행해 왔다. 세계인권선언은 바로 이 총회에서 채택된 권위 있는 선언으로, 이후 수많은 국제인권조약의 해석 기준과 각국 헌법 및 판례에서 인용되는 관습 국제법의 지위에 이르렀다. 유엔 총회는 매년 인권, 인종차별, 여성의 권리, 표현의 자유, 기후 변화와 인권 등 다양한 주제에 대해 결의안을 채택하고 있으며, 특히 최근에는 디지털 권리(privacy, freedom of expression online) 및 기후 변화로 인한 인권 영향을 주제로 한 논의가 활발히 이루어지고 있다.

2) 유엔인권이사회(UN Human Rights Council)

유엔인권이사회(HRC)는 2006년 인권위원회(Commission on Human Rights)를 대체하여 설립되었으며, 스위스 제네바에 본부를 두고 활동하고 있다. 총 47개 이사국으로 구성되는 이 기구는 회원국의 인권상황을 정기적으로 검토(Universal Periodic Review, UPR)하고, 필요시 특별보고관(Special Rapporteurs), 독립전문가(Independent Experts), 사실조사위원회(Fact-Finding Missions) 등을 임명해 특정 국가나 사안에 대한 실태조사와 권고를 수행한다.

UPR 제도는 모든 유엔 회원국을 대상으로 주기적으로 인권상황을 점검하는 포괄적 감시 메커니즘으로, 2008년 이래 약 4,000건 이상의 국가별 검토가 진행되었다. 최근에는 아프가니스탄, 미얀마, 이란, 러시아, 시리아 등에서의 인권침해 상황이 주목받았으며, 인권이사회 특별 세션을 통해 긴급 결의안이 채택되거나, 국제형사재판소(ICC) 회부 요청 등의 조치로 이어진 바 있다.

3) 유엔인권고등판무관사무소(OHCHR)

유엔인권고등판무관사무소(Office of the High Commissioner for Human Rights, OHCHR)는 유엔 사무국 산하의 전문기구로서, 인권 주류화(human rights mainstreaming)와 인권 역량 강화(capacity building)의 중심축을 맡고 있다. 고등판무관은 유엔 사무총장의 지명과 유엔 총회의 승인을 거쳐 임명되며, 현재(2024년 기준)는 볼커 튀르크(Volker Türk)가 고등판무관직을 수행 중이다. OHCHR은 현장 사무소(field offices)와 임무단(missions)을 통해 위기 지역에서의 인권 감시, 기술 지원, 시민 사회 협력, 국제적 대응 조율 등을 수행하고 있으며, 최근에는 우크라이나 전쟁, 팔레스타인 지역, 수단 내전, 아프가니스탄 여성 인권상황 등에 대한 지속적인 보고서와 성명을 발표하고 있다.

또한 OHCHR은 각 조약기구의 사무국 역할을 겸하며, 조약기구가 제출받은 국가보고서나 개인 청원(individual communications)에 대한 전문가 검토를 행정적으로 지원하고 있다. 이 기구는 인권이사회 또는 총회의 결의 이행을 위한 실행 조직으로서, 유엔 전체 시스템 내 인권 기준의 수립과 적용에 있어 실질적인 영향력을 행사한다.

4) 유엔 조약기구(Treaty Bodies)

국제인권조약의 이행을 감독하기 위해 각 조약에 설치된 전문가 감시기구(treaty monitoring bodies)는 UN 인권 체계의 핵심 구성요소로 자리 잡고 있다. 대표적인 조약기구에는 다음과 같은 기관들이 포함된다.

- 자유권규약위원회(Human Rights Committee, HRC) – ICCPR 감독
- 경제사회문화권위원회(CESCR) – ICESCR 감독
- 여성차별철폐위원회(CEDAW Committee) – CEDAW 감독

- 고문방지위원회(CAT Committee) – CAT 감독
- 아동권리위원회(CRC Committee) – CRC 감독
- 인종차별철폐위원회(CERD Committee) – CERD 감독

이들 조약기구는 각국으로부터 제출된 정기 국가보고서(periodic state reports)를 심사하고, 개인 청원제도(individual complaints mechanism)를 통해 특정 인권 침해 사례에 관한 판단을 내릴 수 있다. 예컨대, 자유권 규약위원회는 2022년 프랑스 정부의 무슬림 여성의 공공장소 복장 제한 정책에 대해 종교 자유 및 차별 금지 원칙 위반을 지적하며 시정 권고를 내린 바 있으며,[8] 아동 권리위원회는 최근 기후 변화가 아동의 생명권과 건강권에 미치는 영향을 주제로 한 청소년 청원[9]을 접수하고 의견서를 제출한 바 있다.

각 조약기구의 판단은 법적 구속력은 없지만, 유엔 시스템 내 강한 도덕적 권위와 정치적 압력 수단으로 작용하며, 국내 법원이나 헌법재판소에서도 점점 더 자주 인용되고 있다.

3. 지역적 차원의 인권 보호 기제

1) 유 럽

유럽평의회(Council of Europe)가 주도하여 1950년에 채택한 유럽 인권협약(ECHR)은 지역적 인권 보호 체계의 대표적 모범으로 꼽힌다. 이 협약을 해석·적용하는 유럽인권재판소(ECtHR)는 피고 국가가 협약 위반했는지를 판결하고, 위반이 인정되면 이를 시정하도록 판결하는 효력을 지닌다. 실제로 ECtHR 판례는 표현의 자유, 고문 금지, 사생활 보호 등 다양한 분야에서 국제인권 기준을 발전시키는 데 큰 영향을 미쳐 왔다.

2) 미 주

미주기구(Organization of American States, OAS) 체제 내에서 1969년 채택된 미주인권협약(American Convention on Human Rights, ACHR)은 아메리카대륙 지

8) International Covenant on Civil and Political Rights, CCPR/C/123/D/2747/2016, 7 December 2018.
9) Sacchi et al. v. Argentina et al., Convention on the Rights of the Child, CRC/C88/D/104/2019, 8 October 2021.

역의 인권 보호를 위한 규범적 틀을 제공한다. 이 협약에 근거해 설립된 미주인권재판소(Inter-American Court of Human Rights, IACtHR)는 지역 내 국가들을 대상으로 인권침해를 심리·판단하며, 또한 자문 의견을 통해 인권 규범의 해석을 발전시킨다. 미주인권위원회(Inter-American Commission on Human Rights) 역시 개별 청원접수를 담당하며, 재판소에 사건을 회부하는 역할을 담당한다.

3) 아프리카

아프리카연합(African Union, AU) 체제에서 1981년 채택된 아프리카 인권헌장(African Charter on Human and Peoples' Rights, 일명 반줄 헌장[10])은 아프리카 대륙의 특수한 맥락—집단적 권리, 전통 공동체—등을 반영하면서도, 기본적 인권 보장을 강조한다. 아프리카 인권·민족권위원회(African Commission)와 아프리카 인권·민족권재판소(African Court on Human and Peoples' Rights)가 중심이 되어 회원국들의 조약 위반 여부를 심사·조정하며, 군사 분쟁·빈곤 문제 등 심각한 인권 침해가 빈발하는 지역을 집중적으로 모니터링하고 있다.

4. 다원화된 현대 사회의 인권 쟁점과 국제사회의 대응

1) 초국적 기업과 인권

세계화가 가속화되면서 초국적 기업의 활동은 국가 경계를 넘어 인권 문제에 깊숙이 관여하게 되었다. 21세기 들어 유엔은 기업과 인권에 관한 지침(UN Guiding Principles on Business and Human Rights)을 채택하여, 기업이 인권 존중 책임을 이행해야 함을 강조하고 있다. 이는 노동권·환경권 등과 결부되어 국가뿐 아니라 기업에도 인권침해에 대한 책임을 묻고자 하는 국제사회의 최근 흐름을 반영한다.

2) 난민·이주민·무국적자 문제

분쟁 지역의 증가와 기후 변화, 글로벌 격차 등으로 인해 난민이나 이주민 수가 급증하면서, 이들을 보호해야 할 국제사회의 의무가 더욱 절실해졌다. 유

---

10) 아프리카인권헌장이 '반줄 헌장'으로 불리는 이유는 이 헌장이 1981년 아프리카 연합의 전신인 아프리카 통일 기구(Organization of African Unity, OAU) 정상 회의에서 감비아의 수도 반줄(Banjul)에서 채택되었기 때문이다. 국제 조약이나 선언의 경우 채택된 도시의 이름을 따서 해당 문서를 지칭하는 관행에 따른 것이다.

엔난민기구(United Nations High Commissioner for Refugees, UNHCR)는 1951년 난민협약(Convention Relating to the Status of Refugees) 및 1967년 의정서(1967 Protocol Relating to the Status of Refugees)를 기반으로 난민 지위를 인정하고, 각국의 비호 의무를 촉구한다. 한편 무국적자 보호와 이주 노동자(UN Migrant Workers Convention)에 대한 권리 규정도 점차 강화되고 있다.

3) 테러리즘 및 국가안보와 인권

9·11 테러 이후 전 세계가 테러 위협에 민감해지면서, 국가안보 조치가 인권과 충돌하는 사례가 빈번해졌다. 공항 검색, 사생활 침해, 구금 절차 등 다양한 영역에서 "안보 vs. 인권"이라는 긴장 관계가 형성되었고, 인권단체들은 비례성(proportionality)의 원칙과 최소 침해 원칙이 준수되어야 한다고 주장한다. 비례성의 원칙이란 국가가 공익이나 국가안보 등을 목적으로 국민의 기본권을 제한할 때, 그 제한의 정보가 목적 달성에 필요한 최소한에 그쳐야 하고, 제한으로 인해 얻는 공익과 침해되는 사익인 개인의 기본권 간에 적절한 균형이 이루어져야 한다는 원칙을 일컫는다.[11] 또한 최소 침해의 원칙에 따르면, 입법자는 정당한 목적과 그 목적과 수단 사이의 적절한 관계를 맺은 모든 가능한 수단 중에서 문제가 되는 기본권을 가장 최소한으로 제한하면서 똑같이 효과적인 수단을 골라야 한다는 것이다.[12] 유엔인권이사회와 각 지역 인권기구들도 고문·가혹행위 금지 등 핵심적 권리에 대하여 어떠한 상황에서도 예외가 될 수 없음을 지속해서 천명해 왔다.

5. 보편적 인권 체계의 한계와 과제

1) 조약의 비준과 이행 격차

많은 국가가 주요 인권 조약을 비준했음에도 불구하고, 실제 국내법이나 관행에 반영되지 않는 경우가 많다. 특히 빈곤 문제, 부정부패, 사법제도 미비 등 구조적 요인이 해소되지 않으면 조약 의무 이행은 선언적 수준에 머무르게

11) Aharon Barak & Doron Kalir(translated.), Proportionality: Constitutional Rights and Their Limitation, New York: Cambridge University Press, 2012, 243-370.

12) Eva Brems & Laurens Lavrysen, "Less Restrictive Means in the European Court of Human Rights' Case Law", Human Rights Law Review, 2015, 142.

된다. 각국이 제출하는 정기 보고서만으로는 현실적 인권침해가 얼마나 감소했는지를 파악하기 어렵고, 국가가 조약감시기구의 권고를 이행하지 않았을 때 제재할 수 있는 실효적 수단이 제한적이라는 점도 한계로 지적된다.

2) 이중 잣대와 정치적 오용 가능성

강대국이나 특정 국가들의 연합이 인권 문제를 자국의 외교·정치적 수단으로 이용한다는 비판도 제기된다. 일부 국가들은 인권을 명분으로 제재나 무력 개입을 정당화하기도 하고, 반대로 내부의 심각한 인권침해 사실을 은폐하거나 부인하는 사례도 있다. 따라서 보편적 인권 체계가 진정으로 '보편성'을 유지하기 위해서는, 국제기구와 시민 사회가 공정하고 일관된 기준을 유지하며, 정치화(政治化)를 최대한 배제하고 실질적 개선을 도모해야 한다.

3) 문화 상대주의와 보편적 인권의 충돌

보편적 인권의 개념은 모든 인간이 차별 없이 존엄성과 권리를 누려야 한다는 원칙에 기반을 두고 있지만, 이는 다양한 문화와 전통적 가치와의 충돌을 초래하기도 한다. 특히, 서구적 자유주의 전통에서 발전한 인권 담론은 아시아, 아프리카, 그리고 이슬람권 일부 국가들에서 "서구 중심적이고 제국주의적"[13] 이라는 비판을 받으며 문화적 상대주의의 도전과 직면하고 있다. 이러한 문화적 차이는 인권의 보편성과 맥락적 특수성 사이의 긴장을 초래하며, 국제사회에서 지속적인 논쟁의 중심에 있다.

(1) 문화적 상대주의의 주장과 보편적 인권에 대한 도전

문화적 상대주의는 모든 문화가 독자적인 가치 체계를 가지며, 특정 문화의 규범이 타문화에 강요되어서는 안 된다는 태도를 강조한다. 이러한 관점은 특히 여성의 권리, 표현의 자유, 그리고 성적 지향과 같은 주제에서 뚜렷하게 나타난다. 예를 들어, 일부 이슬람권 국가들은 여성의 복장 규제나 가족법에서 나타나는 관행을 "전통적 가치"로 정당화하며, 보편적 인권 기준이 자국의 문화적 정체성을 위협한다고 주장한다. 아프리카의 일부 국가들에서는 동성애를 범

---

13) Samuel P. Huntington, The Clash of Civilizations and the Remaking of World Order, 1996, 318.

죄화하며, 이를 "전통적인 가족 구조를 보호하는 조치"로 설명하기도 한다. 그러나 이러한 주장들은 국제사회의 비판을 받아왔다. 유엔(UN)을 비롯한 국제기구들은 문화적 맥락을 존중하되, 이를 이유로 차별이나 폭력을 정당화하는 것을 용납하지 않는 견해를 밝히고 있다. 예컨대, 1993년 비엔나 세계인권회의에서는 "모든 문화는 인권 보호의 보편적 기준을 준수해야 한다"라는 원칙이 확인되었고, 이는 문화적 특수성과 보편적 인권의 균형점을 모색하기 위한 중요한 전환점으로 평가된다.

(2) 균형의 모색: 문화와 보편성의 조화 가능성

보편적 인권과 문화적 상대주의 사이의 충돌은 상호 배타적인 선택을 요구하기보다는, 두 관점을 조화롭게 통합할 가능성을 탐구해야 하는 문제로 볼 수 있다. 이를 위해 국제사회는 다음과 같은 두 가지 접근법을 강조하고 있다.

첫째, "다문화주의적 접근"[14]은 각 문화의 고유한 전통과 가치를 존중하면서도, 인권침해를 방지하기 위한 공통의 기준을 마련하는 데 초점을 맞춘다. 예를 들어, 아프리카 연합(AU)과 같은 지역 기구는 지역적 맥락에 적합한 인권 기준을 개발함으로써, 보편적 인권 원칙을 지역 문화에 적응시키는 노력을 기울이고 있다. 이는 보편성과 문화적 특수성 사이의 대화를 촉진하며, 상호 이해를 통해 인권 보호의 범위를 확대할 가능성을 제시한다.

둘째, "참여적 접근"[15]은 각국의 시민 사회와 지역 공동체가 인권 담론에 적극적으로 참여하도록 장려하는 방식을 제안한다. 이는 외부에서 부과된 인권 기준이 아니라, 각 문화 내부에서 합의된 규범을 통해 인권의 보편성을 실현하려는 시도이다. 예컨대, 여성 할례(Female Genital Mutilation)와 같은 관행을 근절하기 위한 국제적 캠페인에서는 지역 공동체와 협력하여 문화적 민감성을 고려한 교육과 대안을 제공함으로써 변화를 유도하고 있다.

보편적 인권과 문화적 상대주의의 긴장은 단순히 이분법적으로 해결될 문제가 아니다. 이는 인권이 단일한 기준으로 모든 사회에 같게 적용될 수 없다는

---

14) W. Kymlicka, Multicultural Citizenship: A Liberal Theory of Minority Rights. Oxford University Press, 1995, 108.

15) S. E. Merry, Human Rights and Gender Violence: Translating International Law into Local Justice. University of Chicago Press, 2006, 182.

현실을 인정하면서도, 폭력과 차별로부터 인간 존엄성을 보호해야 한다는 원칙을 유지하려는 복잡한 과정이다. 이러한 균형을 찾기 위해서는 국제사회가 문화적 다양성을 존중하면서도, 보편적 인권의 핵심 가치를 지키기 위한 지속적인 대화와 협력이 필요하다. 궁극적으로, 보편적 인권은 각 문화와의 상호작용 속에서 그 의미를 더욱 풍부하게 발전시킬 수 있을 것이다.

Ⅲ. 결론: 보편적 인권 체계의 지속적 발전과 전망

보편적 인권은 근대 계몽사상과 세계대전을 거치며 성립·성장해 온 인류 공동의 가치 체계다. 이를 실현하기 위한 국제사회의 노력은 유엔(UN)을 중심으로 다양한 조약·기구·메커니즘을 창출했으며, 지역적 차원에서도 유럽, 미주, 아프리카 등 각기 다른 역사와 문화 배경을 안고 있는 국가들 사이에서 인권을 보호하기 위한 제도가 갖추어졌다. 국가 간 정치·경제적 이해관계가 얽히고, 문화적 상대주의나 자국 우선주의가 대두되는 상황에서도, 보편적 인권의 핵심(존엄, 자유, 평등)을 어떻게 지켜나갈 것인지는 여전히 국제사회의 기본 과제이자 목표로 남아 있다.

국제인권법의 발전 과정에서 드러난 성과는 분명하다. 고문 금지, 차별 철폐, 아동·여성·소수자 보호 등 법적·제도적 기준이 높아지면서, 전 세계적으로 과거보다 훨씬 더 풍부하고 정교한 인권 담론이 전개되고 있다. 그러나 이러한 발전에도 불구하고, 실제 각국의 이행 격차나 지역분쟁, 테러, 난민 문제 등 중첩된 위기가 끊이지 않는다는 현실은 인권 보호 체계가 여전히 많은 도전에 직면해 있음을 보여준다. 기업과 인권, 디지털 프라이버시, 인공지능 시대의 차별 문제처럼, 과거에는 예상하지 못한 새 영역에서도 인권 문제가 부상하는 추세다.

결국 보편적 인권 체계의 향후 과제는 '이행력 제고'와 '새로운 쟁점 반영'을 어떻게 균형 있게 달성하느냐에 달려 있다. 조약감시기구·유엔인권이사회 등은 국가보고서 심사, 현장 모니터링, 개인 청원제도 등을 계속 강화하고 있으며, 시민 사회와 학계는 계속해서 외부 감시와 비판을 제기함으로써 인권침해를 줄이는 데 기여하고 있다. 또한 기업, 지방정부, 국제 NGO 등 다양한 행위자들이 인권 보호에 직접 참여하도록 장려하는 흐름이 확산하고 있다.

이처럼 국제 조약, 기구, 협약이 서로 연계·보완하면서 인권 보장을 위한 복합적·다층적 구조가 만들어지는 중이다. 이는 단일 국가나 지역의 노력만으로는 해결할 수 없는 인권 문제에 대해, 국제사회의 공동 연대와 책임을 강조하는 시대정신과 맞닿아 있다. 보편적 인권은 더 이상 하나의 이상적 구호가 아니라, 구체적 제도와 규범, 국제적 협력과 심판 메커니즘을 통해 '실제 현실'로 구현되고 있다. 물론 그 과정은 불완전하고 지체되기도 하지만, 궁극적으로 인류가 지향해야 할 보편적 가치가 계속 발전해 나가고 있다는 점은 부정하기 어렵다.

주요 참고문헌

학술서적 및 논문

Barak, A. & Kalir, D. (Trans.) (2012). Proportionality: Constitutional Rights and Their Limitation. Cambridge University Press.

Bisset, A. (Ed.) (2023). Blackstone's International Human Rights Documents (13th ed.). Oxford University Press.

Brems, E. & Lavrysen, L. (2015). Less Restrictive Means in the European Court of Human Rights' Case Law. Human Rights Law Review, 15(1), 142–168.

Brownlie, I. (2008). Principles of Public International Law (7th ed.). Oxford University Press.

Huntington, S. P. (1996). The Clash of Civilizations and the Remaking of World Order. Simon & Schuster.

Kymlicka, W. (1995). Multicultural Citizenship: A Liberal Theory of Minority Rights. Oxford University Press.

Merry, S. E. (2006). Human Rights and Gender Violence: Translating International Law into Local Justice. University of Chicago Press.

제 2 장

유럽인권협약(ECHR)과 유럽인권재판소(ECtHR)

Ⅰ. 유럽인권협약(ECHR)의 개요와 역사적 배경

유럽인권협약(European Convention on Human Rights, ECHR)은 1950년 11월 4일, 제2차 세계대전의 참혹한 경험을 반성하며 유럽평의회(Council of Europe)의 주도로 로마에서 채택되었다. 협약은 1953년 9월 3일에 발효되었으며, 그 목적은 유럽 지역 내에서 개인의 기본권을 초국가적 차원에서 보호할 수 있는 법적 장치를 마련하는 데 있었다. 협약은 국제 인권 보호 체계 중에서도 가장 오래되고 체계적인 구조를 가진 문서로 평가되며, 당시에는 서유럽 자유민주주의 국가들이 공산주의에 대응하고 자유, 민주주의, 법치주의를 공유하는 규범 공동체를 구축하고자 하는 전략적 목적도 반영되어 있었다.

ECHR은 회원국들의 입법, 사법, 행정 작용 전반에 인권 보호의 최소 기준을 설정하며, 이를 통해 각국의 국내 법체계 속에 인권 기준이 통합되도록 유도한다. 협약은 고문 금지(제3조), 생명권(제2조), 공정한 재판을 받을 권리(제6조), 사생활과 가족생활의 보호(제8조), 표현의 자유(제10조), 종교의 자유(제9조), 재산권 보호(제1차 의정서 제1조) 등 다양한 권리를 구체적으로 명시하고 있으며, 이러한 조항들은 시간이 흐름에 따라 다수의 추가 의정서(Protocol)를 통해 보완되었다.

특히 11차 의정서(1998년 발효)는 기존의 위원회 중심 구조를 폐지하고, 상설의 유럽인권재판소(ECtHR)를 설립함으로써 개인 청구권을 보다 실질화하였다. 이후 14차 의정서(2010년 발효)는 ECtHR의 과부하 문제를 해결하기 위해 절차를 간소화하고 심사 기준을 조정하였다. 이처럼 ECHR은 단순한 조약에 머물지 않고 시대의 변화와 국제사회의 요구에 부응하며 지속해서 진화하고 있다.

II. 유럽인권재판소(ECtHR)의 구조, 역할과 기능

유럽인권재판소(European Court of Human Rights, ECtHR)는 유럽인권협약(ECHR)의 해석과 적용을 독점적으로 담당하는 초국가적 사법기관으로서, 1959년 프랑스 스트라스부르(Strasbourg)에 본부를 두고 정식 출범하였다. 재판소의 설립은 2차 세계대전 이후 인권 유린에 대한 반성과 인권 보호의 제도화를 향한 유럽 각국의 공동 의지에서 비롯되었으며, 이는 국제법적 수준에서 개인의 권리를 보호하는 법적 수단을 실질적으로 보장하기 위한 중요한 진전으로 평가된다.

ECtHR은 유럽평의회(Council of Europe) 회원국 가운데 ECHR을 비준한 46개국으로부터 각각 1인씩 선출된 판사들로 구성되며, 판사 수는 항상 회원국 수와 동일하다. 중요한 점은, 각 판사는 자국을 대표하는 외교관이 아니라, 독립성과 중립성을 보장받는 국제법적 사법 자격을 가진 법관이라는 점이다. 이는 재판소의 초국가적 성격을 단적으로 보여주는 요소로, 판사들은 유럽 전체의 인권 보호라는 공동 규범 질서에 봉사하며, 각국의 정치적 이해관계로부터 독립적으로 사건을 심리한다. 이들은 9년 임기의 단임제로 선출되며, 재선이 허용되지 않음으로써 정치적 압력으로부터의 자율성을 제도적으로 확보하고 있다.

1. ECtHR의 조직 구조와 절차

유럽인권재판소(ECtHR)는 1959년 유럽인권협약(ECHR)에 근거하여 설립된 국제적 사법기구로서, 46개 회원국의 국민들이 개인 청구(individual application)를 통해 직접 이용할 수 있는 독특한 국제법적 절차를 제공한다. 이 재판소는 광범위한 사건들을 효율적으로 처리하고, 동시에 협약 해석의 일관성과 법적 정당성을 유지하기 위해 체계적이고 다단계적인 심리 구조를 갖추고 있다.

ECtHR의 조직 구조는 크게 네 가지 주요 심리 단위로 구성된다: ① 단독판사(Single Judge), ② 위원회(Committee), ③ 소재판부(Chamber), ④ 대재판부(Grand Chamber). 각각의 조직은 사건의 성격과 법적 복잡성에 따라 역할이 분화되어 있으며, 이러한 구조는 사건의 선별적 심리(selective adjudication)를 가능하게 하여 효율성과 정당성의 균형을 도모한다.

먼저 단독판사(Single Judge)는 사건 적체를 해소하고, 명백히 이유 없는 청구(manifestly ill-founded application)를 빠르게 각하하기 위한 제도적 장치로서, 2010년 발효된 제14차 의정서(Protocol No. 14)를 통해 도입되었다. 단독판사는 개별 사건에 대해 기각 권한만을 행사할 수 있으며, 판결을 할 수는 없다. 이러한 제한은 사법적 신중함을 유지하는 동시에, ECtHR의 가장 큰 도전 중 하나인 사건 과부하(backlog of applications)를 완화하는 데 중요한 역할을 한다. 현재 전체 청구의 약 90%는 단독판사 단계에서 각하되는 것으로 알려져 있으며, 이는 사소하거나 반복적인 사건의 신속한 걸러내기를 통해 핵심적 인권 사안에 집중할 수 있는 여건을 조성한다.

그다음으로 3인 위원회(Committee)는 주로 협약 해석에 있어 이미 판례가 확립된 사안에 적용되는 절차이다. 이들은 반복적 청구(repetitive applications), 즉 이미 유사한 사실관계에 대해 재판소가 명확한 기준을 제시한 경우, 이를 빠르게 적용하여 결정을 내리는 임무를 수행한다. 위원회는 청구의 수용 가능성(admissibility) 여부뿐 아니라, 때에 따라 본안 판단도 내릴 수 있으며, 이는 ECtHR의 절차적 경제성과 예측 가능성을 높이는 데 이바지한다.

7인으로 구성된 소재판부(Chamber)는 ECtHR의 표준적 심리 단위로, 대부분의 본안 판결은 이 단계에서 이루어진다. 각 소재판부는 특정 국가에 배정된 판사를 포함하여 7인의 판사로 구성되며, 수용 가능성 판단과 본안 심리를 병행한다. 소재판부는 협약 해석에 있어 중요한 의미를 지니는 사건들에 대해 실질적 법리 판단을 내리며, ECtHR의 판례를 점진적으로 축적하고 발전시키는 데 핵심적인 역할을 한다. 특히 소부는 협약 제2조(생명권), 제3조(고문금지), 제6조(공정재판권) 등 핵심 조항과 관련한 판결을 다수 담당해 왔으며, 이는 각국 국내 법원에도 상당한 판례적 영향을 미친다.

가장 상위의 절차 단계인 17인의 판사로 구성된 대재판부(Grand Chamber)는 ECtHR의 헌법재판 기능에 가까운 임무를 수행한다. 대재판부는 다음과 같은 경우에 회부될 수 있다: (1) 소재판부의 결정 이후 당사자가 이의신청을 통해 요청하는 경우(협약 제43조), (2) ECtHR 내에서 특별히 중요하다고 판단한 사건을 소재판부에서 직접 회부하는 경우. 대법정은 일반적으로 기존 판례의 변경이나 확장, 혹은 회원국 간 중대한 법적 갈등을 유발할 수 있는 사안에 대해 심리하며, 이에 따라 대법정 판결은 법적 권위와 판례적 선례로서의 중량감이 매우 크다.

이러한 구조는 ECtHR가 유럽 8억 인구의 인권을 다루는 사법기관으로써 감당해야 하는 현실적 과제를 제도적으로 해결하기 위해 정교하게 설계된 것이다. ECtHR은 연간 수만 건의 개인 청구를 접수하며, 이들 사건을 절차적으로 합리화된 방식으로 처리하기 위해 기각의 다단계 체계와 선례 중심의 신속 판결 체계를 병행하고 있다. 한편, 단독판사와 위원회 단계에서 기각된 사건은 통지 없이 결정되기도 하여, 절차적 공정성에 대한 비판도 제기되고 있으나, ECtHR은 전체 시스템의 정당성을 높이기 위해 사건 선정 기준의 투명성과 예측 가능성을 강화하는 노력을 지속하고 있다.

최근에는 필터링 메커니즘의 정교화와 디지털 사건관리 시스템 도입, 그리고 우선 심리제도(priority policy) 운영 등을 통해 조직 전체의 효율성과 응답성을 높이고 있다. 우선 심리제도는 생명권 침해, 고문, 아동 권리 등 중대하고 시급한 인권침해 사안에 대해 심리 우선순위를 부여하는 제도로, ECtHR의 인간 중심적 사법 철학을 잘 보여준다.

결론적으로, ECtHR의 조직 구조는 단순한 행정적 분류가 아니라, 각기 다른 사건 유형에 맞춘 맞춤형 절차적 대응체계이며, 이를 통해 ECtHR은 협약 체계의 실효성을 확보하고, 국제인권법의 발전에 실질적으로 기여하고 있다. 이와 같은 구조적 효율성과 기능적 전문성은 ECtHR이 유럽 내 최후적 인권 보루로서, 나아가 글로벌 인권 사법 체계의 모델로 자리매김하는 데 있어 결정적인 임무를 수행하고 있다.

2. 보충성의 원칙(Subsidiarity)과 국내 법원의 역할

유럽인권재판소(ECtHR)의 핵심적인 제도 원칙 중 하나는 바로 보충성의 원칙(principle of subsidiarity)이다. 이는 유럽 인권협약 체계 전반을 관통하는 헌법적 구조이자, 각국이 인권 보호에 있어 1차적 책임(primary responsibility)을 진다는 점을 명시적으로 전제한다. ECtHR은 국제적인 사법기관으로서 개별 사건에 대해 자율적으로 판단할 수 있는 권한을 가지지만, 그러한 개입은 반드시 국내의 모든 효과적인 구제 수단이 선행적으로 소진되었을 때 한정된다. 이는 단순히 절차적인 조건에 불과한 것이 아니라, 보다 근본적으로는 각국의 법질서와 민주적 제도가 인권 보호를 위해 기능하고 있다는 사법적 신뢰(judicial trust)를 전제로 한 것이다.

이러한 보충성의 원칙은 사법적 겸양(judicial deference)의 한 형태로 기능하면서, ECtHR의 개입을 최소화하고자 하는 헌법적 균형 의식을 반영한다. 다시 말해, 협약은 개별 국가들의 헌법 및 사법 시스템이 기본적으로 인권을 보호하고 있다는 점을 신뢰하고, 그러한 내적 자율성을 존중한다. 이 원칙은 특히 국가별 맥락에 따라 인권이 해석되고 적용되는 여지를 허용함으로써, ECtHR이 모든 국가에 획일적인 기준을 강제하기보다는, 공동의 최소 기준(minimum common standards)을 제시하고 보충적 개입(supplementary intervention)에 머무르도록 구조화된다.

그 결과, 보충성은 ECtHR가 단지 개별 사건의 위법 여부를 판단하는 역할을 넘어서, 국내 사법기관이 협약의 정신에 부합하는 방식으로 인권을 보호하고 있는지를 검토하고, 나아가 이를 촉진하도록 유도하는 규범적 수단이 된다. 예컨대 Demir and Baykara v. Turkey(2008) 판결[1]이나, A v. United Kingdom(1998) 판결[2]에서 보듯, ECtHR은 국가의 입법·사법 체계 내에서 어떠한 보호 조치가 있었는지를 면밀히 검토하고, 필요한 경우 개입의 정당성을 설명하는 방식으로

1) European Court of Human Rights, Demir and Baykara v. Turkey(Application no. 34503/97), Judgment of 12 November 2008(터키의 지방 공무원들이 체결한 단체협약이 국내 법원에 의해 무효가 된 사안으로, 터키 법원은 공무원에게 단결권이 없다는 이유로 해당 협약을 인정하지 않았다. 이에 대하여 ECtHR는 국내 구제 수단이 존재하는 것만으로는 충분하지 않으며, 해당 수단이 협약의 정신에 부합하여 실질적이고 효과적인 인권 보호를 제공해야 한다고 판단하였다. 결과적으로 ECtHR는 국내 사법 절차가 협약상의 기준을 충족하지 못하였음을 이유로 개입의 정당성을 확보하였고, 국내 법원이 협약에 부합하는 방식으로 권리를 보호했는지를 먼저 검토한 후, 그 보호가 미흡할 때만 최후적 수단으로 개입하여 보충성을 실현하였다).

2) European Court of Human Rights, A v. the United Kingdom(Application no. 25599/94), Judgment of 23 September 1998(계부에 의해 심각한 체벌을 당한 아동에 관한 사안으로, 국내 법원에서 합리적 체벌이라는 사유로 가해자가 무죄 판결을 받자, ECtHR은 유럽인권협약 제3조(비인도적, 굴욕적 처우 금지) 위반이라고 판시하면서 영국의 법 체계가 아동을 보호하기 위한 효과적인 수단을 제공하지 못했다고 지적하였다. 이 사안은 ECtHR이 국가의 자율성을 존중하면서도, 인권 보호의 실질적 실패가 있는 경우에는 교정 기능을 수행함으로써 보충성 원칙을 구체화하는 사례로 꼽힌다).

이 원칙을 실천해 왔다.

그러나 이 원칙은 때로 정치적 도구로 왜곡되거나 남용될 우려도 내포하고 있다. 일부 회원국 정부는 보충성의 원칙을 근거로, ECtHR의 판단을 국내 사법체계에 대한 외부적 간섭으로 간주하고, 재판소의 개입을 최소화하려는 방어논리로 활용하기도 한다. 특히 러시아, 헝가리, 터키 등의 사례에서 보듯, 국내 사법기관의 독립성과 인권 보호 역량에 심각한 결함이 있음에도 불구하고, 보충성 원칙을 전면에 내세워 ECtHR의 판단을 형식적으로 회피하려는 경향이 나타나고 있다.

이에 대해 ECtHR은 명확한 입장을 견지하고 있다. 재판소는 보충성의 원칙이 회원국에게 조건 없는 자율성을 보장하거나 면책을 가능케 하는 원칙이 아니라, 오히려 국가가 협약상 인권 보호 의무를 충실히 이행하고 있는지를 검증하는 틀로서 기능해야 함을 반복적으로 강조해 왔다. 이는 보충성이 면책(immunity)이 아닌 책임(responsibility)의 보완이라는 인식에 따라, 국가에 대한 사법적 신뢰와 감시가 공존해야 함을 의미한다.

최근에는 ECtHR 판결뿐 아니라, Brighton Declaration(2012),[3] Brussels Declaration(2015),[4] 그리고 Copenhagen Declaration(2018)[5] 등 여러 정치적 선언을 통해 보충성의 원칙이 명문화되고 있으며, 이를 통해 국내 법원의 협약 해석 능력 강화와 인권 판례의 내재화를 유도하고자 하는 움직임도 활발히 이어지고 있다. ECtHR의 장기적 전략은, 단지 국가의 실패를 시정하는 것이 아니라, 국가 내부에서의 협약 수준의 인권 보호를 제도화하는 것이다 이런 점에서 보충성의 원칙은 국내 법원에 있어 단지 ECtHR의 개입을 제한하는 조건이 아니라, 국가 스스로 인권 보호의 주체임을 강조하고 그 책임을 제도적으로 강화하도록 요구하는 규범적 촉구라고도 할 수 있다.

---

3) High Level Conference on the Future of the European Court of Human Rights, Brighton Declaration. https://www.echr.coe.int/documents/d/echr/2012_brighton_finaldeclaration_eng

4) High-level Conference on the "Implementation of the European Convention on Human Rights, our shared responsibility", Brussels Declaration, 27 March 2015. https://www.echr.coe.int/documents/d/echr/brussels_declaration_eng

5) Copenhagen Declaration, 2018. https://rm.coe.int/copenhagen-declaration/16807b915c

3. ECtHR 판결의 구속력과 이행 메커니즘

유럽인권재판소(ECtHR)의 판결은 단순한 권고(recommendation)가 아니라, 법적 구속력을 가진 국제 판결로서 당사국에 대해 직접적인 법적 의무를 발생시킨다. 협약 제46조 제1항은 명시적으로 "고등 계약 당사국은 재판소의 최종 판결을 이행할 의무를 진다"[6]고 규정하고 있으며, 이는 협약 전체에서 가장 중요한 집행 조항 중 하나로 간주한다. 즉, ECtHR의 판결은 사법적 판단에 그치지 않고, 각국의 법률, 정책, 행정 구조에 실질적인 영향력을 미치는 국제법적 강제력을 수반한다.

이러한 판결의 이행은 단순히 해당 사건의 피해자에게 금전적 보상을 지급하는 것을 넘어서며, 특히 반복적이고 구조적인 협약 위반 사례의 경우에는 제도적, 입법적 개혁(structural or general measures)을 요구하는 방식으로 작동한다. ECtHR은 협약 제41조에 따라 "적절한 만족"(just satisfaction)을 명할 수 있으며, 이는 보통 재산적·비재산적 손해에 대한 배상과 함께, 국가가 반복적 위반의 근원을 제거하기 위한 구조적 시정조치(structural reform)를 수반하게 된다. 이로써 재판소는 단일 분쟁의 해결을 넘어, 협약 체계 내 인권 기준의 내재화와 국가 인권 시스템의 향상을 촉진하는 방향으로 기능한다.

실제 판례에서도 이러한 구조적 접근은 뚜렷하게 나타난다. 예를 들어, 터키에서는 2020년 ECtHR의 판결[7]을 통해 쿠르드계 정치인의 표현의 자유가 침해되었다는 사실이 인정된 바 있고, 그 결과 형사 절차법의 일부가 개정되는 등 실질적 제도 개선이 이루어졌다. 이는 ECtHR 판결이 단순한 개인 구제에 머물지 않고, 국가 차원의 사법 체계 전반에 대해 제도적 변화를 유도하는 역할을 하고 있음을 잘 보여준다. 우크라이나의 경우도 마찬가지로, 2013년 판결[8]에서

---

6) The High Contracting Parties undertake to abide by the final judgment of the Court in any case to which they are parties.

7) European Court of Human Rights, Selahattin Demirtaş v. Turkey(no. 2)(Application no. 14305/17), Judgment of 22 December 2020(이 판결을 통하여 ECtHR 대재판부는 쿠르드계 정치인인 청구인에 대한 구금이 표현의 자유(제10조)를 침해하였다고 판결하면서, 터키 정부가 정치적 반대 의견을 억압하기 위하여 구금을 악용하였다는 점을 강조하였다. 이 판결 이후, 터키의 형사절차법 일부가 개정되는 등 실질적인 제도 개선이 이루어졌다).

8) European Court of Human Rights, Salakhov and Islyamova v. Ukraine(Application no. 28005/08), Judgment of 14 June 2013(이 사건에서 ECtHR은 우크라이나 당국이 수감자에게 적절한 의료 지원을 제공하지 않아 유럽인권협약 제3조(비인도적 또는 굴욕적 처우 금지)를 위반하였다

ECtHR은 수감자의 처우가 협약 제3조(비인도적 처우 금지)를 위반하고 있다고 판단하였고, 이후 교정시설의 환경 개선, 감시체계 정비, 수감자 인권 기준 확립 등의 변화가 나타났다.

또 다른 대표적 사례로는 러시아를 들 수 있다. Hirst v. United Kingdom (No. 2)[9] 사건은 원래 영국에서 제기된 사건으로, 수형자에게 선거권을 전면 박탈하는 것이 제1차 의정서 제3조(선거권 보장)에 위배된다고 판단한 유명한 판결이다. 이 판결은 이후 여러 국가에 영향을 주었으며, 러시아 내에서도 수형자 참정권 문제에 대한 사회적·정치적 논의가 활발히 이어졌다. 러시아는 선거법 개정안을 논의하였으나, 실질적인 개정까지는 이어지지 못했고, 오히려 ECtHR 판결을 정치적 간섭으로 간주하려는 태도를 보여왔다.

이와 같은 갈등 속에서, 2022년 3월 러시아는 유럽평의회(Council of Europe)에서 퇴출되었고, 이에 따라 ECtHR의 관할권에서도 벗어나게 되었다. 다만 ECtHR은 협약 제58조에 따라, 퇴출일 기준인 2022년 9월 16일 이전에 접수된 사건에 대해서는 제한적 관할권(limited residual jurisdiction)을 유지하고 있다. 이는 ECtHR이 정치적 사건의 급변 속에서도 일정한 법적 연속성과 피해자 보호 원칙을 유지하려는 시도라 평가된다.

한편, ECtHR의 판결 이행 여부는 유럽평의회 장관위원회(Committee of Ministers)에 의해 감시된다. 장관위원회는 각국의 이행 보고서를 검토하고, 필요시 해당 국가와의 협의를 통해 구체적인 이행 방식과 일정에 대해 지침을 제시할 수 있다. 특히 이행이 지연되거나 불충분하다고 판단되는 사건에 대해서는 '강화된 감시절차(enhanced supervision)'가 적용되어 보다 적극적이고 지속적인 감시가 이루어진다. 예컨대, 장기 미이행 사례에는 공개 성명, 정치적 압력, 다자 간 회의 등을 통한 외교적·정치적 연성 제재가 가해질 수 있다.

이러한 판결의 강제성과 이행 메커니즘은 ECtHR이 단지 선언적 권위를 가진 국제기구가 아니라, 국가의 입법·사법·행정 구조에 대해 실질적인 영향을

고 판결하였고, 이러한 판결 이후, 우크라이나는 교정시설의 환경 개선, 감시 체계 정비, 수감자 인권 기준 확립 등의 제도적 변화를 추진하였다).

9) European Court of Human Rights, Hirst v. the United Kingdom(No. 2)(Application no. 74025/01), Judgment of 6 October 2005(이 판결은 유럽인권협약 제1차 의정서 제3조(자유 선거권, Right to free elections)에 따라, 영국이 모든 수형자에게 선거권을 전면적으로 박탈한 것이 협약에 위배된다고 판단한 대표적인 사건이다).

행사할 수 있는 법적 기관임을 보여준다. 협약 체계의 실효성은 궁극적으로 이러한 판결 이행을 통해 확보되며, 이것이 ECtHR이 단순한 사후적 구제 수단을 넘어서 유럽 인권 질서의 제도적 수호자로 기능할 수 있는 핵심적 기반이 된다. 이는 ECtHR이 각국의 법체계에 영향을 미치고, 국가 간 인권 기준의 상향평준화를 이루는 데 핵심적 역할을 하고 있다는 점에서 중요한 의미를 지닌다.

4. ECtHR의 기능적 확장과 현대적 역할

유럽인권재판소(ECtHR)는 유럽인권협약 체제 내에서 개인 청구권(individual application)을 중심으로 하는 국제 사법 기관으로 출발했으나, 오늘날에는 단순한 사법 심사기관을 넘어 유럽의 헌법 질서와 규범 체계를 형성하는 규범적 행위자(normative actor)로 자리매김하고 있다. 이러한 확장은 단지 사건 심리의 양적 증가를 의미하는 것이 아니라, ECtHR이 협약 해석을 통해 사회적 진보, 기술 변화, 환경적 도전 등 시대적 흐름에 법적으로 응답하는 사법 기관으로 기능한다는 점에서 중요하다.

핵심적으로 ECtHR은 유럽 인권협약의 해석에 있어 “살아 있는 문서(living instrument)” 접근법을 지속적으로 발전시켜 왔다. 이 해석론은 협약을 제정 당시의 역사적 맥락에 고정시키는 것이 아니라, 현대 사회의 변화하는 가치와 과학·기술·문화적 진화에 따라 동적으로 해석해야 한다는 원칙이다. 이 원칙은 Tyrer v. United Kingdom(1978) 사건[10)]에서 최초로 명시되었으며, 이후 Christine Goodwin v. United Kingdom(2002),[11)] Demir and Baykara v. Turkey(2008)[12)] 등

10) European Court of Human Rights, Tyrer v. the United Kingdom(Application no. 5856/72), Judgment of 25 April 1978(이 사건은 Isle of Man에서 15세 소년에게 신체적 체벌인 태형을 내린 것이 ECHR 제3조(비인도적 처우 금지)에 위반되는지를 다투었고, ECtHR은 협약은 살아있는 문서이며, 그 해석은 현대 사회의 규범적 기준과 일치해야 한다고 선언하였다).

11) European Court of Human Rights, Christine Goodwin v. the United Kingdom(Application no. 28957/95), Judgment of 11 July 2002(성전환자 여성인 청구인이 성전환 수술 후에도 법적으로 자신의 성별 정정을 인정받지 못하여 혼인 및 연금 수령 등에서 차별을 겪었다고 주장한 사안에서 ECtHR은 성 소수자 권리에 대한 사회적 인식의 변화와 여러 회원국의 법적 조치를 고려하여 이전 판결의 입장을 변경하고 협약 제8조(사생활의 권리) 및 제12조(혼인할 권리) 위반을 인정하였다. 이 판결은 살아 있는 문서 접근법을 적용하여 성 소수자의 권리 확대에 중요한 전환점을 마련한 판결로 평가받는다).

12) European Court of Human Rights, Demir and Baykara v. Turkey(Application no. 34503/97), Judgment of 12 November 2008(터키 지방 공무원들이 체결한 단체협약이 무효화된 것에 대

에서 반복적으로 확인되었다. 이러한 접근은 특히 성소수자 권리, 표현의 자유, 노동권 등 전통적 인권 영역을 현대화하는 데 결정적인 기여를 해왔다.

이러한 기능적 진화는 최근 신흥 인권 이슈(emerging rights issues)의 등장과 함께 더욱 확대되고 있다. ECtHR은 전통적인 시민적·정치적 권리를 넘어서, 다음과 같은 영역에서 선도적인 판례법을 형성하고 있다.

1) 디지털 권리

ECtHR은 Barbulescu v. Romania(2017)[13]에서 고용주의 디지털 감시에 대해 사생활권을 어떻게 조정할 것인가를 판시하며, 정보사회에서의 프라이버시 개념 재구성을 시작했다. 이는 이후 생체인식감시(biometric surveillance), 자동화된 개인정보 처리, 알고리즘적 결정에 대한 이의제기권 등으로 논의가 확장되고 있으며, 유럽평의회의 인공지능에 관한 특별위원회(Ad hoc Committee on Artificial Intelligence, CAHAI)가 2021년 발표한 AI와 인권에 대한 프레임워크 보고서[14]를 발표하였다. 이 보고서는 인공지능 시스템의 설계, 개발 및 적용이 인권, 민주주의, 법치주의에 부합하도록 보장하기 위한 법적 프레임워크의 요소들을 제시하고 있다. 이후, 2024년 유럽평의회는 '인공지능과 인권, 민주주의 및 법치주의에 관한 프레임워크 협약'[15]을 채택하였으며, 2024년 9월 5일부터 서명을 위하여 개방되었다. 이 협약은 인공지능 시스템 전반에서 인권, 민주주의, 법치주의를 완전히 준수하도록 보장하는 것을 목표로 한다. 이러한 문서들은 ECtHR의 향후 판례방향에 중요한 참조점으로 작용할 것으로 예상된다.

하여 협약 제11조(결사의 자유, Freedom of assembly and association) 침해 여부가 쟁점이 된 사안에서 ECtHR은 과거 협약이 공무원 단결권까지 포함한다고 보지 않았던 태도에서 벗어나 국제 인권 기준과 사회, 국제법의 진보를 반영하여 새로운 기준을 설정하였다).

13) European Court of Human Rights, Bărbulescu v. Romanian(Application no. 61496/08), Judgment of 5 September 2017(이 사건에서 ECtHR은 고용주가 직원의 전자 통신을 모니터링한 것이 유럽인권협약 제8조(사생활의 권리)를 침해하였다고 판결하였다).

14) Possible elements of a legal framework on artificial intelligence, based on the Council of Europe's standards on human rights, democracy and the rule of law, CM(2021), 173-133, 17 December 2021, https://rm.coe.int/possible-elements-of-a-legal-framework-on-artificial-intelligence/1680a5ae6b

15) Council of Europe, Council of Europe Framework Convention on Artificial Intelligence and Human Rights, Democracy and the Rule of Law, https://rm.coe.int/ai-convention-brochure/1680afaeba

2) 생명윤리 및 의학적 자기결정권

Lambert v. France(2015) 사건[16]은 생명 유지 치료의 중단이 인권침해인지 여부를 다룬 사건으로, ECtHR은 인간의 존엄과 사적 자율성 간의 긴장 관계 속에서 협약 제8조(사생활권)를 중심으로 윤리적 결정의 법적 정당성을 구성해냈다. 이는 생명권 중심의 절대주의 해석에서 벗어나 보다 복합적인 현대 생명윤리 논의로 나아간 중요한 판례다.

3) 기후 변화와 인권

최근 들어 ECtHR은 환경 문제와 기본권 간의 연결성에 주목하고 있으며, 이는 기후변화 대응 실패가 인간의 생명권과 사생활권을 침해할 수 있다는 전제 하에 사건을 심리하는 흐름으로 나타나고 있다. 그 대표적인 사례가 Klimaseniorinnen v. Switzerland(2023) 사건[17]이다. 스위스 여성 노년층이 정부의 불충분한 기후 정책이 고령자 집단의 생명권(제2조)과 사생활권(제8조)을 침해한다고 주장한 이 사건은, 환경 조건을 헌법적 권리로 사법화할 수 있을지를 가르는 중대한 시험대로 평가된다. 이는 기후정의(climate justice) 담론을 국제인권 법정에 본격적으로 도입하려는 최초의 시도로서, 향후 ECtHR이 전통적 인권 보호를 넘어 생태적 헌법 해석(ecological constitutionalism)을 수용할지를 결정지을 수 있다.

이러한 현대적 역할의 확장은 단지 ECtHR 내부의 해석 전략에 그치지 않고, 유럽평의회와의 제도적 연계 전략과도 밀접히 연결되어 있다. 예를 들어,

---

16) European Court of Human Rights, Lambert and Others v. France(Application no. 46043/14), Judgment of 5 June 2015(이 사건은 식물인간 상태에 있는 환자의 생명 유지 치료 중단이 유럽인권협약 제2조(생명권)를 위반하는지를 다룬 사례로 의료진의 치료 중단 결정이 프랑스 법률에 부합하며 합법적이라고 판단한 프랑스 최고행정법원의 결정이 협약을 위반하지 않는다고 판단하였다. 이 판결은 생명권과 개인의 자율성 간의 균형을 어떻게 설정한 것인가에 대한 중요한 설례를 제시하였고, 특히, 생명 유지 치료 중단이 반드시 생명권의 절대적 침해가 아니며, 개인의 존엄성과 자율성을 고려한 결정이 될 수 있다는 점을 보여준 중요한 사례로 평가받고 있다).

17) European Court of Human Rights, Verein Klima Seniorinnen Schweiz and Others v. Switzerland (Application no. 53600/20), Judgment of 9 April 2024(이 판결에서 ECtHR은 스위스 정부가 기후 변화 완화 조치를 적시에 적절하고 일관되게 시행하지 못함으로써 협약 제8조(사생활의 권리)를 위반하였다고 판결하였다).

Council of Europe의 'Rights of the Child Strategy 2022-2027'[18]은 디지털 환경에서의 아동 인권 보호를 핵심 과제로 삼고 있으며, 이는 ECtHR이 아동에 대한 알고리즘적 차별, 프라이버시 침해, 사이버폭력 등에 적극적으로 대응할 필요성을 제도적 수준에서 뒷받침하고 있다. 이외에도 Copenhagen Declaration(2018)[19]은 ECtHR이 유럽 사회의 민주적 정당성을 확보하기 위해 보다 투명하고 국가별 맥락에 민감한 방식으로 판결해야 함을 강조하며, 국가와의 파트너십에 기초한 규범 형성 전략을 강화하고 있다.

그뿐만 아니라, ECtHR은 다른 국제사법 기구들과의 연계성을 높이며 글로벌 인권법 질서의 형성에도 실질적인 영향력을 미치고 있다. 미주인권재판소(IACtHR), 아프리카인권재판소, 유엔 자유권위원회 등은 ECtHR의 판례를 자국 또는 지역 인권 해석에 참고하거나, 판례의 핵심 논리를 수용하고 있다. 이로써 ECtHR은 유럽이라는 지리적 범위를 넘어선 '글로벌 인권 판례의 기준점(global jurisprudential benchmark)'으로 작용하고 있다.

결론적으로, ECtHR의 기능은 시대의 흐름에 따라 점진적이고 전략적으로 진화하고 있으며, 이는 단순한 법적 역할의 확장이 아닌, 정치적·윤리적 정당성을 담보하는 헌법적 기제로서의 전환을 의미한다. ECtHR은 이제 더 이상 기존 질서의 수호자에 머무르지 않고, 인권 개념의 경계를 넓히고 새로운 인권 의제의 법적 언어를 구성하는 창조적 기관으로 자리하고 있다. 이러한 역할은 21세기적 도전에 대응하는 유럽의 사법적 상상력을 대표하는 동시에, 정치적 불확실성과 기술적 변동 속에서 인권의 항로를 안정시키는 나침반으로 기능하고 있다.

Ⅲ. 주요 판례를 통해 본 ECtHR의 영향력

유럽인권재판소(ECtHR)는 지난 수십 년간 협약 당사국들의 사법, 입법, 행정 작용에 대해 실질적 기준을 제공하는 국제 사법기구로서 기능해 왔다. 특히 ECtHR의 판례법(case law)은 단지 분쟁 해결을 넘어, 유럽의 헌법적 질서를 형

18) Council of Europe Strategy for the Rights of the Child(2022-2027). https://rm.coe.int/council-of-europe-strategy-for-the-rights-of-the-child-2022-2027-child/1680a5ef27

19) Copenhagen Declaration, 2018. https://rm.coe.int/copenhagen-declaration/16807b915c

성하고 인권의 해석 가능성과 적용 범위를 확장하는 규범적 프레임워크를 구축하는 데 기여해 왔다. 다음에 소개하는 주요 판례들은 ECtHR이 어떠한 방식으로 국가 권력을 통제하고, 인권 보장에 실질적이고 구조적인 변화를 유도했는지를 보여주는 대표적 사례들이다.

1. Soering v. the United Kingdom(1989)[20)]

이 사건은 독일 국적의 피고인 엔스 죄링(Jens Soering)이 영국에 구금된 상태에서 사형 제도가 시행 중인 미국 버지니아주로의 범죄인 인도 요청이 접수된 데서 비롯되었다. 영국은 범죄인 인도 조약에 따라 송환을 준비했으나, ECtHR은 이 사건에서 영국이 쇠링을 미국으로 인도하는 것이 유럽인권협약 제3조를 위반한다고 판시하면서 중요한 법적 원칙을 확립했다. 재판소는 유럽인권협약 제3조(고문금지, 비인도적 처우 금지)를 근거로, 미국의 사형집행 제도가 극도로 잔인하고 비인도적인 처우 가능성을 내포한다고 판단하였다.

이 사건은 다음과 같은 점에서 획기적인 선례가 되었다.

첫째, ECtHR이 협약의 역외 적용(extra－territorial application) 가능성을 명확히 한 첫 사례로, 범죄인이 다른 나라로 이송되기 전이라도 그 국가에서 인권 침해 가능성이 높다면 송환 자체가 금지될 수 있음을 판시하였다.

둘째, 인권 보호가 단지 사법 절차 내부의 문제에 국한되지 않고, 국제 형사사법 협력 및 외교 관계 전반에까지 영향을 미칠 수 있다는 사실을 재확인하였다.

이 판결 이후 캐나다, 독일, 프랑스 등에서도 사형국으로의 범죄인 인도 거부 판례가 확산되었으며, 유엔 고문방지협약(CAT)과의 교차 해석에서도 인용되는 사례가 되었다.

---

20) European Court of Human Rights, Soering v. the United Kingdom(Application no. 14038/88), Judgment of 7 July 1989.

2. Dudgeon v. the United Kingdom(1981)[21]

이 사건에서 ECtHR은 북아일랜드에서 동성 간 성행위를 범죄로 규정한 형법 조항이 유럽인권 협약 제8조(사생활의 보호)를 부당하게 침해한다고 판결하였고, 동성 간 성행위를 범죄로 규정하는 것이 더 이상 정당화될 수 없다고 판단하였다. 이 사건은 유럽 차원에서 동성애 처벌이 공공도덕이라는 국가의 정당화 논리에 의해 무제한적으로 허용될 수 없으며, 성적 지향은 사생활의 본질적인 영역에 속한다는 점을 선언한 첫 국제사법 판단이었다.

이 판결의 영향력은 이후 Norris v. Ireland(1988),[22] Modinos v. Cyprus(1993)[23] 등 유사한 판례로 확장되었고, 유럽 전역에서 동성애 비범죄화의 제도적 촉진제 역할을 했다. 또한, ECtHR은 사생활권의 해석에 있어 '살아 있는 문서(living instrument)' 해석론을 통해 사회적 인식의 변화를 반영할 수 있음을 확인하였다. 이 판결은 성소수자 권리의 국제인권법적 지위 형성에 있어 출발점이 되었고, 유엔 자유권위원회나 미주인권재판소의 유사한 판결에도 직접적으로 인용되었다.

3. Hirst v. the United Kingdom(No. 2)(2005)[24]

이 사건은 영국이 수형자 전체에 대해 선거권을 전면 금지한 법률이 유럽인권협약 제1차 의정서 제3조(자유 선거권 보장)에 위반된다는 주장을 둘러싼 것이었다. ECtHR는 헌법적 질서와 형사 정책상의 자율성이라는 국가의 논리를 인

21) European Court of Human Rights, Dudgeon v. the United Kingdom(Application no. 7525/76), Judgment of 22 October 1981.

22) European Court of Human Rights, Norris v. Ireland(Application no. 10581/83), Judgment of 26 October 1988(아일랜드 동성애 권리 운동가인 청구인은 동성 간 성행위를 범죄로 규정하고 있는 아일랜드의 법률이 사생활에 대한 권리를 침해한다고 주장하였고, 이에 대하여 ECtHR은 해당 아일랜드의 법률이 개인의 사생활에 관한 권리를 부당하게 침해한다고 판결하였다. 이 판결 이후, 아일랜드는 1993년 관련 법률을 개정하여 동성 간 성행위를 합법화하였다).

23) European Court of Human Rights, Modinos v. Cyprus(Application no. 15070/89), Judgment of 22 April 1993(키프로스의 동성애 권리 운동가인 청구인은 동성 간 성행위를 범죄로 규정하고 있는 키프로스 형법으로 인하여 지속적인 불안과 두려움을 느낀다고 주장하면서 해당 법률이 유럽인권협약 제8조(사생활의 권리)를 위반한다고 주장하였다. ECtHR은 해당 법률이 개인의 사생활에 대한 권리를 부당하게 침해한다고 판결하였고, 이 판결 이후 키프로스는 1998년 관련 법률을 개정하여 동성 간 성행위를 합법화하였다).

24) European Court of Human Rights, Hirst v. the United Kingdom(No. 2)(Application no. 74025/01), Judgment of 6 October 2005.

정하면서도, 완전한 선거권 박탈은 비례성의 원칙에 어긋난다고 판시하였다.

이 판결은 다음과 같은 법적 기준을 세웠다.

첫째, 수형자의 정치적 권리 역시 시민권의 일부이며, 범죄 유죄 판결만으로 선거권을 자동적으로 박탈하는 것은 과도하다는 점을 강조하였다.

둘째, '사회계약의 위반'이라는 수형자 권리 박탈의 전통적 논리에 도전하는 내용으로서, 자유민주주의 내에서 형벌과 시민권의 관계를 재검토하게 하는 계기를 마련하였다.

이 판결 이후 이탈리아, 러시아, 터키 등 여러 국가에서 수형자 선거권에 대한 입법 및 사법적 논의가 촉발하였다. 영국은 이 판결에 대해 장기간 이행을 거부하다가 결국 일부 제한적 수정을 도입하게 되었고, 이 과정은 ECtHR 판결의 국내 정치와의 갈등 양상을 보여주는 대표적 사례로 남았다.

4. Bayev and Others v. Russia(2017)[25)]

이 사건은 러시아에서 제정된 '동성애 선전 금지법'이 표현의 자유(제10조)와 차별금지 원칙(제14조)에 위반된다는 주장을 다룬 판례이다. 청구인들은 공공장소에서 동성애에 대한 긍정적인 메시지를 담은 시위를 벌였으며, 이에 따라 행정적 처벌과 벌금을 부과받았다. 청구인들은 해당 법률이 유럽 인권협약 제10조(표현의 자유)와 제14조(차별금지 원칙)를 위반한다고 주장하였다. ECtHR은 해당 법률이 실제로 성소수자에 대한 낙인을 강화하고, 공적 담론에서 이들의 목소리를 억압하며, 차별을 제도화하는 효과를 가져왔음을 인정하면서 해당 법률이 협약 제10조 및 제10조와 연계한 제14조를 위반한다고 판결하였다.

이 판결의 중요성은 다음과 같다:

첫째, ECtHR은 성소수자 인권의 보호를 단지 사적 영역이 아니라 공적 참여의 영역에서도 보장받아야 할 권리로 확장시켰다.

둘째, 이 사건은 국가가 '전통적 가치'를 앞세워 소수자 인권을 침해할 경우, 그것이 협약의 규범적 핵심에 정면으로 위배된다는 점을 분명히 했다.

이 판결은 성소수자의 권리가 공공 영역에서도 보호받아야 함을 명확히 하

25) European Court of Human Rights, Bayev and Others v. Russia(Application nos. 67667/09), Judgment of 20 June 2017.

였으며, 국가가 '전통적 가치'를 이유로 소수자의 인권을 제한하는 것이 정당화될 수 없음을 분명히 하였다. 이 판결은 이후 유럽 내 다른 국가들의 유사한 법률에 대한 재검토를 촉진하는 계기가 되었다.

5. 판례를 통한 제도적 영향과 규범의 내재화

이상의 판례들은 단지 개별 사건의 해결에 그치지 않고, 국가의 입법 및 사법 체계를 장기적으로 재구성하게 만드는 '구조적 영향력(structural impact)'을 보여준다. ECtHR의 판례는 유럽 각국의 헌법재판소, 최고법원, 입법기관에서 직접 인용되거나, 법 개정의 근거로 활용되고 있다. 이는 곧 ECtHR이 실질적인 '유럽의 헌법재판소'로서 기능하고 있다는 증거이며, 이를 통해 국가 권력의 한계를 설정하고, 인권 보장의 최종 보루로서의 지위를 확보하고 있다.

또한 이러한 판례는 유럽 외 지역에서도 광범위하게 인용되며, 국제인권법의 보편적 해석 기준으로 기능하고 있다. 미주인권재판소, 유엔 자유권위원회, 아프리카인권재판소 등도 ECtHR의 논리 구조와 판단 원칙을 준거점으로 삼고 있으며, 이는 ECtHR이 단지 유럽 내부의 법질서에 국한되지 않고, 글로벌 인권 판례법의 준거 모델로 작동하고 있음을 시사한다.

IV. ECtHR의 오늘날의 과제와 대응

오늘날 ECtHR은 다양한 도전에 직면해 있다.

첫째, 재판소의 과도한 사건 적체(backlog) 문제가 심각하다. 매년 수만 건의 사건이 접수되며, 특히 우크라이나, 러시아, 터키, 루마니아, 이탈리아 등에서 온 사건들이 전체의 상당수를 차지하고 있다. 이에 대한 대응으로 14차 의정서는 명백히 이유가 없는 청구를 걸러내는 절차를 도입하였고, 최근에는 디지털화 및 인공지능 기반 분류 시스템 도입도 논의되고 있다.

둘째, 회원국의 정치적 불복종(political backlash) 문제도 지속되고 있다. 예컨대, 러시아는 2022년 우크라이나 침공 이후 유럽평의회에서 제명되었으며, 이에 따라 ECtHR의 관할권에서 벗어났다. 이로 인해 수천 건의 러시아 관련 사건이 무력화될 위기에 처해 있으며, 이는 ECtHR의 권위와 실효성에 대한 심각한 도전이다. 헝가리, 폴란드 등 일부 동유럽 국가에서는 재판소의 판결을 "외부 간섭"으로 간주하고 헌법을 근거로 불복하는 사례가 늘고 있다.

셋째, ECtHR은 기후변화, 디지털 권리, 난민 문제 등 새롭게 등장한 인권 쟁점들에 대한 법적 기준을 확립해야 하는 과제에 직면해 있다. 2023년 기준, 재판소에는 기후변화가 아동과 노인의 생명권과 사생활을 침해한다고 주장하는 청구가 다수 접수되었으며, 이와 관련한 최초의 판결이 2024년 중 발표될 예정이다. 이는 ECtHR이 전통적인 인권 범주를 넘어 '지속가능한 삶의 조건'에까지 판례법을 확장할 수 있음을 보여준다.

넷째, ECtHR은 인공지능과 알고리즘 결정(AI decision－making)에 의한 차별 문제에 대해서도 초기 판단을 내리기 시작하였다. 자동화된 사회복지 배당, 얼굴인식 기술, 디지털 감시 등은 사생활 보호(제8조)와 차별금지(제14조)에 대한 새로운 해석을 요구하고 있다.

▌주요 참고문헌

Ⅰ. 국제·지역 인권재판소 판결 및 권고

European Court of Human Rights, *Tyrer v. the United Kingdom*(Application no. 5856/72), Judgment of 25 April 1978.

European Court of Human Rights, *Dudgeon v. the United Kingdom*(Application no. 7525/76), Judgment of 22 October 1981.

European Court of Human Rights, *Norris v. Ireland*(Application no. 10581/83), Judgment of 26 October 1988.

European Court of Human Rights, *Soering v. the United Kingdom*(Application no. 14038/88), Judgment of 7 July 1989.

European Court of Human Rights, *Modinos v. Cyprus*(Application no. 15070/89), Judgment of 22 April 1993.

European Court of Human Rights, *A v. the United Kingdom*(Application no. 25599/94), Judgment of 23 September 1998.

European Court of Human Rights, *Christine Goodwin v. the United Kingdom*(Application no. 28957/95), Judgment of 11 July 2002.

European Court of Human Rights, *Hirst v. the United Kingdom*(No. 2)(Application no. 74025/01), Judgment of 6 October 2005.

European Court of Human Rights, *Demir and Baykara v. Turkey*(Application no. 34503/97), Judgment of 12 November 2008.

European Court of Human Rights, *Salakhov and Islyamova v. Ukraine*(Application no. 28005/08), Judgment of 14 June 2013.

European Court of Human Rights, *Lambert and Others v. France*(Application no. 46043/14), Judgment of 5 June 2015.

European Court of Human Rights, *Bayev and Others v. Russia*(Application no. 67667/09), Judgment of 20 June 2017.

European Court of Human Rights, *Bărbulescu v. Romania*(Application no. 61496/08), Judgment of 5 September 2017.

European Court of Human Rights, *Selahattin Demirtaş v. Turkey*(No. 2)(Application no. 14305/17), Judgment of 22 December 2020.

European Court of Human Rights, *Verein KlimaSeniorinnen Schweiz and Others v. Switzerland*(Application no. 53600/20), Judgment of 9 April 2024.

II. 학술서적 및 논문

High Level Conference on the Future of the European Court of Human Rights, *Brighton Declaration*(2012), https://www.echr.coe.int/documents/d/echr/2012_bright-on_ finaldeclaration_eng

High-level Conference on the “Implementation of the European Convention on Human Rights, our shared responsibility”, *Brussels Declaration*, 27 March 2015, https://www.echr.coe.int/documents/d/echr/brussels_declaration_eng

Copenhagen Declaration(2018), adopted at the High-Level Conference, 12-13 April 2018, https://rm.coe.int/copenhagen-declaration/16807b915c

Council of Europe, *Possible elements of a legal framework on artificial intelligence, based on the Council of Europe's standards on human rights, democracy and the rule of law*, CM(2021), 173-133, 17 December 2021, https://rm.coe.int/possible-elements-of-a-legal-framework-on-artificial-intelligence/1680a5ae6b

Council of Europe, *Strategy for the Rights of the Child(2022-2027)*, https://rm.coe.int/council-of-europe-strategy-for-the-rights-of-the-child-2022-2027-child/1680a5ef27

Council of Europe, *Framework Convention on Artificial Intelligence and Human Rights, Democracy and the Rule of Law*, https://rm.coe.int/ai-convention-brochure/1680afaeba

제 3 장

보편적 인권에 대한 도전

Ⅰ. 서론 – 인권의 '보편성'은 여전히 유효한가?

인권은 모든 인간이 태어날 때부터 가지는 불가침의 권리로 이해되어 왔다. 이러한 인식은 1948년 유엔 총회에서 채택된 "세계인권선언"(Universal Declaration of Human Rights, UDHR)에 집약되어 있다. 그러나 21세기 들어 이러한 인권의 '보편성'에 대한 도전이 거세지고 있다. 다양한 문화권, 정치 체제, 종교적 배경을 가진 국가들 사이에서 인권의 내용과 적용 방식에 대한 합의가 점점 더 어려워지고 있으며, 특히 서구 중심의 인권 패러다임에 대한 비판이 강화되고 있기 때문이다.

이 장에서는 인권의 보편성 개념에 대한 주요 도전을 소개하고, 그에 대응하는 학술적 논의 및 법적 쟁점들을 분석한다. 특히 문화 상대주의, 국가 주권 논리, 안보 및 감시체제의 강화, 디지털 환경의 변화, 탈식민주의 담론 등 다양한 측면에서 보편적 인권에 대한 도전을 살펴본다.

Ⅱ. 문화 상대주의와 인권: '다름'의 인정인가, 인권의 후퇴인가?

1. 문화적 다양성과 인권 보편성의 충돌

인권은 모든 인간에게 공통으로 적용되어야 한다는 점에서 '보편성'이라는 특징을 전제로 한다. 그러나 현실 세계는 다양한 문화와 전통, 종교적 신념으로 구성되어 있으며, 이들은 종종 인권의 내용과 적용 방식에 있어 서로 다른 기준을 제시한다. 이러한 배경에서 문화 상대주의는 인권의 보편성에 대한 하나의 대안적 시각으로 제기되어 왔다. 이 입장은 각 문화가 고유한 윤리 체계와 삶의 방식을 갖고 있으며, 인권 역시 그 문화적 특수성 안에서 해석되어야 한다고 주장한다.

문화 상대주의자들은 특히 서구에서 형성된 인권 담론이 자신들의 역사적, 사회적 경험을 보편적인 기준으로 제시하는 방식에 대하여 비판의 목소리를 높여왔다. 1990년대 동아시아에서 대두된 '아시아적 가치'에 관한 논쟁은 이러한 입장을 대표한다.[1] 이 논의는 공동체 중심의 질서, 효(孝)와 충(忠) 같은 유교적 덕목, 경제적 발전 우선의 가치관을 근거로 서구식 자유와 권리 중심의 인권관을 상대화하려 했다. 이슬람권에서는 샤리아 법체계가 인권의 내용과 적용에 있어 독자적인 기준을 형성하고 있으며, 아프리카에서는 공동체의 조화와 상호 의무에 바탕을 둔 윤리가 서구적 개인주의에 기초한 인권 개념과 충돌하는 양상을 보인다.

이러한 논의는 정치적 구호나 수사적 차원을 넘어 국제인권 규범의 정당성과 타당성에 관한 본질적인 질문으로 이어진다. 과연 보편적 인권의 개념이 문화적 다양성을 넘어 일률적인 형태로 존재할 수 있는지, 아니면 각기 다른 문화적, 전통적 특수성에 따라 그 내용과 적용 방식이 재구성될 수 있는지에 대한 문제 제기이다. 이러한 질문은 단지 이론적 차원의 성찰에 머물지 않고 법적, 제도적 실천, 국제사회의 개입, 외교적 판단 등 실질적 차원에서의 긴장과 갈등을 불러일으킨다. 이러한 의미에서, 인권의 보편성과 문화적 특수성 간의 균형을 어떻게 설정할 것인가라는 과제는 오늘날 국제사회가 직면한 가장 도전적인 이슈 가운데 하나로 남아 있다.

2. 문화 상대주의에 대한 비판과 반론

문화 상대주의가 강조하는 다양성과 맥락 존중은 인권 담론에 유익한 통찰을 제공한다. 그러나 이 입장이 지나치게 적용될 경우, 오히려 인권 침해를 정당화하는 도구로 사용될 위험도 내포하고 있다. 특히 여성 할례(Female Genital

---

1) Hyungjoon Jun, Beyond Asiatic Perfectionism – Reflections on the legitimacy of Enforcing Morality and Hopes for Human Nature through an in-depth study on 'Asian values' and Asiatic Perfectionism, 2021, 41-45.

Mutilation, FGM), 강제 결혼, 명예살인, 동성애 형사 처벌 등의 사례에서, 문화적 전통이라는 이유로 인권의 기본 원칙이 무시되는 경우가 존재한다.

이러한 상황을 우려하여 인권은 개별 문화에 상대적인 것이 아니라 인간의 존엄에 대한 보편적 이해에 기초해야 한다는 주장이 제기된다. 인권은 문화에 따라 변화하는 것이 아니라, 인간 존재의 보편적 조건에서 도출되는 것으로 간주하며, 특정한 문화가 인권을 제한하거나 부정할 경우, 그것은 보편적 가치의 이름으로 비판될 수 있어야 한다. 이러한 관점은 '인권은 개인의 최종 방어선'이라는 인식에 기반하여, 어떤 문화적 전통이나 관습도 그 방어선을 침해할 수 없다는 원칙을 견지한다.[2)]

한편, 문화 상대주의와 보편주의 사이의 경직된 이분법을 넘어서려는 시각도 제기된다. 특정 문화의 전통 내부에서도 인권적 해석의 가능성을 모색할 수 있으며, 이를 통해 보편성과 특수성 간의 '해석학적 대화'를 시도할 수 있다는 주장이다.[3)] 이는 서구 중심의 인권 모델을 일방적으로 수용하거나, 반대로 지역 전통을 절대화하는 이분법적 접근을 지양하고, 각 문화 내부에서 비판과 성찰을 통해 인권의 의미를 재구성하려는 노력을 강조한다.

이러한 논의는 인권을 외재적 강제력이 아닌 내재적 설득의 결과로 만들어 가야 한다는 점을 시사한다. 문화 상대주의가 비판받는 지점은, 그것이 인권의 후퇴로 이어질 때이며, 반대로 문화적 다양성에 기반해 보편적 인권을 더욱 정당하게 정립할 수 있다면, 그것은 인권의 심화를 의미하게 된다.

3. 한국 사회에서의 적용: 유교 전통, 젠더, 그리고 인권

한국 사회 또한 문화 상대주의와 인권의 긴장 속에서 다양한 사회적 갈등을 경험해왔다. 한국은 유교적 가족주의, 권위주의적 정치문화, 공동체 중심의 도덕·윤리가 오랜 기간 사회 규범의 중심을 이루었다. 이러한 배경은 근대적 인권 담론의 수용에 있어 양면적 효과를 낳았다. 한편으로는 공동체적 연대와

2) Jack Donnelly, Universal Human Rights in Theory and Practice, 3rd ed. Ithaca, NY: Cornell University Press, 2013.

3) Abdullahi Ahmed An-Na'im, Human Rights in Cross-Cultural Perspectives: A Quest for Consensus. Philadelphia: University of Pennsylvania Press, 1992.

책임감이라는 긍정적 자산을 제공했지만, 다른 한편으로는 여성, 성 소수자, 이주민과 같은 소수자에 대한 권리 인정에 있어 제약으로 작용했다.

예를 들어, '가부장적 질서'는 가정폭력이나 성차별을 사적인 영역의 문제로 간주하게 했고, 가족 내부에서의 권력 구조는 아동이나 여성의 인권을 구조적으로 약화했다. 또한 사회적 질서를 중시하는 문화는 표현의 자유, 정치적 다양성, 공적 토론에 대한 제약으로 이어지기도 했다. 이러한 현실은 단순히 법률 개정이나 제도적 정비만으로는 해결되지 않는, 더욱 깊은 문화적 성찰을 요구한다.

최근 들어 한국 사회는 급속한 민주화와 세계화 과정을 거치면서 이러한 문화적 한계를 재검토하고 있다. 젠더 평등, 차별금지법, 다문화 정책 등은 그동안 주변화되어왔던 권리 담론을 공론장으로 끌어내고 있으며, 특히 청년 세대는 인권에 대한 감수성과 문제의식이 이전보다 높아진 모습을 보인다. 이러한 변화는 보편적 인권 개념을 일방적으로 수입하는 것이 아니라, 한국 사회 고유의 윤리적 자원과 접목하여 새로운 형태의 '적용할 수 있는 보편성'을 구축해 나가는 과정으로 볼 수 있다.

4. 소결론

문화 상대주의는 인권의 보편성에 대한 강력한 비판이자, 동시에 새로운 가능성의 공간이기도 하다. 문제는 '다름'을 어떻게 해석할 것인가에 있다. 그것이 인권의 상대화를 통해 침묵과 억압을 정당화하는 방식으로 기능할 때, 문화는 인권의 적이 된다. 그러나 반대로, 다양한 문화적 맥락에서 인권을 더욱 풍부하게 해석하고 정착시킬 수 있는 기반으로 활용될 때, 문화는 인권의 동반자가 될 수 있다. 이러한 관점에서, 인권법을 공부하는 법학도는 보편성과 다양성 사이의 긴장을 이해하고, 법적 해석과 입법 실무에서 이를 어떻게 조화시킬 수 있을지를 고민해야 한다. 문화 상대주의는 인권에 대한 도전인 동시에, 인권을 더욱 보편적으로 만들기 위한 대화의 출발점이 될 수 있다.

Ⅲ. 국가 주권과 인권: 국제인권법의 실효성 위기

1. 인권의 보편성과 국가 주권 사이의 구조적 긴장

국제인권법은 인간의 존엄과 기본권을 보장하는 것을 목적으로 하지만, 실제로 이를 이행하고 강제하는 데에는 국가 주권이라는 구조적 제약이 존재한다. 인권이 보편적 권리라면, 그 침해에 대해서는 국경을 초월한 대응이 가능해야 한다. 그러나 국제법의 기본 틀은 여전히 국가를 핵심 주체로 설정하며, 각국의 주권은 외부 개입에 대한 방패 역할을 한다.

국제인권 조약들은 종종 "국가의 국내 관할권 범위 내 조치"라는 단서를 포함함으로써, 인권 보호 의무를 일정 부분 국내 사정에 의존하게 만든다. 특히 국제사회가 한 국가의 인권 침해에 대해 개입하려 할 경우, 그 정당성과 실효성은 심각한 정치적 논쟁에 휘말리기 쉽다. 유엔 안전보장이사회(UN Security Council)의 구조는 이러한 한계를 적나라하게 보여 준다. 상임이사국의 거부권 행사만으로도 인권 관련 결의안이나 개입 방안이 차단될 수 있기 때문이다.

대표적인 예로는 미얀마 군부에 의한 로힝야족 학살 사태[4]가 있다. 수십만 명이 강제 이주와 집단 학살을 당했지만, 국제사회는 상징적 비난 외에는 실질적 제재 수단을 제대로 가동하지 못했다. 중국의 신장 위구르 지역에서의 대규모 구금과 재교육 캠프 운영,[5] 러시아의 반체제 인사 탄압[6] 등도 마찬가지다. 이러한 사례는 국제인권법이 실질적인 구속력을 갖추지 못한 채 '선언적 수준'에 머무르고 있다는 비판을 부추긴다.

2. 국제형사재판소(ICC)와 아프리카 국가의 반발

국제 인권 침해에 대한 형사적 책임을 묻기 위한 대표적인 기구로는 국제형사재판소(International Criminal Court, ICC)가 있다. 이 기구는 집단살해죄, 전

4) United Nations General Assembly, Report of the independent international fact-finding mission on Myanmar, A/HRC/39/64 (12 September 2018).

5) United Nations Human Rights Office of the high commissioner, OHCHR Assessment of human rights concerns in the Xinjiang Uyghur Autonomous Region, People's Republic of China, 31 August 2022.

6) Amnesty International Report, Russia: Authorities targeting children in their crusade against anti-war dissent, 31 May 2024.

쟁범죄, 반인도적 범죄 등을 저지른 개인에게 국제적으로 책임을 묻는 것을 목표로 한다. 그러나, ICC의 실제 작동 방식은 여러 논란을 낳고 있다.

가장 큰 비판은 '선택적 정의'의 문제이다. 현재까지 기소된 피고인의 상당수가 아프리카 국가 출신이라는 사실은 ICC가 서구 중심의 법 집행을 하고 있다는 비판으로 이어졌다. 이에 따라 남아프리카공화국, 부룬디, 감비아 등 일부 국가는 ICC 탈퇴를 선언하거나 탈퇴를 검토한 바 있다. 이러한 움직임은 국제인권법이 '보편성'을 주장하면서도 특정 지역에 집중된 방식으로 적용되는 데 대한 반감에서 비롯된다.

또한 ICC는 강대국, 특히 미국, 러시아, 중국 등이 가입하지 않거나 관할권을 부인하고 있는 점에서도 구조적 한계를 드러낸다. 예컨대 미국은 자국 군인이나 정치인들이 기소되는 상황을 막기 위해 2002년 '미국 군인의 국제형사재판소 기소로부터의 보호에 관한 법률'[7]을 제정하기까지 했다. 이와 같은 현실은 국제인권법 체계가 국가 간 정치적 힘의 불균형 속에서 얼마나 취약한지를 보여 주는 단면이다.

3. 인권의 정치화와 제도에 대한 신뢰 위기

국제인권법의 적용이 특정 국가나 상황에 따라 편의적으로 이루어진다는 인식은 '인권의 정치화'라는 비판으로 이어진다. 즉, 인권이 근본적 도덕 원칙이라기보다, 지정학적 이익이나 외교적 압박 수단으로 활용되는 경우가 많다는 것이다. 이러한 정치화는 인권 자체에 대한 신뢰를 떨어뜨리고, 국제기구의 정당성에 의문을 제기하게 만든다.

인권을 내세운 국제적 개입이 일관되지 못할 경우, 국제 인권기구는 '이중잣대(double standard)'라는 비판을 피하기 어렵다. 가령, 특정 국가의 인권 침해는 강하게 규탄하면서, 전략적 동맹국의 유사한 문제에는 침묵하거나 약한 대응에 그치는 경우가 그러하다. 이처럼 정치적 고려가 개입된 선택적 개입(selective intervention)은 인권의 보편성과 도덕성을 훼손하게 된다.[8]

7) American Servicemembers Protection Act of 2002 [Public Law 107-206; Enacted August 2, 2002].

8) Makau w. Mutua, Savages, Victims, and Saviors: The Metaphor of Human Rights, 42 Harv.

이러한 신뢰 위기는 인권 조약의 가입과 이행에 대한 국가들의 의지를 약화하고, 장기적으로 국제인권 체제의 권위 자체를 흔들 수 있다. 보편적 인권이 실제로 작동하기 위해서는 법적 기준의 일관성, 정치적 중립성, 제도적 신뢰 회복이 필수적이다.

4. 소결론

국가 주권과 인권 사이의 긴장은 국제인권법의 근본적인 과제이다. 인권은 모든 국가의 경계를 넘어선 윤리적 기준을 지향하지만, 그 실현은 여전히 국가 중심의 국제 질서 안에서 제한된다. 인권을 실질적으로 보호하기 위해서는 제도적 개선만큼이나 정치적 의지와 국제적 신뢰 회복이 병행되어야 한다.

앞으로 국제인권법의 미래는 두 가지 기준에 따라 평가될 수 있을 것이다. 하나는 얼마나 실효성 있게 인권 침해에 대응할 수 있는가, 다른 하나는 그 대응이 얼마나 공정하고 일관되게 적용되는가이다. 국제법을 배우는 법학도로서 이 두 기준을 균형 있게 고민하는 것이야말로, 인권 법학의 실천적 의미를 발견하는 첫걸음이 될 것이다.

Ⅳ. 보편적 인권과 안보의 충돌: 감시사회와 인권의 재구성

1. 테러와 팬데믹 이후의 세계: 비상 상황의 일상화

21세기 초반의 인권 질서는 두 개의 충격적 사건을 거치며 근본적 변화를 겪었다. 첫 번째는 2001년 9월 11일 미국에서 발생한 동시다발 테러, 두 번째는 2019년 말 시작된 COVID－19 팬데믹이다. 이 두 사건은 서로 전혀 다른 성격의 위기였지만, 공통으로 정부가 광범위한 비상 권한을 행사하도록 만들었다는 점에서 인권에 구조적 도전이 되었다.

9.11 이후 미국은 '애국법(Patriot Act)'을 제정하며 국가안보를 명분으로 대규모 감청과 정보 수집 체계를 구축하였다. 이는 국제사회에 영향을 주어, 다수의 민주 국가들도 테러 예방을 위해 표현의 자유, 통신의 자유, 이동의 자유에

Int'l L.J. 201 (2001).

제한을 가하는 조치를 정당화하게 했다. 특히 '프라이버시'에 대한 권리는 테러 예방이라는 공익 앞에서 쉽게 뒷순위로 밀려났다.

비슷한 방식으로, COVID-19 팬데믹 상황에서 각국 정부는 감염병 확산을 통제한다는 명분으로 위치 추적, 출입 기록 확인, 동선 공개 등의 조치를 강행했다. 이러한 조치는 공공보건의 필요성이라는 이유로 정당화되었지만, 동시에 개인의 정보 자기 결정권과 사생활 보호라는 핵심적 권리와의 충돌을 일으켰다. 이처럼 비상 상황이 반복될수록, 한때 예외적이었던 감시와 통제 수단이 점차 일상적 통치 방식으로 정착되고 있다.

2. 디지털 기술의 진화와 인권 개념의 구조적 변화

오늘날 인권에 대한 가장 급진적인 도전은 단순한 국가 권력의 강화가 아니라, 기술 그 자체의 구조적 힘에 기인하고 있다. 인공지능, 빅데이터, 알고리즘 기반 의사결정 시스템은 시민들이 자율적으로 선택하고 행동할 권리를 근본적으로 재구성하고 있으며, 이는 단순히 '감시'라는 전통적 개념을 넘어서는 현상이다.

예컨대 알고리즘은 사용자에게 특정한 콘텐츠를 우선하여 보여 주거나, 개인의 과거 행위나 온라인 흔적을 바탕으로 행동을 예측하고 제한할 수 있다. 이는 플랫폼 사용자의 정보 접근권을 왜곡시킬 뿐 아니라, 차별적 결과를 낳는 의사결정의 자동화 문제로 이어진다. 특히 취업, 금융, 교육, 형사사법 등 다양한 분야에서 알고리즘 기반 분류가 사용되면서, 자동화된 편향(Algorithmic bias)이 특정 사회 집단에 불이익을 주는 사례가 다수 보고되고 있다.

이러한 문제는 더 이상 단순한 개인정보 보호 차원에 그치지 않는다. 데이터의 수집과 분석, 활용, 삭제에 이르기까지 전 과정에서 인간의 존엄과 자율성을 보장할 새로운 권리 개념이 요구되고 있으며, 이는 '디지털 권리(digital rights)'라는 이름으로 확장되고 있다. 여기에는 알고리즘의 작동 방식에 대한 투명성 권리, 데이터 통제권, 익명성 보장, 디지털 환경에서의 표현 자유 등이 포함된다.

3. 제도적 대응: 유럽연합의 GDPR과 AI 규제 시도

디지털 시대의 인권 위협에 대해 가장 선제 대응을 시도하고 있는 지역은 유럽연합(EU)이다. EU는 2018년부터 '일반 개인정보 보호 규정'(General Data Protection Regulation, GDPR)을 시행하여, 개인 데이터의 수집·이용에 대한 엄격한 규범을 설정했다. 이 규정은 단순한 정보 보호를 넘어, 개인이 자신의 데이터에 관해 결정할 권리를 핵심으로 삼는다는 점에서 인권적 의미가 있다. GDPR은 사용자의 동의 없는 정보 수집을 제한하고, 데이터 열람권, 정정권, 삭제권 등을 명문화하고 있다. 또한 데이터 처리 주체가 차별, 차등 대우, 위험성 분석 등을 실시할 경우, 그 내용을 설명하고 정당화해야 할 책임이 있다. 이는 단순한 프라이버시 보호를 넘어, 알고리즘의 공정성과 설명 가능성을 요구하는 기준으로 발전하고 있다.

한편, 유럽연합은 현재 인공지능 규제를 위한 인공지능법[9]이 2024년 6월 13일에 제정되었다. 이 법안은 인공지능 기술을 위험도에 따라 분류하고, 고위험군(AI 사용이 기본권에 영향을 미치는 분야)의 경우 엄격한 투명성과 감시 기준을 요구한다. 예를 들어 안면 인식 기술, 신용평가 알고리즘, 채용 필터링 프로그램 등이 그 대상이 될 수 있다. 이는 인권을 기술 혁신의 장애물이 아니라, 혁신을 인간 중심적으로 설계하기 위한 기준으로 삼는 시도라고 평가된다.

4. 보편적 인권의 재구성과 법학의 과제

위에서 본 바와 같이, 21세기의 인권은 이제 단지 표현의 자유나 투표권 같은 고전적 권리에 머물지 않는다. 정보에 접근할 권리, 자신의 데이터를 통제할 권리, 디지털 공간에서 차별받지 않을 권리 등, 기술적 맥락 속에서 새롭게 구성되는 권리 영역이 핵심으로 부상하고 있다. 이는 인권의 '보편성'을 고전적 개념에서 기술 사회적 조건을 반영한 동적인 개념으로 재정립할 것을 요구한다.

이러한 변화 속에서 법학의 과제는 명확하다. 첫째, 전통적인 인권 개념이 포착하지 못했던 기술적 환경 속 권리 침해를 포착하고 해석할 새로운 법적 언어가 필요하다. 둘째, 기술 규제에 있어서도 단순한 시장 안정이나 산업 육성을

9) EU Artificial Intelligence Act, ELI: http://data.europa.eu/eli/reg/2024/1689/oj

넘어서, 인권 중심의 기준을 제시할 수 있어야 한다. 셋째, 국가가 아닌 기술 기업과 플랫폼이 실질적인 규범 권력을 행사하는 시대에, 법은 누구를 향해 책임을 묻고 어떻게 시민의 권리를 보호할 것인지에 대해 새로운 틀을 제시해야 한다.

감시사회의 도래는 인권의 후퇴만을 의미하지 않는다. 오히려 이는 인권 개념이 한층 성숙하고 현실화하는 계기가 될 수 있다. 다만 이를 위해서는 법학적 상상력과 규범적 감수성, 그리고 기술적 이해가 함께 요구된다.

Ⅴ. 탈식민주의와 인권 담론의 재배치

1. 인권의 역사성과 식민주의의 그림자

국제인권법은 흔히 "보편적 도덕의 언어"로 간주되지만, 그 역사적 기원은 서구 근대의 정치·철학적 전통에 깊이 뿌리를 두고 있다. 『세계인권선언』(UDHR, 1948)이 인권의 보편성을 선언한 이래, 인권은 인간 존엄과 자유의 핵심 가치로 자리 잡았으나, 이 서사는 결코 가치중립적이지 않았다. 18세기 계몽주의, 프랑스 혁명, 미국 독립선언 등에서 도출된 인권 개념은 대부분 서구 백인 남성 중심의 경험과 철학에서 출발했으며, 같은 시기 유럽 제국주의는 광범위한 식민지 지배를 통해 인권과는 정반대의 폭력을 자행하고 있었다.

이러한 모순은 단순한 역사적 아이러니에 그치지 않는다. 탈식민주의 관점에서 보면, 인권 담론은 종종 서구 중심적 권력의 연장선으로 기능해왔다. Makau Mutua는 이를 "구원자－피해자－야만인(savior－victim－savage)" 서사라고 비판한다.[10] 서구는 스스로를 '인권 구원자'로 규정하며, 비서구 세계를 '피해자'로 대상화하고, 기존 문화를 '야만적'이라고 낙인찍는다. 이런 구조 속에서 인권은 도덕적 명분을 앞세운 규율과 간섭의 도구가 될 위험이 있으며, 그 자체로 권력화된 이념이 될 수 있다.

10) Makau w. Mutua, Savages, Victims, and Saviors: The Metaphor of Human Rights, 42 Harv. Int'l L.J. 201 (2001).

2. 지역적 인권 패러다임의 부상: 다원성의 정치학

이에 대한 반작용으로, 다양한 비서구 지역에서는 자기 문화적 맥락에 기반한 인권 이론의 재정립이 시도되고 있다. 이는 단순히 서구 인권 담론에 대한 부정이 아니라, 인권의 정당성을 더욱 폭넓고 실천적인 형태로 확장하려는 시도라고 이해할 수 있다.

1) 아프리카 공동체주의 인권관

아프리카에서는 "우분투(Ubuntu)"로 대표되는 공동체주의 철학이 인권 담론에 반영되고 있다. 이는 인간을 독립된 개인으로 보기보다는, 관계 속 존재로 파악하며, 권리는 공동체적 책임과 분리되지 않는다. 이런 맥락에서 인권은 개인의 권리 이전에 공동체의 화합과 조화를 통해 실현된다. 이는 서구의 개인주의적 인권론과 대비되며, 형사사법이나 분쟁 해결 방식에서도 '화해'와 '복원적 정의' 개념이 강조된다.

2) 이슬람권의 목적론적 해석

이슬람 인권 담론은 종종 샤리아(이슬람 법)와의 긴장을 중심으로 이해되지만, 최근에는 샤리아의 목적론적 해석(maslahah, maqasid al-shariah)을 통해 현대 인권 개념과의 조화를 시도하는 움직임이 늘고 있다. 이는 생명 보호, 종교의 자유, 재산권, 명예와 가정의 존중 등 인간의 기본 이익을 공통적 가치로 인식하고, 이를 통해 인권과 이슬람법의 교차점을 확장하려는 노력이다.

3) 라틴아메리카의 원주민 권리 운동

라틴아메리카에서는 국가 형성과정에서 배제된 원주민 공동체가, 자신들의 문화적 정체성과 자치권을 인권의 이름으로 주장해왔다. 'Buen Vivir(좋은 삶)'이라는 안데스 지역 철학은 개발 중심 인권 모델을 비판하며, 인간과 자연의 조화를 강조하는 공동체적 인권관을 형성하고 있다. 이는 생태적 권리, 문화권, 집단 권리와 같은 새로운 인권 항목들을 국제 담론에 포함하는 데 기여하고 있다.

3. 보편성과 대화 가능성: 긴장과 조율

이처럼 다양한 지역적 인권 서사들은 보편적 인권 개념이 일방적 기준이 아니라, 해석과 대화의 대상이어야 함을 보여 준다. 이는 인권의 상대화를 의미하는 것이 아니라, 보편성이 경직된 규범적 단일성이 아니라, 다양한 맥락에서의 실천 가능성을 모색하는 개념이어야 한다는 주장이다.

Jack Donnelly는 이러한 논쟁을 두고 "상황화된 보편성"이라는 개념을 제안한다.[11] 즉, 인권은 인간의 존엄이라는 핵심 가치를 중심에 두되, 그 구현 방식은 문화, 제도, 역사에 따라 다양할 수 있다는 점을 인정해야 한다는 것이다. 이는 인권의 보편성을 포기하지 않으면서도, 문화적 다양성과 역사적 불균형을 교정하려는 규범적 시도이다.

실제로 유엔 인권이사회(UNHRC)나 지역 인권기구들(OAU, ASEAN 등)도 점점 더 다양한 문화적 맥락을 고려한 방식으로 인권 기준을 재정립하려는 움직임을 보인다. 특히 국제 인권기준의 해석에 있어 문화적 해석 가능성을 허용하거나, 다자주의적 접근을 확대하려는 시도들이 이러한 흐름과 연결된다.

4. 소결론

탈식민주의적 인권 비판은 인권 자체를 거부하는 것이 아니다. 그것은 오히려 인권이 더 포용적이고 실천할 수 있는 규범이 되기 위해 그 기원과 권력관계, 언어 구조까지 성찰해야 한다는 요청이다. 오늘날 인권은 단일한 중심에서 주변으로 전파되는 것이 아니라, 다양한 주변에서 중심을 향해 문제를 제기하고, 스스로 그 대안을 제안하는 과정에서 진화하고 있다.

인권법을 공부한다는 것은 단순한 규범 암기를 넘어서, 그러한 규범이 어떤 역사 속에서 형성되고, 어떤 맥락 속에서 도전받고 있는지를 이해하는 작업이다. 인권의 진정한 보편성은 이러한 탈식민지적 성찰과 다원주의적 대화를 통해서만 획득될 수 있다.

11) Jack Donnelly, Universal Human Rights in Theory and Practice(3rd ed.), Ithaca, NY: Cornell University Press, 2013.

VI. 결론: 보편성과 대화 가능성

인권의 보편성은 더 이상 전제될 수 있는 이상이 아니다. 오늘날 그것은 ‘논의되어야 할 명제’이자 ‘비판적으로 옹호되어야 할 이상’이다. 보편적 인권 개념은 다양한 문화와 정치 질서 속에서도 타인의 고통에 응답할 수 있는 최소한의 윤리적 공통 기반을 제공한다는 점에서 여전히 중요하다.

그러나 그러한 공통 기반은 일방적 규범의 수출이 아니라, 상호 존중과 해석의 여지를 전제로 한 다자적 대화를 통해 형성되어야 한다. 인권의 보편성은 폐쇄된 도그마가 아니라, 역사적 맥락 속에서 확장되고 진화하는 개념으로 이해되어야 한다. 오늘날의 인권법 교육은 이러한 복잡성과 긴장을 반영할 수 있어야 하며, 법률가의 역할은 단순한 규범의 적용자가 아니라, 인권의 의미를 재해석하고 실천하는 ‘대화의 중재자’가 되어야 한다.

주요 참고문헌

학술서적 및 논문

An-Na'im, Abdullahi Ahmed (1992). Human Rights in Cross-Cultural Perspectives: A Quest for Consensus. Philadelphia: University of Pennsylvania Press.

De Hert, Paul, and Serge Gutwirth (2006). "Privacy, Data Protection and Law Enforcement: Opacity of the Individual and Transparency of the State." In Privacy and the Criminal Law, edited by Erik Claes et al. Antwerp: Intersentia.

Donnelly, Jack (2013). Universal Human Rights in Theory and Practice (3rd ed.). Ithaca, NY: Cornell University Press.

Mantelero, Alessandro (2018). "AI and Big Data: A Blueprint for a Human Rights, Social and Ethical Impact Assessment." Computer Law & Security Review, 34(4), 754-772.

Mutua, Makau (2001). "Savages, Victims, and Saviors: The Metaphor of Human Rights." Harvard International Law Journal, 42(1), 201-245.

Zuboff, Shoshana (2019). The Age of Surveillance Capitalism: The Fight for a Human Future at the New Frontier of Power. New York: PublicAffairs.

제 2 부

절대적 인권과 상대적 인권

제 4 장

고문의 금지와 강제 추방당하지 않을 권리

Ⅰ. 서 론

유럽 인권협약 제3조[1]가 규정하는 '고문이나 비인도적·굴욕적 대우 또는 처벌의 금지' 원칙은 오늘날 국제 인권법 체계에서 핵심적인 가치를 지닌다. 이는 그 어떤 상황에서도 양도하거나 포기할 수 없는 인권으로서, 이른바 '절대적 권리'로 평가받는다. 이러한 '절대성'에 대한 해석은 유럽인권재판소(European Court of Human Rights, ECtHR)가 2008년에 선고한 사디 대 이탈리아 판결[2]을 통해 더욱 선명해졌다. 당시 재판부는 고문이나 비인도적·굴욕적 대우가 발생할 가능성이 있다면, 그 대상자가 누구이든지, 범죄 혐의나 테러 경력이 있는지와 무관하게 제3조의 보호를 배제할 수 없다는 견해를 재확인하였다. 이는 국제 테러리즘이 대두되어 국가 안보의 중요성이 주목받는 시대적 맥락 속에서도, '고문받지 않을 권리'가 훼손될 수 없는 본질적 인권임을 선언했다는 점에서 중요한 판결로 평가받는다.

협약 제3조가 '절대적'이라고 불리는 이유는 조항 자체에 어떠한 예외나 제한 가능성을 명시하지 않고 있다는 데서 찾을 수 있다. 이는 권리충돌이 발생하는 여러 상황 속에서도 협약 당사국들이 제3조를 단순히 다른 이익과 '형량'하여 제한할 수 없음을 의미한다. 전쟁이나 비상 상태라는 상황적 요소, 혹은 테러 혐의자라는 신분적 요소가 있더라도, 본국 송환 시 심각한 학대가 예상된다면 송환이 허용되지 않아야 한다는 것이다. 그러나 글로벌 테러 위협이 증대하

1) 제3조(고문의 금지) 어느 누구도 고문, 비인도적인 또는 굴욕적인 취급이나 형벌을 받지 아니한다.

2) European Court of Human Rights, Saadi v. Italy(Application no. 37201/06), Judgment of 28 February 2008(이하 "Saadi 판결문").

고 각국 정부의 보안·정보기관이 강화되면서, "범죄나 테러에 직접 가담하였다는 혐의가 짙은 사람들에게까지 이런 '절대적 권리'를 적용하는 것이 과연 정당한가?"라는 물음이 재판 과정에서 빈번히 제기된다. 사디 대 이탈리아 사건은 그러한 쟁점이 첨예하게 드러난 대표적 판례로, 유럽인권재판소가 국제 테러라는 예외적 상황에서도 인간 존엄성을 최우선의 가치로 삼아야 함을 분명히 했다는 데 의의가 있다.

테러 관련 통계 자료를 살펴보면, 오늘날 발생하는 테러 공격은 과거보다 더 치명적이고 피해 규모가 큰 양상으로 전개되는 경향이 있다. 이는 국가 안보의 중요성을 더욱 강화하는 근거가 될 수 있으며, 국가 주권과 안보를 앞세워 '고문받지 않을 권리'의 실효적 보장을 뒷순위로 미루는 사고방식이 나타날 위험성을 높인다. 실제로 몇몇 국가에서 체포된 테러 용의자들이 본국 송환 시 심각한 고문 위협이 있음에도 불구하고, 안보 논리에 따라 해당 절차가 강행될 가능성이 제기된 사례들이 보고되었다. 그러나 유럽인권재판소는 이러한 상황에서도 제3조의 '절대성'을 흔들지 않고, 어떤 경우에도 고문의 위험이 존재한다면 협약 당사국에 의한 송환은 원칙적으로 허용될 수 없음을 견지했다.

사디 대 이탈리아 사건은 바로 이러한 절차적·실천적 난관을 극적으로 보여 주는 사건으로, 재판부는 일관되게 개인이 처할 학대 위험과 해당 개인의 범죄 이력이나 국가 안보상 고려사항을 구분해야 한다고 강조했다. 이는 인간의 존엄성이 모든 법적·정치적 고려에 우선한다는 점을 천명한 것으로서, 협약 제3조가 국제 테러리즘의 출현과 같은 시대적 도전에 맞서 어떤 태도를 견지해야 하는지 분명한 방향을 제시한 것이다. 국가들은 잠재적 테러 용의자를 통해 발생할 수 있는 위험을 완화하기 위해 더욱 강력한 수사 기법, 국경 통제, 추방 조치를 모색하겠지만, 그 어떠한 공익 목적도 고문이나 비인도적·굴욕적 처벌을 정당화할 수 없다는 메시지가 재확인된 것이다.

결국 유럽인권협약 제3조에서 보장되는 '고문받지 않을 권리'의 절대성은 개인의 신분이나 상황에 따라 가변적인 것이 아님을 다시금 일깨운다. 이는 심각한 폭력 범죄나 테러 혐의가 적용되는 이들에게조차도 동등하게 주어지며, 오히려 이처럼 위험이 큰 상황에서야말로 국제 인권법의 본질이 더욱 선명해진다고 볼 수 있다. 나아가 인권의 진정한 가치는 평상시가 아니라 위기 상황에서 드러난다고 할 때, 글로벌 테러와 같은 현대사회의 복합적 갈등 속에서도 국가가 지켜야 할 최소한의 원칙이 무엇인지를 제3조의 절대성이 보여 주고 있다고 할 수 있다. 물론 이 원칙을 현실에 적용하는 과정에서, 정보 당국의 수사 필요성과 협약의 인권 보장이 충돌할 수 있으며, 국제사회의 안전 보장과 개인 인권 사이에서 예민한 균형 조정이 불가피하다. 그런데도, 사디 대 이탈리아 판결 이후 유럽인권재판소(ECtHR)의 태도는 일관되게 '고문의 절대적 금지'를 공고히 해 왔으며, 이는 국제 인권법 체계 전반에서 강력한 지침으로 기능하고 있다.

결론적으로, 사디 대 이탈리아 사건은 유럽 인권협약 제3조의 '절대적 성격'을 직접적으로 확인함과 동시에, 테러리즘이라는 예외적 상황에서도 고문과 비인도적·굴욕적 대우 금지는 결코 상대화될 수 없음을 선언했다는 의미를 지닌다. 이는 전 세계적인 위협과 국제범죄가 확산하는 현실에서도, 궁극적으로 인권의 최저 기준을 유지하고 보장해야 한다는 국제사회의 공감대가 여전히 유효함을 보여 준다. 나아가 협약이 제정된 초기와 달리 그 적용 범위와 중요성이 한층 확대된 상황에서, ECtHR은 인권이 시대의 흐름에 따라 변용되거나 후퇴하지 않도록 하는 핵심적 역할을 담당한다. 이러한 흐름은 인간 존엄성에 대한 국제사회의 상호 의존적 책임을 다시 한번 확인시켜 주며, 동시에 국가 안보와 국제 인권법 사이에서 미래 지향적인 해법과 제도적 장치를 모색할 필요성을 제기한다. 결국 유럽 인권협약 제3조의 절대적 금지 원칙은 현대사회에서 더욱 중요한 의미를 띠게 되었고, 앞으로도 여러 도전 속에서 인권의 본질을 지켜내기 위한 중추적 기준으로 작용할 것이다

II. 유럽인권협약(ECHR)과 유럽인권재판소(ECtHR)

유럽인권협약(European Convention on Human Rights, ECHR)은 제2차 세계대전이 막 끝나고 냉전이 시작되는 전후 시대적 배경 속에서, 인간의 존엄성과 자유를 보장하기 위해 1950년에 채택된 중요한 국제조약이다. 협약의 초기 목적은 유럽 지역에서 파시즘이나 극단적 전체주의의 재발을 방지하고, 전쟁과 박해로부터 탈출한 난민이나 정치적 반체제 인사들의 인권을 보호하는 데 있었다. 즉, 전쟁의 비극과 냉전의 억압적 분위기를 극복하고 평화롭고 민주적인 유

럽 공동체를 구축하고자 하는 열망이 밑바탕이 되었다고 볼 수 있다.

협약 채택 당시에는 인권 문제의 초점이 주로 물리적 폭력, 고문, 강제수용과 같은 '전통적' 침해 유형에 맞추어져 있었다. 전쟁을 피해 유럽 각지로 이주하거나 망명을 신청한 이들에게 신체의 안전과 기본권을 보장하고, 냉전 체제에서 발생하는 정치·사상적 박해를 막는 것이 핵심 과제였기 때문이다. 하지만 21세기에 들어서면서 국가 간 경계가 약화하는 동시에 기술 발전과 대규모 이동 현상으로 인해, 인권 침해는 더 이상 특정 지역이나 특정 집단에만 한정되지 않고 전 지구적 현상으로 나타나고 있다. 특히 테러리즘이 점차 조직적이고 치명적인 형태로 변화함에 따라, 각국 정부는 자국민의 안전을 지키기 위한 강력한 대응책을 마련하는 한편, 협약이 보장하는 인권 기준에 대한 예외를 주장하는 양상이 생겨났다.

예컨대 범죄나 테러 혐의가 있다고 여겨지는 사람들을 신속히 송환하거나, 어떠한 방식으로든 기본권을 제한하려는 움직임이 나타나면서, 협약의 적용 범위와 보호 수준을 축소하려는 시도가 이루어지기도 한다. 그러나 유럽 인권협약은 태생부터 극단적 상황 속에서도 보편적 인권의 가치를 보존한다는 임무를 띠고 있었기 때문에, 범죄 혐의자의 송환이나 구금 같은 사안에서도 협약이 정한 원칙과 절차적 보장이 여전히 우선한다는 점을 분명히 하고 있다. 이를 통해 전후 유럽이 축적해 온 인권의 성과가 테러리즘이나 국제적 갈등이라는 이름 아래 무분별하게 훼손되지 않도록 방지하고자 하는 것이다.

결국 유럽 인권협약은 전쟁과 박해라는 극단적 위협 속에서 형성된 역사적 맥락을 바탕으로, 시대 변화와 함께 새로운 도전에 대응해 왔다. 비단 과거의 교훈을 되새길 뿐 아니라, 테러나 초국적 범죄 등 현대사회가 안고 있는 복잡한 문제들에 대해서도 인권의 본질적 가치를 어떻게 지켜낼 것인가를 고민하는 기준점 역할을 담당한다. 유럽 각국은 협약을 통해 인권 보호를 공동의 책무로 삼았고, 이는 궁극적으로 유럽 통합과 국제인권 질서 형성에 커다란 영향을 끼쳤다.

유럽인권재판소(ECtHR)는 유럽 인권협약에 명시된 권리와 자유를 실제로 보장하기 위해 설립된 사법 기구로, 프랑스 스트라스부르에 있다. 유럽인권재판소는 협약을 비준한 유럽 평의회(Council of Europe) 회원국 국민이나 그 영토 안에서 인권 침해를 경험한 개인, 혹은 비정부기구(NGO) 등이 인권 침해를 호소할 수 있는 최종적인 권리구제 수단을 제공한다. 이는 개인이 자국의 사법 절차를 모두 거친 뒤에도 구제가 충분하지 않다고 판단될 경우, 초국적 기관인 유럽인권재판소에 사건을 제소할 수 있음을 의미한다.

재판소의 주요 기능은 협약 당사국들이 협약상의 의무를 성실히 이행하고 있는지를 사법적으로 판정하는 것이다. 판결에서 협약 위반이 인정되면, 해당 국가는 재판소의 결정을 이행해야 할 법적·정치적 의무를 지게 된다. 즉, 국가 차원의 입법·사법·행정 시스템 전반을 재검토하고 개선함으로써, 같은 인권 침해가 반복되지 않도록 예방조치를 마련해야 한다. 이는 인권 보호가 단순히 선언적 차원에 머무르지 않고, 실제 법적·제도적 변화를 끌어내는 기제로 작용한다는 점에서 의미가 크다.

이처럼 유럽인권재판소는 유럽의 인권 보호 체계를 강화하는 핵심 기관일 뿐 아니라, 국제 인권법 전반에도 중요한 기준점을 제시해 왔다. 예컨대 테러리즘과 국가 안보가 충돌하는 사건들에서, 재판소는 '고문받지 않을 권리' 같은 절대적 권리를 어떠한 상황에서도 훼손해서는 안 된다는 원칙을 확인함으로써 세계적 관심을 받았다. 또한 개인의 사생활 보호, 표현의 자유, 재산권 보장, 이주민이나 난민 보호 등 현대사회의 다양해진 인권 쟁점에 대해 폭넓게 판례를 축적함으로써, 글로벌 인권 흐름을 견인하는 임무를 수행하고 있다.

물론 최근 들어 테러 및 초국적 범죄가 증가하고 안보 위협이 커지면서, ECtHR의 결정이 각국 정부의 정책적 이해관계와 충돌하는 사례가 늘어나고 있다. 그런데도, 재판소가 유지해 온 강력한 독립성과 객관적 심사 기제는 협약의 본질적 가치를 지키는 데 크게 이바지했다는 평가를 받는다. 유럽인권재판소는 국가 간 다양성 속에서 보편적 인권 기준을 지속해서 제시함으로써, 유럽을 넘어 전 세계적 차원의 인권 담론 형성에 이바지하고 있다.

Ⅲ. 사디 사건(Saadi v. Italy)

이하에서는 "유럽인권협약 제3조의 절대성"에 대해 논의하는 대표적 사례로 사디 대 이탈리아 사건을 살펴보면서, 해당 사안을 여러 시각에서 검토해 보고자 한다.

1. 사실관계

2008년 2월 28일 유럽인권재판소에서 선고된 사디 대 이탈리아 판결을 중심으로, 유럽인권협약 제3조의 절대성이 어떻게 논란이 되었는지 살펴본다.

1) 청구인 신청 배경

2006년 9월 14일, 청구인 사디(N. Saadi)는 자신이 튀니지로 추방되면 협약 제3조에 명시된 '고문 금지 및 비인도적 처우 금지' 원칙에 어긋나는 대우를 받을 위험에 처할 것으로 판단하여, 유럽인권재판소에 청구를 제기하였다.

2) 배경 범죄 혐의

2002년 10월 9일, 사디는 '국제 테러 연루' 및 기타 혐의로 구금되었다. 기소는 크게 네 가지로 구성되었다.

① 테러 목적 폭발물 공모 혐의: 이탈리아 외 지역에서 테러를 확산할 목적으로 폭발물을 이용한 폭력 행위를 공모한 혐의로, 사디는 음모의 조직자 중 한 명으로 지목되었다. 검찰 측은 사디가 자신의 이념을 전파하고 목표를 달성하기 위해 관련 지시를 내렸다고 주장했다.

② 위조 혐의: 다수의 여권, 운전면허증, 거주 허가증을 위조한 혐의이다.

③ 밀수 혐의

④ 무허가 이민 조장 혐의: 불특정 다수를 대상으로 이탈리아로의 불법 이민을 유도·조장했다는 내용이다.

2. 이탈리아 법원의 1심 판결 결과

밀라노 배심원 법원은 검찰이 징역 13년을 구형했음에도 불구하고, 징역 4년 6개월 형을 선고했다. 법원은 사디가 근본주의 이슬람주의자들과 접촉하였고 공동 음모를 계획한 사실은 인정했으나, 국제 테러 활동에 직접 관여했다는 명확한 증거는 부족하다고 판단했다. 따라서 국제 테러 연루 혐의를 적용할 근거가 불충분하다고 보고, 대신 '범죄 음모'의 존재를 추정하는 데 그쳤다. 또한, 밀수 혐의에 대해서는 무죄로 판단했다. 한편 이탈리아 법원은 사디가 실형을 마친 뒤 '추방'을 부과하는 2차 형벌도 선고했다. 검찰과 사디 모두 이에 항소했고, 검찰은 이미 기각된 두 가지 혐의에 대해서도 유죄 판결을 다시 요구했다. 검찰 측 논거는, "폭력 행위를 수행하기 위한 계획과 위조 행위가 곧 국제 테러 연루 혐의를 뒷받침하기에 충분하다"라는 것이었다. 또한 사디가 테러 용의자들과 접촉했으며, 자살 폭탄 테러로 사망한 것으로 추정되는 청구인의 동생 파달 사디(Fadal Saadi)의 사건도 함께 항소에 인용되었다.

3. 추방 관련 쟁점

밀라노 법원 판결 이후, 사디는 2005년 5월 11일 튀니지 군사법원에서 '국제 테러 조직 가입 및 테러 선동' 혐의로 부재중 재판에서 유죄가 인정되어 징역 20년형을 선고받았다. 청구인에 따르면, 2005년 7월 2일 아버지를 통해 이 판결문이 송달되었고, 그 시점에는 이미 판결이 법적 구속력을 갖고 있었다고 한다.

사디는 이탈리아에서 복역을 마친 후, 내무부가 2006년 8월 8일 '2005년 7월 31일 법률 제155호에 따른 긴급 절차'에 따라 그를 튀니지로 추방하라고 명령하면서, 사실상 국외 퇴거가 결정되었다. 해당 긴급 절차는 "국가 안보를 위협한다고 의심되는 사람"에게 항소 절차가 진행되는 동안에도 이탈리아에 체류할 권리를 명시적으로 부인할 수 있는 근거를 제공한다. 내무부는 사디가 근본주의 이슬람주의자들에게 재정적·물류적 지원을 제공함으로써 공공질서와 국가 안보에 위협이 된다는 사실이 기록상 명백하다고 주장했다. 이후 2006년 11월 8일, 밀라노 당국에 의해 그의 추방이 재확정되었다.

1) 망명 신청 거부와 문제 제기

같은 날 사디는 "튀니지에 체류하는 동안 이미 정치적 범죄로 유죄 판결을 받았으므로, 귀국 시 고문이나 정치적으로 보복당할 위험이 크다"라며 정치적 망명을 신청했지만, 국가 안보 위협을 이유로 기각되었다.

사디를 튀니지로 추방하기로 한 이탈리아의 결정은 많은 비판을 불러일으켰으며, 사디 측은 이 결정 통보 직전, 튀니지 국가정보원장의 서한과 국제앰네스티, 미 국무부의 튀니지 인권 상황 보고서를 제출했는데도 불구하고, 추방 결정 통지 하루 뒤에야 "이미 신청이 기각되었으므로, 서류 검토는 불가능하다"라는 구두 통보를 받았다. 이후 사디가 튀니지에서의 유죄 판결을 근거로 추방 명령 무효를 다시 신청하자, 부재중 판결에 대한 항소가 가능하다는 점이 확인되었다. 이에 따라 튀니지 판결이 확정판결이 아닐 수도 있다는 결론이 내려졌다.

2006년 10월 10일, 새로운 추방 명령이 내려졌으나 밀라노 항소법원에서 사디에게 '출국 금지' 및 '일주일에 세 번 경찰서 신고' 의무를 부과했기에, 실질적으로 추방이 이뤄지지 못하였다. 이는 사디가 '법원의 결정에 따라' 이탈리아에 계속 머물러야 하므로, 출국이 허용될 수 없다는 결정이었다. 더구나 튀니지 당국은 여권을 제시할 수 있는 사람에게만 거주 허가를 발급할 수 있다고 했는데, 사디는 이미 튀니지 측에서 여권 갱신을 거부당해 난관에 부닥쳤다고 주장했다. 그 결과 사실상 출국도, 체류 요건 충족도 불가능한 상태에 놓인 것이다.

2) 유럽인권재판소의 잠정 조치와 국가 당국의 반응

청구인이 강제 추방 집행 중단을 요청한 후, 사디가 유럽인권재판소에 진정을 제기한 사실이 주목되었다. 유럽인권재판소는 유럽 인권협약 제39조에 따른 잠정 조치(interim measure)를 통해 사디의 '심각한 인권 침해 가능성'을 지적하였으며, 이를 근거로 청구인에 대한 추방 집행의 보류도 촉구했다. 사디는 이 정보를 다시 당국에 제출하며 청문 절차를 요청했으나, 이탈리아 내무부는 6개월이 지나서야 '사디의 진술은 새로운 망명 신청이나 거부된 신청에 대한 항소로 볼 수 없기에 기각 대상이다'라고 통보했다. 결국 사디는 여전히 출국도, 보호도 보장받지 못하는 곤란한 처지에 놓이게 되었다.

4. 강제 송환 금지 원칙(Principle of non-refoulement)

강제 송환 금지 원칙은 국제법상 핵심 원리로, 난민의 지위에 관한 제네바 협약(1951년)에서 특히 중요한 개념으로 간주한다. 이 원칙은 "박해의 위험이 있는 국가로의 추방으로부터 개인을 보호하기 위한 권리"를 명시하고 있으며, 난민협약 제33조(추방 및 송환 금지 조항)[3]에 직접적으로 반영되어 있다.

해당 조항(난민협약 제33조)은 다음과 같다.

---

3) Convention Relating to the Status of Refugees (1951) Article 33 Prohibition of expulsion or return ('refoulement').

(i) 체약국은 난민을 인종, 종교, 국적, 특정 사회집단의 구성원 신분 또는 정치적 의견을 이유로 그 생명이나 자유가 위협받을 수 있는 영토의 국경으로 어떠한 방식으로도 추방하거나 송환("난민송환")하여서는 아니 된다.

(ii) 그러나 난민이 범죄 또는 특히 심각한 범죄로 유죄 판결을 받았기 때문에, 또는 그가 있는 국가의 안전이나 공동체에 심각한 위험을 초래한다고 간주하는 경우에는, 이 조항의 혜택을 청구할 수 없다.

해당 사건에서 사디는 튀니지로 추방되면 고문이나 기타 보복당할 가능성이 있다고 주장하며, 위 규정 중 제1항에 근거해 자신의 권리를 보호받고자 했다. 반면 이탈리아 당국은 "청구인이 국가 안보에 위협이 된다"라는 이유로, 같은 조 제2항을 근거로 그의 망명 신청을 거부했다고 볼 수 있다. 같은 조항에 대해 양측 당사자가 서로 다른 부분을 인용함으로써, 난민협약 제33조에 관한 해석이 폭넓은 논의의 기초를 제공하는 사례가 되었다.

강제 송환 금지 원칙을 뒷받침하는 또 다른 규정으로는 유럽 평의회 각료이사회가 2005년에 채택한 '강제 송환에 관한 20개 가이드라인'[4]이 있는데, 해당 가이드라인 제2조 제1(a)항[5]에는 "국가는 송환 대상자가 고문, 비인도적 또는 굴욕적인 처우나 형벌의 위험에 노출되지 않는 국가로만 송환할 수 있다. 이는 국제 인권법 및 난민법에 따른 회원국의 의무에 부합해야 한다"라는 취지가 명시되어 있다. 즉, 유럽인권재판소(ECtHR) 판례나 협약에 규정된 처우 금지 원칙도 동시에 고려되어야 한다고 볼 수 있다.

5. 비정부기구의 비판

몇몇 비정부기구(NGO)는 튀니지의 전반적인 인권 상황을 지적하면서, 추방 시 청구인이 어떤 결과에 직면할 수 있는지 구체적인 정보를 제공해 왔다. 가령 국제앰네스티(Amnesty International)는 여러 건의 불공정한 재판 사례를 보고했는데, 이 중 최소 12명 정도가 테러 혐의로 기소되었고 구금자들의 열악한

4) Council of Europe, Twenty Guidelines on Forced Return, September 2005. https://www.coe.int/t/dg3/migration/archives/source/malagaregconf/20_guidelines_forced_return_en.pdf

5) Guideline 2. Adoption of the removal order 1. a. a real risk of being executed, or exposed to torture or inhuman or degrading treatment or punishment.

건강 상태 역시 우려할 만한 수준이라고 밝혔다. 또한 구금 과정(특히 경찰 구금)에서 독방 감금과 고문이 빈번하며, 변호인 접견권 역시 심각하게 제한되고 있다는 내용을 보고서[6]에 담았다.

특히 이 사건과 관련해 국제앰네스티가 발표한 특별 성명서는, 사디가 추방될 경우, 고문이나 심각한 인권 침해를 당할 위험이 매우 크다고 지적하며, 이탈리아 정부에 '사디의 송환 중단'을 공개적으로 요구하였다. 성명서의 일부를 인용하면 다음과 같다.

"우리는 사디가 이탈리아 당국에 의해 튀니지로 추방될 경우 고문이나 기타 심각한 인권 침해의 위험에 처할 것을 깊이 우려한다. 이러한 우려는 '테러와의 전쟁'의 맥락에서 해외에서 강제 송환된 사람들에게 자행되는 튀니지의 인권 침해를 지속적으로 모니터링해 온 결과에 근거한다"(국제앰네스티, 2007).[7]

아울러 사디가 공정한 재판을 보장받지 못할 가능성이 크다는 점도 다시금 지적하면서, 추방 중단을 강력하게 권고하였다.

휴먼라이츠워치(Human Rights Watch),[8] 미국 국무부 등 다른 공신력 있는 기관들 또한 튀니지의 고문 및 학대 실태에 대해 우려를 표명했다. 특히 고문의 증거를 제시하는 과정에서, 피해자들이 부상이 회복될 때까지 의료 서비스를 받지 못하는 등 객관적 증거 확보가 어렵다는 문제가 보고되었다. 더불어 정치범(사디와 같은 유형)이 고문에 가장 취약하다는 점, 그리고 전기 충격·폭행·기타 다양한 학대 수단이 사용된다는 사실이 강조되었다.

6. 튀니지에서 사디를 보호하기 위한 외교적 노력

사디는 튀니지로 송환될 경우, 고문 또는 유사한 보복을 당할 가능성이 매

6) Amnesty International June 2008, In the name of security Routine Abuses in Tunisia, Index: MDE 30/007/2008. https://www.amnesty.org/en/wp-content/uploads/2021/07/mde300072008eng.pdf

7) Letter to Italian Government Regarding Nassim Saadi's Deportation and the Use of Diplomatic Assurances, September 25, 2007. https://www.hrw.org/news/2007/09/25/letter-italian-government-regarding-nassim-saadis-deportation-and-use-diplomatic

8) Human Rights Watch, Ill-fated homecomings - A Tunisian Case Study of Guantamo Repatriations, September 4, 2007. https://www.hrw.org/report/2007/09/04/ill-fated-homecomings/tunisian-case-study-guantanamo-repatriations

우 크다고 주장했으며, 실제로 그 위협이 "투옥의 위험"으로 이어질 수 있다고 강조했다. 이에 따라 이탈리아 대사관은 튀니지 정부에 "사디를 추방하더라도 고문 등 부당한 처우가 없도록 보장해 달라"는 '외교적 보장(diplomatic assurance)'을 요청했고, 아울러 '청구인이 판결에 항소하고 공정한 재판을 받을 권리' 및 '튀니지 군사법원의 판결문 전송'도 함께 요구했다. 이 정보가 곧 열릴 청문회(2007년 7월 10일 예정)에 매우 중요하다고 판단했기 때문이다. 또한 이탈리아 정부가 이전에 이러한 유형의 '외교적 보장'을 튀니지 측에 요청한 적이 없었다는 점도, 본 사건이 갖는 중대성을 강조해 준다.

이에 대해 튀니지 외무장관은 2007년 7월 4일과 7월 10일, 기한 내에 답변서를 보내 사디의 신원이 확인되면 입국이 허용될 것이라고 밝히면서, 튀니지가 가입한 여러 협약과 협정을 언급했다. 그러나 문제는 구체적인 처우 보장에 관해서는 단지 튀니지가 국제협약을 자발적으로 이행했다는 일반적 언급만 있을 뿐, 군사법원 판결문 사본 등 결정적인 자료가 첨부되지 않았다는 점이다. 많은 비정부기구의 보고서에 따르면, 이와 같은 방식의 '외교적 보장'은 실제로 제대로 지켜지지 않는 경우가 잦아, 강제 송환 금지 원칙을 우회하기 위한 수단으로 악용될 가능성이 있다는 비판이 제기되어 왔다.

7. 사건의 청구인 적격성과 본안 심사

1) 청구인 적격성(Admissibility)

사디(Saadi)가 제기한 이 사건 신청을 유럽인권재판소(ECtHR)가 받아들일 수 있는지 여부(즉, 제소 적격성)는 판결문에서 이미 상당 부분 명확해졌다. 본 문단에서는 특히 ① 청구인(사디)과 ② 이탈리아 정부(피고), ③ 제3자인 영국 정부[9]가 제시한 '신청 본안의 쟁점'을 체계적으로 정리한다.

---

9) Saadi v. Italy 사건에서 영국 정부는 제3자 의견 제출로 참여하였는데, 그 이유는 국가 안보와 추방 문제에 대한 자국의 이해관계가 있었기 때문이다. 영국 정부는 당시에 자국 내에서도 테러 용의자들을 알제리, 요르단, 리비아 등으로 추방하려는 시도를 하고 있었고, 이들 국가에서 송환 대상자들이 고문이나 비인도적 처우를 당할 위험이 있다는 이유로 법적 제약에 부딪히고 있었다. 판결문에도 이 내용이 언급되었는데 "제3자 개입자로 절차에 참여한 영국 정부는, 추방과 관련하여 비인도적 처우의 위험성과 국가 안보 위협 사이에 균형을 고려하는 것이 원칙적으로 허용되어야 한다고 주장하였다"(Saadi 판결문, 문단 118).

2) 본안 심사(The Merits)

(1) 협약 제3조의 보호 범위

유럽인권협약(ECHR) 제3조는 "누구도 고문이나 비인도적·굴욕적 대우 또는 처벌을 받지 아니한다"고 규정하고 있다. 이때 "누구도(No one)"라는 표현은 모든 자연인을 포괄함을 의미하므로, 청구인이 자연인인 사디인 이상 협약상 제3조 보호의 대상임은 의문의 여지가 없다.

아울러 고문방지협약[10] 제1조 제1항은 고문을 "공무원 또는 이에 상응하는 지위를 갖는 자가 직접 혹은 묵인·사주하는 방식으로, 개인에게 극심한 육체적·정신적 고통을 의도적으로 가하는 행위"라고 정의한다. 본 사안에서 사디는 '튀니지로 추방되면 고문 또는 부당한 대우를 받을 구체적 위험'이 있다고 주장하고 있으므로, 이는 곧 ECHR 제3조가 보호하는 실질적 범주에 속한다.

나아가 유럽인권재판소의 확립된 판례에 따르면, 제3조의 절대적 성격은 국가 비상사태나 국가 안보상의 위협 여부와 무관하게 적용된다고 보아야 한다. 다시 말해, 추방 조치로 인해 청구인이 고문 등 가혹행위를 받게 될 실질적 가능성이 확인된다면, 당사국은 국가 안보 등을 이유로 이를 정당화할 수 없다는 것이 재판소의 일관된 입장이다.

(2) 사디(청구인)의 주장

청구인 사디는 자신이 튀니지로 송환될 경우, 이슬람 근본주의와 연루된 인물이라는 점만으로 고문당하거나 부당한 처우를 받을 가능성이 크다고 주장한다. 이는 국제앰네스티 등 국제인권단체 보고서가 증언하는 '튀니지 내 실태'와 합치한다고 강조한다.

또한 망명 신청이 사전에 충분한 청문 절차 없이 기각되었다는 점과 튀니지 영사관의 신분증(여권) 발급 거부로 인해 거주 허가 역시 거절된 점을 구체적으로 주장하였다. 그리고 튀니지가 여러 인권조약에 가입했다는 사실만으로는 추방 후 발생할 실질적 학대 위험을 방지하기에 부족하며, 혹여 재심리가 이루어져도 '예방적 구금' 등 추가 처벌의 위험을 배제하기 어렵다고 지적했다.

---

10) Convention against Torture, 1984.

(3) 이탈리아 정부(피고)의 주장

반면, 사디의 추방을 명령한 이탈리아 정부는 사디가 국가 안보에 심각한 위협이 될 수 있다고 판단했다는 점을 강조했다. 예컨대 그가 이란에서 알카에다(Al-Qaeda) 훈련 캠프에 참가했으며, 국제 이슬람주의자 네트워크의 간부급으로 활동했다는 정보를 들어 그의 위험성을 부각했다.

아울러 사디가 제출한 국제앰네스티 보고서 등은 "공식적이고 직접적인 증거로 보기 어렵다"라는 점을 들어, 증거 능력을 낮게 평가했다. 망명 신청 역시 추방 통보 이후 뒤늦게 제기된 것이므로, 사디가 주장하는 고문 위험의 신빙성이 떨어진다고 주장했다. 또한 튀니지가 다수의 국제협약에 가입했으므로, 그 협약 체계 자체를 존중해야 하며, 세계적으로 테러 위협이 심각해지고 있는 현 상황을 고려할 때 신속한 추방이 불가피한 선택일 수 있다고 지적했다.

(4) 영국 정부(제3자 개입)의 의견 제출

영국 정부는 크게 세 가지 주장을 하였는데, 첫째, 위험 평가 기준의 변화 필요성에 관한 주장이다. 유럽인권재판소의 기존 판례에서 확립된 "실질적 위험(real risk)" 기준보다 더 높은 기준, 즉 추방될 경우 현실적으로 고문 또는 부당한 대우를 당할 가능성이 그렇지 않은 경우보다 더 높은 경우("more likely than not") 기준을 주장한 것이다. 영국 정부의 입장은 실제로 위험 평가 기준을 보다 엄격하게 적용하자는 주장인데, 단순히 고문이 "실질적 위험(real risk)" 수준에 있다면 송환이 금지된다는 기존 기준은 국가 안보에 대한 우려를 고려하지 못하기 때문에, 고문 등의 위험이 "발생할 가능성이 더 높음(more likely than not)"으로 입증되는 경우에만 협약 제3조에 의해 송환이 금지되어야 한다고 본 것이다.

둘째, 제3조의 절대성에도 불구하고 국가 안보와의 이익형량을 허용해야 한다는 주장이다. 이는 절대적으로 보호되는 인권에 관해서는 인권 보호와 국가 안보 사이의 이익형량(balancing)을 인정하지 않는다는 기존의 절대성에 관한 해석에 도전하는 주장에 해당한다.

셋째, 외교적 보장(diplomatic assurances)의 수용 가능성에 관한 주장이다. 영국 정부는 고문 위험이 존재하는 국가로의 송환이 원칙적으로 금지되더라도,

해당 국가로부터 외교적 보장을 받는 경우에는 예외적으로 송환이 가능해야 한다고 보았다.

이상과 같은 당사자 및 제3자의 주장을 종합해 보면, 본 사건에서 쟁점이 되는 주요 요소는 다음과 같다.

첫째, 협약 제3조의 절대적 성격에 관한 판단이다. 유럽인권협약 제3조는 고문 또는 비인도적 처우에 대한 절대적 금지 원칙을 천명하고 있으며, 이는 국가 비상사태나 테러리즘 관련 위협의 존재 여부와 무관하게 적용된다는 것이 재판소의 확립된 입장이다. 본 사안에서 가장 근본적인 법적 쟁점은 이러한 절대성 원칙이 국가 안보라는 공익과의 충돌 상황에서도 예외 없이 유지되어야 하는지 여부이다.

둘째, 위험 평가 기준의 법적 정당성과 그 수준이다. 청구인은 튀니지 송환 시 고문 등의 실질적 위험(real risk)이 존재한다고 주장하지만, 영국 정부는 이를 더욱 엄격한 "more likely than not" 기준으로 상향할 것을 제안하였다. 이는 강제 송환 금지 요건으로서 위험 평가의 문턱을 높여, 청구인의 입증 책임을 강화하자는 주장으로, 기존 판례의 해석 기준에 중대한 영향을 미친다.

셋째, 제3조와 국가 안보 간 이익형량의 허용 여부이다. 영국 정부는 제3조의 절대성에도 불구하고 국가 안보에 대한 위협이 매우 중대할 경우 이익형량(balancing test)을 통한 비례성 판단을 허용할 수 있어야 한다고 주장하였다. 이는 제3조의 해석에 있어 절대성과 상대성의 경계를 재검토하게 만드는 주요 법리적 쟁점이다.

넷째, 외교적 보장(diplomatic assurances)의 법적 효력이다. 송환 대상국이 고문 등 인권 침해를 자행한 전력이 있음에도, 일정한 외교적 보장을 제공하는 경우 이를 근거로 송환을 정당화할 수 있는지 여부가 문제 된다. 이는 고문 금지 원칙의 실효성과 외교적 관행의 신뢰 가능성 간의 긴장 관계를 드러내며, 재판소가 외교적 보장의 실질적 효과성을 어떠한 기준으로 판단하는지가 중요한 기준이 된다.

3) 유럽인권재판소의 판단

유럽인권재판소는 먼저 "자유권규약(ICCPR) 등 여러 국제조약이 '정치적 망명권'을 직접적으로 보장하지 않는다"라는 점을 지적하면서, 각국이 외국인의 체류·추방을 통제할 권리를 원칙적으로 보유함을 인정했다. 다만 이러한 국가 주권이 절대적인 것은 아니라는 점도 분명히 하였다. 즉, "만약 당사자가 추방 후 고문이나 부당한 대우를 받을 충분한 위험에 처할 수 있다면, 국가는 이를 고려하여 추방을 자제할 의무가 있다"[11]고 하여 고문 또는 부당한 처우의 실질적 위험이 있는 경우에는 이러한 국가 주권이 제한된다는 점을 강조한 것이다.

특히 재판소는 유럽인권협약(ECHR) 제3조의 절대성을 재차 강조했다. 제3조 문언이 "그 어떠한 예외도 허용하지 않으며, 국가 존립을 위협하는 비상사태에서도 감경이나 유보가 인정되지 않는다"[12]고 본 것이다. 이는 고문 금지 원칙이 행위자의 과거 범죄 이력이나 성격과 무관하게 적용되는 절대적 권리임을 의미하며, 청구인이 테러 등 중대한 범죄에 연루되었는지[13]는 협약 제3조의 적용 여부에 영향을 미치지 않는다는 재판소의 해석을 반영한다.

나아가 유럽인권재판소는 협약 제3조 위반이 인정되기 위해서는 당해 행위가 일정 수준 이상의 '심각성(seriousness)'에 도달해야 한다는 기준을 재확인하였다. 이러한 심각성 여부는 행위의 지속 기간, 적용된 폭력의 성격, 피해자의 연령·건강 상태·정신적 상태 등 취약성, 그리고 전체적 상황(context)을 종합적으로 고려하여 판단된다.[14] 재판소는 국가가 테러 및 중대한 범죄로부터 사회를 보호해야 하는 현실적 어려움을 충분히 이해한다고 하면서도, 그러한 사정이 협약 제3조의 절대적 성격을 제한하거나 예외를 허용하는 근거가 될 수는 없음을 분명히 하였다.

유럽인권재판소는 협약 제3조의 적용에 있어 가장 우선적으로 고려되어야

---

11) Saadi 판결문, 문단 125-127.

12) Saadi 판결문, 문단 138.

13) 이탈리아 정부는 청구인이 국가 안보에 중대한 위협이 된다는 점을 강조하며, 이는 송환의 정당성 판단에서 고려되어야 할 요소라고 주장하였다(판결문, 문단 117). 제3자로 개입한 영국 정부 또한 국가 안보나 테러와 관련되면 제3조에서도 일정한 이익형량(balancing)을 허용해야 한다는 의견을 제시하였다(Saadi 판결문, 문단 121).

14) 예를 들어, Ireland v. United Kingdom(App. No. 5310/71, Judgement of 18 January 1978) 판결에서 유럽인권재판소는 영국 당국이 사용한 '다섯 가지 심문 기법'이 협약 제3조에 위반된다는 점을 인정하면서도, 이는 고문에는 해당하지 않으며 비인도적이고 굴욕적인 처우에 해당한다고 판단하였다(해당 판결문, 문단 167-168). 재판소는 '고문'이 성립하려면 특별히 강도 높은 고통과 잔혹성이 수반되어야 한다고 판단하였는데, 이 판결은 제3조 위반 판단에 있어 '심각성' 기준의 차등적 적용을 처음으로 명확히 제시한 선례로 평가된다.

할 요소는 추방 대상자가 실제로 고문 또는 비인도적 처우를 당할 실질적 위험이 존재하는지 여부라고 명확히 하였다. 이러한 위험이 인정된다면, 국가 안보에 대한 위협의 정도나 테러 가능성과 같은 요소를 별도로 고려하여 이를 상쇄하거나 비교 형량(balancing)하는 방식은 허용되지 않는다는 것이다. 다시 말해, 설령 추방 대상자가 국가 안보상 중대한 위험 요소로 평가되더라도, 협약 제3조의 보호 기준은 같이 적용되어야 하며, 위험 판단 기준을 완화하거나 예외는 인정되지 않는다.

유럽인권재판소는 본 사안에서 국제앰네스티(Amnesty International) 등 비정부기구(NGO)가 제출한 튀니지 내 고문 및 비인도적 처우 실태에 관한 보고서들이 신빙성 있는 자료임을 인정하였다(판결문 제143-146문단 참조). 특히 재판소는, 국제 테러 위협이 고조된 시대적 배경 속에서도 협약 제3조의 절대적 보호 범위는 훼손되지 않으며, 그 적용이 제한될 수 없다는 점을 분명히 하였다.[15] 또한 재판소는 튀니지 정부가 외교적 보장(diplomatic assurances)을 제공하였다고 하더라도, 해당 국가 내에서 고문 및 부당한 처우가 구조적으로 반복되고 있다는 다수의 국제 보고서가 존재하는 상황에서는, 그러한 외교적 약속만으로는 송환 후 발생할 위험을 제거하거나 상쇄할 수 없다고 판단하였다.[16]

이와 같은 사정을 종합하여 재판소는 사디를 튀니지로 추방하는 조치는 협약 제3조에 위배된다고 결론내렸다.

IV. 결 론

Saadi v. Italy 사건은 유럽인권협약 제3조가 보호하는 절대적 권리가 현대 국제사회가 직면한 테러리즘, 국가 안보, 국경 통제, 망명 제도 등 복합적 정책 영역과 충돌할 때 발생하는 법적 긴장과 한계를 집약적으로 보여주는 대표적인 판례이다. 재판소는 이 사건에서, 국가가 외국인의 입국과 추방을 통제할 권한이 원칙적으로 인정됨에도 불구하고, 만일 송환 대상자가 고문이나 비인도적 처우를 당할 실질적 위험(real risk)에 처하게 될 경우, 그러한 국가 주권은 제3

15) Saadi 판결문, 문단 138-139.

16) Saadi 판결문, 문단 147-148.

조에 의해 제한된다는 원칙을 분명히 하였다.[17] 특히 재판소는 협약 제3조가 비상사태나 테러 위협 같은 중대한 공익 사유로도 예외를 인정할 수 없는 절대적 조항이라는 점을 강조하며, 국가 안보와 인권 사이의 형량은 허용되지 않는다는 입장을 재확인하였다. 이는 개인의 행위가 아무리 위험하거나 혐오스럽더라도, 고문금지 원칙의 적용에서 그 고려는 배제되어야 한다는 의미이다.[18] 따라서 Saadi 사건은 추방·망명·안보 등 다층적인 법적·정치적 쟁점이 얽힌 사안임에도 불구하고, 재판소가 '고문의 위험이 존재하는 한, 어떠한 공익 목적도 그러한 결과를 정당화할 수 없다'는 원칙을 절대적인 기준으로 삼았다는 점에서, 국제인권법의 실효성을 강화하는 중요한 이정표로 평가된다. 나아가 이 판결은 국가 안보가 점점 강조되는 테러리즘 시대에도 협약이 보장하는 기본권은 양보나 타협의 대상이 될 수 없다는 점을 명확히 선언한 것이다.

또한 Saadi v. Italy 판결은, 유럽인권재판소가 제3자의견(third-party interventions) 및 국제인권단체의 보고서 등 객관적 자료를 적극적으로 수용하고 평가함으로써, 협약 제3조의 적용에 있어 고문 또는 비인도적 처우의 실질적 위험(real risk) 존재 여부를 판단하는 데 있어 국가의 주장만이 아닌 외부 자료의 법적 가치를 중시했다는 점에서 중요한 시사점을 제공한다.

재판소는 국제앰네스티(Amnesty International) 및 휴먼라이츠워치(Human Rights Watch) 등 신뢰할 수 있는 비정부기구(NGO)의 보고서를 분석하며, 튀니지의 고문 실태, 법제도와 실제 관행 간의 괴리, 그리고 외교적 보장의 효과성 및 신뢰 가능성을 종합적으로 검토하였다.[19] 이 과정에서 재판소는 단순히 추방 대상국이 난민협약이나 고문방지협약에 가입했다는 사실만으로는 고문 위험이 해소되었다고 보기 어렵다고 보았으며, 외교적 보장이 실제 위험을 상쇄할 수 있는지 여부는 그 국가의 인권 상황 전반에 대한 실증적·객관적 분석을 통해 판단해야 한다는 기준을 제시하였다.

이러한 접근 방식은 유럽인권협약 제3조가 국가 안보 및 이민 통제와 같은 전통적 국가 주권 분야에 대해서도 실질적 제한력을 발휘할 수 있는 조항임을

17) Saadi 판결문, 문단 125.
18) Saadi 판결문, 문단 138-139.
19) Saadi 판결문, 문단 143-148.

실증적으로 보여주는 판례로 기능하며, 앞으로도 유사한 사건에서 국가의 조치가 고문 위험을 유발할 가능성이 있는지를 평가하는 핵심 기준으로 작용할 것이다.

결론적으로, 본 판결은 국가 안보가 강조되는 테러 시대에도 개인의 기본권, 특히 고문금지라는 절대적 권리를 침해할 수 없다는 원칙을 재확인하였으며, 유럽인권재판소가 국제인권 기준에 부합하는 법적·도덕적 책임의 기준을 다시금 명확히 제시한 대표적인 판례로 평가된다.

관련 판례

1. Chahal v. United Kingdom(1996) 판결[20] 개요 및 판결 분석

Chahal v. United Kingdom은 국가 안보와 개인의 기본권 보호 간의 긴장 관계를 다룬 대표적인 판례로, 유럽인권협약 제3조가 규정하는 고문 금지 원칙의 절대성을 명확히 확인한 판결로 평가된다.

본 사건의 청구인인 인드르짓 싱 차할(Inderjit Singh Chahal)은 인도 펀자브 출신의 시크교 정치운동가로, 1971년부터 영국에 거주하며 Khalistan 독립운동과 관련한 활동을 지속해왔다. 영국 정부는 차할이 국가 안보에 중대한 위협을 초래한다고 판단하고, 1990년 인도 송환 결정을 내렸다. 이에 대해 차할은, 인도로 추방될 경우 인도 당국에 의해 고문 및 부당한 대우를 받을 실질적 위험(real risk)이 있다며, 유럽인권협약 제3조에 기초하여 유럽인권재판소에 제소하였다.

재판소는 판결에서, 협약 제3조가 절대적 권리임을 강조하면서, 설령 청구인이 국가 안보에 중대한 위협을 가하는 인물이라 하더라도, 고문 또는 비인도적 처우의 위험이 존재하는 한 해당 국가는 그를 추방할 수 없다고 판시하였다.[21] 특히 재판소는, 국가 안보 사유와 고문 위험 간의 형량은 협약 제3조하에서는 허용되지 않으며, 국가가 자국 내에서 해당 인물을 어떻게 평가하든 고문 금지의무는 예외 없이 적용되어야 한다고 보았다.

Chahal v. United Kingdom 사건에서 유럽인권재판소는 두 가지 주요 쟁점을 심리하였다.

1) 협약 제3조(고문 금지) 위반 여부

첫 번째 쟁점은 유럽인권협약 제3조에 따른 고문 및 비인도적 처우의 금지 원칙의 적용

20) European Court of Human Rights, Chahal v. United Kingdom(Application no. 22414/93), Judgment of 15 November 1996(이하 "Chahal 판결문").

21) Chahal 판결문, 문단 79-80.

여부였다. 청구인 차할은 인도로 송환될 경우 시크교 분리주의 활동 이력을 이유로 인도 당국에 의해 고문 또는 비인도적인 대우를 받을 실질적 위험(real risk)이 존재한다고 주장하였다. 이에 대해 영국 정부는 국가 안보를 이유로 한 추방 조치의 정당성을 주장하면서, 인도 정부가 적절한 보호 조치를 제공할 것이라는 점을 근거로 송환이 허용되어야 한다고 항변하였다.

그러나 재판소는 협약 제3조가 비상사태나 국가 안보 상황을 포함한 어떠한 예외도 허용하지 않는 절대적 조항임을 재확인하며, 개인의 고문 위험이 인정될 때에는 설령 그가 국가 안보에 중대한 위협을 가하더라도 송환은 허용되지 않는다고 판시하였다. 이러한 판단은 국제 인권법상 강제 송환 금지(Non-Refoulement) 원칙의 핵심 내용을 구성하며, 고문 금지 의무가 절대적임을 명확히 하였다.

2) 협약 제5조(자유 및 안전권) 위반 여부

두 번째 쟁점은 협약 제5조에 따른 자유 및 신체의 안전에 대한 권리, 특히 행정구금에 대한 사법적 심사권의 보장 여부였다. 차할은 영국 정부의 송환 명령 이후 1990년부터 1996년까지 약 6년간 이민구금 상태에 있었으며, 그 구금이 독립적인 법원에 의해 정당성과 필요성이 신속하게 심사되지 않았다고 주장하였다. 이에 대해 영국 정부는 국가 안보와 관련된 사안의 특수성을 고려할 때, 일반적인 사법심사 요건을 완화할 수 있어야 한다고 변론하였다.

그러나 재판소는, 국가 안보에 관한 사안이라 하더라도 개인의 자유를 제한하는 구금 조치에는 반드시 독립적 사법기관에 의한 적법성 심사가 수반되어야 하며, 이는 협약 제5조 제4항이 보장하는 신속하고 실질적인 심사의 권리로부터 결코 예외가 될 수 없다고 판시하였다.[22] 따라서 차할이 받은 장기 구금 조치는 적절한 사법적 통제가 없었으며, 이에 따라 협약 제5조 위반이 인정되었다.

Chahal v. United Kingdom 판결은 국제 인권법과 난민 보호 체계에서 중대한 법적 선례를 확립한 사건으로 평가된다.

첫째, 재판소는 유럽인권협약 제3조의 고문 및 비인도적 처우 금지 원칙이 절대적이며, 어떠한 상황에서도 예외를 허용하지 않는다는 점을 명확히 하였다. 이와 함께, 개인이 고문 위험에 처할 실질적 가능성이 존재하는 경우, 국가 안보를 이유로 한 강제 송환조치는 허용될 수 없으며, 이러한 원칙은 이후 유엔 난민협약(1951)[23] 및 EU 난민지침[24] 등 국제 기준

22) Chahal 판결문, 문단 118-123, 131-132.

23) Convention relating to the Status of Refugees. 28 January 1951.

24) Council Directive 2004/83/EC of 29 April 2004 on minimum standards for the qualification and status of third country nationals or stateless persons as refugees or as persons who

의 해석에도 실질적 영향을 미쳤다.

둘째, 재판소는 국가 안보와 개인의 기본권 보호 사이의 충돌에서 인권 보호의 우선성(priority)을 강조하였다. 즉, 국가가 안보 위협을 이유로 인권 보호 의무를 완화하거나 정당화할 수 없으며, 고문 위험이 존재하는 한 기본권 침해는 국제법상 용인될 수 없다는 점을 분명히 하였다.

셋째, 본 판결은 유럽인권협약 제5조 제4항[25]이 보장하는 사법적 심사권의 중요성을 재확인하였다. 재판소는 국가 안보를 이유로 한 구금이라 하더라도, 구금의 적법성은 독립된 사법기관에 의해 신속하고 실질적으로 심사받아야 한다고 판시하였다. 이 판결은 이후 영국 정부가 특별이민항소위원회(Special Immigration Appeals Commission, SIAC)라는 독립적 사법심사 기구를 설치하게 되는 계기로 작용하였다.

결론적으로, Chahal 판결은 국가 안보와 인권 보호 사이의 경계 기준을 명확히 설정하였으며, 고문 위험이 존재하는 국가로의 강제 송환은 국제 인권법상 절대적으로 금지됨을 선언한 대표적 판례이다. 이 판결은 이후 유럽인권재판소의 판례에서 반복적으로 인용되며, 난민 및 망명 신청자 보호 정책에 실질적인 법적 기준과 정당성을 제공하였다.

2. Chahal v. United Kingdom(1996) 사건과 Saadi v. Italy (2008) 사건

1) 비교 분석

(1) 국가 안보 고려 여부

두 사건 모두에서 국가 안보는 당사국이 주장한 핵심 논거였으나, 유럽인권재판소는 일관되게 협약 제3조의 절대적 성격을 확인하였다.

Chahal 사건에서 재판소는, 청구인이 국가 안보에 심각한 위협을 가하더라도, 고문 또는 비인도적 처우의 실질적 위험이 존재한다면 추방은 허용될 수 없다고 명시하였다.[26]

Saadi 사건에서도 마찬가지로, 재판소는 국가 안보와 고문 위험 간의 이익형량(balancing)은 협약 제3조 하에서 인정될 수 없으며, 고문 금지 원칙은 예외 없이 적용되어야 한다고 판시하였다.[27]

---

otherwise need international protection and the content of the protection granted. https://eur-lex.europa.eu/eli/dir/2004/83/oj/eng

25) 체포 또는 구금에 의하여 자유를 박탈당한 사람은 누구든지 법원이 그의 구금의 합법성을 지체없이 결정하고, 그의 구금이 합법적이 아닌 경우에는 석방이 명령되도록 법원에 절차를 취할 권리를 가진다.

26) Chahal 판결문, 문단 79-80.

27) Saadi 판결문, 문단 138-139.

⇒ 요약: 양 사건 모두에서 재판소는 국가 안보는 협약 제3조 적용에서 고려 대상이 될 수 없으며, 고문 위험이 존재할 경우 추방은 절대적으로 금지된다는 원칙을 재확인하였다.

(2) 목적지 국가의 인권 상황

양 사건에서 협약 제3조 위반 여부를 판단함에 있어, 재판소는 송환 대상국의 인권 실태 및 고문 위험성에 대한 실질적 검토를 통해 결론을 도출하였다.

Chahal 사건에서 재판소는, 인도가 법치국가라는 일반적 평가와는 별도로, 펀자브 지역 내 시크교 반군에 대한 인도 정보기관(RAW)의 자의적 구금 및 고문 관행을 고려하였다. 특히 청구인이 시크교 독립운동과 연루된 인물이라는 점에서 개인적 특수성에 기초한 실질적 위험(real risk)이 인정되었다.[28)]

Saadi 사건에서는, 튀니지 벤 알리 정권하에서 테러 용의자에 대한 고문이 체계적으로 자행되고 있었다는 NGO 및 국제 보고서를 근거로, 재판소는 Saadi가 일반적 테러 관련자로 분류되어 고문당할 가능성이 높다고 판단하였다.[29)]

⇒ 차이점 요약: Chahal 사건에서는 개인의 정치적 정체성과 대상국의 특정 지역 상황이 핵심 판단 요소였던 반면, Saadi 사건에서는 국가 전반의 인권 실태와 제도적 고문 관행이 주된 판단 기준이 되었다.

2) 판결의 영향 및 후속 조치

(1) Chahal 판결의 영향

Chahal v. United Kingdom(1996) 판결은, 국가 안보 주장이 있더라도 송환 대상자가 고문이나 비인도적 처우를 당할 위험이 존재하면 강제 송환을 절대적으로 금지해야 한다는 원칙을 확립하였다.[30)] 이 판례에 따라 영국은 국가 안보 관련 구금 및 추방 결정에 대한 특별이민항소위원회(SIAC)를 도입하여, 구금 조치에 대한 독립적 사법심사를 강화하는 계기를 마련하였으며, 국제 인권법상 강제 송환 금지(non-refoulement)원칙이 절대적 권리로 자리 잡는 데 이바지하였다.

(2) Saadi 판결의 영향

Saadi v. Italy(2008) 사건은 Chahal 판결의 원칙을 계승하여, 국가 안보나 테러리즘 논리를 이유로 강제 송환을 정당화하려는 시도를 배격하였다. 재판소는, 튀니지와 같이 고문 위험이 구조적으로 존재하는 국가로의 송환은 국가 안보 사유와 무관하게 허용될 수 없다는

28) Chahal 판결문, 문단 99-105.
29) Saadi 판결문, 문단 143-148.
30) Chahal 판결문, 문단 79-80.

점을 재확인[31]함으로써, 유럽 국가들이 테러 용의자의 송환에 대해 더욱 엄격한 법적 제한을 적용하도록 하는 선례로 평가된다.

3. 결론: 두 판결의 법적 의의

Chahal 및 Saadi 판결은 모두 유럽인권협약 제3조에 따른 고문 금지 원칙의 절대성을 명확히 함으로써, 국가 안보 논리에 의한 인권 보호 의무의 완화를 일절 허용할 수 없음을 재판소가 확립한 대표적 판례이다. 이들 판례는 국제 난민 및 망명 보호 정책, 강제 송환 금지(non-refoulement) 원칙의 강화, 그리고 국가 안보와 인권 보호 간의 법적 균형 유지에 결정적인 기여를 하였다.

31) Saadi 판결문, 문단 138-139.

▌주요 참고문헌

Ⅰ. 국제 인권 규범 및 일반논평

Council of Europe. *Twenty Guidelines on Forced Return*, September 2005.
Available at: https://www.coe.int/t/dg3/migration/archives/source/malagaregconf/20_guidelines_forced_return_en.pdf

European Union. *Council Directive 2004/83/EC of 29 April 2004 on minimum standards for the qualification and status of third country nationals or stateless persons as refugees or as persons who otherwise need international protection and the content of the protection granted.*
Available at: https://eur-lex.europa.eu/eli/dir/2004/83/oj/eng

United Nations. *Convention Relating to the Status of Refugees*, 28 July 1951.

United Nations. *Convention against Torture and Other Cruel, Inhuman or Degrading Treatment or Punishment*, 1984.

Ⅱ. 국제·지역 인권재판소 판결 및 권고

European Court of Human Rights. *Chahal v. United Kingdom*(Application no. 22414/93), Judgment of 15 November 1996.

European Court of Human Rights. *Saadi v. Italy*(Application no. 37201/06), Judgment of 28 February 2008.

Ⅲ. 학술서적 및 논문

Amnesty International. *In the Name of Security: Routine Abuses in Tunisia*, June 2008. Index: MDE 30/007/2008.
Available at: https://www.amnesty.org/en/wp-content/uploads/2021/07/mde300072008eng.pdf

Human Rights Watch. *Letter to the Italian Government Regarding Nassim Saadi's Deportation and the Use of Diplomatic Assurances*, 25 September 2007.
Available at: https://www.hrw.org/news/2007/09/25/letter-italian-government-regarding-nassim-saadis-deportation-and-use-diplomatic

Human Rights Watch. *Ill-Fated Homecomings: A Tunisian Case Study of Guantánamo Repatriations*, 4 September 2007.
Available at: https://www.hrw.org/report/2007/09/04/ill-fated-homecomings/tunisian-case-study-guantanamo-repatriations

제 5 장

표현의 자유의 보장과 제한

Ⅰ. 서 론

제2차 세계대전 종결 이후, 국제사회는 전례 없는 인권 침해의 참상을 교훈 삼아 지역별로 독자적인 인권 체제 구축에 매진하게 되었다. 아메리카, 유럽, 아프리카 등지에서는 국가 주권과 문화적 특수성을 고려한 인권 보호 체계를 마련하려는 노력이 동시다발적으로 전개되었으며, 특히 라틴아메리카 국가들은 이러한 국제적 흐름 속에서 '선도적 혁신자'로 부상하였다. 이들 국가는 1948년 미주인권선언과 미주기구 헌장 채택, 미주기구 설립을 주도함으로써 인권 보호를 위한 지역적 기틀을 마련하였고, 이후 1959년 미주인권위원회와 1979년 코스타리카에 설립된 미주인권재판소(Inter-American Court of Human Rights, IACtHR)를 통해 약 210건 이상의 판결을 내며 회원국의 정책뿐 아니라 국내 법원 판례에도 심오한 영향을 미쳤다.

이와 대조적으로, 유럽에서는 피해자 주도의 소송 제도를 중심으로 한 인권 보호 메커니즘이 발전하였다. 유럽인권재판소(European Court of Human Rights, ECtHR)는 유럽 인권협약 제34조에 근거하여 개인의 직접 제소를 허용하고 있으며, 이 재판소의 판결은 협약 제46조에 따라 각 회원국에 법적 구속력을 행사한다. 냉전 종식 이후 유럽 내 정치적·사회적 재편의 움직임과 더불어, 재판소에 접수되는 사건 수가 급증하면서 사건 적체 문제가 대두되었고, 이는 인권 보호 체계의 한계와 개선의 필요성을 재확인하는 계기가 되었다.

한편, 미주인권재판소는 상대적으로 제한된 예산과 인력 문제로 인해 재판관 보수가 연간 약 6,000달러에 불과한 등 재정적 어려움을 겪고 있다. 이러한 재정적 한계는 판결의 질적 향상과 신속한 사법 절차 운영에 도전 과제로 작용하고 있으며, 두 체제 간의 구조적 차이가 인권 보호의 실행 방식에 어떠한 영향을 미치는지에 대한 학문적 관심을 불러일으키고 있다.

더불어, 인권 문제는 특정 지역의 문제가 아니라 전 지구적 과제로 인식되고 있음을 고려할 때, 서로 다른 지역의 인권 보호 체제와 판례를 비교 분석하는 작업은 상호 학습과 제도 개선의 중요한 자료가 된다. 아시아 지역에서도 국제적 수준의 인권 보호 기구 설립에 대한 요구가 증가하는 가운데, 미주인권재판소가 유럽인권재판소에 비해 더욱 적극적인 인권 기준을 제시해 온 점은 국제법 및 비교법 연구에 있어 중요한 시사점을 제공한다.

이처럼 각 지역의 인권 보호 체제는 그 역사적 배경과 사회·정치적 환경에 따라 다른 특징을 보이지만, 근본적으로 인권의 보편적 정당성을 확보하고자 하는 공통된 목표를 공유하고 있다. 유럽인권재판소와 미주인권재판소의 판례 및 운영 체계를 비교함으로써, 인권 보호의 현주소를 진단하고 향후 국제적 인권 기준의 발전 방향을 모색하는 데 이바지할 수 있을 것으로 보인다.

II. 표현의 자유 침해에 대한 엄격 심사

1. 기본권 보장을 위한 비례성 원칙

비례성 원칙은 다양한 목적적 가치가 상충하는 상황에서 국가가 취하는 수단과 달성하고자 하는 목적 사이의 합리적 관계를 자세히 검토함으로써 의사결정을 지원하는 절차적 기준으로 자리매김한다. 이 원칙은 단순히 이론적 개념에 머무르지 않고, 기본권 충돌 시 상반되는 가치들 사이에서 균형을 모색하며 조화로운 해결책을 도출해 내는 데 핵심적인 임무를 수행한다. 첫째, 국가가 필요 이상의 과도한 조치를 하지 못하도록 하는 과잉금지 원칙과, 둘째, 필요한 수준 이하로 소극적 태도를 보이지 못하도록 요구하는 과소 금지 원칙이 그것이다. 이러한 이중적 접근은 특히 표현의 자유와 인격권 등 다른 기본권이 충돌하는 사안에서, 각 기본권의 내재적 가치를 존중하면서도 사회 전체의 공익을 도모할 수 있는 조정 메커니즘으로 작동한다.

우리 헌법재판소는 기본권 심사의 과정에서 비례성 원칙을 엄격하게 적용하며, 각 기본권의 중요성과 사회적 가치에 따라 심사의 강도를 차별화하는 방식을 채택해 왔다. 예를 들어, 국민의 생명권과 같이 국가가 반드시 보호해야 할 핵심적 기본권이 침해될 때는 더욱 엄격한 기준이 적용되어, 국가의 조치가 과도하지 않은지 세밀하게 검토된다. 이러한 접근은 헌법재판소가 단순히 선언적 차원의 보호에 그치지 않고, 실질적이고 구체적인 보호 장치를 마련함으로써 기본권의 실효성을 높이려는 의지를 반영한다.

비례성 원칙의 구체적인 적용 방식은 크게 두 가지로 구분된다. 첫째, 수평적 방식은 심사 대상이 되는 모든 요소를 동등한 비중으로 동시에 검토하는 방법으로, 다양한 요소 간의 상호 작용을 한눈에 파악할 수 있다는 장점을 지닌다. 둘째, 수직적 방식은 단계적 분석을 통해 문제를 심층적으로 검토하는 접근으로, 일반적으로 "목적의 정당성→수단의 적합성→침해의 최소성→법익 균형성"의 순서를 따른다. 이 단계별 분석 방식은 각 단계에서 이루어지는 논리적 검토와 체계적 평가를 통해, 국가 정책이나 법적 결정의 정당성을 명확하게 규명할 수 있도록 돕는다.

비례성 원칙은 국내뿐 아니라 국제 인권법에서도 중요한 법적 도구로 활용되고 있다. 유럽인권재판소와 미주인권재판소는 비례성 원칙을 다소 다른 방식으로 해석하고 적용하고 있다. 유립인권재판소는 "민주사회에 필요한지 아닌지(necessary in a democratic society)"라는 기준을 중심으로 심사를 진행하며, 특정 조치가 민주적 가치와 기본권 제한의 정당성을 동시에 충족할 수 있는지를 사회적 맥락과 시대적 흐름에 따라 유연하게 평가한다. 이러한 해석은 민주주의적 가치의 보편성과 사회 변화에 따른 유동성을 반영한 결과로 이해할 수 있다.

반면, 미주인권재판소는 보다 구조화된 비례 원칙을 적용하는 경향이 두드러진다. 이 재판소는 기본권 제한이 수단과 목적 사이의 긴밀한 연결성을 보유하고 있는지를 구체적이고 엄격하게 검토함으로써, 정책의 정당성과 적합성을 평가한다. 이러한 접근은 미주 지역의 독재와 정치적 불안정이라는 역사적 경험에 기인하는 바가 크며, 결과적으로 더 엄격한 기준을 통해 기본권 보호의 강화와 국가 행위의 통제를 추구한다.

우리 헌법은 제37조 제2항[1]을 통해 기본권 제한의 정당성 요건 및 법치국

1) 국민의 모든 자유와 권리는 국가안전보장, 질서유지 또는 공공복리를 위해 필요한 경우에

가 원리를 명시하고 있으며, 국가가 기본권을 제한할 때 반드시 고려해야 할 핵심 요소인 과잉금지와 과소금지 원칙을 법적 장치로 마련해 두었다. 현대 법치국가에서 비례성 원칙은 기본권 보장의 핵심축으로 기능하며, 국가가 기본권을 제한할 때 그 제한이 민주적 정당성과 법적 정합성을 유지하는지를 검증하는 중요한 기준으로 작용한다. 특히 기술 발전과 세계화에 따른 사회·경제적 변화는 기본권 충돌의 양상을 더욱 복잡하게 만들어, 비례성 원칙의 적용 필요성을 한층 부각하고 있다. 이러한 변화 속에서 국가와 국제사회의 법적·제도적 상호작용은 비례성 원칙의 보편적 적용 가능성을 모색하는 중요한 연구 주제로 자리 잡고 있으며, 판례 분석을 통한 지속적 개선 노력이 요구된다.

그러나 비례성 원칙은 그 적용 과정에서 내재한 가치 판단의 문제로 인해 법관의 주관적 해석이 결과에 상당한 영향을 미칠 수 있는 한계를 지니고 있다. 이에 따라 판례 및 법리의 일관성을 확보하기 위한 노력이 지속해서 필요하며, 투명성과 객관성을 강화하는 제도적 보완책 마련이 필수적이다. 이러한 문제점을 극복하기 위해, 각 재판소는 판례 비교 및 학제 간 연구를 통해 명확하고 일관된 기준을 마련하려는 시도를 지속해 나가고 있으며, 이는 국제적 인권 보호 체계의 발전에 이바지하는 중요한 요소로 평가된다.

이처럼 유럽인권재판소와 미주인권재판소의 판례 비교 연구는 비례성 원칙의 실질적 적용 사례를 심도 있게 학습할 수 있는 기회를 제공할 뿐만 아니라, 기본권 제한에 관한 국제적 기준의 상호 발전을 도모하는 데도 중요한 시사점을 제공한다. 이러한 학문적 노력은 향후 국가 및 국제사회에서 기본권 보호를 강화하고, 법적 결정의 정당성을 확보하는 데 있어 결정적인 역할을 할 것으로 기대된다.

2. 표현의 자유와 그 제한의 기준: 국제 인권 기준에 따른 고찰

표현의 자유는 인권 보장 체계의 핵심적인 구성요소로서, 민주주의 사회에서 모든 기타 자유와 권리의 실현을 가능하게 하는 기반적 권리로 간주된다. 이 권리는 세계인권선언과 시민적 및 정치적 권리에 관한 국제규약(ICCPR) 등 다

한하여 법률로써 제한할 수 있으며, 제한하는 경우에도 자유와 권리의 본질적인 내용을 침해할 수 없다.

수의 지역 인권 문서[2])에서 그 보장의 중요성이 명시되고 있다. 특히, ICCPR 제19조 제2항은 "모든 사람은 표현의 자유에 대한 권리를 가진다"라고 선언하면서, 정보와 사상을 "국경과 관계없이 구하거나 접수하고 전달할 자유"를 포함하는 것으로 정의한다. 같은 조 제3항에서는 표현의 자유에 대한 제한이 가능하다고 규정하되, 이러한 제한은 반드시 (a) 법률에 규정되어야 하고, (b) 타인의 권리나 명예 존중, 국가 안보, 공공질서, 공중보건 또는 공공도덕의 보호라는 정당한 목적을 위해 필요할 때만 허용될 수 있음을 명시하고 있다.

유엔 인권이사회 산하 표현의 자유에 관한 특별보고관(Frank La Rue)은 2011년 보고서[3])에서 표현의 자유 제한이 국제인권법에 따라 정당화되기 위해 반드시 충족해야 하는 세 가지 요건을 다음과 같이 명확히 제시하였다[4]):

① 적법성(legality): 제한은 명확하고 누구나 접근할 수 있는 '법률'에 따라 이루어져야 하며, 개인이 자신이 언제 어떤 방식으로 표현의 자유에 제한받을 수 있는지 예측할 수 있어야 한다.

② 정당성(legitimacy): 제한은 반드시 ICCPR 제19조 제3항이 명시한 정당한 목적, 즉 타인의 권리 보호, 국가 안보, 공공질서 유지, 공중보건 또는 공공도덕 보호를 추구해야 한다.

③ 비례성(proportionality): 제한은 목적 달성을 위한 가장 최소한의 수단이어야 하며, 과도하거나 모호한 방식으로 표현의 자유를 침해해서는 안 된다.

특별보고관은 특히 이 세 가지 요건이 빠지거나 형식적으로만 적용되는 경우, 해당 국가의 조치는 자의적 권한 남용으로 이어지며 국제 인권법 위반에 해당할 수 있음을 경고하였다.[5])

2) 세계인권선언 제19조와 시민적 및 정치적 권리에 관한 국제규약(ICCPR) 제19조를 비롯하여, 미주인권선언(American Declaration of the Rights and Duties of Man) 제IV조, 미주인권협약(American Convention on Human Rights) 제13조, 유럽인권협약(European Convention on Human Rights) 제10조 등에서 표현의 자유에 관한 규정을 두고 있다.

3) Report of the Special Rapporteur on the promotion and protection of the right to freedom of opinion and expression, Frank La Rue, A/HRC/17/27, 16 May 2011. https://documents.un.org/doc/undoc/gen/g11/132/01/pdf/g1113201.pdf

4) 위 2011년의 보고서, 문단 24, 69.

따라서 표현의 자유는 국제인권법상 본질적 가치로서, 그 제한은 어디까지나 예외적인 경우에만 허용되며, 인권의 본질적 내용을 훼손하지 않는 범위 내에서만 정당화될 수 있다. 이러한 엄격한 제한 기준은 국제사회가 공유하는 핵심적 인식이며, 이는 특히 민주주의 질서유지와 시민 참여의 보장을 위해 필수적이다.

표현의 자유에 대한 제한은 국제인권법상 예외적이고 엄격한 조건하에만 허용되며, 이에 대한 구체적인 법적 기준은 유엔 특별보고관의 연례 보고서들을 통해 지속적으로 발전되어 왔다. 특히 2015년 표현의 자유 특별보고관 데이비드 케이(David Kaye)는 유엔 인권이사회에 제출한 보고서[6]를 통해, 표현의 자유 제한에 관한 법률 및 정책의 수립과 집행 과정에서 준수해야 할 지침을 명료하고 실질적인 기준으로 제시하였다.

첫째, 표현의 자유를 제한하는 국내법은 명확성(clarity)과 접근 가능성(accessibility)이라는 요건을 충족해야 하며, 불명확하거나 광범위한 개념을 통해 국가 권력이 자의적으로 법을 해석하고 적용하는 일이 없도록 해야 한다.[7] 이는 법률의 예측 가능성을 보장함으로써, 표현 주체가 자신의 권리를 실질적으로 행사할 수 있는 토대를 제공한다.

둘째, 표현의 자유 제한은 반드시 ICCPR 제19조 제3항에서 정한 정당한 목적에 부합해야 하며, 이와 무관한 정치적 통제나 권력 유지 수단으로 기능해서는 안 된다. 이에 따라 특별보고관은 국가가 표현 행위에 대해 제한을 가할 때, 내용 중립적(content-neutral) 기준을 적용하고, 검열이나 정치적 억압으로 오용되지 않도록 세노석 삼시와 독립적 심사 메커니즘을 구축할 것을 강조하였다.[8]

셋째, 보고서는 제한이 진정으로 정당화되기 위해서는 단순한 합리성(reasonableness) 이상의 수준을 요구한다고 명시하며, 제한이 실제로 '필요한지'에 대한 엄격한 심사(strict scrutiny)가 수반되어야 함을 주장한다.[9] 이는 대안적

5) 위 2011년의 보고서, 문단 26-27.

6) Report of the Special Rapporteur on the promotion and protection of the right to freedom of opinion and expression, David Kaye, A/HRC/29/32, 22 May 2015, https://documents.un.org/doc/undoc/gen/g15/095/85/pdf/g1509585.pdf.

7) 위 2015년의 보고서, 문단 9-10.

8) 위 2015년의 보고서, 문단 11-15.

9) 위 2015년의 보고서, 문단 23.

조치가 존재하는 경우, 국가가 그보다 더 침해적인 수단을 선택할 수 없다는 것을 의미하며, 비례성과 최소 침해의 원칙이 엄격히 준수되어야 한다는 점을 재확인한다.

결국, 2015년 보고서는 표현의 자유 제한이 자의적 국가 권력 행사로 전락하지 않기 위하여 필요한 법적 명확성, 정당한 목적, 엄격한 필요성 기준, 그리고 효과적인 통제 메커니즘의 중요성을 국제 인권법의 핵심 원칙으로 정립하였다.

표현의 자유에 대한 제한은 국제인권규범뿐 아니라 지역 인권 문서에서도 엄격한 기준하에서만 허용된다. 유럽인권협약 제10조 제2항은 표현의 자유 제한이 가능한 경우를 "법률에 따라 이루어지며, 민주사회에 필요한 경우"[10]로 한정하고 있다. 이는 단순히 공익에 부합한다는 추상적 이유만으로는 정당화될 수 없으며, 제한 조치가 민주적 가치의 핵심을 침해하지 않도록 엄격한 심사와 정당화가 요구됨을 의미한다. 유럽인권재판소는 이를 바탕으로, 국가가 시행하는 제한이 표현의 자유의 본질을 훼손하거나 과도하게 확장되지 않는지 아닌지를 일관되게 심사하고 있으며, "관용(tolerance)과 다원성(pluralism)은 민주사회의 기반"이라는 원칙을 반복적으로 강조해 왔다.[11]

한편, 미주인권협약 제13조[12]도 표현의 자유를 핵심 권리로 규정하면서, 제13조 제2항을 통해 제한할 수 있으되 반드시 정당한 목적, 법률의 근거, 그리고 비례성과 필요성 원칙에 따라야 함을 명시한다. 미주인권재판소는 표현의 자유가 특히 사회적 약자와 소수자의 참여와 권리 실현을 위한 도구라는 점을 강조하면서, 이들의 표현을 침묵시키는 방식으로 국가 권력이 제한을 행사하는 것은 차별적이며 정당화될 수 없다고 강조하였다.[13] 예컨대, 공공 안보나 질서 유지를 이유로 정부가 언론을 검열하거나 비판적 표현을 억제하려 할 경우, 그러한 조치가 비례의 원칙에 위반되는지를 자세히 검토하며, 사전검열이나 차별

---

10) Convention for the Protection of Human Rights and Fundamental Freedoms(European Convention on Human Rights), Article 10(2).

11) European Court of Human Rights, Handyside v. the United Kingdom(Application no. 5493/72). Judgment of 7 December 1976(이하 "Handyside 판결"), 문단 49.

12) American Convention on Human Rights, Article 13 Freedom of thought and expression.

13) Inter-American Court of Human Rights, Compulsory Membership in an Association Prescribed by Law for the Practice of Journalism(Advisory Opinion OC-5/85), 13 November 1985, 문단 34-36.

적 조치에 대해 강한 경계심을 표명하고 있다.

이와 같은 지역 인권 문서들의 기준은 2015년 유엔 표현의 자유 특별보고관 보고서[14]에서도 반영되었으며, 특별보고관은 표현의 자유의 제한이 국제 인권법뿐 아니라 지역 인권조약에서도 일관되게 명확성, 정당성, 비례성, 필요성이라는 요건 아래에 이루어져야 한다고 강조하였다. 특히 "민주사회에 필요한 경우"라는 조건이 단순한 정치적 합리성이나 편의성으로 축소 해석되어서는 안 되며, 최소침해 원칙' 및 '내용 중립성 원칙'이 함께 적용되어야 한다고 지적하였다.[15]

이처럼 국제사회는 표현의 자유가 민주주의와 인권 보호에서 핵심을 이룬다고 보고, 그 제한에 대해 통일된 원칙과 엄격한 적용 기준을 마련해 왔다. 그러나 디지털 환경의 급격한 확산과 기술 발전으로, 허위 정보와 혐오 표현이 범람하는 새로운 양상이 나타나면서, 표현의 자유 제한에 대한 논의는 더욱 복잡해졌다. 유엔의 기존 기준은 이처럼 변화하는 환경에서도 여전히 중요한 준거점을 제공하지만, 동시에 각국이 디지털 공간에서의 표현 행위를 규제하거나 통제할 때 어떻게 국제 인권 기준과 조화를 이룰 수 있는지에 대한 지속적인 논의가 필요하다. 이러한 유럽 및 미주 지역의 경험적 사례는 국가별 법·정책이 서로 교류하며, 표현의 자유가 존중되는 방향으로 진화해 나갈 수 있도록 중요한 시사점을 제공한다.

3. 표현의 자유 제한: 핵심 요건

표현의 자유에 대한 제한은 기본적으로 국제 인권법 및 국가 헌법이 정하는 규범적 기준을 따라야 하며, 크게 적법성, 정당성, 필요성 및 비례성의 세 가지 요건을 충족해야 한다. 이는 표현의 자유가 명목적인 권리가 아니라 실질적으로 보호되고 강화될 수 있도록 하는 최소한의 장치로서, 국가가 임의로 표현 활동을 검열하거나 억압하지 못하도록 견제하는 기능을 한다.

---

14) UN Human Rights Council, Report of the Special Rapporteur on the promotion and protection of the right to freedom of opinion and expression, A/HRC/29/32, 22 May 2015, 문단 6-7, 10.

15) 위 2015년의 보고서, 문단 15, 23.

1) 적법성(Legality)

표현의 자유는 헌법과 국제인권 규범에 따라 보장되므로, 그 제한은 반드시 명확하고 공개적이며 예측할 수 있는 법률에 근거해야 한다. 구체적으로 법률 문구가 모호하여 해석에 따라 광범위하게 적용될 소지가 있으면, 국가가 제한의 폭을 자의적으로 넓혀 인권 침해를 일으킬 가능성이 커진다. 따라서 법률은 이해할 수 있고 적용 범위가 분명해야 하며, 개인은 제한이 가해질 상황과 근거를 충분히 인지할 수 있어야 한다. 이를 위해 통지 절차와 구제 수단이 정비되어야 하지만, 실제로 이 요건이 제대로 작동하지 않는 국가 사례가 빈번히 보고된다.

2) 정당성(Legitimacy)

ICCPR 제19조 제3항[16)]에 따르면, 표현의 자유 제한은 타인의 권리 보호, 국가 안보, 공중보건과 도덕, 그리고 공공질서 유지 등 정당한 목적을 달성하기 위한 경우에만 허용된다. 그러나 제도적·정책적 현장에서 법률에 명시된 목적과 실제 시행 과정에서의 목적이 일치하지 않거나, 복수의 목적 중 진정한 정당성이 모호하게 남는다면, 정당성 요건을 충족하기가 어려워진다. 이를 방지하기 위해서는 법률 제·개정 단계에서부터 목적이 명확히 설정되어야 할 뿐 아니라, 집행 과정에서도 투명하고 일관된 기준이 적용되어야 한다.

3) 필요성 및 비례성(Necessity and Proportionality)

국제인권법에서 표현의 자유에 대한 제한은 단순히 정당한 목적만으로 정당화되지 않으며, 해당 제한 조치가 그 목적을 달성하기 위해 '꼭 필요한 최소한의 수준'에 머물러야 한다는 필요성 및 비례성 원칙이 함께 충족되어야 한다. 이는 제한이 목적 달성에 실질적으로 기여하면서도, 표현의 자유에 미치는 침해의 범위가 최소화되어야 한다는 원칙을 의미한다.

유엔 인권위원회는 ICCPR 제19조 제3항의 해석과 관련하여 발표한 권고 제34호(2011)[17)]에서, 표현의 자유 제한은 "실질적으로 필요한" 조치로서, 덜 제

---

16) International Covenant on Civil and Political Rights(ICCPR), Article 19(3).

17) UN Human Rights Committee, General Comment No. 34, CCPR/C/GC/34, 12 September 2011.

한적인 대안이 존재하지 않는 경우에만 정당화될 수 있다고 명시하였다.[18)]

따라서 예컨대 국가가 공공질서 유지를 이유로 표현을 제한할 경우, 그 조치는 문제 해결과 직접적이고 밀접한 관련성을 가져야 하며, 덜 침해적인 방식으로 동일한 목적을 달성할 수 있는 대안이 존재한다면, 더 침해적인 조치는 정당성을 상실하게 된다. 이는 흔히 "파리를 잡기 위해 대포를 쓸 수 없다"[19)]는 비유로 요약되는데, 제한의 범위가 과잉되지 않도록 세심하게 조율되어야 함을 시사한다.

아울러 유엔 인권위원회는 국가가 표현의 자유 제한을 운용하는 과정에서 이러한 기준이 인권 침해로 오용되지 않게 하려고, 절차적 투명성과 함께 충분한 사법적 통제와 보장 장치를 마련할 것을 권고하고 있다.[20)] 이는 제한 조치의 타당성을 객관적으로 심사하고, 자의적 집행을 예방하는 최소한의 제도적 요건이다.

4. 표현의 자유 제한 심사: 실제 적용상의 한계

이론적으로 표현의 자유 제한 심사는 위 세 가지 요건에 따라 엄격하게 이루어져야 하지만, 실제 집행 단계에서는 여러 가지 난점이 드러난다. 2016년 유엔 특별보고관 보고서[21)]에 따르면, 많은 국가가 제한 조치의 정당한 목적을 선언적으로 밝히는 데 그치고, '필요성' 및 '비례성'에 대한 심사를 형식적 수준에 머물게 하거나 생략하는 사례가 빈번하다고 지적했다.

---

18) "The restriction must be the least intrusive instrument amongst those which might achieve the desired result"(위 2011년의 권고, 문단 34.)

19) Eva Brems는 Laurens Lavrysen과 함께 "Don't Use a Sledgehammer to Crack a Nut"(호두를 깨기 위해 대형 망치를 쓰지 마라)라는 제목의 논문을 집필하였는데 이 두 표현은 권리 제한이 과도해서는 안 되며, 반드시 목적 달성을 위해 필요한 최소한의 수준에 그쳐야 함을 설명하기 위한 은유적 표현이 사용된다(Eva Brems, Laurens Lavrysen, 'Don't Use a Sledgehammer to Crack a Nut': Less Restrictive Means in the Case Law of the European Court of Human Rights, Human Rights Law Review, Volume 15, Issue 1, March 2015, Pages 139-168).

20) 위 2011년의 권고, 문단 22-23, 36.

21) Report of the Special Rapporteur on the promotion and protection of the right to freedom of opinion and expression, David Kaye, A/HRC/32/38, 11 May 2016. https://docs.un.org/en/A/HRC/32/38

1) 심사 절차의 투명성 부족

심사 과정에서 투명성이 없을 경우, 표현의 자유 제한이 권력 남용으로 이어질 위험이 커진다. 예를 들어, 특정 사회 집단에 대한 혐오 표현을 규제하는 법률이 있다 하더라도, 그 법률이 국가 권력에 불리한 비판적 목소리를 억압하는 도구로 활용될 수 있다는 우려가 제기된다. 따라서 제한의 집행 과정에서는 관련 정보가 공개되고, 이해관계자에게 충분한 의견 진술 기회가 주어지며, 통제와 감독 기능이 실효성 있게 작동해야 한다.

2) 실효성 있는 구제책의 확보

표현의 자유가 침해된 경우, 피해자가 실질적이고 적절한 구제를 받을 수 있는 제도적 장치는 인권 보장의 핵심적 요소이다. 시민적 및 정치적 권리에 관한 국제규약(ICCPR) 제2조 제3항은 모든 규약 당사국이 규약상 권리 침해에 대하여 실효성 있는 구제 수단을 제공할 일반적 의무를 부담함을 명확히 하고 있다. 여기에는 표현의 자유(제19조) 역시 포함되며, 침해가 발생한 경우 단순한 상징적 절차나 형식적 수단이 아닌, 실질적 회복을 가능하게 하는 절차적 보장이 마련되어야 함을 의미한다.[22)]

그러나 실제 국가별 제도에서는 다음과 같은 문제가 반복적으로 제기된다. 첫째, 피해자가 이용할 수 있는 사법적·행정적 구제 절차에 대한 정보 접근성이 낮거나, 절차 자체가 복잡하고 고비용일 뿐만 아니라 장기화하는 경향이 있다. 둘째, 피해자의 진정이 정치적 또는 제도적으로 소극적으로 다루어져 실질적 보상이나 제도 개선으로 이어지지 않는 경우도 적지 않다. 이와 같은 현실은 표현의 자유 보호의 실효성을 약화하고, 더 나아가 국제 인권 기준에 대한 국내 이행의 신뢰성을 저해한다.

표현의 자유 보장을 위한 제도적 설계는 단지 법률 조항의 존재 여부만으로 평가될 수 없으며, 해당 제도가 실제로 접근할 수 있고, 예측할 수 있으며, 효과적인 구제 결과를 산출하는지가 핵심 기준이 되어야 한다. 국제인권 규범

22) Human Rights Committee, General comment no. 31 (80), The nature of the general legal obligation imposed on States Parties to the Covenant : International Covenant on Civil and Political Rights: adopted on 29 March 2004, 문단 15-18.

은 국가마다 다른 입법·사법 체계와 사회문화적 배경 속에서도 적용될 수 있는 최소한의 공통된 기준을 제시하며, 각국은 이를 바탕으로 자국의 특수성을 고려하면서도 국제적 기준에 부합하는 효율적이고 공정한 구제 메커니즘을 갖추기 위한 지속적 노력을 기울일 필요가 있다.

Ⅲ. 표현의 자유와 인격권 사이의 이익형량

표현의 자유와 인격권이 충돌하는 상황은 국제인권재판소 판례에서 반복적으로 논의되는 핵심 쟁점이며, 미주인권재판소(Inter-American Court of Human Rights, "IACtHR")의 Kimel v. Argentina 판결[23]과 유럽인권재판소(European Court of Human Rights, "ECtHR")의 Mamère v. France 판결[24]은 이러한 갈등을 조정하는 데 있어 비례성 심사와 이익형량이 어떻게 적용되는지를 잘 보여주는 대표적인 사례들이다. 미주인권재판소는 Kimel 판결에서 공적 사안에 대한 표현 행위가 국가의 형사적 제재를 받았을 때, 해당 제한이 표현의 자유에 비해 과도한지 여부를 비례성 원칙에 따라 자세히 검토하였다. 한편, 유럽인권재판소는 Mamère 판결에서 언론인의 공공 비판이 명예훼손으로 처벌받은 사안에 대해, 표현의 자유가 민주사회에서 수행하는 기능을 강조하면서, 제한 조치가 '필요한 것인지' 여부를 중심으로 판단하였다. 양 사건 모두 공적 관심사에 대한 비판적 표현은 강화된 보호를 받아야 하며, 표현의 자유에 대한 제한은 인격권 보호라는 목적과 비교형량을 거쳐 정당화될 수 있을 때만 허용된다는 원칙을 확인시켜 준다.

1. 미주인권재판소의 Kimel 판결(2008)

2008년 미주인권재판소가 심리한 Kimel 대 아르헨티나 사건은 군부 독재 시절 벌어진 '산 파트리시오 대학살' 관련 사법 절차를 비판하는 저술을 출간한

23) Inter-American Court of Human Rights, Kimel v. Argentina(Series C No. 177). Judgment of 2 May 2008(이하 "Kimel 판결").

24) European Court of Human Rights, Mamère v. France(Application no. 12697/03). Judgment of 7 November 2006(이하 "Mamère 판결").

언론인이자 작가인 에두아르도 키멜(Eduardo Kimel)에게 부과된 형사처벌 문제에서 비롯되었다. 키멜은 저서에서 사법부의 공정성을 의심하는 내용을 게재했고, 당시 재판을 담당했던 판사의 독립성과 군사 정권과의 결탁 가능성을 지적했다.

이 책을 문제 삼은 해당 판사는 키멜을 명예훼손 혐의로 고소했고, 아르헨티나 국내 법원은 키멜에게 형사처벌 및 벌금을 부과했다. 키멜은 이를 '표현의 자유' 침해로 간주하여 미주인권위원회(Inter-American Commission on Human Rights)에 아르헨티나 정부를 제소했고, 사건은 2007년 미주인권재판소로 이관되었다. 재판소는 국가가 '표현의 자유'를 보호해야 한다는 의무에도 불구하고, 아르헨티나가 키멜의 발언을 형사 처벌한 것은 비례성 원칙을 위반했다고 판단했다. 정부는 일정 부분 책임을 인정했으며, 재판소는 피해에 대한 적절한 배상을 제공해야 한다고 판결했다.

1) 충돌되는 권리: 표현의 자유와 명예권

키멜이 비판의 대상으로 삼은 대상은 '공직자'(판사)였다는 점에서, 본 사건의 핵심적 쟁점은 미주인권협약[25)]제13조가 보장하는 표현의 자유[26)]와 제11조[27)]가 보장하는 명예권 사이의 충돌이었다. 공적 사안에 대한 비판적 표현이 어느 정도까지 보호되어야 하는지에 관한 기준을 제시하였다. 특히, 공직자도 일반 사인과 같은 수준으로 명예를 보호받을 수 있는지, 혹은 민주사회에서 공적 권한을 행사하는 자로서 더 넓은 범위의 비판을 감수해야 하는지에 대한 해석 문제가 중심에 놓여 있었다. 이는 국제인권법상 공적 인물의 개념과 그에 따른 표현의 자유의 범위에 대한 해석론적 쟁점을 다시금 부각시킨 것이다.

2) 공익적 비판과 권리 충돌에 관한 심사 기준

미주인권재판소는 Kimel 판결에서 공적 관심사에 대한 표현의 자유가 민주사회에서 수행하는 핵심적 기능을 강조하였다. 재판소는 사법부 판사와 같은 공직자도 명예훼손으로부터 보호받을 권리를 가진다는 점을 인정하면서도, 사

---

25) American Convention on Human Rights(1969).

26) Article 13 Freedom of thought and expression.

27) Article 11 Right to privacy.

법부가 민주사회에서 수행하는 공적 역할과 투명성의 요구를 고려할 때, 공적 사안에 대한 비판적 표현은 광범위하게 보장되어야 한다고 판시하였다. 이와 같은 판단은 표현의 자유와 인격권이 충돌하는 상황에서 두 권리를 절대적 우열 관계로 보지 않고, 맥락적 요소를 고려한 비례성 심사를 통해 조정해야 한다는 접근방식을 기반으로 한다. 이러한 심사 기준은 유럽인권재판소의 판례에서도 반복적으로 나타나는 방식으로, 공공의 이해와 관련된 표현에 대해서는 표현의 자유가 우선적으로 고려되어야 하며, 그 제한은 예외적이고 엄격한 요건하에서만 정당화될 수 있다는 국제인권법의 일반 원칙과 부합한다.

3) 형사 제재의 정당성과 비례성의 원칙

Kimel 판결에서 문제가 된 표현은 군사독재 시기의 국가폭력과 사법부의 역할에 대한 비판적 평가로, 이는 공적 관심사에 해당하는 내용이었다. 그러나 이로 인해 해당 저자가 명예훼손 혐의로 형사처벌을 받게 되면서, 재판소는 "표현에 대한 형사 제재가 과연 민주사회에서 필요한 수단인가"라는 근본적인 문제를 제기하였다. 미주인권재판소는 표현의 자유가 단순한 의견 개진의 권리를 넘어, 정보의 수신과 전달을 포함하는 복합적 권리라는 점을 강조하면서, 이에 대한 제한은 적법성과 함께 '엄격한 비례성 요건'을 충족해야 한다고 판시하였다.

(1) 적법성 요건(Legality)

표현의 자유를 제한하는 법률은 명확하고 예측할 수 있어야 하며, 일반 시민이 어떤 발언이 처벌 대상이 되는지를 사전에 인식할 수 있어야 한다. 법률 조항이 모호할 경우, 자의적 해석이나 과도한 자기검열을 초래하여 표현의 자유를 위축시킬 우려가 있다.

(2) 비례성 요건(Proportionality)

제한이 법적으로 정당화되더라도, 형사처벌이 '최후의 수단'으로 간주할 수 있는지 여부, 그리고 실제로 부과된 제재가 과도하지 않았는지를 자세히 심사해야 한다. 재판소는 공직자의 명예 역시 보호받아야 할 권리임을 인정하면서도, 형사처벌이라는 강력한 제재가 표현의 자유를 불필요하게 침해하거나 위축시키는 결과로 이어졌는지를 중점적으로 검토하였다.

이러한 판단 기준은 국제 인권법에서 보편적으로 적용되는 과잉금지 원칙의 핵심 내용을 구성하며, 표현의 자유에 대한 형사적 제재는 예외적인 상황에서만 정당화될 수 있다는 점을 분명히 한다.

4) 비례성 원칙의 네 단계 적용

미주인권재판소는 Kimel 판결에서 표현의 자유에 대한 제한이 정당화되기 위해서는 비례성 원칙에 따른 엄격한 심사 기준을 충족해야 한다고 보았다. 특히 재판소는 이 원칙을 네 가지 단계로 구체화하여 분석하였으며, 이는 국제인권법에서 통상적으로 채택되는 심사 구조와 일치한다.

(1) 적법성

제한의 근거가 되는 법률 조항은 충분히 명확하고 예측 가능해야 하며, 일반 시민이 자신의 행위가 위법한지 여부를 사전에 인지할 수 있어야 한다. 이 사건에서 재판소는 명예훼손죄의 구성 요건이 명확히 규정되어 있었는지를 검토하였다.

(2) 목적의 정당성

표현의 자유에 대한 제한이 국제인권규범상 허용되는 정당한 목적에 부합해야 한다. 재판소는 이 사건에서 '사법부 판사의 명예 보호'가 미주인권협약 제11조(명예 및 사생활 보호)의 취지에 부합하는 정당한 목적이 될 수 있음을 인정하였다. 다만, 이는 명예 보호 자체를 부정하는 것이 아님을 분명히 하였다.

(3) 필요성

제한 조치는 목적 달성을 위해 필요한 최소한의 수단이어야 한다. 재판소는 형사처벌이 아닌 민사적 또는 행정적 수단을 통해서도 목적을 달성할 수 있었는지 여부를 중점적으로 검토하였으며, 형사적 제재는 최후의 수단으로만 정당화될 수 있다고 보았다.

(4) 이익형량

제한 조치로 인해 발생하는 기본권 침해의 정도가 그 조치를 통해 보호하려는 이익에 비해 과도하지 않은지를 심사한다. 특히 본 사건에서는 공직자에 대한 비판이 민주사회에서 공적 담론을 형성하는 데 필수적이라는 점이 강조되었으며, 따라서 명예 보호의 필요성과 표현의 자유 위축 가능성 간의 균형을 엄격하게 평가해야 했다.

이처럼 미주인권재판소는 비례성 원칙을 정교하게 구조화함으로써, 표현의 자유에 대한 제한이 국제인권법에 부합하기 위해 충족해야 할 요건들을 구체적으로 제시하였다. 이는 이후 유사 사안에 대한 판례 및 법적 기준 설정에 있어 중요한 참조점을 제공한다.

5) 침해 최소성 원칙과 형사처벌의 한계

Kimel 판결에서 미주인권재판소는 형사처벌이 표현의 자유를 제한하는 수단으로 사용될 경우, 그것이 과연 '최후의 수단'으로 정당화될 수 있는지를 엄격히 심사해야 한다고 강조하였다. 명예훼손을 형사법적 방식으로 다룰 경우, 피고인의 신체적·정신적 자유에 중대한 영향을 미칠 수 있으며, 이로 인해 시민들의 비판적 발언이 위축될 위험이 크다. 실제로 본 사건에서 재판소는, 공공의 이익을 목적으로 한 발언에 대해 형사처벌이 부과된 것은 표현의 자유에 과도한 부담을 초래한 것으로 판단하였다. 특히 Kimel의 표현은 군사독재 시기의 국가폭력과 사법부의 책임에 대한 비판을 통해 역사적 진실을 공론화하고자 한 시도로 평가되었으며, 이를 형사처벌로 제재하는 것은 침해 최소성 원칙에 위반된다는 결론에 도달하였다.

6) 이익형량의 결과와 재판소의 판단

이익형량 원칙에 따라 미주인권재판소는 Kimel에게 부과된 형사처벌인 벌금형 및 범죄자로서의 낙인이 표현의 자유를 실질적으로 침해하였다고 판단하였다. 재판소는 공직자, 특히 사법부 구성원은 공적 논쟁의 대상이 될 수 있으며, 이에 대한 비판은 민주주의의 유지와 발전에 필수적인 요소라고 보았다. 군사 정권 시기의 사법부 역할에 대한 문제 제기는 단순한 사적 명예 침해를 넘어, 민주사회 회복 및 역사적 진실 규명의 과정에서 중대한 공익적 의미를 지닌다고 본 것이다. 아울러 재판소는 Kimel의 발언이 사실에 대한 단정적 기술이 아니라, 사법부와 군사 정권 간의 관계에 대한 비판적 의견으로 볼 수 있는 여지가 크다고 판단하였다. 공적 사안에 대한 다양한 견해의 표출은 민주사회에서 보호받아야 할 핵심적 가치에 해당하므로, 그러한 표현에 대해 형사처벌을 부과하는 것은 과도한 조치로 간주하였다.

7) Kimel 사건의 법적, 제도적 함의

Kimel 판결은 국제인권법상 표현의 자유와 명예권이 충돌하는 상황에서 비례성 원칙이 어떻게 구체적으로 적용되어야 하는지를 잘 보여주는 선도적 판례로 평가된다. 이 사건을 통해 미주인권재판소는 다음과 같은 법적 기준을 명확히 제시하였다. 첫째, 명예훼손 관련 형사법 조항은 일반 시민이 위법 여부를 예측할 수 있을 정도로 명확하게 규정되어야 한다. 둘째, 형사처벌은 오직 다른 대체 수단이 불충분할 때만 적용될 수 있는 최후의 수단이어야 한다. 셋째, 표현의 자유와 명예권이 충돌할 경우, 공익적 표현의 가치를 우선으로 고려하는 엄격한 이익형량이 요구된다. 이러한 기준은 민주사회에서 공직자에 대한 비판과 공론의 자유가 어떠한 수준으로 보장되어야 하는지를 보여주는 중요한 이정표로 기능하며, 국제 인권법 해석의 발전에 실질적인 이바지를 한 판례로 평가된다.

2. 유럽인권재판소의 Mamère 판결(2006)[28)]

1) 사건 개요 및 배경

Mamère 판결은 2006년 유럽인권재판소가 판단을 내린 사안으로, 표현의 자유(유럽인권협약 제10조[29)])와 개인의 명예 및 사생활 보호(제8조[30)]) 사이의 충돌을 다룬 대표적 사례이다. 이 사건에서 프랑스의 국회의원이자 언론인인 노엘 마메르(Noël Mamère)는 방송 인터뷰에서 공공보건 관련 사안에 관여한 당시 공무원이었던 이브 펠러랭(Yves Pellerin)을 비판하였다. 이에 대해 프랑스 국내 법원은 마메르가 공직자의 명예를 악의적으로 훼손하였다고 판단하여 유죄를 선고하였다.

---

28) European Court of Human Rights, Mamère v. France(Application no. 12697/03). Judgment of 7 November 2006(이하 "Mamère 판결").

29) Convention for the Protection of Human Rights and Fundamental Freedoms(1950) Article 10 Freedom of expression.

30) Convention for the Protection of Human Rights and Fundamental Freedoms(1950) Article 8 Right to respect for private and family life.

그러나 유럽인권재판소는 최종적으로 이러한 판단이 유럽인권협약 제10조에 따른 표현의 자유를 부당하게 제한한 것이라고 보았다. 재판소는 민주사회에서 공적 사안에 대한 자유로운 토론이 핵심적인 임무를 수행한다는 점을 강조하며, 특히 언론인 또는 정치인의 공익적 발언은 공공의 관심사에 이바지하는 경우 더욱 높은 수준의 보호를 받아야 한다고 판시하였다. 이와 같은 판단은 미주인권재판소가 Kimel 판결에서 제시한 기준과도 궤를 같이하는 것으로, 국제 인권법 전반에 걸쳐 표현의 자유 보호에 대한 보편적 기준 형성에 기여하고 있다.

2) 명예훼손 주장과 사실관계

Mamère 판결의 발단은 체르노빌 원자력 발전소 사고와 관련된 텔레비전 프로그램에서 프랑스 국회의원이자 언론인이었던 노엘 마메르(Noël Mamère)가 공공보건에 관한 국가 기관의 대응을 비판하면서 비롯되었다. 마메르는 해당 방송에서 SCPRI(방사능 보호 및 측정 관련 프랑스 공공기관)의 당시 기관장이었던 이브 펠러랭(Yves Pellerin)이 "방사능 구름이 프랑스에 도달하지 않을 것"[31]이라는 잘못된 정보를 국민에게 제공했다고 지적하였다. 그는 펠러랭이 방사능 노출 위험을 축소하거나 은폐하려 했으며, 단순한 판단 착오가 아니라 고의적 정보 왜곡에 가까운 행태를 보였다고 강하게 비판하였다.

마메르의 이와 같은 발언에 대해 펠러랭은 자신의 명예와 인격권이 침해되었다고 주장하며 명예훼손 소송을 제기하였다. 프랑스 국내 법원은 마메르의 표현 중 "악의적인 인물"[32]이라는 지칭이 특히 문제가 된다고 보아, 벌금형 및 손해배상 명령을 내렸다. 항소심 역시 해당 발언이 개인의 명예를 침해하는 것으로 판단하고 유죄를 확정하였다. 이에 대해 마메르는 자신의 표현이 공공의 건강과 안전이라는 중대한 공익에 관한 비판적 의견 표출이었다고 주장하며, 유럽인권재판소에 제소하였다. 사건은 표현의 자유와 명예권 사이의 충돌이라는 고전적 인권 문제를 다시 한번 국제적 차원에서 조명하게 되었다.

---

31) "There was a sinister character at the SCPRI named Mr. Pellerin, who kept telling us that France was so strong – the Asterix complex – that the Chernobyl cloud would not cross our borders"(Mamère 판결, 문단 8).

32) "a sinister character"(위 같은 문단).

3) 유럽인권재판소의 비례성 원칙 적용

유럽인권재판소는 Mamère 판결에서, 프랑스 국내 법원이 마메르에게 부과한 형사적·재정적 제재가 유럽인권협약 제10조(표현의 자유)에서 허용하는 제한 요건에 부합하는지를 비례성 원칙에 따라 엄격히 심사하였다. 재판소는 먼저 마메르의 발언이 공적 관심사인 체르노빌 원전 사고에 대한 비판적 견해로서, 협약 제10조가 보호하는 표현의 자유 범주에 해당함을 확인하였다. 이어서 재판소는 표현의 자유에 대한 제한이 국제인권법상 정당화되기 위해 충족해야 할 요건들을 다음과 같이 네 단계로 분석하였다.

(1) 적법성

표현의 자유에 대한 제한은 법률에 근거해야 하며, 해당 법률이 명확하고 예측할 수 있어 일반 시민이 자신의 발언이 위법한지를 사전에 인지할 수 있어야 한다. 이 사건에서 재판소는 명예훼손 관련 법률이 이러한 요건을 형식적으로는 충족한다고 보았다.

(2) 목적의 정당성

펠러랭의 명예 보호는 유럽인권협약 제8조가 보장하는 권리로, 정당한 제한 목적에 해당한다. 그러나 재판소는 정당한 목적이 있다고 하여 곧바로 모든 제한 조치가 허용되는 것은 아니라는 점을 명확히 하였다.

(3) 필요성

표현의 제한이 민주사회에서 실제로 필요한 조치인지 여부를 판단한다. 재판소는 마메르의 발언이 공공의 건강과 안전이라는 중대한 공익에 관한 것이었음을 고려하여, 형사처벌이 과도하고 불필요한 제재에 해당한다고 보았다.

(4) 이익형량

표현의 자유에 대한 제한으로 인해 초래되는 침해의 정도가, 보호하고자 하는 법익과 비교하여 과도하지 않은지를 검토한다. 재판소는 마메르의 발언이 정치적 논평과 언론적 비판의 성격을 띠며, 공직자의 책임을 묻는 맥락에서 이루어진 것이므로, 형사처벌은 표현의 자유를 지나치게 위축시킬 수 있다고 판단하였다.

결론적으로 유럽인권재판소는 프랑스 법원이 마메르에게 부과한 제재가 협약 제10조에 따른 허용 범위를 초과한 것으로 판단하고, 표현의 자유 침해를 인정하였다. 재판소는 특히 체르노빌 사고와 같은 공중보건 사안은 민주사회에서 자유로운 정보 교환과 공개적 비판을 통해 검증되어야 하며, 이러한 공익적 표현은 강화된 보호를 받아야 한다는 원칙을 재확인하였다.

4) 공직자에 대한 비판 수용 범위와 민주사회의 투명성 원칙

유럽인권재판소는 Mamère 판결에서, 공직자는 일반 사인(private individual)보다 비판을 수용해야 할 범위가 더 넓다는 점을 명확히 하였다. 이는 민주사회에서 공직 수행자에 대한 시민의 감시와 비판이 정당하며, 오히려 민주적 정당성과 투명성 확보를 위한 핵심적 요소로 기능한다는 국제 인권법의 일반 원칙에 부합한다. 펠러랭은 정부 산하 공공기관의 기관장으로서 공적 권한을 행사하였으므로, 그의 직무 수행과 관련된 비판은 공적 담론의 일부로 간주하여야 한다. 이에 대해 형사처벌을 통해 억제하는 조치는, 재판소에 따르면, 표현의 자유와 투명성 원칙을 침해하고 공적 책임성을 약화할 위험이 크다.

재판소는 또한 청구인 마메르가 언론인이자 선출직 정치인이라는 이중적 지위에서, 공공의 이해에 직접 관련된 사안에 대해 문제를 제기할 권리뿐 아니라 일정 부분 의무를 부담한다고 평가하였다. 특히 체르노빌 원전 사고와 같은 환경 및 보건 관련 이슈는 국민 전체의 안전과 직결되는 사안으로, 이에 대한 정보 공개와 비판은 민주사회에서 핵심적으로 보호받아야 할 정치적 표현 및 공익적 담론에 해당한다. 따라서 재판소는 이러한 유형의 표현은 최대한의 보호를 받아야 하며, 국가가 이를 형사적으로 제재할 때에는 극히 엄격한 심사 기준이 적용되어야 한다고 판시하였다.

5) 이익형량의 결과와 비례성의 원칙

유럽인권재판소는 Mamère 판결에서 이익형량을 통해, 마메르의 발언이 단순한 사적 비난이 아닌 공공의 이익에 기반한 정치적 표현임을 확인하였다. 체르노빌 원전 사고와 관련된 정보 공개 방식과 정부 책임에 대한 문제 제기는 국민 건강과 안전에 직결되는 사안이므로, 이에 대한 비판은 공적 담론의 목적으로 간주하여야 한다는 의견이었다. 비록 일부 표현이 자극적이거나 공격적으로 보일 수는 있으나, 그러한 언어가 표현 전체의 공익적 성격을 압도한다고 보기는 어렵다고 재판소는 판단하였다.

이와 같은 판단은 비례성의 원칙 적용에 기반을 둔다. 재판소는 표현의 자유 제한이 민주사회에서 정당화되기 위해서는 그 수단이 적절하고, 목적에 비례하며, 무엇보다 필요한 최소한도에 머물러야 한다고 보았다. 형사처벌과 같은 강력한 제재는 최후의 수단으로만 허용되어야 하며, 그렇지 않을 때 표현의 자유를 위축시키고, 시민의 감시 기능과 공공의 책임성을 약화할 수 있다.

결론적으로, 마메르에게 부과된 벌금 및 손해배상 명령은 유럽 인권협약 제10조[33]에 위반되는 과도한 제한으로 평가되었으며, 유럽인권재판소는 프랑스 정부가 이를 시정할 의무가 있다고 선언하였다.

6) Mamère 판결의 국제인권법적 의의

Mamère 판결은 공적 인물의 명예 보호와 표현의 자유 간 충돌에서, 공익에 기반한 비판이 우선하여 고려되어야 함을 명확히 한 판례로, 유럽 지역을 넘어 국제 인권법 전반에 중요한 선례적 의미를 지닌다. 유럽인권재판소는 공직자는 민주적 책임성과 투명성을 요구받는 존재로서, 일반 사인보다 더 넓은 범위의 비판을 감수해야 한다는 원칙을 재확인하였다.

이러한 접근은 미주인권재판소가 Kimel 판결에서 제시한 판단과도 일치하며, 국제 인권판례에서 표현의 자유를 공공의 이해와 민주적 담론의 핵심으로 간주하는 공통된 흐름을 보여준다. 특히 환경 및 공중보건처럼 사회 전반에 영향을 미치는 사안에 있어서는 정보의 자유로운 유통과 비판적 논의가 민주사회 유지에 필수적이라는 점이 강조되었다.

재판소는 공공의 이익에 부합하는 표현에 대해 형사처벌을 부과하는 것은 협약 제10조의 취지에 어긋나며, 나아가 시민의 알 권리와 민주적 참여를 침해할 수 있다고 보았다. Mamère 사건은 궁극적으로 표현의 자유가 단순한 개인

---

33) Convention for the Protection of Human Rights and Fundamental Freedoms(1950) Article 10 Freedom of expression.

권리에 그치지 않고, 민주주의 실현과 인권 보장의 기반임을 다시금 확인한 판례로 평가된다.

3. 두 사건의 비례성 심사 및 이익형량

1) 공통된 쟁점과 비교 분석

Kimel 판결와 Mamère 판결은 표현의 자유가 타인의 인격권(특히 명예권)과 충돌하는 상황에서 국제인권재판소가 어떠한 기준을 적용하는지를 보여주는 대표적인 사례다. 각각 미주와 유럽이라는 서로 다른 법문화적 배경 속에서 이루어진 판결임에도 불구하고, 두 재판소는 모두 비례성의 원칙과 이익형량이라는 공통된 분석 틀을 적용하였다.

비례성 심사는 다음의 네 단계로 일반화된다: (1) 목적의 정당성, (2) 수단의 적합성, (3) 침해의 최소성, (4) 이익형량. 두 사건 모두 이 분석 구조에 따라 표현의 자유 제한 여부를 심사하였으며, 결과적으로 공익적 목적을 지닌 표현은 광범위하게 보호되어야 한다는 결론에 도달하였다.

2) Kimel 판결에서의 적용

미주인권재판소는 Kimel 판결에서, 군사 독재 시기 국가폭력에 대한 비판이 공적 담론의 일부임을 강조하였다. 키멜의 저작은 과거 인권 침해에 대한 사회적 기억을 환기하는 것으로, 민주적 공공성의 유지와 회복에 이바지하는 중요한 표현 행위로 간주하였다. 반면, 이에 대한 형사처벌은 표현의 자유에 대한 필요 이상의 제한으로 평가되었다. 재판소는 특히 형사법 규정의 적용이 지나치게 광범위하고 모호하여, 시민이 자신의 행위가 위법인지 예측하기 어렵다고 판단하였다.

3) Mamère 판결에서의 적용

유럽인권재판소는 Mamère 판결에서 체르노빌 사고에 대한 정부의 정보 대응을 비판한 정치인의 발언이 공적 관심사에 해당하며, 정치적 표현의 성격을 띤다고 판단하였다. 재판소는 공직자는 민주사회에서 더 높은 수준의 비판을 수용해야 한다는 원칙을 강조하면서, 마메르에 대한 형사처벌이 과도하다고 결론지었다. 특히 국민 건강과 안전에 직결되는 환경·보건 이슈는 표현의 자유가 더욱 강화되어야 할 영역으로 보았다.

4) 이익형량의 주요 고려 요소

두 사건에서 재판소는 다음과 같은 기준을 중심으로 표현의 자유와 명예권 간의 조화를 도모하였다.

(1) 공적 담론의 중요성

역사적 진실 규명(Kimel 판결)과 환경·보건 위기 대응(Mamère 판결)은 모두 민주사회에서 공론화되어야 할 중대한 사안으로, 표현의 자유가 우선하여 고려되어야 한다.

(2) 공직자의 지위와 책임

두 재판소는 공직자가 일반 사인보다 높은 수준의 비판을 감수해야 한다는 국제 인권법의 기준을 명확히 하였다. 공직 수행은 공적 신뢰와 투명성을 전제로 하며, 이에 대한 시민의 비판은 억압되어서는 안 된다.

(3) 사회·역사적 맥락의 반영

Kimel 판결은 과거사 청산이라는 과제를, Mamère 판결은 민주적 통치 과정의 투명성 확보라는 맥락에서 심사되었다. 이처럼 각 사건은 표현의 자유가 작동하는 맥락에 따라 정당성의 강도가 달라질 수 있음을 보여준다.

5) 국제 인권법적 시사점

비록 두 재판소가 적용한 비례성 원칙의 형식은 유사하지만, 그 구체적 강조점은 각기 다르다. Kimel 판결에서는 과거 인권 침해에 대한 비판과 역사적 책임 규명의 필요성이 강조되었고, Mamère 판결에서는 공공보건 위기 대응에 대한 정부 책임과 정보 공개의 중요성이 드러났다. 그럼에도 불구하고 공통된 결론은 명확하다. 공적 사안에 대한 비판적 표현은 민주사회 유지의 핵심적 요소이며, 이에 대한 제한은 극히 예외적인 경우에만 허용되어야 한다. 특히 공직자와 정부기관은 투명성과 책임성의 원칙에 따라 시민의 비판을 수용할 의무가 있으며, 과도한 명예 보호는 오히려 민주주의를 약화시킬 수 있다.

IV. 결 론

Kimel 판결과 Mamère 판결은 표현의 자유와 인격권이 충돌할 때, 국제인권재판소가 적용하는 심사 기준과 그 실제 적용 방식을 보여주는 대표적 사례로 평가된다. 두 판결은 표현의 자유를 단지 개인의 권리로 보는 것이 아니라, 민주사회에서 공적 담론을 형성하고 유지하는 데 필수적인 공공재로 이해한다는 점에서 학술적·실천적 의의가 크다.

또한, 공적 인물에 대한 비판은 민주적 통치의 정당성을 유지하고 권력의 남용을 방지하는 시민적 감시의 목적으로 보아야 하며, 이를 형사처벌의 대상으로 삼는 것은 협약상 표현의 자유 보장 취지에 반하는 조치가 될 수 있다.

이러한 판례는 국가 법원이 인격권 보호와 표현의 자유 간의 균형을 설정할 때 반드시 엄격한 기준을 적용해야 함을 시사하며, 국제 인권법의 해석과 적용에서도 지속해서 참조될 수 있는 중요한 기준점을 제공한다.

주요 참고문헌

Ⅰ. 국제 인권 규범 및 일반논평

American Convention on Human Rights (ACHR).

International Covenant on Civil and Political Rights (ICCPR).

UN Human Rights Committee, General comment no. 31 (80): The nature of the general legal obligation imposed on States Parties to the Covenant, 29 March 2004.

UN Human Rights Committee, General Comment No. 34: Article 19 Freedoms of opinion and expression, CCPR/C/GC/34, 12 September 2011.

Ⅱ. 유엔 특별보고관 보고서

UN Human Rights Council, Report of the Special Rapporteur on the promotion and protection of the right to freedom of opinion and expression, Frank La Rue, A/HRC/17/27, 16 May 2011.

UN Human Rights Council, Report of the Special Rapporteur on the promotion and protection of the right to freedom of opinion and expression, David Kaye, A/HRC/29/32, 22 May 2015.

UN Human Rights Council, Report of the Special Rapporteur on the promotion and protection of the right to freedom of opinion and expression, David Kaye, A/HRC/32/38, 11 May 2016.

Ⅲ. 국제·지역 인권재판소 판결 및 권고

European Court of Human Rights, Handyside v. the United Kingdom (Application no. 5493/72), Judgment of 7 December 1976.

European Court of Human Rights, Mamère v. France (Application no. 12697/03), Judgment of 7 November 2006.

Inter-American Court of Human Rights, Compulsory Membership in an Association Prescribed by Law for the Practice of Journalism, Advisory Opinion OC-5/85, 13 November 1985.

Inter-American Court of Human Rights, Kimel v. Argentina, Judgment of 2 May 2008.

Ⅳ. 학술서적 및 논문

Alexy, R. (1994). Theorie der Grundrechte. Suhrkamp.

Barak, A. (2012). Proportionality: Constitutional Rights and Their Limitations (trans.

Kalir D.). Cambridge University Press.

Brems, E., & Lavrysen, L. (2015). 'Don't Use a Sledgehammer to Crack a Nut': Less Restrictive Means in the Case Law of the European Court of Human Rights. Human Rights Law Review, 15(1), 139-168.

제 6 장

혐오 표현과 국제인권법

Ⅰ. 서 론

현대 민주주의 사회에서 표현의 자유는 공적인 논의와 정치 참여를 활발하게 하는 핵심적 권리로 평가되며, 이에 대한 광범위한 보호가 국제인권법에서 일반적으로 인정된다. 실제로 유엔 자유권규약(ICCPR)[1]과 유럽인권협약(ECHR)[2]은 다양한 사상·정보의 교류가 인간다운 삶을 유지하는 기반이라고 보며, 국가가 이 자유를 제한하려 할 때는 엄격한 요건을 충족하도록 규정한다. 그렇다고 해서 표현의 자유가 언제나 무제한으로 보장되는 것은 아니다. 특히 성별, 장애, 종교, 인종, 국적, 성적 지향과 같은 정체성을 이유로 개인이나 집단을 향해 적대감이나 폭력을 부추기는 '혐오 표현(hate speech)'의 경우, 국제인권법은 이를 단순한 '의견 차이'를 넘어서는 중대한 문제로 간주한다.

혐오 표현은 전통적 비판이나 풍자와 달리, 역사적으로 차별받아온 계층에 대한 부정적 인식을 강화하고 폭력적 행동까지 유발할 수 있다는 점에서 위험성이 크다. 그렇다면 국가가 이 같은 혐오 발언을 어디까지 규제해야 하며, 이 과정에서 표현의 자유와 어떻게 균형을 맞출 수 있을까? 나아가 국가에 혐오 표현을 단속하고 피해자를 보호할 의무가 인정된다면, 그 범위와 기준은 어떤 논리에 따라 확립해야 할까? 이러한 질문들은 국제인권법과 국내법이 만나는 영역에서 끊임없이 제기되는 핵심적 화두이다.

본 장에서는 먼저 혐오 표현과 표현의 자유가 충돌하는 양상을 간략히 살펴보고, 국제인권법이 이 갈등을 해소하기 위해 제시해 온 근거와 접근 방식을

1) International Covenant on Civil and Political Rights.

2) Convention for the Protection of Human Rights and Fundamental Freedoms.

검토한다. 특히 유엔 자유권규약(ICCPR) 제19조[3]에서 규정하는 표현의 자유의 한계와 제20조[4]에서 언급된 '증오와 폭력 선전 금지'가 형성된 배경을 간단히 살펴본 뒤, 유럽인권협약(ECHR) 제10조(표현의 자유)[5]와 제17조(권리남용의 금지)[6]를 통해 혐오 표현이 보호 범위 밖으로 배제되는 근거가 무엇인지 확인한다.

결국 이 장이 지향하는 바는, 표현의 자유를 본질적으로 훼손하지 않으면서도 혐오 표현이 초래하는 차별과 폭력을 예방하고 억제하기 위한 국제인권법상의 근거와 원칙을 제시하는 것이다. 혐오 표현에 대한 규제는 그저 '발언 통제' 차원이 아니라, 역사적 소외나 제도적 배제를 경험한 집단이 동등한 인권을 실제로 누릴 수 있게 하는 중요한 사회적 안전망이라는 점에서 중요성이 더욱 두드러진다. 동시에, 민주주의 사회에서 가장 가치 있는 권리 중 하나인 표현의 자유가 과도하게 침해되지 않도록 경계해야 한다.

이러한 문제의식 아래, 본 장은 혐오 표현이 표현의 자유의 보호 범주에 어느 지점까지 포함되는지, 국가가 어떻게 개입하고 어느 정도 책임을 져야 하는

---

3) 시민적 정치적 권리에 관한 국제규약(ICCPR) 제19조
   1. 모든 사람은 간섭받지 않고 의견을 가질 권리를 가진다.
   2. 모든 사람은 표현의 자유에 대한 권리를 가진다. 이 권리는 구두, 서면 또는 인쇄, 예술의 형태 또는 스스로 선택하는 그 밖의 수단을 통하여, 국경에 관계없이, 모든 종류의 정보와 생각을 구하고 받으며 전달하는 자유를 포함한다.
   3. 이 조 제2항에 규정된 권리의 행사에는 특별한 의무와 책임이 따른다. 따라서 그러한 권리의 행사는 일정한 제한을 받을 수 있다. 다만, 그 제한은 법률에 규정되고 다음 사항을 위하여 필요한 경우로 한정된다.
      가. 타인의 권리 또는 평판의 존중
      나. 국가안보, 공공질서, 공중보건, 또는 공중도덕의 보호

4) ICCPR 제20조
   1. 전쟁을 위한 어떠한 선전도 법률로 금지된다.
   2. 차별, 적의 또는 폭력의 선동에 해당되는 민족, 인종 또는 종교에 대한 증오의 고취는 법률로 금지된다.

5) 유럽인권협약 제10조(표현의 자유)
   1. 모든 사람은 표현의 자유에 대한 권리를 가진다. 이 권리는 의견을 가질 자유와 공공당국의 간섭을 받지 않고 국경에 관계없이 정보 및 사상을 주고받는 자유를 포함한다. 이 조가 방송, 텔레비전 또는 영화 사업자에 대한 국가의 허가제도를 금지하는 것은 아니다.
   2. 이러한 자유의 행사에는 의무와 책임이 따르므로, 법률에 의하여 규정되고, 국가안보, 영토의 일체성이나 공공의 안전, 무질서 및 범죄의 방지, 보건과 도덕의 보호, 타인의 명예나 권리의 보호, 비밀리에 얻은 정보의 공개 방지, 또는 사법부의 권위와 공정성의 유지를 위하여 민주사회에서 필요한 형식, 조건, 제약 또는 형벌에 따르게 할 수 있다.

6) 유럽인권협약 제17조(권리남용의 금지) 이 협약 중의 어떠한 규정도 국가, 집단 또는 개인이 이 협약에 규정된 권리 및 자유를 파괴하거나, 또는 이 협약에 규정된 범위 이상으로 제한하는 것을 목적으로 하는 활동에 종사하거나 수행할 권리를 가지는 것으로 해석되지 아니한다.

지, 그리고 특정 상황에서 불가피하게 규제가 필요하다면 그 규제가 '필요 최소한의 수준'인지와 '비례성 원칙'을 얼마나 엄격히 준수하는지 등을 다각도로 검토한다. 혐오 표현은 인권 보장과 민주주의 발전에 직결되는 거시 담론과 맞닿아 있기에, 이 주제에 대한 심층적 이해와 신중한 정책 설계는 필수적 과제로 남는다. 본 장은 바로 이러한 인식을 확산하고, 구체적인 논의를 발전시키는 데 이바지하고자 한다.

II. 혐오 표현에 관한 논의

1. 국제인권법 체계에서의 주요 쟁점

1) 혐오 표현: 개념과 정의가 지니는 복합성

국제인권법 영역에서 '혐오 표현(hate speech)'이라는 주제는 비교적 최근에 체계적으로 주목받았으나, 전 세계적으로 일관된 정의를 확립하기는 여전히 어렵다. 이는 국가마다 역사적 배경, 사회문화적 맥락, 그리고 언어적·문화적 특수성이 크게 다르기 때문이다. 일반적으로 혐오 표현은 특정 개인이나 집단에 대한 적대감, 멸시, 차별 의식, 또는 폭력적인 행동을 직·간접적으로 유발하는 의도를 담고 있다고 간주한다. 다만 그 외연과 범위는 여전히 논란의 여지가 많아, 단순히 불쾌감이나 모욕감을 주는 표현을 어디까지 혐오 표현으로 포섭할 수 있는지가 복잡하게 얽혀 있다.

유럽 의회 장관 위원회가 제시한 정의는 혐오 표현을 "인종적 증오, 외국인 배척, 반유대주의, 그 밖의 편협과 무관용에 기반하여 이를 전파·선동·촉진·정당화하는 모든 표현 형태"[7]라고 설명한다. 이 정의는 인종, 종교, 성별, 성적 지향, 장애 등 다양한 차별 사유를 포괄하면서, 차별·배제·증오를 합리화하거나 이와 관련된 폭력적 선동을 포함하는 폭넓은 범위를 지칭한다.

UN 인종차별철폐위원회 역시 혐오 표현을 "인간 존엄성과 평등에 대한 기본 권리 원칙을 부정하거나 훼손하려는, 특정 개인 또는 집단을 향한 모든 표현

7) Committee of Ministers of the Council of Europe. Recommendation No. R (97)20 on "Hate Speech", adopted on 30 October 1997.

방식"[8]으로 이해한다. 이는 혐오 표현이 단순한 언어폭력을 넘어, 피해자의 사회적 지위를 약화하고 사회 내 깊은 편견을 재생산한다는 문제 인식을 보여준다.

한편, 대한민국 국가인권위원회에서 진행한 혐오 표현 가이드라인 연구용역 보고서에 따르면 혐오 표현이란, 인종, 성별, 종교, 출신, 장애, 성적 지향 등 특정 집단의 특성을 이유로 개인이나 집단에 대해 비하, 모욕, 낙인, 위협 등의 방식으로 적대적 감정을 표현하거나, 차별과 폭력을 정당화하거나 조장하는 의사소통 행위로 정의한다.[9] 이러한 표현은 말뿐만 아니라 이미지, 상징, 음악, 온라인 콘텐츠 등 다양한 수단을 통해 이루어질 수 있으며, 단순한 불쾌감을 넘어 사회적 배제와 집단의 존엄 침해로 이어질 수 있다는 점에서 문제의 심각성이 크다고 하겠다. 이와 같이 국내외적으로 약간씩 상이한 정의들이 제시되지만, 특정 사회적·인종적·종교적·성적 지향 집단에 대한 혐오와 차별을 강화하는 표현을 규제 대상으로 본다는 점은 공통된 흐름이라 할 수 있다.

이처럼 혐오 표현의 개념 정립에는 다층적 어려움이 따른다. 단순히 학술적으로 "증오를 부추기는 표현"이라는 이론적 정의를 내린다고 해서, 곧바로 국가의 사법 체계나 제도적 규범에서 일관된 방식으로 적용되는 것은 아니다. 사회·문화적 맥락에 따라 모욕적 표현, 집단 명예훼손, 폭력적 선동 등 다양한 형태로 나타날 수 있기 때문에, 각국 입법부와 사법부가 혐오 표현 규제의 범주와 기준을 설정하는 과정에서 상당한 해석의 여지를 갖게 된다.

2) 국제 규범이 제시하는 혐오 표현 규제

(1) 시민적 및 정치적 권리에 관한 국제규약(ICCPR)

ICCPR은 제19조에서 사상과 표현의 자유를 광범위하게 보장하지만, 동시에 타인의 권리와 명예를 보호하고 국가 안보, 공공질서, 공공보건, 도덕 등을 지키는 데 필요한 경우 제한이 가능하다고 명시한다. 이러한 제한 조항은 혐오 표현 규제의 국제법적 근거가 될 수 있으나, 동 조항에 근거한 국가 규제 조치는 '법률에 따르고, 정당한 목적이 있으며, 비례성 원칙을 충족해야 한다'[10]고

---

8) UN Committee on the Elimination of Racial Discrimination. (2013). General Recommendation No. 35: Combating racist hate speech, CERD/C/GC/35.

9) 국가인권위원회(2018), "혐오표현에 대한 국제인권기준 및 규제입법에 관한 연구", 서울: 국가인권위원회, pp.7-8.

하여 엄격한 심사를 거쳐야 한다는 것이 유엔 인권위원회의 일반논평을 통해 강조되고 있다.

특히 ICCPR 제20조는 전쟁 선전(propaganda for war)과 함께 특정 집단에 대한 차별·적개심·폭력 선동을 법률로써 금지해야 한다고 규정함으로써, 혐오 표현 규제의 직접적인 법적 근거를 마련했다. 구체적으로 제20조 2항은 "차별, 적의 또는 폭력의 선동에 해당되는 민족, 인종 또는 종교에 대한 증오의 고취"를 금지해야 한다고 명시한다. 그러나 이러한 의무를 어떤 식으로 국내법에 도입하고 집행할지는 국가마다 큰 차이를 보인다. 예컨대 혐오 표현이 실제 폭력이나 공공안전 위협으로 직결되지 않는 한 규제를 최대한 자제하려는 나라가 있는가 하면, 역사적 경험을 바탕으로 더욱 엄격하게 혐오 표현을 처벌하는 국가도 존재한다.

또한 2013년에 발표된 '라바트 행동 계획'[11)]은 유엔 인권 메커니즘하에서 혐오 표현 규제를 보다 구체화하려는 시도로서, 공공질서와 표현의 자유 사이에서 국가가 준수해야 할 세부 지침을 제공한다. 이 계획은 폭력 선동으로 이어지는 표현을 다루는 최소기준을 제시하며, 국가가 위법 행위를 처벌할 때 '의도(intent)', '내용(content)', '맥락(context)', '위험(likelihood)', '심각성(severity)' 등을 종합적으로 고려해야 한다고 강조한다.

(2) 인종차별철폐를 위한 국제협약(ICERD[12)])

ICERD는 혐오 표현 중 특히 인종차별적 요소를 담고 있는 발언이나 선전 행위에 대해 강력한 금지 규정을 두고 있다. 협약 제4조는 "인종차별을 선전하거나 이를 사상적으로 퍼뜨리는 모든 형태의 행위"를 불법화하고, 이를 조장하거나 방치하는 조직이나 단체도 금지 대상으로 삼는다. 가입국들은 협약상의 의무를 이행하는 데 필요한 입법 조치를 취해야 하며, 법원이나 행정 당국은 해당 혐오적 표현이 인종차별을 선동하는지를 구체적으로 판단한다.

---

10) Human Rights Committee. (2011). General Comment No. 34: Article 19: Freedoms of opinion and expression, CCPR/C/GC/34.

11) United Nations Office of the High Commissioner for Human Rights. (2013). Rabat Plan of Action on the prohibition of advocacy of national, racial or religious hatred that constitutes incitement to discrimination, hostility or violence, A/HRC/22/17/Add.4.

12) International Convention on the Elimination of All Forms of Racial Discrimination.

이처럼 ICERD는 인종차별을 주요 초점으로 삼아, 차별과 폭력을 강화하는 특정 표현을 형사 처벌 대상으로 규정한다. 일부 국가는 이 조항을 적용해 인종차별적 발언 또는 집단 혐오를 엄격히 처벌해 왔으며, 다른 국가들은 표현의 자유 보호 범위를 넓게 인정하면서도 최소한의 규제 장치를 마련해 두기도 한다.

(3) 국제인권법 체계에서의 의의와 한계

ICCPR과 ICERD는 혐오 표현 규제의 기본 틀을 제공한다는 점에서 국제인권법의 핵심적인 바탕을 이룬다. 두 협약 모두 차별, 적개심, 폭력을 부추기는 표현이 사회적 불안을 심화시키고, 특정 집단의 존엄과 평등권을 침해한다는 점에 대한 국제사회의 합의를 반영한다.

그러나 각국의 역사적·문화적 배경, 법적 전통, 헌법상 표현의 자유 보장의 정도 등으로 인해, 이들 조약이 실제로 적용되는 모습은 크게 상이하다. 예컨대 미국은 수정헌법 제1조[13]를 근거로, 직접적인 폭력이나 불법 행위로 이어질 위험이 명백하지 않으면 혐오 표현에 대해 처벌을 극히 제한하는 경향을 보인다. 반면 독일이나 프랑스 등은 나치즘의 경험이나 집단 학살의 역사에 대한 반성 차원에서, 인종차별적·외국인 혐오적·반유대주의적 표현에 대해 강도 높은 규제와 처벌을 시행해 왔다.

이렇듯 국제인권법의 보편적 가치와 원칙을 반영한 혐오 표현 규범이 존재하더라도, 이를 구체적으로 구현하는 방식은 국가별 맥락에 따라 달라진다. 다만 두 협약을 비롯해 UN 인권기구의 각종 권고와 해석 지침, 그리고 라바트 행동 계획 등이 제시하는 기준은, 혐오 표현을 '보호 가치가 없는 표현' 혹은 '필요에 따라 제한이 정당화되는 표현'으로 간주함으로써 국제사회가 도달한 최소한의 합의점을 보여준다.

특히 특정 집단에 대한 폭력 선동이나 심각한 배제·멸시를 조장하는 표현은, 표현의 자유라는 고유한 가치보다 소수자 보호나 인권 보장이라는 더 우월한 법익을 우선시하여 '제한될 수 있다'는 점을 명확히 한다. 이는 혐오 표현이 단순히 모욕적 발언이나 저급한 비난 차원을 넘어, 때로는 집단 폭력·학살 등

13) 미국 수정헌법 제1조: 연방의회는 종교를 국교로 정하거나 종교의 자유로운 실행을 금지하는 법률을 제정할 수 없으며, 언론의 자유 또는 표현의 자유를 제한하거나, 평화적으로 집회할 권리와 정부에 불만을 청원할 권리를 침해하는 법률을 제정할 수 없다.

극단적 결과를 낳을 수 있다는 역사적 교훈을 국제사회가 공유한 결과라고도 할 수 있다.

궁극적으로 국제인권법 체계에서 혐오 표현 규제는, 민주주의와 표현의 자유라는 기본적 토대를 지키면서도, 동시에 사회적 약자나 소수자 집단이 존엄과 평등의 원칙을 온전히 누릴 수 있도록 하기 위한 중요한 수단으로 이해된다. 이러한 이중적 가치 — 자유와 평등, 그리고 안전 — 를 조화롭게 실현하는 과정에서 국가별로 다양한 접근이 나타나지만, 그 근간에는 "폭력과 차별을 부추기는 표현은 결코 자유의 이름으로 방치되어서는 안 된다"[14]라는 국제사회의 공감대가 자리 잡고 있다.

2. 유럽인권협약 체계에서의 시각

1) 혐오적 표현과 표현의 자유: 충돌과 조정

유럽 지역의 핵심 인권 규범으로 알려진 유럽인권협약(ECHR, "협약")은, 제10조를 통해 폭넓은 표현의 자유를 보장한다. 이 조항은 각 개인이 자신의 생각과 정보를 자유롭게 표출하고 전달할 수 있는 권리를 천명하고 있으며, 이는 민주주의 사회의 운영과 공론장 형성에 필수적인 가치로 인정된다. 하지만 협약 제10조 제2항은 "표현의 자유 행사는 의무와 책임을 수반한다"며, 공공질서·국가안보·영토 보전·범죄 예방·공중 보건·도덕 등 정당한 목적을 위해 법률적 제재나 제한이 불가피할 수 있음을 명시한다.

유럽인권재판소(ECtHR,[15] "재판소")는 혐오 표현이 특정 집단 — 특히 사회적 소수자나 역사적으로 차별받아온 계층 — 에 대한 폭력적 적개심을 부추길 수 있다는 점을 고려해, 국가의 규제가 합리적 범위 내에서 이루어지는지를 심사한다. 그러나 동시에, '표현의 자유야말로 민주주의의 토대'라는 점을 거듭 확인하여, 혐오 표현 규제에 대한 국가 조치가 과도하게 확장되지 않도록 비례의 원칙(principle of proportionality)을 적용해 세심하게 통제한다는 것이 재판소 판

14) B. Parekh, Is There a Case for Banning Hate Speech? In M. Herz & P. Molnar(Eds.), The Content and Context of Hate Speech: Rethinking Regulation and Responses, Cambridge: Cambridge University Press, 2012, 37-56.

15) European Court of Human Rights.

례의 일관된 흐름이다.

이러한 재판소의 접근법은 결국 '얼마나 심각한 수준의 증오와 폭력을 조장하는 표현인가?'라는 실질적 효과와, '국가가 취한 제한 조치가 과연 불가피했는가?'라는 비례성을 동시에 따져보는 방식으로 정리된다. 이때 표현 행위의 맥락, 사회적 파급력, 그리고 해당 표현이 낳을 수 있는 직접적·구체적 해악 등을 종합적으로 검토하여 판단하게 된다.

2) 대표적 판례와 원칙: 표현의 자유와 혐오 표현 규제의 접점

표현의 자유가 민주적 공론장을 지탱하는 핵심적 권리라는 것은 재판소가 꾸준히 강조해 온 사실이다. 그러나 혐오 표현이 타인의 존엄성과 평등원칙을 심각하게 훼손한다면, 그 표현조차 무조건 보호해야 하느냐에 대해서는 꾸준한 논쟁이 이어져 왔다. 유럽인권재판소는 협약 제10조(표현의 자유) 및 제17조(권리 남용 금지) 해석을 통해, 혐오 표현이 과연 보호의 범위 안에 속하는지, 혹은 제한 혹은 배제가 정당한지에 관한 준거 틀을 마련하였다. 특히 여러 판결에서 나타난 핵심 법리는 "혐오 표현이 민주사회의 가치와 본질을 파괴하거나 소수자의 기본권을 본질적으로 침해하는 경우, 보호 대상에서 제외될 수 있다"[16]는 것이다.

이러한 논의를 구체화하는 전형적 예로 Handyside v. UK 판결(1976)[17]이 자주 인용된다. 비록 이 사건은 직접적으로 혐오 표현을 다룬 사안은 아니었으나, 재판소가 표현의 자유의 중요성과 제한 기준을 대대적으로 설명한 선구적 판결로서, 이후 혐오 표현 관련 사건에서 빈번히 원용되고 있다.

(1) Handyside 판결(1976): 표현 자유의 폭넓은 인정과 그 한계

가. 표현 자유의 기본 틀 확립

Handyside 판결에서 재판소는 "표현의 자유는 비단 다수의 취향에 부합하거나 무난한 사상만이 아니라, 불편하고 충격적이며 때로는 모욕적으로 받아들여질 수 있는 주장까지도 보호한다"[18]고 천명하였다. 이는 존 스튜어트 밀(J. S.

16) T. McGonagle, The Council of Europe against Online Hate Speech: Conundrums and Challenges. Expert paper, MCM(2013)005, 2013, 7-14.

17) European Court of Human Rights, Handyside v. the United Kingdom(Application no. 5493/72), Judgment of 7 December 1976.

18) European Court of Human Rights, Handyside v. United Kingdom, Application no. 5493/72, 7

Mill)의 '사상의 자유 시장(marketplace of ideas)' 개념[19]을 바탕으로, 열린 비판과 적극적 토론을 통해 진실 혹은 더 나은 아이디어에 접근할 수 있다는 민주주의 철학을 재확인한 것이다.

나. '필요성(necessity)'의 엄격한 요구

재판소는 협약 제10조 제2항이 규정하는 제한 조치는 '민주사회에 필수적(necessary in a democratic society)'일 때만 정당화된다고 보았다. 무엇보다 국가가 특정 표현을 규제하려면, "그 표현이 타인의 권리나 공공질서를 현저히 침해하거나 침해 가능성이 매우 크다"[20]는 점을 구체적으로 입증해야 한다. 다시 말해, 단순히 위협적이거나 불쾌감을 준다는 이유만으로는 제한이 허용되지 않는다는 것이다.

다. '충격적·불쾌한 표현'과 '혐오 표현' 사이의 경계

Handyside 판결을 통해 재판소는 폭넓은 표현 보호 원칙을 제시했으나, 오늘날 문제되는 혐오 표현과의 경계 설정에 대한 명료한 기준을 제시하지는 못했다. 예컨대 특정 인종·종교·성적 지향성을 직접 공격하며 폭력과 차별을 선동하는 진정한 의미의 '혐오 표현'이 단지 "과격한 의견 표명"에 지나지 않는 것인지, 아니면 명백히 제한해야 할 위법적 표현인지는 후속 판례들[21]에서 세밀

December 1976, para. 49.

19) "사상의 자유 시장(marketplace of ideas)"이라는 표현은 존 스튜어트 밀(J. S. Mill)의 "자유론"(1859)에서 철학적으로 그 기원이 있지만, 법적 용어로서의 사용은 미국 연방대법원 홈스 대법관이 Abrams v. United States, 250 U.S. 616 (1919) 사건의 반대 의견에서 사용하면서 본격화되었다. 그는 "진리의 가장 좋은 시험은 시장에서 생각이 스스로 받아들여지는 힘"이라고 언급하며, 표현의 자유의 법적 정당성을 강조하였다(J. S. Mill, On Liberty, Chapter 2: "Of the Liberty of Thought and Discussion." London: John W. Parker and Son, 1859; Abrams v. United States, 250 U.S. 616, 630(1919)(J. Holmes, dissenting).

20) A. Mowbray, Cases, Materials, and Commentary on the European Convention on Human Rights(3rd ed.). Oxford: Oxford University Press, 2012, 627-631.

21) 관련 후속 판례들로는 첫째, 이슬람 혐오 표현은 유럽인권협약상 보호 대상이 아니라고 판단한 2004년의 Norwood v. United Kingdom(application no. 23131/03) 결정, 벨기에 극우 정치인이 이민자와 이슬람교도를 혐오하는 내용의 전단지를 배포한 사안에서 정치적 표현이라도 증오와 차별을 선동하는 경우 제한될 수 있으므로 표현의 자유 제한이 협약 제10조 침해가 아니라고 판단한 2009년의 Féret v. Belgium(application no. 15615/07) 판결, 터키 정치인이 1915년 아르메니아인 학살을 '제노사이드(genocide)'라고 부르는 것을 역사 왜곡이라고 주장하여 스위스에서 형사처벌 받은 사안에서 역사 해석에 관한 논쟁적 발언이 반드시 혐오 표현은 아니며, 맥락상 폭력이나 증오 선동이 없었다면 보호될 수 있다는 이유로 표현

하게 다루어졌다.

라. 현대적 함의: 온라인 혐오 표현의 등장

오늘날 인터넷·소셜미디어 등 온라인 플랫폼이 활성화되면서, 혐오 표현이 훨씬 빠르고 광범위하게 확산되는 현실에 직면하고 있다. 따라서 Handyside 판결에서 강조된 '폭넓은 표현의 자유 보장' 기조가 무분별한 온라인 혐오 발언에도 그대로 적용되는 것이 옳은지에 관하여 비판의 목소리가 커졌다.[22] 이에 재판소는 표현이 이루어지는 매체와 맥락, 그리고 확산 속도나 피해 범위 등을 구체적으로 고려해야 한다는 방향으로 점차 의견을 모으고 있다.

이렇듯 Handyside는 표현의 자유에 대한 기본 틀을 확립한 초석이 되었지만, 혐오 표현이라는 보다 직접적·공격적 성격의 언어 행위를 한계선 밖으로 배제할 것인지에 대한 명확한 답을 제시하지는 않았다. 이는 이후 진전된 판례들[23]에서 혐오 표현을 어떻게 분석하고 제한해야 하는지 구체화하는 과정으로 이어졌고, 재판소는 오늘날에도 이 균형점을 정교하게 다듬어 나가고 있다.

마. 시사점

유럽인권협약이 천명하는 표현의 자유는 현대 민주주의 사회 운영에 필수적이면서도, '혐오 표현'이라는 복잡한 문제에 직면했을 때에는 결코 단순한 원칙만으로 충분히 해결하기 어려운 난제를 제기한다. 즉, 모든 불편한 발언이 규제되어야 하는 것은 아니지만, 차별과 폭력을 조장하는 혐오 표현은 일정 수준 이상의 제재를 받을 수 있다는 방향성이 협약 체계에서 점진적으로 확립되고 있는 것이다.

특히 재판소는 표현의 자유가 민주주의의 필수 요소인 동시에, 특정 집단

의 자유 침해를 인정한 2015년의 Perinçek v. Switzerland(application no. 27510/08) 등을 들 수 있다.

22) 예를 들어, S. Levmore & M. C. Nussbaum(Eds.), The Offensive Internet: Speech, Privacy, and Reputation. Cambridge, MA: Harvard University Press, 2010, 50-67.

23) 유럽인권재판소는 혐오 표현에 대하여 맥락에 따라 상이한 판단을 내리고 있는데, 예를 들어, Gunduz 사건에서는 이슬람 원리주의자의 급진적 발언이 비록 불쾌감을 줄 수 있더라도 폭력 선동 없이 공적 토론의 일부로 이루어진 경우 표현의 자유로 보호된다고 보았고(Gunduz v. Turkey, judgement of 14.12.2003, application no. 35071/97), Vejdeland 사건에서는 동성애자에 대한 편견 조장 표현이 직접적인 폭력 선동은 아니더라도 적대적 환경을 형성할 수 있음을 들어 표현의 자유 제한을 정당화하였다(Vejdeland and Others v. Sweden, no. 1813/07, 9 February 2012).

에 대한 집단적 적대감을 노골적으로 선동하는 발언은 심각한 권리 침해를 일으킨다는 점을 재차 강조해 왔다. 이에 따라, 국가가 혐오 표현을 규제할 때에는 표현으로 인한 사회적 피해, 대상 집단의 역사적 차별 경험, 폭력적 행동으로 이어질 가능성 등을 평가하여 조치의 '필요성과 비례성'을 엄격히 심사해야 한다는 입장을 취한다.

결국 Handyside를 비롯한 재판소의 주요 판례들을 살펴보면, 유럽인권협약 체계에서 혐오 표현은 '무조건적인 표현의 자유 보호 대상'이 아니며, 특정 맥락에서 개인의 존엄과 평등에 대한 공격이 심각한 수준이라면 당연히 규제될 수 있음을 알 수 있다. 다만, 국가가 이를 어떻게 입법화하고 실무에서 적용할 것인지는 각국의 역사·문화적 배경, 헌법 전통, 사회적 합의 수준에 따라 달라진다.

이처럼 유럽인권협약 하에서의 논의는, 혐오 표현 문제가 단순히 발언의 수위나 언어 폭력의 문제에 그치지 않고, 민주주의와 인권 보장을 둘러싼 보다 근본적인 가치 충돌로 이어질 수 있다는 사실을 보여준다. 이는 앞으로도 재판소를 비롯한 국제·지역 인권기구의 판례 발전에서, "표현의 자유를 최대한 지키되, 사회적 해악을 막기 위한 적절한 규제 장치는 어떻게 마련할 것인가?"라는 물음에 대한 심도 깊은 탐색이 계속될 것임을 예고한다.

(2) 혐오 표현에 대한 국가 규제 권한의 범위: Erbakan v. Turkey 판결(2006)[24)]

가. 사건 배경과 중요한 의의

Erbakan v. Turkey 판결(2006)은 종교적·문화적 갈등을 부추기는 듯한 발언을 한 정치인의 형사 처벌이 유럽인권협약(ECHR)에 합치하는지를 두고 첨예하게 대립한 사건으로, 이후 혐오 표현에 관한 재판소 판례 흐름에 중대한 영향을 미쳤다. Erbakan은 공적 연설에서 무슬림과 비무슬림 사이의 적대와 분열을 선동하는 내용의 발언을 했다는 이유로 국내법에 따라 유죄 판결을 받았고, 유럽인권재판소는 이 결정이 정당한 규제 조치인지 여부를 심사하였다.

이 판결은 혐오 표현이 민주주의 체제를 위협하거나 사회적 화합을 심각하게 훼손할 수 있을 정도로 위험성이 크다면, 국가가 표현의 자유를 제한할 수 있다는 점을 재차 확인해 주었다. 특히 전통적으로 국방·국가안보 위협에 대응하

24) European Court of Human Rights, Erbakan v. Turkey(Application no. 59405/00), Judgment of 6 July 2006.

는 목적에서 인정되던 표현 규제가, 오늘날에는 소수자 보호와 사회 안정 유지라는 차원에서도 충분히 정당화될 수 있음을 보여주는 상징적 판례로 거론된다.

나. 비례성 원칙의 구체적 적용 양상

Erbakan 판결이 학술적으로 주목받는 가장 큰 이유는, 표현에 대한 제한이 어디까지 허용될 수 있는지를 판정할 때 재판소가 요구하는 비례성 원칙(proportionality)을 한층 구체적으로 제시했다는 점이다. 재판소는 국가가 특정 표현 행위를 처벌하거나 금지할 때, 해당 규제 조치가 목표 달성을 위해 정말로 필요하며, 부작용이 최소화된 방법으로 집행되었는지를 철저히 따져보아야 한다고 설명했다. 구체적으로 다음과 같은 요소가 심사 대상이 된다.

① 맥락(Context)

발언이 이루어진 장소와 이를 접하는 청중의 사회·문화적 배경은 표현의 수위와 영향력을 평가하는 핵심 지표가 된다. 가령 소수 종교 집단이 거주하는 지역에서 그 종교를 직접적으로 비하하거나 적의를 표명하는 발언이 이루어졌다면, 해당 집단이 받게 될 위협과 사회적 갈등의 폭발 가능성은 훨씬 더 높아진다.

② 목적(Purpose)

표현자가 실제로 의도한 바가 무엇인지를 엄격히 파악하는 것도 중요한 절차다. 이 발언이 진정한 정책 비판이나 대안 제시의 일환이었는지, 아니면 특정 종교·문화 집단에 대한 증오와 폭력을 고의로 조장하려 한 것인지를 세심하게 살펴야 한다는 것이다.

③ 수단(Means)

국가가 실행한 처벌이나 규제 방식이 필요 최소한으로 그치고 있는지도 재판소의 주요 판단 대상이다. Erbakan 사건에서 재판소는, 해당 발언이 유발할 수 있는 사회적 혼란과 폭력의 위험 수준을 고려했을 때, 국내 법원이 부과한 형사 처벌이 과도하지 않은 합리적 조치로 평가될 수 있다고 보았다.[25]

---

25) European Court of Human Rights, Erbakan v. Turkey, Application no. 59405/00, 6 July 2006, para. 56–69.

다. 협약 제10조 제2항과의 연결성

유럽인권협약 제10조 제2항은 표현의 자유에 대한 예외적 제한 사유를 열거하면서, 국가안보·공공질서·도덕·타인의 명예 및 권리 보호 등을 위한 구체적 규제 가능성을 열어둔다. Erbakan 판결에서는 특히 "공공질서 및 타인의 권리 보호"라는 항목이 강조되었으며, 혐오 표현이 특정 개인·집단의 안전과 존엄을 직접적으로 위협할 뿐 아니라 전체 사회의 다양성과 관용 문화를 파괴할 수 있다는 논리가 중요한 근거가 되었다.

나아가 이 사건은 국가가 협약 적용 과정에서 인정받는 재량(margin of appreciation)을 어디까지 행사할 수 있는지에 대해서도 풍부한 논의를 이끌어냈다. 재판소는 다양한 역사·문화·사회적 조건을 고려하여 각국에 일정한 정도의 재량권을 부여하고 있지만, 그 재량이 표현의 자유를 과도하게 억압하는 결과로 이어지는지 여부는 별도로 엄정하게 심사하겠다는 입장을 고수했다.

라. Erbakan 판결의 시사점

Erbakan 판결은 혐오 표현이 야기할 수 있는 "명백하고 심각한 위험성"이 입증된다면, 민주사회에서 표현의 자유 역시 제한될 수 있음을 재확인한 대표적 사례다. 그 논리는 단순히 정부 비판을 막는다는 차원이 아니라, 소수자 집단의 존엄성과 공동체의 안정을 지키기 위해 불가피한 경우라면 규제가 정당화된다는 것이다.

이 판례가 갖는 의미는, 혐오 표현이 초래할 사회적 해악을 평가할 때, 발언의 구체적 맥락과 의도를 면밀히 조사해야 하며, 국가 개입의 수준이 과도해지지 않도록 비례성 원칙을 철저히 준수해야 한다는 점을 분명히 한 데에 있다. 따라서 Erbakan 판결은 향후 유럽인권재판소가 혐오 표현 사안을 다룰 때 적용하는 법리를 한층 정교화하는 토대를 마련했다는 점에서, 국제인권법적·헌법적 논의 전반에 걸쳐 중대한 이정표로 평가된다.[26)]

(3) 유럽인권재판소가 바라보는 혐오 표현 심사의 두 축

유럽인권재판소는 혐오 표현 사건을 다룰 때, 주로 두 갈래 접근 방식을 통

26) M. Oetheimer, Protecting Freedom of Expression: The Challenge of Hate Speech in the European Court of Human Rights Case Law. Cardozo Journal of International & Comparative Law, 17, 2009, 427-443.

해 표현의 자유와 공공 이익 보호 간의 균형을 모색한다. 하나는 협약 제17조(권리 남용 금지)로 극단적인 혐오 표현을 원천적으로 보호 대상에서 배제하는 방법이고, 다른 하나는 협약 제10조(표현의 자유)의 규정 범위 내에서 비례의 원칙을 적용해 제한을 정당화하는 방식이다. 이 두 모델은 혐오 표현이 갖는 위험성과 국가가 취해야 할 규제 수단의 수위를 결정하는 핵심적 기준을 제시한다.[27)]

가. 협약 제17조(권리 남용 금지 조항)**의 적용**

① 협약의 근본 가치를 수호하기 위한 장치

협약 제17조는 유럽인권협약이 보장하는 권리를 역으로 '협약의 근본 가치를 전복하거나 파괴하는 수단'으로 활용하는 것을 금지한다. 재판소는 인종차별, 반유대주의, 나치즘 혹은 홀로코스트 부정 등 사회적 약자나 특정 집단에 대한 폭력적이고 근본적인 적의를 내포한 주장에 대해서, 협약이 보장하는 표현의 자유가 애초에 적용될 여지가 없다고 보았다. 즉, 이 조항은 극단적 혐오 표현을 '표현의 자유'라는 권리 장치의 수혜 대상에서 원천 배제함으로써 민주주의 기반을 지키는 임무를 수행한다.

② Garaudy v. France 사건(2003)[28)]의 함의

Garaudy v. France 사건(2003)은 제17조가 실제로 어떻게 적용될 수 있는지를 보여주는 대표적 사례이다. 홀로코스트 부정 발언을 한 Garaudy에게 재판소는 '홀로코스트 부정은 유럽인권협약이 추구하는 인간 존엄·평등 가치에 대한 정면 도전'이라고 보아, 협약 제17조를 근거로 표현의 자유 보장 범위 밖에 둔다고 결론지었다. 이는 명백히 인종차별적이고 폭력적 선동이 동반된 극단적 주장에 대해서는 협약이 곧바로 보호를 거부할 수 있음을 확인시켜 준다.

그러나 동시에, 학술적·역사적 논의나 비판적 재해석까지 '협약 근본 가치 훼손'이라는 이유로 포괄적으로 제한할 위험이 생길 수 있다는 반론이 꾸준히

---

27) H. Cannie & D. Voorhoof, The Abuse Clause and Freedom of Expression in the European Human Rights Convention: An Added Value for Democracy and Human Rights Protection? Netherlands Quarterly of Human Rights, 29(1), 2011, 54-83.

28) European Court of Human Rights, Garaudy v. France (Application no. 65831/01), Decision of 24 June 2003.

제기되어 왔다.[29] 예를 들어, 특정 역사적 사건을 재평가하려는 학자나 언론인이, 정부나 다수파의 정치적 목적에 의해 협약 가치를 훼손한다는 명목으로 검열당할 소지가 배제될 수 없다는 우려가 그것이다. 이에 유럽인권재판소는 제17조를 매우 엄격하고 제한적으로 적용하면서, "공공질서와 타인의 존엄을 노골적으로 침해하는 극단적 수준"에만 이를 인정하는 태도를 고수한다. 실제 판결에서도 극단적인 폭력 선동이나 인종 혐오 발언에 한정해 제17조를 원용하는 경향이 뚜렷하다.

나. 협약 제10조와 비례의 원칙을 통한 제한 방식

① 표현 자유의 원칙적 우선 보호

협약 제17조를 적용할 정도로 심각하거나 극단적이지 않은 혐오 표현 사건의 경우, 유럽인권재판소는 먼저 해당 발언이 협약 제10조(표현의 자유)의 보호영역에 속한다고 본 뒤, 국가가 부과한 제재가 비례의 원칙을 충족하는지 여부를 살핀다. 이는 국제인권법 전반에서 통용되는 "표현의 자유가 원칙이고, 제한은 예외적으로만 허용된다"는 명제를 재확인하는 절차이기도 하다.

즉, 혐오 표현이라 하더라도, 즉각 제17조를 적용해 완전히 보호 범위 밖으로 제외하기보다는, 우선 협약 제10조에 따른 표현의 자유 심사를 거치게 된다. 이 심사 단계에서는 표현의 맥락, 의도, 파급력 등을 면밀히 검토하여, 국가가 취한 규제가 불가피하고 합리적 범위 내에 있는지, 다시 말해 '민주사회에서 필요한(necessary in a democratic society)' 조치인지 판단한다.

② Perinçek v. Switzerland 사건(2015)[30]

Perinçek v. Switzerland 사건(2015)은 역사적 학살 문제에 대한 특정 견해 표명이 혐오 표현에 해당하는지를 재판소가 어떻게 판단하는지를 보여주는 중요한 선례다. 청구인 Perinçek은 스위스에서 '아르메니아인 학살'을 부정하는 발언을 해 처벌받았으나, 재판소는 그의 발언이 직접적으로 폭력이나 증오를 선동할 정도의 심각성에 도달했다고 보지 않았다. 이에 따라 스위스 법원의 처벌

29) 예를 들어, U. Belavusau, Hate Speech and Constitutional Democracy in Eastern Europe: Transitional and Militant? Israel Law Review, 47(1), 2017, 27-61.

30) European Court of Human Rights, Perinçek v. Switzerland(Application no. 27510/08), Judgment of 15 October 2015(Grand Chamber).

은 '표현의 자유 제한 범위를 과도하게 넓힌 것으로서, 민주사회에 있어서 꼭 필요한(deemed necessary) 수준을 넘은 개입'이라고 결론지었다.

이로써 재판소는 역사적·학술적 사안에 대한 논쟁적 견해를 무조건 혐오 표현으로 단정 짓는 것은 부당하며, 오히려 역사를 둘러싼 활발한 토론을 보호해야 한다는 점을 강조했다. 즉, 혐오 표현은 인권 보호 차원에서 제한될 수 있지만, 그 범위가 지나치게 확장되어 학문이나 정당한 비판도 함부로 규제하는 결과를 초래해서는 안 된다는 원칙을 다시금 천명한 셈이다.[31)]

③ 기타 주요 판례와 심사 요소의 다양성

이 밖에도 Jersild v. Denmark(1994) 사건[32)]에서는 언론인이 인종차별적 발언을 방송 보도했다가 해당 발언에 동조했다는 이유로 형사 처벌된 사안이 쟁점이 됐다. 재판소는 보도 목적과 전달 방식을 꼼꼼히 따져본 뒤, "언론인이 사회 문제를 고발하기 위해 차별적 발언을 인용·소개한 것이며, 이를 조장하거나 방조하려는 의도가 아니었다"고 판단함으로써 국가의 처벌 조치가 과도하다고 보았다. 이는 혐오 표현을 다룰 때에도 '맥락(Context) 분석'이 결정적이라는 점을 잘 보여주는 예이다.

결국 재판소는 혐오 표현 사건을 심리할 때마다, 표현이 갖는 사회·역사적 맥락, 피해자 집단의 취약성, 그리고 해당 발언이 초래할 실질적·즉각적 위험성 등을 종합 평가하여 "국가의 제재가 민주사회의 기능과 조화를 이루는가"를 가늠한다. 이 과정에서 재판소는 표현의 자유가 민주주의에서 지닌 중심적 가치를 기초로 삼되, 극단적인 증오나 폭력을 부추기는 발언이 사회에 끼치는 해악이 명백하다면 적절한 제한 조치도 허용된다는 원칙을 분명히 제시한다.[33)]

다. 재판소의 이중적 접근법

정리하자면, 유럽인권재판소는 협약 제17조를 통해 노골적인 폭력 선동이

---

31) A. Buyse, Words of Violence: "Fear Speech," or How Violent Conflict Escalation Relates to the Freedom of Expression. Human Rights Quarterly, 36(4), 2014, 779-797.

32) European Court of Human Rights, Jersild v. Denmark, Application no. 15890/89, 23 September 1994.

33) R. Kiska, Hate Speech: A Comparison Between the European Court of Human Rights and the United States Supreme Court Jurisprudence. Regent University Law Review, 25, 2012, 107-151.

나 반인권적 증오 발언에 대해서는 애초에 보호할 수 없다고 못 박으면서, 상대적으로 덜 극단적인 표현에 대해서는 협약 제10조와 비례의 원칙 심사를 거쳐 제한의 적법성을 판단한다. 이는 혐오 표현으로 인한 피해와 표현 자유라는 핵심 권리 간의 간극을 최소화하기 위한 노력으로, 재판소는 판례를 통해 '표현의 자유가 민주주의 사회에 필수적이지만, 그것이 혐오와 폭력의 합리화 통로가 되어서는 안 된다'는 메시지를 일관되게 전해 왔다.

이처럼 두 가지 접근 방식은 해당 표현이 어떤 정도의 사회적 해악을 발생시키는지, 국가의 규제가 얼마나 불가피한지, 그리고 제한이 적정 수준을 넘어서지 않았는지 등을 판별하기 위해 마련된 서로 다른 법적 도구이자 기준이라 할 수 있다. 궁극적으로 이는 국제사회가 혐오 표현 문제에 대처하며, 민주적 권리와 소수자 보호를 균형 있게 보장하기 위해 갖는 주요한 방향성을 제시한다.

(4) 유럽인권협약 체계의 의의와 현대적 쟁점

가. 협약 체계의 중요성: 근본 가치와 실천 목표

유럽인권협약(ECHR)은 제2차 세계대전 이후 형성된 인권 보장 기제 중에서도 가장 체계적이고 발전된 지역 인권 시스템으로 꼽힌다. 유럽인권재판소(ECtHR)는 이 협약을 해석·적용하는 핵심 사법 기관으로서, 각 회원국이 협약에 규정된 인권 규범을 실질적으로 이행하도록 판례를 통해 구체적인 지침을 제시한다. 특히 홀로코스트와 나치즘을 직접 경험한 유럽 국가들은 역사적 교훈을 바탕으로, 인종차별·반유대주의·극단적 민족주의 등의 재발 우려를 매우 심각한 위협으로 간주한다.

협약 제17조(권리남용 금지)와 제10조(표현의 자유)는 이러한 역사적 현실을 반영하듯, 혐오 표현 규제와 자유로운 의사소통의 조화를 추구하는 상호 보완적 역할을 담당한다. 즉, 협약 제17조는 극단적 증오·폭력 선동을 방지하기 위해 애초에 보호 범위에서 제외하는 기능을 수행하고, 협약 제10조는 기본적으로 표현의 자유를 최대한 보장하되 민주사회의 질서를 파괴하는 수준에 이르면 제한할 수 있는 법적 근거를 제공한다.

한편, 유럽평의회(Committee of Ministers)와 유럽인권위원회(European Commission against Racism and Intolerance, ECRI) 등은 각 회원국에 구체적인 혐오 표현 대응

지침을 권고하고, 법령과 행정 절차가 실제로 어떻게 작동하는지 모니터링해왔다. 이를 통해 국가 간 편차를 줄이고, 인권 보호의 최소 기준을 상향 평준화하려는 노력도 지속되고 있다. 이러한 다각적인 접근은 유럽이 과거 극단적 사상으로 인한 대규모 인권 침해를 겪었다는 점을 상기시키며, 혐오 표현 문제를 공동의 과제로 삼도록 유도한다.

나. 새롭게 대두되는 혐오 표현의 양상과 직면 과제

전통적 의미의 인종차별이나 반유대주의뿐만 아니라, 오늘날 유럽 사회는 이슬람 혐오(Islamophobia), 난민·이주민 차별, 성소수자(LGBTQ+) 집단에 대한 비하 발언 등 다양한 형태의 혐오 표현에 직면하고 있다. 2015년 시리아 난민 사태 이후, 대규모 난민과 이주민이 유럽 각국으로 유입되면서 이들에 대한 부정적 고정관념이 일부 극우 정당이나 언론을 통해 빠르게 확산되었다. 이는 온라인 공간뿐 아니라 실제 지역사회에서도 폭력적 갈등을 유발해, 협약 체계가 기존의 '소수자 보호' 틀에서 다루던 사안보다 더욱 복합적이고 다차원적인 문제를 맞닥뜨리게 했다.

예컨대 브렉시트(Brexit)를 둘러싼 영국의 정치적 대립 과정에서, 이민자를 주된 갈등 대상으로 지목하는 언어가 공공연히 활용되었다. 프랑스에서는 Charlie Hebdo 테러[34] 이후 종교적 풍자와 이슬람 혐오 발언의 경계가 불분명해지면서 표현 자유와 소수자 보호 간의 충돌이 한층 격화되었다. 이러한 사례들은 유럽 국가들이 보편적 인권 규범을 존중해야 한다는 의무와, 국민적·문화적·종교적 정체성 수호라는 정치적 현실 사이에서 어떻게 균형을 잡아야 하는지에 대한 난제를 던진다.

다. 온라인 혐오 표현의 급증과 규제의 어려움

인터넷과 SNS의 발달은 혐오 표현 확산 속도와 파급 범위를 가속화하는 주요 요인으로 작용한다. 과거에는 특정 지역이나 폐쇄적 모임에 국한되었던 차별적 발언이, 온라인 플랫폼을 통해 국경을 넘어 즉시 전파되는 시대가 열렸다.

34) Charlie Hebdo 테러는 2015년 1월 7일 파리에서 발생했으며, 이슬람 극단주의자 2명이 프랑스 풍자 주간지 Charlie Hebdo 편집실에 침입해 12명을 살해한 사건이다. 이 공격은 해당 잡지가 무함마드를 풍자한 만평을 게재한 데 대한 보복으로 이루어졌으며, 표현의 자유와 종교적 감수성 보호 사이의 경계를 둘러싼 세계적 논쟁을 다시 촉발시켰다.

더욱이 온라인 공간에서의 익명성은 가해자가 책임을 회피하거나 추적을 회방하기 쉬운 환경을 조성한다.

이를 해결하기 위해 독일과 프랑스 등 여러 유럽 국가들은 거대 플랫폼 사업자(페이스북, 트위터, 유튜브 등)에게 혐오 콘텐츠를 신속히 제거하도록 의무화하는 법령을 도입하고 있다. 가령 독일의 '네트워크 집행법'[35]은 플랫폼에 게시된 불법 혐오 발언이 신고된 경우 24시간 내 삭제를 요구하고, 미이행 시 대규모 벌금을 부과한다. 하지만 이러한 조치는 '표현 검열' 우려를 낳고, 국가가 정당한 비판이나 풍자 표현까지 막는 상황으로 이어질 위험도 있다. 또한, 플랫폼 사업자의 자의적 판단으로 콘텐츠가 삭제될 경우, 표현의 자유에 대한 과도한 위축 효과(chilling effect)가 발생할 수 있다는 비판도 제기된다.

라. 재판소의 유연성과 판례 예측 가능성의 한계

유럽인권재판소는 각 회원국의 역사·문화·사회·법적 맥락을 존중한다는 취지에서, 소위 '재량(margin of appreciation)' 이론을 발전시켰다. 즉, 나치즘의 경험이 강렬한 독일·오스트리아·프랑스 등에서는 홀로코스트 부정이나 나치 상징 사용을 엄격히 금지하는 규범이 자연스럽게 인정되고, 표현의 자유도 상대적으로 제한적일 수 있다는 점을 일정 부분 수용한다. 반면, 비슷한 역사적 배경이 없는 국가에서는 동일한 수준의 규제가 반드시 필요하지 않을 수도 있다는 방식으로 국가별 차이를 감안한다.

이와 같은 재량권 부여는 협약 체계가 가진 유연성을 보여주는 동시에, 판례의 일관성과 예측 가능성을 떨어뜨리는 원인이 되기도 한다. 예컨대 같은 맥락의 역사 부정 발언도, 어떤 국가는 극단적 혐오 표현으로 처벌해 합헌 결정을 받지만, 다른 국가는 언론·학술·정치적 토론의 자유로 판단해 처벌에 부정적 결론을 내릴 수 있다. Perinçek v. Switzerland 사건[36]이 대표적인 사례로, '어떤 선까지가 불법적 혐오 표현이고, 어떤 선부터가 역사적 평가나 관점의 자유로

35) Network Enforcement Act(Netzwerkdurchsetzungsgeset, NetzDG)는 소셜미디어 플랫폼에 게시된 명백히 불법적인 콘텐츠에 대해, 사용자로부터 신고가 접수된 경우 24시간 이내에 이를 삭제하거나 차단할 의무를 부과한다(제3조). 이를 이행하지 않을 경우, 사업자는 최대 5,000만 유로의 행정벌금이 부과될 수 있다(제4조).

36) European Court of Human Rights, Perinçek v. Switzerland, Application no. 27510/08, Grand Chamber, 15 October 2015.

운 표출로 봐야 하는지'에 대한 기준이 국가와 판결에 따라 미세하게 달라지는 모습을 보여준다.

마. 향후 방향성과 핵심 과제

유럽인권재판소의 판례는 오늘날 혐오 표현 규제의 세계적 기준 중 하나로 간주되지만, 동시에 각국의 문화·정치적 차이가 실무 차원에서 큰 변수를 형성한다는 사실을 부정하기 어렵다. 한편으로는 혐오 표현으로 인한 소수자 인권 침해를 최소화하기 위해 국제인권법의 보편 원칙을 한층 강화해야 한다는 요구가 제기되고, 다른 한편으로는 주권국가의 역사와 사회 현실을 고려해 재량권을 확보해야 한다는 주장도 설득력을 갖는다.

그럼에도 불구하고 재판소는 협약 제17조를 통해 민주주의의 근본 가치를 훼손하는 극단적 혐오 표현을 원천 배제함과 동시에, 협약 제10조와 비례의 원칙을 통해 개별 사건의 맥락을 엄정히 심사함으로써 표현의 자유와 소수자 보호 사이의 균형을 모색하려는 노력을 지속하고 있다. 더욱이 인터넷 시대에 맞춰 새로운 규제 방안을 논의하고, 국가 간 협력을 강화하며, 시민사회 및 전문가와의 소통을 확대하는 다양한 방향이 시도되고 있다.

결국 혐오 표현을 효과적으로 규제하되, 민주사회의 필수 요소인 표현의 자유를 불필요하게 위축시키지 않는 해법은 아직도 발전 중인 과제로 남아 있다. 이는 유럽인권재판소뿐 아니라 각국의 입법·사법부, 그리고 시민사회의 적극적 참여와 지속적인 비판적 토론을 통해 점진적으로 완성되어 갈 필요가 있다. 국제인권법의 준거 틀 안에서 다양한 이해관계를 아우르는 설충섬을 찾는 과정이야말로, 혐오 표현 규제 논의의 핵심 동력이 될 것이라 평가된다.

(5) 혐오 표현 규제의 정당성과 표현의 자유의 상호 관계

앞서 논의된 국제인권법과 유럽인권협약(ECHR) 판례들은, 혐오 표현이 특정 사회집단을 대상으로 극단적 폭력이나 차별적 행위를 부추김으로써 궁극적으로 민주적 가치와 사회적 통합을 심각하게 훼손할 수 있음을 강조한다. 이러한 맥락에서 국제사회와 각국 법원은 혐오 표현이 가져오는 해악을 인정하고, 일정 수준에서 법적 규제를 정당화하려는 경향을 보이고 있다.

그러나 표현의 자유는 현대 민주주의 질서를 유지하는 근간이 되는 핵심적 권리로서, 이에 대한 무분별한 제한은 언제든 국가 권력의 남용으로 이어질 위험이 존재한다. 바로 이 점 때문에 국제인권법에서는 '비례성 원칙(principle of proportionality)'과 '긴급하고 중대한 사회적 필요(pressing social need)'라는 이중 기준을 요구하여, 국가가 혐오 표현을 규제하더라도 최소 침해 원칙을 준수하도록 유도하고 있다. 이는 유럽인권재판소(ECtHR)를 비롯한 주요 판례들이 반복적으로 확인한 기준이기도 하며, 실제 재판 과정에서도 국가가 적용한 제재나 처벌이 과도하지 않았는지를 개별적으로 면밀히 검토함으로써 형평성을 유지하고 있다.

(6) 국내적 적용 및 시사점

한국의 현행법 체계에는 아직 '혐오 표현(hate speech)'을 직접적으로 금지·처벌하는 독립된 법률이 존재하지 않는다. 그럼에도 불구하고 차별금지법안이나 혐오 표현 방지법안 등의 제정 시도가 이어져 왔고, 실무에서는 형법상 모욕죄·명예훼손죄·협박죄 등에 의거해 혐오 표현을 간접적으로 규제하는 사례가 늘고 있다. 더 나아가 한국은 인종차별철폐협약(CERD)과 시민적·정치적 권리에 관한 국제규약(ICCPR)을 비준하였으므로, 이들 국제협약에서 요구하는 혐오 표현 방지 의무를 국내 법제도에 구체화해야 할 필요성이 계속 제기되고 있다.

유럽인권재판소가 발전시켜 온 혐오 표현 관련 원칙들은 한국에도 시사점을 제공한다. 예컨대 혐오 표현이 고도의 폭력적 선동으로 이어지는지, 발언이 이루어진 맥락이나 청중의 특성이 어떠한지, 피해 대상이 이미 사회적 편견에 취약한 소수자 집단인지 등을 종합적으로 검토하면서 비례성 원칙을 적용한다면, 표현의 자유와 소수자 인권 보호를 보다 균형 있게 조율할 수 있을 것이다.

(7) 향후 과제

가. 명확한 입법 마련

혐오 표현으로 인한 사회적 갈등을 줄이기 위해서는 우선적으로 법률 차원에서 명확한 정의와 적용 범위를 설정할 필요가 있다. 혐오 표현이 어떤 요소를 지닐 때 형사처벌 대상이 되는지, 혹은 어떤 수준에서 민사적 구제나 행정적 제재가 적용될 수 있는지를 투명하게 규정해야, 법 집행 과정에서 자의적 해석이나 과잉금지를 방지할 수 있다.

나. 사법부의 적극적 해석과 판례 축적

사법부는 특정 사안에서 표현의 자유와 혐오 표현 규제의 한계를 구체적으로 설정해 나가는 핵심 주체다. 국제인권법과 유럽인권재판소 판례 역시 법원의 끊임없는 해석과 적용 과정을 통해 형성·발전된 것이다. 국내 법원도 유사 사안에서 국제기준 및 선례를 참고하여 독자적 해석론을 확립하고, 판결 이유와 판단 기준을 공개·축적함으로써 사회적 공론화를 이끌어 내야 한다.

다. 사회·문화적 접근 병행

혐오 표현이 법률 제정이나 처벌만으로 완전히 근절될 수는 없다. 미디어 및 교육을 통한 다문화 인식 개선, 시민사회와의 연계 활동 등을 통해 사회 전반에서 '상호 존중' 문화를 확립하고, 차별과 편견이 용납되지 않는 분위기를 조성해야 한다. 일부 유럽 국가들이 초·중등 교육 단계부터 인권과 다원주의를 강조하는 프로그램을 운영하는 것도 이러한 맥락에서다.

라. 표현의 자유와의 조화로운 균형

혐오 표현 규제 명목 하에 정부나 다수 집단이 특정 의견을 억압하는 데 이 제도를 악용해서는 안 된다. 규제가 과도해질 경우, 소수 의견이나 비판적 관점까지 위축되어 민주주의의 핵심 가치인 자유로운 토론이 훼손될 수 있기 때문이다. 따라서 혐오 표현 규제는 언제나 국제·지역적 기준이 제시하는 비례성 원칙을 철저히 준수하면서, '본질적 표현의 자유'를 침해하지 않는 범위 내에서 신중하게 시행돼야 한다.

(8) 소결론

국제인권법과 유럽인권협약(ECHR)이 제시하는 혐오 표현 규제 논의는, 소수자 차별과 폭력 선동을 방지하는 동시에 민주주의 사회의 핵심 원리인 표현의 자유를 어떻게 지켜나갈 것인지에 대한 중요한 통찰을 제공한다. 인종·종교·성적 지향·장애 등 다양한 정체성을 이유로 한 혐오 발언이 조기에 발견되지 않거나 방치되면, 결국 사회 통합에 심각한 위기를 초래할 수 있음을 국제사회는 거듭 경고해 왔다.

그러나 국제인권법이 제시하는 원칙과 실제 국가별 적용 사이에는 여전히 간극이 존재한다. 이는 “인권 규범의 보편성”과 “각국의 특수성”이 충돌하는 지점이기도 하다. 유럽인권재판소는 협약 제17조와 제10조를 토대로 극단적 혐오 표현을 원칙적으로 배제하면서도, 그 외 사안에서는 비례성을 엄정히 심사함으로써 민주적 질서와 표현의 자유가 조화롭게 공존하도록 판례를 축적해 왔다. 이러한 표준 모델은 한국을 비롯한 다른 국가들에도 다양한 시사점을 제시한다.

향후에도 혐오 표현 문제가 더욱 복잡해지고, 온라인·오프라인을 넘나들며 빠르게 확산되는 현실 속에서, 각국은 명확한 법제도 정비와 함께 사법기관의 일관된 해석, 그리고 사회적 인식 개선 노력을 결합해 나가야 한다. 결국 혐오 표현은 인간의 존엄과 다양성 존중이라는 민주사회의 근본 이념에 정면으로 배치되는 행위로, 이를 적절히 규제하면서도 오히려 소수자 또는 비판적인 목소리가 억압당하지 않도록 주의 깊은 정책 설계가 요구된다. 국제인권법과 유럽인권협약의 원칙들은 그러한 노력을 위한 중요한 준거점이 될 것이다.

Ⅲ. 결 론

최근 판례들을 통해 유럽인권재판소는, 한때 폭넓게 보장하던 표현의 자유에 대한 제한을 더욱 엄격히 적용하여 혐오 표현(hate speech)과 증오 표현(incitement to hatred)에 대해 단호하게 대응하려는 의지를 분명히 드러냈다. 이는 혐오 표현을 방치할 경우 사회적 약자나 소수자에 대한 심각한 차별과 폭력을 부추길 수 있다는 문제의식에서 비롯된 것으로, 유럽인권협약이 부여하는 국가의 적극적 의무(Positive Obligations) 가운데 하나로 자리 잡고 있다.

재판소의 판단은 크게 두 가지 측면에서 혐오 표현을 다룬다.

- 화자의 입장[37]: 특정 표현이 유럽인권협약 제10조(표현의 자유)의 보호 범위에 속하는지, 그리고 국가가 부과한 형사적·행정적 제재가 비례성 원

37) 화자의 입장을 다룬 사례로 Atamanchuk v. Russia(no. 4493/11, 11 Feb. 2020)를 들 수 있다. 이 사건은 비러시아계 소수 민족에 대한 편견과 적대감을 조장한 신문 사설로 인하여, 러시아 법원이 청구인에게 벌금과 언론 활동 정지 처분을 내린 사안이다. 유럽인권재판소는 해당 표현이 직접적 폭력 선동은 아니었으나, 다민족 사회에서 소수자에 대한 근거 없는 부정적 묘사는 사회 통합을 해칠 수 있다고 보았고, 이에 대한 형사 제재가 비례성과 정당성을 갖추었다고 판단하며 협약 제10조 위반이 아니라고 판시하였다.

칙(principle of proportionality)을 준수하는지 여부

- 피해자의 입장[38]: 국가가 소수자·약자에 대한 차별적 표현이나 폭력적 메시지로부터 적절히 보호했는지, 더 나아가 협약 제8조(사생활 존중) 및 제14조(차별금지) 위반이 있었는지 여부

최근 판례에서 유럽인권재판소는 과거보다 '화자 중심'이 아닌 '피해자 중심'의 시각으로 전환함으로써, 소수자나 취약집단에 대한 혐오 표현을 보다 엄격하게 제한하고자 하는 흐름을 보여 주고 있다. 이는 법원과 국가가 소수자 보호에 더욱 주의를 기울여야 한다는 경향을 뒷받침한다.

1. 피해자 중심 접근(Victim-Centered Perspective)

무엇보다 주목할 점은, "혐오 표현의 발화자"보다 "혐오 표현으로 고통받는 피해자"가 보호의 중심에 놓여야 한다는 인식의 확산이다. 유럽인권재판소는 혐오 표현이 단순히 불쾌감을 주는 발언 수준을 넘어, 피해자들의 존엄과 기본권을 직접 침해하는 심각한 사안임을 수차례 강조해 왔다. 이에 따라 각국은 소수자 집단에 대한 차별·폭력을 예방하고 신속하게 대응할 법적·제도적 장치를 마련해야 할 의무를 지닌다. 특히 성소수자, 인종·민족적 소수자, 종교적 소수자 등은 이미 구조적 차별에 노출돼 있으므로, 법원·행정부·사법부는 그들의 피해를 적극적으로 구제하는 입장을 견지해야 한다.

2. 상황·맥락 중심 심사(Contextual Approach)

또한 재판소의 판결들을 살펴보면, 혐오 표현 여부와 규제의 정당성 판단에서 개별 사건의 구체적 상황과 맥락을 종합적으로 고려한다는 특징이 두드러

---

38) 피해자, 즉 혐오 표현의 대상과 관련된 판례로는 Beizaras and Levickas v. Lithuania (Beizaras and Levickas v. Lithuania, Application no. 41288/15, 14 January 2020)를 들 수 있다. 이 사건은 성소수자 커플이 페이스북에 올린 사진에 대하여 다수의 폭력적 혐오 댓글이 달렸음에도, 리투아니아 당국이 수사를 거부한 사안이다. 유럽인권재판소는 국가가 명백한 혐오 표현을 방치한 것은 협약 제8조(사생활 존중권) 및 제14조(차별 금지) 위반에 해당한다고 판단하고, 성소수자 보호를 위한 국가의 적극적 의무를 명확히 인정하였다. 해당 판례는 온라인상 혐오표현에 대하여 국가가 중립적 태도를 넘어 실효성 있는 조치를 취해야 함을 강조한 대표적 사건이다.

진다. 소수자나 취약집단이 주로 활동하는 공간, 사회·문화적 배경, 발언이 전달되는 매체, 피해자와 가해자의 관계 등 다양한 요소가 "케이스 바이 케이스(case-by-case)" 방식으로 판단된다. 이러한 심도 있는 맥락적 접근은, 법원이 국가의 단순한 형사 처벌이나 규제 조치가 과연 '민주사회에서 진정으로 필요한 것인지'를 객관적으로 평가할 수 있는 기초가 된다.

3. 판례의 변화

유럽인권재판소의 최신 판례들은, 과거 '폭넓은 표현 자유 보장'이라는 기조가 혐오 표현 문제에서도 동일하게 적용될 수 있는지 재검토하고 있다. 특히, 혐오 표현에 대한 형사 처벌이 어느 정도까지 정당화될 수 있는지에 대해 과거보다 관대한 태도를 보인다. 그 핵심에는 민주주의 사회에서 다양성과 관용(Pluralism and Tolerance)의 가치가 중요하다는 인식이 자리하며, 소수자에 대한 극단적 적대 행위나 혐오 발언은 민주주의 자체를 위협한다는 점이 강조된다.

형사 처벌은 기본적으로 최후의 수단이지만, 그 발언이 사회적 약자나 소수자를 직접적으로 위협하고 차별을 선동하는 수준이라면, 국가가 이를 방치해서는 안 된다는 것이 재판소의 일관된 입장이다.

4. 국내 적용을 위한 시사점

유럽인권재판소의 이러한 변화가 국내 법원과 입법·행정에 주는 함의는 크게 두 가지다.

1) 적극적 보호 의무

국가가 소수자나 취약계층에 대한 차별을 막고, 혐오 표현으로부터 이들을 보호할 구체적이고 실효성 있는 제도적·법적 장치를 마련해야 한다.

2) 입법·사법 체계 정비

혐오 표현의 기준 설정, 형사적·행정적 제재의 범위, 피해자 권리 구제 절차 등 핵심 쟁점을 명확히 규율함으로써, 법 집행 과정에서 발생할 수 있는 자의적 판단이나 권력 남용을 최소화해야 한다.

결국 혐오 표현 문제는 개인의 표현 행위를 국가가 단순히 '검열'하거나 '처벌'하는 것 이상의 사회적 의미를 가진다. 이는 민주주의 사회가 지향해야 할 인간 존엄과 다양한 정체성에 대한 존중을 실현하는 핵심 과제이기도 하다. 유럽인권재판소의 판례가 보여 주듯, 극단적 차별·폭력을 방치하지 않고 적극적으로 대처하는 것은 국가의 당연한 책무이며, 이를 통해 소수자와 약자들이 안전한 사회 환경에서 존엄을 누릴 수 있도록 보장하는 것이야말로 현대 인권법이 지향하는 바이다.

앞으로 국내외 법원, 입법부, 시민사회를 비롯한 다양한 주체들이 혐오 표현의 해악을 더 깊이 인식하고, 구체적인 제도·정책을 모색해 나가는 과정에서, 유럽인권재판소의 변화된 태도와 판례들은 매우 유의미한 참고 자료가 될 것이다. 이는 결국 표현의 자유와 소수자 보호 간의 균형을 찾는 지속적이고 창의적인 노력이, 민주주의 사회를 더욱 건강하고 포용적으로 만들기 위한 필수 조건임을 일깨워 준다.

주요 참고문헌

Ⅰ. 국제 인권 규범 및 일반논평

미국 수정헌법 제1조 (First Amendment, U.S. Constitution).

Convention for the Protection of Human Rights and Fundamental Freedoms (European Convention on Human Rights, ECHR).

Committee of Ministers of the Council of Europe. *Recommendation No. R (97)20 on "Hate Speech"*(30 Oct 1997).

Human Rights Committee. *General Comment No. 34: Article 19 – Freedoms of Opinion and Expression*(CCPR/C/GC/34, 2011).

International Covenant on Civil and Political Rights (ICCPR).

International Convention on the Elimination of All Forms of Racial Discrimination (ICERD).

Netzwerkdurchsetzungsgesetz (NetzDG, Germany).

UN Committee on the Elimination of Racial Discrimination. *General Recommendation No. 35: Combating Racist Hate Speech*(CERD/C/GC/35, 2013).

United Nations Office of the High Commissioner for Human Rights. *Rabat Plan of Action on the Prohibition of Advocacy of National, Racial or Religious Hatred* (A/HRC/22/17/Add.4, 2013).

Ⅱ. 국제·지역 인권재판소 판결 및 권고

Abrams v. United States, 250 U.S. 616 (1919).

European Court of Human Rights, *Handyside v. the United Kingdom*(App no. 5493/72, 7 Dec 1976).

European Court of Human Rights, *Jersild v. Denmark*(App no. 15890/89, 23 Sep 1994).

European Court of Human Rights, *Garaudy v. France*(App no. 65831/01, 24 Jun 2003).

European Court of Human Rights, *Gündüz v. Turkey*(App no. 35071/97, 14 Dec 2003).

European Court of Human Rights, *Norwood v. United Kingdom*(App no. 23131/03, decision).

European Court of Human Rights, *Erbakan v. Turkey*(App no. 59405/00, 6 Jul 2006).

European Court of Human Rights, *Féret v. Belgium*(App no. 15615/07, 9 Jan 2009).

European Court of Human Rights, *Vejdeland and Others v. Sweden*(App no. 1813/07, 9 Feb 2012).

European Court of Human Rights, *Perinçek v. Switzerland*(App no. 27510/08, Grand

Chamber, 15 Oct 2015).

European Court of Human Rights, *Atamanchuk v. Russia*(App no. 4493/11, 11 Feb 2020).

European Court of Human Rights, *Beizaras and Levickas v. Lithuania*(App no. 41288/15, 14 Jan 2020).

Ⅲ. 학술서적 및 논문

국가인권위원회. (2018). *혐오표현에 대한 국제인권기준 및 규제입법에 관한 연구*. 서울: 국가인권위원회.

Belavusau, U. (2017). "Hate Speech and Constitutional Democracy in Eastern Europe: Transitional and Militant?" *Israel Law Review*, 47(1).

Buyse, A. (2014). "Words of Violence: 'Fear Speech,' or How Violent Conflict Escalation Relates to the Freedom of Expression." *Human Rights Quarterly*, 36(4).

Cannie, H., & Voorhoof, D. (2011). "The Abuse Clause and Freedom of Expression in the European Human Rights Convention: An Added Value for Democracy and Human Rights Protection?" *Netherlands Quarterly of Human Rights*, 29(1).

Kiska, R. (2012). "Hate Speech: A Comparison Between the European Court of Human Rights and the United States Supreme Court Jurisprudence." *Regent University Law Review*, 25.

Levmore, S., & Nussbaum, M. C. (Eds.). (2010). *The Offensive Internet: Speech, Privacy, and Reputation*. Cambridge, MA: Harvard University Press.

McGonagle, T. (2013). *The Council of Europe against Online Hate Speech: Conundrums and Challenges*. Expert paper, MCM(2013)005.

Mill, J. S. (1859). *On Liberty*, Chapter 2: "Of the Liberty of Thought and Discussion." London: John W. Parker and Son.

Mowbray, A. (2012). *Cases, Materials, and Commentary on the European Convention on Human Rights*(3rd ed.). Oxford: Oxford University Press.

Oetheimer, M. (2009). "Protecting Freedom of Expression: The Challenge of Hate Speech in the European Court of Human Rights Case Law." *Cardozo Journal of International & Comparative Law*, 17.

Parekh, B. (2012). "Is There a Case for Banning Hate Speech?" In M. Herz & P. Molnar (Eds.), *The Content and Context of Hate Speech: Rethinking Regulation and Responses*(pp.37–56). Cambridge: Cambridge University Press.

제 3 부

차별금지와 평등권

제 7 장

종교에 따른 차별금지

Ⅰ. 서 론

현대 민주주의 사회에서 종교의 자유는 기본적 인권으로 널리 인정되고 있다. 그러나 이러한 종교의 자유가 서로 다른 문화적 배경을 가진 공동체 내에서 충돌할 때, 법적·사회적 갈등이 발생하기도 한다. 특히 2018년 제주도에 예멘 난민 561명이 입국한 사건 이후, 한국 사회에서도 종교 다양성과 관련된 쟁점이 본격적으로 주목받기 시작했다.[1] 이는 종교적 차별과 혐오가 더 이상 먼 나라의 문제가 아님을 보여 주는 중요한 사례였다.

종교의 자유는 양심의 자유와 함께 인간 존엄성의 핵심을 이루는 권리이다. 그러나 종교적 신념에 따른 외적 표현이 다른 법익과 충돌할 경우, 일정한 제한이 불가피하다는 점 또한 인정되고 있다. 이러한 맥락에서 종교의 자유에 대한 정당한 제한과 부당한 차별은 명확히 구분될 필요가 있다.

유럽에서는 무슬림에 대한 혐오와 종교 차별이 심각한 사회적 문제로 대두되어 왔다.[2] 2001년 9/11 테러 이후 이슬람 혐오현상(Islamophobia)이 급증했으며, 일부 유럽 국가들은 이슬람 복장 규제와 관련된 법률을 제정하기에 이르렀다.[3]

---

1) 제주도 예멘 난민 사태는 2018년 예멘 내전으로 인한 분쟁과 인도적 위기를 피해, 예멘 국적자 561명이 무사증 제도를 활용해 한국 제주도로 입국한 사건을 말한다. 이들은 난민 신청을 통해 보호를 요청하였으며, 한국 사회는 당시 생소한 무슬림 난민의 대규모 유입에 대해 다양한 반응을 보였다. 일부에서는 인도주의적 수용을 주장했지만, 난민 수용에 대한 우려와 종교적·문화적 편견에 기반한 반대 여론도 나타났다. 이 사건은 한국 사회 내 종교의 자유, 이주민에 대한 권리, 그리고 다문화 공존의 문제에 대한 공적 논의를 촉발하는 계기가 되었다.

2) Christopher Allen & Jørgen S. Nielsen. "Summary Report on Islamophobia in the EU After 11 September 2001". European Monitoring Centre on Racism and Xenophobia, 2002.

3) Erica Howard, Law and the Wearing of Religious Symbols: European Bans on the Wearing of Religious Symbols in Education, Routledge, 2012, 28-30.

이러한 흐름 속에서 유럽인권재판소('ECtHR')는 종교의 자유와 세속주의 간의 균형을 모색하는 다양한 판결을 내려왔다.

본 장에서는 터키와 프랑스에서 무슬림 여성의 종교적 복장 착용을 제한한 두 대표적인 사례 — Leyla Şahin v. Turkey 사건(2005년)과 S.A.S. v. France 사건(2014년) — 을 비교·분석한다. 두 사건은 약 9년의 시간적 간격이 있지만, 모두 무슬림 여성의 종교적 복장 착용권과 세속주의 원칙 간의 충돌을 다루고 있다. 이를 통해 유럽인권재판소의 종교 자유에 대한 접근 방식이 어떻게 변화했는지, 그리고 그 함의가 무엇인지를 탐구하고자 한다.

유럽인권협약('ECHR') 제9조는 사상, 양심, 종교의 자유를 보장하고 있으며, 이는 종교적 복장 착용의 자유를 포함하는 것으로 해석된다.[4] 그러나 동 조항의 제2항은 "법률에 규정되고, 민주사회에서 공공안전, 공공질서, 보건, 도덕 또는 타인의 권리와 자유를 보호하기 위해 필요한" 경우 종교 표현의 자유를 제한할 수 있다고 명시하고 있다.[5] 유럽인권재판소는 이러한 제한이 정당한지를 판단하는 과정에서 비례성 원칙을 적용하고 있다.

이 장의 분석은 다문화 사회로 빠르게 변모하고 있는 한국에도 중요한 시사점을 제공할 것이다. 특히 종교적 차이에서 비롯되는 문화적 갈등을 법적으로 어떻게 해결할 것인지, 그리고 소수 종교 구성원의 권리를 어떻게 보호할 것인지에 대한 논의에 기여하고자 한다.

II. 대상 판례의 사실관계 및 법원의 판단

1. 사실 관계

두 판례의 법적 쟁점을 검토하기에 앞서, 터키와 프랑스의 세속주의(Secularism) 원칙이 갖는 역사적·문화적 배경을 이해할 필요가 있다. 터키의 세속주의(Laiklik)는 무스타파 케말 아타튀르크(Mustafa Kemal Atatürk)가 오스만

4) European Court of Human Rights, "Guide on Article 9 of the European Convention on Human Rights: Freedom of Thought, Conscience and Religion", Council of Europe, updated on 31 August 2024.

5) European Convention on Human Rights, Article 9(2).

제국의 붕괴 이후 현대적 국가 건설 과정에서 도입한 것으로, 종교(이슬람)와 국가의 엄격한 분리를 추구했다.[6] 프랑스의 세속주의(Laïcité)는 1905년 교회와 국가의 분리법 제정 이후 발전해 왔으며, 공적 영역에서 종교적 중립성을 강조한다.[7]

1) 터키의 사례: Leyla Şahin v. Turkey[8]

1998년 2월, 이스탄불대학교(Istanbul University)는 이슬람 머리 스카프(히잡, hijab)를 착용하거나 긴 수염을 기른 학생들이 강의와 시험에 참여할 수 없다는 통보를 발표했다. 당시 의과대학 5학년에 재학 중이던 청구인 Leyla Şahin은 종교적 신념에 따라 머리 스카프를 착용했으며, 이로 인해 강의 출석과 시험 응시가 제한되었다.

터키에서는 1920년대부터 공공 영역에서 공무원의 종교적 의복 착용이 금지되어 왔다. 그러나 1980년대 이후 이슬람 운동이 확산되면서 대학에서도 머리 스카프를 착용하는 여학생들이 증가했다. 이에 대응하여 터키 헌법재판소는 1989년 머리 스카프 착용이 세속주의 원칙에 위배된다고 판결했으며, 이후 공립 교육기관에서의 머리 스카프 착용 금지가 강화되었다.

이스탄불대학교 측은 머리 스카프 착용이 이슬람으로의 개종을 강제하거나 설득하는 행위로 해석될 수 있으며, 국립대학은 세속국가의 상징적 공간이므로 교내에서 머리 스카프를 금지하는 것이 정당하다고 주장했다. Şahin은 여러 차례 머리 스카프를 벗기를 거부했고, 이로 인해 징계 조치를 받았다. 그녀는 이러한 조치가 부당하다며 이스탄불 행정법원에 통보 취소를 신청했지만, 법원은 대학 당국에 복장 규정을 정할 권한이 있다고 판단하여 청구를 기각했다. Şahin은 결국 터키가 자신의 종교적 표현의 자유와 교육권을 침해했다고 주장하며 유럽인권재판소에 제소하였고, 이는 무슬림 여성의 종교적 복장 착용권을 둘러싼 최초의 주요 ECtHR 사건 중 하나가 되었다.

---

6) Erik J. Zürcher, "Turkey: A Modern History", I.B. Tauris, 2004, 186-187.

7) John R. Bowen, "Why the French Don't Like Headscarves: Islam, the State, and Public Space", Princeton University Press, 2007, 11-35.

8) European Court of Human Rights, Leyla Şahin v. Turkey, Application no. 44774/98, 10 November 2005.

2) 프랑스의 사례: S.A.S. v. France[9]

프랑스는 2010년 10월 11일, 공공장소에서 얼굴을 가리는 복장을 금지하는 법률(일명 '부르카 금지법')을 제정했다. 이 법률은 표면적으로는 모든 종류의 얼굴 가림 의복을 대상으로 했지만, 실질적으로는 무슬림 여성이 착용하는 니캅(niqab)이나 부르카(burqa)를 겨냥한 것이라는 비판을 받았다. 이 법률을 위반할 경우 최대 150유로의 벌금과 시민교육 프로그램 참여 명령이 부과될 수 있었다.

청구인 S.A.S.는 프랑스 시민권자이자 독실한 무슬림 여성으로, 종교적 신념에 따라 니캅과 부르카를 정기적으로 착용해 왔다. 그녀는 공공장소에서 얼굴 가림 복장을 금지하는 법률이 자신의 종교적 자유와 표현의 자유, 사생활 존중권을 침해한다고 주장하며 ECtHR에 제소했다. 그녀는 은행 방문이나 신분 확인이 필요한 상황에서는 니캅을 벗을 의사가 있음을 밝혔으며, 이를 통해 자신이 무조건적으로 착용을 고집하는 것이 아님을 강조하였다.

프랑스 정부는 이 법률이 공공안전과 여성의 존엄성, 그리고 '함께 사는 것의 원칙'(le "vivre ensemble")을 보호하기 위한 것이라고 주장했다. 특히 얼굴을 가리는 행위가 사회적 상호작용을 방해하고 프랑스 사회의 통합을 저해한다는 논리를 내세웠다.

2. 법적 쟁점: 종교의 자유

ECHR 제9조는 사상, 양심, 종교의 자유를 보장하며, 이는 개인의 정체성 형성과 존엄성에 밀접하게 연관된 권리이다. ECtHR은 Kokkinakis v. Greece(1993) 판결에서 "종교의 자유는 민주사회에서 가장 근본적인 가치 중 하나"라고 명시한 바 있다.[10]

종교의 자유는 내심의 자유(forum internum)와 외부적 종교의 자유(forum externum)로 구분된다. 내심의 자유는 절대적으로 제한될 수 없는 권리이지만, 외부적 종교의 자유는 ECHR 제9조 제2항에 따라 특정 조건하에서 제한될 수 있다.

---

9) European Court of Human Rights, S.A.S. v. France, Application no. 43835/11, 1 July 2014.
10) European Court of Human Rights, Kokkinakis v. Greece, Application no. 14307/88, 25 May 1993, para. 31.

1) Şahin 판결의 법적 쟁점

Şahin 판결의 핵심 쟁점은 대학 내 머리 스카프 착용 금지가 ECHR 제9조가 보장하는 종교의 자유를 침해하는지 여부였다. ECtHR 대재판부(Grand Chamber)는 대학의 조치가 Şahin의 종교적 표현의 자유를 제한한다는 점을 인정했다.

이어서 재판소는 해당 제한이 '법률에 규정되었는지', '정당한 목적을 추구하는지', 그리고 '민주사회에서 필요한 것인지'를 심사했다. 터키 정부는 세속주의 원칙, 공공질서, 그리고 타인의 권리 보호를 제한의 목적으로 제시했으며, 재판소는 이를 정당한 목표로 인정했다.

2) S.A.S. 판결의 법적 쟁점

S.A.S. 판결에서도 공공장소에서 얼굴을 가리는 복장 금지가 종교의 자유를 침해하는지가 주요 쟁점이었다. 재판소는 이 법률이 무슬림 여성의 종교적 복장 착용을 직접적으로 제한한다는 점을 인정했다.

프랑스 정부는 '공공안전'과 '함께 사는 것의 원칙'을 내세워 이 제한이 타인의 권리와 자유를 보호하기 위한 필요한 조치라고 주장했다. 특히 얼굴 노출이 사회적 상호작용의 필수 요소라는 점을 강조했다.

3) 제한의 정당성 심사

두 사건 모두에서 ECtHR은 해당 제한이 법률에 근거하고 정당한 목적을 추구한다는 점을 인정했다. 핵심적인 쟁점은 이러한 제한이 '민주사회에서 필요한 것인지', 즉 비례성 원칙에 부합하는지 여부였다.

Şahin 판결에서 재판소는 17대1의 압도적 다수결로, 대학 내 머리 스카프 착용 금지가 터키의 세속주의 원칙과 공공질서, 타인의 권리 보호라는 정당한 목적을 위해 '민주사회에서 필요한 조치'라고 결론지었다. 재판소는 터키의 특수한 역사적·사회적 맥락을 고려하여 '넓은 판단 여지'(wide margin of appreciation)를 인정했다.

S.A.S. 판결에서도 재판소는 15대2의 다수결로, 공공장소에서 얼굴을 가리는 복장 금지가 '함께 사는 것의 원칙'을 보호하기 위한 정당한 조치라고 판단했다. 다만 일부 반대의견에서는 이러한 제한이 비례성 원칙을 충족하지 못하며,

무슬림 여성의 권리를 과도하게 침해한다는 비판이 제기되었다.

Ⅲ. 대상 판례에 대한 비판적 검토

1. 판결 이유에 대한 비판

ECtHR이 두 사건에서 내린 판결은 종교의 자유와 세속주의, 공공질서 등 다양한 가치 간의 균형을 모색했다는 점에서 의의가 있다. 그러나 판결의 근거와 논리에는 몇 가지 중요한 한계와 문제점이 존재한다.

1) 사회 이익에 관한 판결 이유에 대하여

ECtHR의 판결 이유에서 가장 중요한 쟁점 중 하나는 종교적 복장 제한이 실제로 공공질서나 타인의 권리, 사회 전체의 이익을 실현할 수 있는 효과적인 수단인지 여부이다.

(1) 터키 사례의 문제점

유럽인권재판소는 터키에서 머리 스카프 착용이 급진 이슬람 운동으로 이어질 수 있으며, 이는 민주주의와 세속주의를 위협할 수 있다는 정부의 주장을 상당 부분 수용했다. 그러나 이러한 논리에는 중대한 결함이 있다.

만약 급진 이슬람 운동이 실제로 민주주의에 위협이 된다면, 머리 스카프를 착용하는 개인 학생을 제재하기보다는 극단주의 단체를 직접 규제하는 것이 더 효과적인 대응이라고 볼 수 있다.[11] McGoldrick은 “단순한 종교적 표현과 정치적 극단주의를 동일시하는 것은 개인의 권리에 대한 과도한 제한을 정당화할 위험이 있다”고 지적한 바 있다.[12]

따라서 머리 스카프 금지는 정부가 제시한 정당한 목적 달성을 위한 적절한 수단이라고 보기 어려우며, 비례성 원칙의 ‘적합성’ 요소조차 충족하지 못한다고 볼 수 있다.

---

11) Jill Marshall, “Conditions for Freedom? European Human Rights Law and the Islamic Headscarf Debate”, Human Rights Quarterly, Vol. 30, No. 3, 2008, 631-654.

12) Dominic McGoldrick, “Human Rights and Religion: The Islamic Headscarf Debate in Europe”, Hart Publishing, 2006, 249.

(2) 프랑스 사례의 문제점

프랑스 사건에서 ECtHR은 부르카 금지가 무슬림 여성들의 사회 참여를 촉진할 수 있다는 논리를 수용했다. 그러나 실증적 연구들은 오히려 반대의 결과를 보여준다. 부르카 금지 이후 관련 여성들이 외출을 자제하고 사회적 고립이 심화되었다는 연구 결과가 제시되었다.[13] Brems의 연구에 따르면, 부르카 착용 여성들은 법 시행 이후 필수적인 외출(의료 서비스 이용, 자녀 교육 관련 활동 등)조차 기피하는 경향을 보였다.[14]

이는 ECtHR이 제시한 '사회적 교류 촉진'이라는 목적에 정면으로 배치되는 결과로, 부르카 금지가 '목적 달성에 적합한 수단'이라는 판단에 심각한 의문을 제기한다.

또한 부르카 착용을 '타인과의 대인관계를 근본적으로 방해하는 행위'로 규정한 것은 이슬람 여성의 종교적 표현 자체를 부정하는 태도로, 다원주의와 관용이라는 민주사회의 근본 가치와 충돌한다는 비판을 받고 있다.[15]

2) 양성평등 관련 판결 이유의 문제점

ECtHR은 두 판결 모두에서 종교적 복장 제한이 양성평등 실현에도 기여한다는 논리를 부분적으로 채택했다. 그러나 이러한 접근은 중대한 문제점을 내포하고 있다.

(1) 고정관념이나 편견에 근거한 논리

머리 스카프나 부르카 착용이 양성평등과 양립할 수 없다는 주장은 특정 문화에 대한 고정관념에서 비롯된 경우가 많다. 실제로 많은 무슬림 여성들이 자발적인 선택으로 종교적 복장을 착용하며, 이를 자신의 정체성 표현이나 심

---

13) Eva Brems, "Face Veil Bans in the European Court of Human Rights: The Importance of Empirical Findings", Journal of Law and Policy, Vol. 22, 2014, 517-551.

14) Eva Brems et al., "Wearing the Face Veil in Belgium: Views and Experiences of 27 Women Living in Belgium Concerning the Islamic Full Face Veil and the Belgian Ban on Face Covering", Human Rights Centre, Ghent University, 2012.

15) 예를 들어, Maleiha Malik, "The Return of a Persecuting Society? Criminalizing Facial Veils in Europe." Chapter. In The Experiences of Face Veil Wearers in Europe and the Law, edited by Eva Brems, 232-50. Cambridge Studies in Law and Society. Cambridge: Cambridge University Press, 2014.

지어 페미니즘적 저항으로 인식하기도 한다.

Malik은 "무슬림 여성의 복장 선택을 일률적으로 '억압'으로 규정하는 것은 그들의 자율성과 주체성을 부정하는 또 다른 형태의 가부장적 태도"라고 비판한 바 있다.[16] 이러한 관점에서 볼 때, ECtHR의 접근은 오히려 여성의 자율성을 침해하고 차별을 심화시킬 위험이 있다.

(2) 유럽중심주의 및 남성중심주의 시각

종교적 복장을 여성 억압의 상징으로 단정짓는 것은 유럽중심주의(Eurocentrism)와 남성중심주의적 사고를 반영한다는 비판을 받고 있다. Said가 '오리엔탈리즘'에서 지적했듯이, 서구 사회는 종종 비서구 문화의 관행을 '타자화'하고 열등한 것으로 간주하는 경향이 있다.[17]

이러한 시각은 종교적·문화적 다양성을 존중하지 않는 태도로, 무슬림 여성들을 주류 사회에서 더욱 소외시키는 결과를 초래할 수 있다. Vakulenko는 "이슬람 여성의 복장에 대한 서구의 비판은 종종 식민지 시대의 담론을 반복하며, 무슬림 여성을 '구원'해야 할 대상으로 타자화한다"고 지적했다.[18]

결국, ECtHR의 판결 논리는 종교적 복장 강제 금지를 통해 오히려 여성들의 사회·경제적 참여를 위축시키고, 양성평등이라는 가치를 실질적으로 구현하지 못하는 모순을 보여주고 있다.

3) '민주사회에서 필요한 제한'이라는 판결 이유에 대하여

터키 사례에서 특히 주목할 점은, ECtHR이 머리 스카프 금지가 ECHR 제9조의 종교의 자유를 침해하지 않는다고 판단하면서도, 동시에 다원주의(pluralism)를 민주사회의 핵심 원리로 언급했다는 사실이다. 이는 명백한 모순을 내포하고 있다.

(1) 터키 사례: 다원주의와의 충돌

재판소는 터키에서 머리 스카프를 착용한 여성들을 학내 시스템에서 배제

16) Maleiha Malik, "Anti-Muslim Prejudice in the West, Past and Present: An Introduction", Patterns of Prejudice, Vol. 43, Issue 3-4, 2009, 207-212.

17) Edward W. Said, Orientalism, Vintage Books, 1978.

18) Anastasia Vakulenko, "'Islamic Headscarves' and the European Convention on Human Rights: An Intersectional Perspective", Social & Legal Studies, Vol. 16, No. 2, 2007, 183-199.

시키는 조치를 정당화했다. 그러나 대학은 본래 다양한 배경과 견해를 수용하며 상호 존중의 태도를 배울 수 있는 공간이다. Judge Tulkens의 반대의견에서 지적되었듯이, "대학생들은 성인으로서 비판적 사고 능력을 갖추고 있으며, 다양한 종교적 표현에 노출되는 것이 오히려 다원적 민주주의의 가치를 배우는 기회가 될 수 있다."[19)]

결과적으로, 재판소의 판단은 '세속주의'라는 특정 이념을 절대화하여 다원주의와 민주주의의 가치에 반한다는 비판을 피하기 어렵다.

(2) 프랑스 사례: '함께 살기(living together)' 개념의 오용

프랑스 사례에서는 '함께 살기'(le "vivre ensemble") 개념을 통해, 부르카 금지가 다원성과 관용, 개방성을 촉진하는 수단인 것처럼 제시되었다. 그러나 실제로는 부르카 착용자들이 부정적 시선과 법적 제재를 피하기 위해 공적 공간에서 철수하는 역효과가 나타났다.

Bowen은 '함께 살기'의 개념이 결국 '다름을 제도적으로 금지'하는 선택적 다원주의에 불과하다"고 비판했다.[20)] 진정한 다원주의는 차이를 인정하고 존중하는 데서 출발해야 하며, 특정 종교적 표현을 배제하는 것은 이러한 가치와 충돌한다.

2. 비례성 원칙에 따른 비판

유럽인권재판소는 ECHR 제9조 종교의 자유를 둘러싼 사건에서, 국가가 제시하는 목적과 이를 실현하기 위한 수단 간의 비례성(principle of proportionality)을 중점적으로 심사한다. 터키와 프랑스 사건에서도 재판소는 국가가 설정한 목표와 제한 조치 사이에 '합리적 균형'이 존재한다고 판단했다. 그러나 이러한 결론은 실제 상황과 개인의 권리 침해 정도를 면밀히 고려하지 못했다는 비판을 받고 있다.

---

19) European Court of Human Rights, Leyla Şahin v. Turkey, Dissenting Opinion of Judge Tulkens, para. 7.

20) John R. Bowen, On British Islam: Religion, Law, and Everyday Practice in Shari'a Councils, Princeton University Press, 2016, 112-134.

1) 부적절하고 관련성이 부족한 정당화 과정

(1) 터키 사례: 머리 스카프 금지와 이슬람 극단주의 간 직접적 연계 부재

터키 사건에서 재판소는 머리 스카프가 이슬람 극단주의 정치 운동 및 여성 억압의 상징이 될 수 있다는 정부 주장을 상당 부분 수용했다. 그러나 이는 "종교적 표현=정치적 선동"이라는 단편적 등식을 전제로 한다.

Leyla Şahin은 의과대학에 재학 중이던 성인 학생으로, 그녀가 급진 이슬람 활동에 가담했거나 다른 학생에게 의복 착용을 강제했다는 증거는 전혀 제시되지 않았다. Evans는 "종교적 표현에 대한 제한이 정당화되기 위해서는 그것이 타인의 권리를 실질적으로 침해한다는 구체적 증거가 필요하다"고 지적했다.[21]

재판소의 이러한 판단은 머리 스카프를 착용하는 여성들이 갖는 다양하고 복합적인 동기를 간과한다. 종교적 복장 착용은 가족 전통, 문화적 정체성, 종교적 신념, 개인적 취향 등이 복합적으로 작용한 결과일 수 있다.

ECtHR이 Kokkinakis v. Greece(1993) 판결[22]에서 '종교의 자유는 민주사회의 근본적 토대'라고 확인한 것에 비추어보면, 머리 스카프 착용을 획일적으로 '위협' 또는 '억압의 표상'으로 간주하는 관점은 협약 정신과 거리가 멀다고 할 수 있다.

(2) 프랑스 사례: '함께 사는 것의 원칙'과 부르카 금지의 역설

프랑스 사례에서 재판소는 정부가 내세운 '함께 사는 것의 원칙'을 부르카 금지의 가장 중요한 정당화 근거로 채택했다. 그러나 이 개념은 상당히 모호하며, 법적 기준으로 적용하기에 문제가 있다.

현대사회에서는 소셜 미디어와 디지털 기기를 통해 다양한 방식으로 의사소통이 이루어지고 있다. 따라서 얼굴을 가린다고 해서 사회적 상호작용이 불가능해진다고 단정하기는 어렵다. Mancini는 "얼굴 노출을 사회적 상호작용의 필수 요소로 보는 시각은 특정 문화적 규범을 보편화하는 오류"라고 지적했다.[23]

---

21) Carolyn Evans, Freedom of Religion under the European Convention on Human Rights, Oxford University Press, 2001, 135.

22) European Court of Human Rights, Kokkinakis v. Greece, Application no. 14307/88, 25 May 1993.

23) Susanna Mancini, "The Power of Symbols and Symbols as Power: Secularism and Religion as Guarantors of Cultural Convergence", Cardozo Law Review, Vol. 30, Issue 6, 2009, 2629-2668.

더욱이 Eweida and Others v. the United Kingdom(2013) 사례[24]에서 ECtHR은 기업 내 종교적 상징 착용 제한의 정당성을 상당 부분 부정했다. 이와 비교할 때, 공공장소에서 부르카 착용을 전면 금지하는 조치가 과연 사람들 간 소통을 '실질적으로' 향상시키는 수단인지 의문이 제기된다.

(3) 동일 논리로 다른 물품도 금지 가능한 극단적 결론

얼굴을 가리는 행위가 사회적 상호작용을 저해한다면, 마스크, 선글라스, 스키 고글 등도 같은 논리로 금지 대상이 될 수 있다. 물론 재판소는 이러한 물품들과 종교적 복장을 단순 비교하는 것은 무리가 있다고 보았다. 그러나 '사회통합' 논리를 극단적으로 적용하면, 이러한 물품들 역시 규제 대상이 될 수 있다는 점에서 논리적 일관성이 부족하다.

이는 부르카 금지가 실제로는 특정 종교 집단(무슬림 여성)을 선택적으로 규제하는 것이 아닌지에 대한 의심을 불러일으킨다.

2) 법적 논증에서의 모순점

(1) 정당한 목적(Legitimate Aim) 설정의 문제

ECHR 제9조 제2항에 따르면, 종교의 자유를 제한하기 위해서는 '공공질서·안전·보건·도덕, 혹은 타인의 권리 및 자유 보호' 등 정당한 목적이 있어야 한다.

터키 사례에서 재판소는 정부가 제시한 목적(세속주의, 공공질서 유지, 여성 차별 방지)을 폭넓게 수용했다. 그러나 이는 또 다른 판례와의 일관성 문제를 제기한다.

Dahlab v. Switzerland(2001) 판결에서 재판소는 초등학교 교사가 히잡을 착용하는 문제를 다룰 때, 어린 학생들에게 미칠 수 있는 영향력을 고려하여 일정한 제한을 허용했다.[25] 그러나 성인 대학생인 Şahin에게 동일한 논리를 적용하는 것은, 교사·공무원과 학생이라는 전혀 다른 지위 사이의 구분을 무시하는 것이라는 비판이 제기된다.

프랑스 사례에서는 '함께 사는 것'이 정당한 목표로 인정되었다. 그러나 이

---

24) European Court of Human Rights, Eweida and others v. The United Kingdom, Application no. 48420/10 et al, 15 January 2013.

25) European Court of Human Rights, Dahlab v. Switzerland, Application no. 42393/98, 15 February 2001.

는 다원주의와 관용을 강조해야 할 민주사회에서 모순적인 결과를 낳았다. 부르카 금지는 결과적으로 무슬림 여성들을 더 깊은 사회적 고립 상태로 내몰았기 때문이다.

Otto－Preminger－Institut v. Austria(1994) 판결에서 ECtHR은 "다른 사람이 불쾌함을 느낀다고 해서 표현을 무조건 금지하는 것은 안 된다"고 판시한 바 있다.[26] 이러한 기조에 비추어볼 때, '함께 산다'는 목표가 특정 그룹을 제도적으로 배제하는 결과를 초래한다면, 이는 자기모순이라고 할 수 있다.

(2) 넓은 판단 여지(Wide Margin of Appreciation) 적용의 문제

ECtHR은 회원국 간 문화·역사·정치적 상황의 차이를 인정하여 '판단 여지'(margin of appreciation) 이론을 발전시켜 왔다. 그러나 이 이론의 적용에 있어 일관성이 결여된 측면이 있다.

어떤 사안에서는 "회원국 간 합의가 없으니 국가 재량권을 넓게 인정한다"고 하면서도, 다른 사안에서는 합의 부재를 오히려 엄격 심사의 근거로 삼는 등 일관성이 부족한 접근이 관찰된다.[27]

터키 사례[28]에서 재판소는 "대학에서 종교적 상징물을 규제할지 여부에 대해 유럽 내 합의가 없다"는 이유로 판단 여지를 크게 인정했다. 그러나 Letsas가 지적했듯이, 유럽 대부분의 국가에서는 성인 대학생들의 종교적 복장을 금지하는 사례가 드물어, 오히려 금지가 예외적 조치로 볼 수 있다.[29]

프랑스 사례에서도 재판소는 초기에는 '함께 사는 것' 개념이 모호하다는 점을 인정했으면서도, 최종 결론에서는 "회원국 간 합의가 없다"는 이유로 넓은 판단 여지를 허용했다. 이는 동일 판결 내에서도 일관성이 부족한 태도를 보여준다.[30]

---

26) European Court of Human Rights, Otto-Preminger-Institut v. Austria, Application no. 13470/87, 20 September 1994.

27) George Letsas, "Two Concepts of the Margin of Appreciation", Oxford Journal of Legal Studies, Vol. 26, Issue 4, 2006, 705-732.

28) European Court of Human Rights, Leyla Şahin v. Turkey, Application no. 44774/98, 10 November 2005.

29) George Letsas, "Two Concepts of the Margin of Appreciation", Oxford Journal of Legal Studies, Vol. 26, Issue 4, 2006, 729.

30) European Court of Human Rights, S.A.S. v. France, Application no. 43835/11, 1 July 2014,

3) 비례성 원칙 적용의 한계와 향후 과제

비례성 원칙은 ECHR 제8조(사생활 존중), 제10조(표현의 자유), 제11조(집회·결사의 자유) 등 다양한 조항에서도 국가의 제한 조치를 정당화할 때 핵심 기준으로 작용한다. 터키와 프랑스 사건은 비례성 원칙의 적용에 있어 중요한 과제를 제시한다.

(1) 개인의 자율성 및 종교의 자유 훼손

국가가 제시한 목적(공공질서, 함께 사는 것 등)에 대한 구체적·실증적 검토가 미흡할 경우, 종교적 복장을 착용하는 개인의 자율적 결정권이 부당하게 희생될 수 있다. 이는 오히려 당사자의 종교적 정체성을 강화하거나, 여성에 대한 차별을 내면화하는 역설적 결과를 초래할 위험이 있다.

(2) 민주사회 개념의 불명확성

ECtHR 판결에서 자주 등장하는 "민주사회에 필요한 제한"이라는 문구는, 국가가 내세우는 이념(세속주의, 공공질서 등)이 다원주의적 가치를 얼마나 실질적으로 구현하는지에 따라 평가가 달라져야 한다. Henrard는 "진정한 민주사회는 소수자의 권리와 문화적 다양성을 보호할 때 실현된다"고 강조한 바 있다.[31)]

그러나 판결들은 이러한 사회·문화적 요소를 충분히 분석하지 않은 채, 너무 추상적으로 '민주사회에 필요하다(necessary in a democratic society)'는 결론을 도출하는 경향을 보였다.

(3) 판단 여지의 임의성

'회원국 간 합의 부재'가 때로는 엄격 심사의 근거로, 다른 때는 국가 재량권 확대의 근거로 활용되는 점은 재판소의 이론적 일관성을 훼손한다. 이는 Lautsi v. Italy(2011),[32)] Eweida and Others v. the United Kingdom(2013)[33)] 등 다

---

para. 129-131 and 154-157.

31) Kristin Henrard, "Minorities and Socio-economic Participation: The Two Pillars of Minority Protection Revisited", International Journal on Minority and Group Rights, Vol. 16, 2009, 549-576.

32) European Court of Human Rights, Lautsi v. Italy, Application no. 30814/06, 18 March 2011.

33) European Court of Human Rights, Eweida and others v. The United Kingdom, Application no. 48420/10 et al, 15 January 2013.

른 종교·표현 관련 판결들과 비교했을 때 더욱 두드러진다.

따라서 "회원국 간 합의(European consensus)" 개념을 어떻게 해석·적용할지에 대한 명확한 기준이 마련되지 않는 한, 재판소의 결론은 사건별로 큰 편차를 보일 수밖에 없다는 문제가 있다.

(4) 학제적·비교법적 연구 필요성

종교적 복장 규제는 헌법학, 정치학, 사회학, 종교학 등 학제 간 관점에서 더욱 심층적으로 논의될 필요가 있다. 공공장소에서 종교적 상징물 착용을 광범위하게 허용하는 영국·스칸디나비아 국가들, 특정 영역에서만 제한하는 독일·벨기에 사례를 비교해보면, 국가별 역사·문화적 맥락이 규제 수위에 큰 영향을 미침을 알 수 있다.

이를 토대로 재판소는 좀 더 세밀한 심사 기준을 수립하고, 국가별 특수성을 고려하되 개인의 기본권 보호를 우선하는 방향으로 비례성 원칙을 재정립할 필요가 있다.

IV. 결 론

종교의 자유와 사회적 다원성은 추상적 이념이나 원칙을 내세워 개인의 구체적 권리를 희생시켜서는 안 된다는 근본적 가치를 내포한다. 유럽인권재판소가 머리 스카프나 부르카 착용 금지를 통해 종교의 자유가 침해되지 않았다고 판단한 것은, 표면적으로는 세속주의나 '함께 사는 것의 원칙'과 같은 가치를 보호하기 위한 것이었다. 그러나 이러한 논리는 특정 소수자 집단의 권리를 제한하는 결과를 초래했으며, 이는 향후 다른 맥락에서도 적용될 수 있는 위험한 선례가 될 수 있다.

터키 사례에서 청구인은 대학 내 머리 스카프 금지로 인해 학업을 계속할 수 없게 되어 해외 유학을 선택할 수밖에 없었다. 이는 그녀에게 학문적·경제적·사회적으로 막대한 불이익을 안겼다. 국가가 내세운 세속주의나 민주주의 이념은 추상적이고 광범위하여, 비례성 원칙을 적용하더라도 구체적 개인의 자유를 그토록 심각하게 제한할 정당한 이유가 되기 어렵다.

프랑스 사례에서도 부르카 금지는 무슬림 여성들에게 종교적 신념과 공적 활동 참여 사이에서 불가능한 선택을 강요했다. 그들은 종교적 정체성을 포기하거나, 공적 공간에서 철수하여 사회적 고립을 감수해야 하는 딜레마에 처하게 되었다. 결과적으로 이러한 제한은 소수자의 사회 통합이라는 명목으로 오히려 그들의 배제를 심화시키는 역설적 결과를 낳았다.

이 두 판결은 '다름'을 제한하거나 배제함으로써, 사회적 불평등과 차별이 법적으로 확립될 수 있음을 여실히 보여준다. 진정한 민주사회는 소수집단을 배제하거나 갈등을 은폐함으로써 유지되는 것이 아니라, 상이한 문화와 종교를 수용하고 존중하며 상호 교류의 장을 보장함으로써 다원주의를 실현해야 한다.

종교의 자유를 둘러싼 법적 판단에 있어, 유럽인권재판소는 비례성 원칙의 엄격한 적용과 함께, 다양한 문화적·종교적 정체성을 인정하고 존중하는 좀 더 포용적인 접근을 모색할 필요가 있다. 특히 소수자의 권리 보호와 사회 통합이라는 가치가 상충하는 것처럼 보이는 상황에서, 양자를 조화롭게 실현할 수 있는 법리 발전이 요구된다.

향후 국제인권법의 발전 과정에서, 종교적 표현의 자유는 단순히 신앙의 자유를 넘어 문화적 정체성과 인간 존엄성의 핵심 요소로 인식되어야 할 것이다. 이는 다문화 사회로 빠르게 변모하고 있는 한국을 비롯한 여러 국가들에게도 중요한 시사점을 제공한다. 종교적 다양성을 존중하고 보호하는 법적·제도적 장치가 마련될 때, 진정한 의미의 사회 통합과 공존이 가능해질 것이다.

▌주요 참고문헌

Ⅰ. 국제 인권 규범 및 일반논평

European Convention on Human Rights.

European Court of Human Rights, *Guide on Article 9 of the European Convention on Human Rights: Freedom of Thought, Conscience and Religion*, Council of Europe, updated 31 August 2024.

Ⅱ. 국제·지역 인권재판소 판결 및 권고

European Court of Human Rights, *Kokkinakis v. Greece*, Application no. 14307/88, 25 May 1993.

European Court of Human Rights, *Otto-Preminger-Institut v. Austria*, Application no. 13470/87, 20 September 1994.

European Court of Human Rights, *Dahlab v. Switzerland*, Application no. 42393/98, 15 February 2001.

European Court of Human Rights, *Leyla Şahin v. Turkey*, Application no. 44774/98, 10 November 2005.

European Court of Human Rights, *Lautsi v. Italy*, Application no. 30814/06, 18 March 2011.

European Court of Human Rights, *S.A.S. v. France*, Application no. 43835/11, 1 July 2014.

European Court of Human Rights, *Eweida and Others v. The United Kingdom*, Application no. 48420/10 et al., 15 January 2013.

Ⅲ. 학술서적 및 논문

Allen, Christopher & Nielsen. Jørgen S. (2002). *Summary Report on Islamophobia in the EU After 11 September 2001*. European Monitoring Centre on Racism and Xenophobia.

Bowen, John R. (2007). *Why the French Don't Like Headscarves: Islam, the State, and Public Space*. Princeton University Press.

Bowen, John R. (2016). *On British Islam: Religion, Law, and Everyday Practice in Shari'a Councils*. Princeton University Press.

Brems, Eva. (2014). "Face Veil Bans in the European Court of Human Rights: The Importance of Empirical Findings." *Journal of Law and Policy*, Vol. 22.

Brems, Eva et al. (2012). *Wearing the Face Veil in Belgium: Views and Experiences of 27 Women Living in Belgium Concerning the Islamic Full Face Veil and the Belgian Ban on Face Covering*. Human Rights Centre, Ghent University.

Evans, Carolyn. (2001). *Freedom of Religion under the European Convention on Human Rights*. Oxford University Press.

Henrard, Kristin. (2009). "Minorities and Socio-economic Participation: The Two Pillars of Minority Protection Revisited." *International Journal on Minority and Group Rights*, Vol. 16.

Howard, Erica. (2012). *Law and the Wearing of Religious Symbols: European Bans on the Wearing of Religious Symbols in Education*. Routledge.

Letsas, George. (2006). "Two Concepts of the Margin of Appreciation." *Oxford Journal of Legal Studies*, Vol. 26, Issue 4.

Malik, Maleiha. (2014). "The Return of a Persecuting Society? Criminalizing Facial Veils in Europe." In Eva Brems (ed.), *The Experiences of Face Veil Wearers in Europe and the Law*, Cambridge University Press.

Malik, Maleiha. (2009). "Anti-Muslim Prejudice in the West, Past and Present: An Introduction." *Patterns of Prejudice*, Vol. 43, Issue 3-4.

Mancini, Susanna. (2009). "The Power of Symbols and Symbols as Power: Secularism and Religion as Guarantors of Cultural Convergence." *Cardozo Law Review*, Vol. 30, Issue 6.

Marshall, Jill. (2008). "Conditions for Freedom? European Human Rights Law and the Islamic Headscarf Debate." *Human Rights Quarterly*, Vol. 30, No. 3.

McGoldrick, Dominic. (2006). *Human Rights and Religion: The Islamic Headscarf Debate in Europe*. Hart Publishing.

Said, Edward W. (1978). *Orientalism*. Vintage Books.

Vakulenko, Anastasia. (2007). "'Islamic Headscarves' and the European Convention on Human Rights: An Intersectional Perspective." *Social & Legal Studies*, Vol. 16, No. 2.

Zürcher, Erik J. (2004). *Turkey: A Modern History*. I.B. Tauris.

제 8 장

장애에 따른 차별금지

Ⅰ. 서 론

장애에 따른 차별금지는 국제인권법과 각국의 헌법, 차별금지법에서 핵심적인 인권 원칙으로 자리매김하고 있다. 유엔 '장애인 권리협약'[1]은 장애인이 다른 사람들과 동등하게 모든 인권과 기본적 자유를 누릴 수 있도록 보장해야 한다는 국가의 의무를 천명하고 있으며, 특히 실질적인 평등과 포괄적 참여를 위한 '합리적 편의 제공' 의무를 강조하고 있다. 이는 단지 형식적인 차별금지에 그치지 않고, 장애인이 직면하는 구조적, 제도적 불이익을 제거하기 위한 적극적인 조치를 요구하는 것이다. 장애인 차별금지는 의료, 교육, 노동, 정치 참여 등 사회 전반에 걸쳐 적용되며, 특히 생명권 및 건강권이 걸린 위기 상황에서는 더욱 엄격한 기준과 세심한 보호가 요구된다. 이러한 맥락에서 감염병 확산과 같은 공중보건 위기 상황에서 장애인이 소외되거나 배제되지 않도록 법적, 제도적 장치를 마련하는 것은 국가의 중요한 인권 보장 의무에 해당한다.

특히 장애인 차별금지 원칙에서 핵심적인 개념으로 자리 잡은 것이 바로 '합리적 편의 제공'(reasonable accommodation)[2]이다. 이는 장애인의 구체적인 상황을 고려하여 불필요한 부담을 초래하지 않는 범위 내에서 필요한 조치를 제공함으로써, 실질적인 평등을 보장하기 위한 제도적 장치이다. 유엔 장애인권리협약 제2조는 합리적 편의의 부재 자체를 차별로 간주하고 있으며, 이는 단순

1) Convention on the Rights of Persons with Disabilities(장애인권리협약).

2) '합리적인 편의 제공'의 개념은 장애인권리협약 제2조에서 그 개념을 정의하고 있는데 정치적, 경제적, 사회적, 문화적, 민간 또는 다른 분야에서 다른 사람과 동등하게 모든 인권과 기본적인 자유의 향유 또는 행사를 보장하기 위하여, 그것이 요구되는 특별한 경우, 불균형적이거나 부당한 부담을 지우지 아니하는 필요하고 적절한 변경과 조정을 의미한다.

한 비차별의 수준을 넘어서 적극적인 조정의 의무를 국가와 사회 전반에 부과한다. 독일에서도 이러한 국제적 기준을 반영하여, '일반평등대우법'[3] 및 기본법[4] 제3조 제3항 제2문을 통해 장애인을 이유로 한 차별을 명시적으로 금지하고 있다. 특히 독일 연방헌법재판소는 공적 기관이 장애인을 불리하게 대우하지 않도록 보호할 헌법적 의무를 강조해 왔으며, 감염병 상황과 같이 의료 자원의 배분이 문제 되는 긴급한 상황에서도 이 원칙은 여전히 유효하다는 점을 분명히 하였다. 이러한 맥락에서 2021년 독일 연방헌법재판소가 선고한 소위 'Triage 사건' 결정은 장애인을 위한 합리적 편의 제공과 차별 방지 의무가 위기 상황에서도 어떻게 구체적으로 실현되어야 하는지를 헌법적으로 심도 있게 논의한 중요한 판례로 평가된다.

코로나바이러스감염증-19(이하 "코로나19") 팬데믹은 전 세계적으로 의료 자원의 부족 문제를 극명하게 드러냈으며, 이에 따라 한정된 의료 자원을 어떠한 기준에 따라 배분할 것인지에 대한 논의가 활발히 진행되었다. 이러한 배분 원칙을 설정하는 과정을 일반적으로 'Triage(트리아지)'라고 부르는데, 이는 중증 환자 중 누구를 우선하여 치료할 것인지 결정하는 절차로서, 필연적으로 윤리적·법적 딜레마를 초래한다.[5] 특히, 의료 취약계층에 속하는 노인과 장애인들은 코로나19 감염으로 인하여 중증으로 발전할 위험이 크고, 그 결과 Triage 과정에서 차별적인 대우를 받을 가능성이 제기되었다.

독일 의료 시스템 내에서 중증 환자 치료 자원이 일시적으로나마 부족해졌을 때, '누가 우선 치료 대상이 될 것인가?'라는 문제는 그 중요성과 함께 심각한 우려를 낳았다. 코로나19 바이러스의 특성과 파급력을 고려할 때, 중환자실(ICU)에서의 치료 기회가 제한된 상황에서 장애인들이 부당하게 배제될 수 있다는 지적이 다수 제기되었다. 이는 독일 기본법 제3조 제3항 제2문[6]에서 명시하고 있는 장애인에 대한 차별금지 원칙과 직접적으로 충돌할 가능성을 함축한다.

---

3) Allgemeines Gleichbehandlungsgesetz, AGG.

4) Grundgesetz für die Bundesrepublik Deutschland.

5) World Health Organization(WHO), "Clinical Management of COVID-19: Interim Guidance", Geneva: World Health Organization, 2020.

6) 해당 조항에서는 어떠한 사람도 장애를 이유로 불이익을 받아서는 안 된다고 규정한다.

이에 대해 독일 연방헌법재판소는 2021년, 소위 'Triage 사건'에 대한 중요한 결정을 내렸다.[7] 이 결정에서는 Triage 기준이 장애인에게 부당하게 불이익을 초래할 소지가 있는지, 그리고 그러한 상황에서 입법자가 어떠한 보호 의무를 이행해야 하는지에 대한 헌법적 판단이 이루어졌다. 본 장에서는 해당 결정의 구체적 쟁점을 살펴보고, 특히 장애에 따른 간접차별[8] 가능성과 법원의 법적 판단 기준을 분석하고자 한다. 아울러, 이 결정이 우리나라를 비롯한 다른 국가들에서 향후 감염병 위기 상황이 재현될 경우, 장애인 차별을 예방하기 위한 제도적 기준을 마련하는 데 어떤 시사점을 줄 수 있는지도 검토할 것이다.

II. 독일 연방헌법재판소의 Triage 결정(2021)

1. 사안의 배경

코로나19 팬데믹은 독일 의료계에서도 중환자실 병상과 인공호흡기 등의 의료 자원이 부족해질 수 있다는 현실적 위기감을 불러일으켰다. 이에 독일 중환자 및 응급의학 학제 간 협회("DIVI")[9]와 독일 의사 협회(Bundesärztekammer)는 중환자 치료 자원 배분에 관한 권고안을 연이어 발표하였다. 이 권고안들은 법적 구속력을 갖추지는 못했으나, 실제 임상 현장에서 중증 환자에 대한 치료 우선순위를 결정하는 데 적지 않은 영향을 미쳤다.

첫째, DIVI의 권고안은 개별 환자의 임상적 상태를 자세히 살피고, 최대한 많은 생명을 구하는 것을 최우선 목표로 삼는다고 천명하였다. 이는 생명의 가치를 '평가'한다는 오해를 불식시키고, 대신 임상적으로 치료 성공 가능성이 큰 환

7) Bundesverfassungsgericht(BVerfG), 1 BvR 1541/20, 2021.12.16. 결정.

8) '직접차별'은 개인이 특정한 사유(예: 장애, 성별, 인종 등)를 이유로 명시적으로 불리한 대우를 받는 경우를 의미한다. 예를 들어, 채용 공고에서 "장애인은 지원 불가"라고 명시하는 경우가 이에 해당한다. 이에 반해 '간접차별'은 외견상 중립적인 규정이나 기준이 특정 집단에 불리한 영향을 미쳐 결과적으로 차별을 초래하는 경우를 말한다. 예컨대, 모든 지원자에게 같은 신체 능력을 요구하는 기준이 장애인을 사실상 배제하는 결과를 낳는다면 간접차별로 간주할 수 있다. 유럽연합(EU)과 유엔 인권 메커니즘에서도 간접차별을 실질적 평등 달성을 위한 핵심 개념으로 다루고 있다.

9) Deutschen Interdisziplinaren Vereinigung fur Intensiv- und Notfallmedizin (DIVI), "Empfehlungen zur Allokation intensivmedizinischer Ressourcen bei der COVID-19-Pandemie", Deutschen Interdisziplinaren Vereinigung fur Intensiv- und Notfallmedizin, 2020.

자에게 우선권을 두는 것을 정당화한다. 이 과정에서 환자의 동반 질환 및 전반적인 건강 상태가 고려되며, 신체의 허약성 및 회복 가능성이 중점적으로 평가된다. 그러나 장애 자체가 배제의 이유가 될 수 없음을 강조하면서도, 실제 임상적 예후 평가에서 장애나 만성질환이 변수가 될 수 있다는 점 또한 명시하였다.

둘째, 독일 의사 협회의 권고안은 '동등한 대우의 원칙'[10]을 더 직접적으로 강조하였다. 환자의 희망이나 치료 의지, 임상적 성공 가능성 등의 다원적 요소를 종합적으로 고려하되, 특정 질환이나 장애를 이유로 환자를 배제해서는 안 된다는 점을 명백히 밝혔다. 또한, 환자의 일반적인 건강 상태는 참고 자료가 될 수 있지만, 그것이 단일한 결정 기준으로 작용해서는 안 된다고 주장하였다. 이는 기본법 제3조 제3항[11]이 천명하는 차별금지 원칙, 특히 장애인에 대한 차별 금지 조항과 호응하는 취지로 이해된다.

이러한 권고안에도 불구하고, 장애인 단체 및 여러 이해관계자는 장애가 있는 이들이 '임상적 성공 가능성'이라는 불명확한 평가 기준 아래 불리하게 분류될 위험성을 지적하였다. 실제로 코로나19에 감염된 장애인이 상대적으로 중증으로 진행될 확률이 높다는 의학적 통계도 존재하는데, 이는 결과적으로 치료 우선순위가 낮아질 수 있다는 우려로 연결된다. 즉, 중환자실에 진입할 기회를 얻기도 전에 배제될 수 있으며, 이는 기본법 제3조 제3항 제2문, UN 장애인 권리협약 제5조(평등과 비차별) 및 제25조(건강에 대한 권리)에 반하는 결과를 초래한다는 것이다.[12]

2. 청구인들의 주장과 이에 대한 답변

본 사건의 헌법소원은 총 9명의 장애인이 제기한 것으로 알려져 있다. 청

---

10) 동등한 대우의 원칙(das Gebot der Gleichbehandlung)은 유사한 상황에 있는 사람은 합리적인 이유 없이 차별받지 않아야 하며, 본질적으로 다른 상황에 있는 사람은 필요에 따라 다르게 취급되어야 한다는 법적·윤리적 원칙을 의미한다. 이는 차별금지와 실질적 평등을 위한 기본적 기준으로 작용한다.

11) 해당 조항은 '누구도 자신의 성별, 출신, 인종, 언어, 고향과 출신지, 신앙, 종교적 또는 정치적 신념을 이유로 불이익이나 특혜를 받아서는 안 된다'라고 규정한다.

12) UN Convention on the Rights of Persons with Disabilities(2006), Articles 5 and 25. 제5조는 평등과 비차별에 관한 규정이고 제25조는 장애인이 장애를 이유로 차별받지 않고 도달할 수 있는 최고 수준의 건강을 누릴 권리를 가진다는 규정이다.

구인들은 저마다 모야-모야(Moyamoya) 증후군, 척수 근위축증, 근육질환, 골질환, 선천성 심장 결함, 뇌 손상, 다운 증후군, 심근경색 및 당뇨병 등 다양한 장애 및 질환이 앓고 있었다. 이들은 공통으로 '코로나19 감염으로 인하여 중증 환자로 발전할 가능성이 크다'라는 의학적 근거를 바탕으로, Triage 결정 과정에서 자신들이 배제될 위험이 크다는 점을 지적하였다.

청구인들의 구체적 주장을 살펴보면 다음과 같이 요약할 수 있다.

- 입법자의 부작위: 헌법상 입법자가 Triage와 같은 위기 상황에서 장애인을 보호하기 위한 명확한 법적 기준을 마련해야 할 의무가 있음에도, 이를 이행하지 않아 장애인이 실질적으로 차별받을 위험이 커졌다는 주장이다. 이는 기본법 제1조(인간의 존엄성), 제2조(생명 및 신체의 자유), 그리고 제3조(평등원칙)와 연결되며, 특히 제3조 제3항에서 명시된 장애인 차별 금지 의무가 제대로 이행되지 않았다는 지적에 해당한다.
- 임상적 기준의 불명확성: '임상적 성공 가능성'이라는 기준이 자칫 의료진의 주관적 판단에 좌우될 수 있으며, 장애나 만성질환을 지닌 이들에게 불리하게 작용할 수 있다는 우려다. 예컨대, 회복 가능성을 평가할 때 장애 자체가 부정적인 요소로 간주하여, 객관적 기준 없이 배제될 수 있다는 문제의식을 보여 준다.
- 차별 방지 조치의 부재: 입법자가 장애인을 보호하기 위한 구체적이고 세부적인 지침 또는 법령을 정비하지 않아, 현장의 의료진이 어떠한 방식으로 장애 관련 요소를 고려해야 할지 명확한 안내를 받지 못한다는 주장이다. 이는 결국 국가의 보호 의무(기본법 제1조 제1항 및 제3조 제3항)를 이행하지 않았다는 비판으로 이어진다.

이에 대하여 독일 연방정부는 다음과 같은 요지로 반박하였다.

- 예방 및 보호 조치: 팬데믹 초기부터 봉쇄 조치, 마스크 착용 의무화, 백신 확보 등 다양한 공공보건 조치를 통해 의료 시스템에 대한 부담을 줄이려 했다는 점을 강조하였다. 따라서 입법자나 행정부가 아무런 조처를 하지 않은 것이 아니라는 것이다.

- 입법 의무의 범위 불명확성: 독일 기본법이나 관련 법령 어디에도 'Triage 상황에서 장애인을 보호하기 위한 별도의 법률을 제정해야 한다'라는 식의 구체적 조항이 없으므로, 입법 부작위를 이유로 헌법소원을 제기하는 것은 성립 요건이 충분치 않다는 견해다.
- 차별 주장에 대한 반박: 현행 권고안(예: DIVI 및 독일 의사협회)의 체계가 장애인을 직접적으로 배제하기 위한 기준을 제시하고 있지 않으므로, 결과적으로 장애인 차별이 발생한다고 단정하기 어렵다는 취지다. 임상적 성공 가능성 평가는 모든 사람에게 동등 적용된다는 것이다.

한편, DIVI 등 전문단체들은 공식 입장에서 '단지 장애나 만성질환을 앓고 있다는 이유만으로 치료 자원에서 배제되어서는 안 된다'라는 점을 재차 확인하였다. 다만, 개별 사례에서 장애나 만성질환이 치료 결과에 결정적으로 불리한 요소로 작용할 수 있다면, 이는 임상적 평가에 반영될 수 있다는 유보적 견해도 동시에 제시하였다. 결과적으로 이러한 입장은 "명목상 차별금지"와 "실질적 예후 평가" 사이의 긴장 관계가 존재함을 보여 준다.

3. 연방헌법재판소의 판단

독일 연방헌법재판소(BVerfG)는 해당 헌법소원이 적법 요건을 충족한다고 보았다. 재판소는 우선, 청구인 1~8에 대해서 "시급하고 실질적인 피해가 우려되는 개별 사례"로 인정하였고, 약식 절차를 통해 충분한 법적 구제받기 어려운 상황임을 고려했다. 그러나 청구인 9에 대해서는 만성질환이 생활 전반에 미치는 구체적 영향력이 충분히 소명되지 않아, 청구인 적격성이 부정되었다.

본안에서 연방헌법재판소는 기본법 제3조 제3항 제2문의 장애인 차별 금지 규정을 엄중히 해석하면서, 입법자가 장애인을 보호하기 위한 적극적 조치를 취해야 할 의무가 있다고 천명하였다. 이는 단지 사후적으로 차별을 금지·처벌하는 차원이 아니라, "예방적 시각"에서 차별이 발생하지 않도록 제도적·법적 장치를 마련해야 한다는 점을 뜻한다. 재판소는 Triage 결정에서 의료진이 '임상적 성공 가능성'을 평가할 때, 장애의 존재를 부정적으로 과대평가함으로써 결과적으로 장애인이 차별받을 가능성이 크다는 점을 지적하였다.

연방헌법재판소는 "입법자의 보호 의무를 게을리한 부작위"를 인정하며, 아래와 같은 취지의 명령을 내렸다.

- 구체적 법률 또는 지침 제정: 입법자는 Triage 상황에서 장애인이 부당하게 배제되지 않도록 예방적이고 객관적인 기준을 마련해야 한다. 이는 예를 들어, 장애 자체가 치료 우선순위를 낮추는 요소로 고려되지 않도록 하는 명시적 규정, 또는 의료인들이 준수해야 할 세부 규칙 등을 포함할 수 있다.
- 교육 및 훈련 강화: 의료진이 Triage 상황에서 장애 관련 평가를 왜곡하지 않도록, 장애 인권에 대한 지속적인 교육과 훈련 체계를 마련해야 할 필요성을 제시하였다.
- 예방 조치 이행: 의료 자원이 부족한 상황이 재발할 수 있음을 고려하여, 정부와 입법자가 사전에 어떤 물적·인적·행정적 조처를 통해 의료체계가 과부하되지 않도록 할 것인지에 대한 계획을 수립해야 한다.

이 결정은 독일 법체계에서 중요한 의미를 지닌다. 재판소가 명시적으로 "입법자의 부작위" 책임을 인정하고 구체적 이행 명령을 내린 경우는 드물기 때문이다. 동시에, 장애인 권리협약 제25조(건강) 및 제5조(평등과 비차별)를 포함한 국제인권규약들에서 강조하는 '장애인 의료 접근권'의 중요성에 대해서도 다시 한번 주목할 필요가 있다. 이는 향후 독일 내에서뿐만 아니라, 다른 국가에서도 감염병 대응 체계를 설계할 때 장애인에 대한 차별이 발생하지 않도록 법적·제도적 장치를 마련해야 함을 시사한다.

Ⅲ. Triage 결정 분석 및 시사점

본 장에서는 독일 연방 헌법재판소의 Triage 결정에 대해 비판적으로 검토하고, 장애인에 대한 간접적 차별 가능성과 판결의 법적, 사회적 시사점에 초점을 맞추고자 한다. 특히 Triage 기준이 장애인에게 미치는 영향을 강조하고, 유럽 인권협약(ECHR) 및 유엔 장애인 권리협약과의 정합성을 평가한다.

1. 장애인에 대한 간접차별

독일 연방헌법재판소의 Triage 결정은 기본법 제3조 제3항 제2문에서 선언하는 장애인 차별금지 원칙을 재확인하면서도, 의료 현장에서 적용되는 분류 기준 자체가 헌법에 위배된 것은 아니라고 판시하였다. 즉, 재판소는 '긴급한 생존 가능성'이라는 기준이 직접적 차별을 구성하지는 않는다고 보았으나, 입법부가 장애인에 대한 간접적 차별(또는 구조적 차별[13]) 가능성을 예방·방지하기 위한 충분한 조처를 하지 않은 점을 문제 삼았다.

1) 임상적 성공 가능성 및 장애

Triage 과정에서 논쟁의 핵심은 '임상적 성공 가능성'이라는 평가 기준이다. 재판소에 따르면, 이 기준은 코로나19 중증 환자 발생 시 의료 자원을 배분할 때 "생존 확률이 상대적으로 더 높은 환자에게 우선권을 부여"함으로써, 전체적인 의료 효율성을 높이는 것을 목적으로 한다.[14] 그러나 이 원칙이 장애인에게 불리하게 작용할 수 있다는 점은 이미 여러 단체와 학자들에 의해 지적되었다. 예컨대, 선천적 혹은 후천적 장애로 인해 기저질환이 복합적으로 존재하거나, 일반적인 신체 기능이 저하된 상태일 경우, 객관적 '생존 가능성' 예측치가 낮아 보일 수 있다는 것이다.

- 장애와 심각도 평가: 장애로 인해 의료적 위험군이 높다면, 곧바로 치료 효과 전망이 낮다고 간주하여서는 안 된다. 그러나 현장에서 통용되는 지표가 실제 의료적 결과를 예측하기보다 통계적 개연성이나 의학적 경험칙을 근거로 할 때, 장애인은 결과적으로 비장애인 대비 더 낮은 점수를 받기 쉽다.
- 객관적 기준의 모호성: "임상적 성공 가능성" 자체가 이미 높은 수준의

13) 구조적 차별(structural discrimination)이란 개별 행위자에 의한 의도적 차별이 없더라도, 사회의 법·제도·관행 등이 특정 집단에 대하여 일관되게 불리한 결과를 초래하는 차별 형태를 말한다. 이는 개인의 행위보다 사회 구조나 제도의 작동 방식에 내재한 불평등에서 비롯되며, 반복적이고 누적적인 불이익을 정당화하거나 은폐하는 경향이 있다. 인권 보장 관점에서는 이러한 구조적 불평등을 인식하고 시정하는 것이 실질적 평등 실현을 위한 핵심 과제로 간주한다.

14) J. Taupitz, "Verteilung medizinischer Ressourcen in der Corona-Krise: Wer darf überleben?", Medizinrecht, 38(6), 2020, 440-450.

의학적 판단과 통계적 예측을 요구하는데, 이를 일률적·합리적으로 적용하기가 어렵다는 문제가 있다. 또한, 병상 배정이 시급하게 이루어지는 상황에서, 의료진이 환자의 장애 상태를 지나치게 '부정적 지표'로 해석할 위험이 있다는 점이 지속해서 제기되어 왔다.

이처럼, 재판소는 장애인의 불이익 가능성을 '제도적 빈틈'으로 파악하고 입법자가 이를 보완해야 한다고 명시하였음에도, 분류 기준 자체가 헌법에 위배된 것은 아니라고 보았다. 이는 결과적으로, 해당 기준이 '헌법적으로 허용할 수 있는 영역 내'에 있다고 보는 동시에, 국가가 이 기준의 남용이나 잘못된 적용을 방지하기 위한 예방 조치를 마련해야 함을 강조하는 이중적 태도로 해석될 수 있다.

2) 간접차별의 가능성

간접차별(Indirect Discrimination)은 특정 집단이나 개인을 직접적으로 배제하거나 차별의 대상으로 삼지는 않더라도, 표면적으로는 중립적인 기준이 실제로는 특정 집단에 불균형적이고 부정적인 영향을 미치는 경우를 말한다.[15) 예를 들어, 임상적 성공 가능성을 판단하는 과정이 의도적으로 장애인을 배제하지는 않더라도, 결과적으로 장애인의 치료 접근권을 저해한다면 간접차별에 해당할 수 있다.

- 기본법 제3조 제3항과 간접차별: 독일 기본법은 장애인을 비롯한 특정 소수자에 대한 차별을 명시적으로 금지하고 있다. 이 조항은 직접 차별뿐 아니라, 간접적으로 불이익을 가하는 행위까지도 금지한다는 점에서 넓게 해석될 수 있다.
- 유엔 장애인권리협약 제25조와 생명권: 장애인권리협약은 각 국가가 장애인이 건강 관련 서비스를 이용하면서 어떠한 형태의 차별도 받지 않도록 보장해야 한다고 규정한다.[16) Triage 상황에서 장애인이 상대적으로 불리한 지점에 놓이게 된다면, 이는 협약에서 천명된 '건강에 대한 평등

---

15) S. Fredman, "Discrimination Law", Third Edition, Oxford University Press, 2022.

16) A. Lawson, "The UN Convention on the Rights of Persons with Disabilities: New Era or False Dawn?", Syracuse Journal of International Law and Commerce, 34(2), 2007, 563-619.

권리'를 침해하는 결과로 연결될 수 있다.

이처럼 간접차별의 가능성을 제대로 분석하지 않을 경우, 구조적인 불평등이 의료 현장에 축적되어 결과적으로 장애인에 대한 배제를 강화할 우려가 있다. 또한, 이러한 결과는 명시적이고 노골적인 차별이 아니기에 사회적으로 인지하기가 더 어렵다는 점에서, 입법자와 법원의 적극적인 인식과 제도적 개선이 필수적이다.

2. 결정에 대한 주요 비판

독일 연방헌법재판소의 결정은 국제인권법 및 독일 기본법의 차별금지 원칙을 다시금 환기했다는 점에서 의미가 있으나, 동시에 아래와 같은 비판에도 직면하고 있다.

1) 간접차별 분석의 한계

재판소는 분류 기준 자체가 '직접 차별'을 내포하지 않는다는 점을 강조하였다. 그러나 비판론자들은 의료 현장에서 발생할 수 있는 간접차별의 구체적 메커니즘을 충분히 고려하지 않았다고 지적한다.

- 구조적 불평등에 관한 고려 부족: 장애인은 이미 보건의료 접근성에서 불이익을 겪는 사례가 다수 보고되어 왔다. 예컨대, WHO(세계보건기구)는 장애인이 비장애인보다 필수 의료 서비스에 접근하기까지 더 높은 장벽을 마주한다는 보고서를 발간한 바 있다.[17] 이런 상황에서 임상적 성공 가능성 기준을 일률적으로 적용하면, 기저질환이 많거나 합병증 우려가 높은 장애인은 자연스럽게 '낮은 생존 가능성'으로 분류될 위험이 증가한다.
- 판례의 제한적 해석: 재판소는 분류 기준 자체가 가진 목적("보다 많은 생명을 구하는 것")이 합리적이라고 판단함으로써, 정당성 심사를 통과시켰다. 그러나 간접차별이 발생할 여지를 더 세밀하게 규명하고, 이를 방지하기 위한 구체적 입법 조치 필요성을 명시하는 데에는 상대적으로 소극적이었다.

17) WHO, "World Report on Disability", Geneva: World Health Organization, 2011.

2) 유럽인권협약과의 잠재적 충돌

유럽인권협약은 제14조에서 "성별, 인종, 피부색, 언어, 종교, 정치적 또는 기타 의견, 민족적 또는 사회적 출신, 소수자 집단, 재산, 출생 또는 기타 신분"을 포함한 모든 차별을 금지하고 있다. 오늘날 해석에 따르면 장애 역시 제14조의 적용 대상에 속한다.

- 생명권(유럽인권협약 제2조)과 차별 금지(제14조): 의료 자원 배분 문제는 생명권의 핵심 영역에 해당한다. Triage 과정에서 장애인의 생명권이 상대적으로 침해될 위험이 높아진다면, 이는 유럽인권협약 제2조와 제14조[18]를 함께 고려할 때 문제가 될 수 있다.
- 유럽인권재판소 판례와의 비교: 유럽인권재판소는 과거 공공정책이 결과적으로 특정 집단을 불이익에 처하게 만든다면, 그 정책의 '목적의 정당성'만으로는 합헌성을 충분히 담보하지 않는다고 판시해 왔다. 예컨대, 구조적으로 사회·경제적 취약 집단을 배제하게 되는 제도에 대해 유럽인권재판소가 "합리적 근거가 부족하다"고 판단한 사례들이 있다.[19] 이를 고려하면, 독일 재판소의 결정이 유럽인권재판소 판례의 입장과 완벽히 합치한다고 보기 어렵다는 문제 제기가 가능하다.

3) 유엔 장애인 권리협약과의 정합성 문제

장애인 권리협약 제25조는 장애인의 건강권을 보장하기 위해 국가가 적극적 노력을 기울여야 한다고 명시한다. 해당 조항은 장애인이 가능한 한 최고 수준의 건강을 누릴 수 있도록 국가가 차별 없이 실질적인 접근성과 의료 서비스 제공을 보장할 의무를 진다. 이는 단순한 비차별을 넘어, 적극적인 정책과 편의

18) 유럽인권협약 제2조는 모든 사람은 법에 의해 생명을 보호받을 권리를 가진다고 규정하고 있으며, 제14조는 협약에 규정된 권리와 자유의 향유는 어떠한 이유로도 차별 없이 보장되어야 한다고 규정한다.

19) 이러한 유럽인권재판소 판례의 예로는 2007년의 D.H. and Others v. the Czech Republic을 들 수 있다. 체코에서 로마(Roma계) 아동들이 구조적으로 특수학교에 배치되어 차별을 경험한 사건에서 유럽인권재판소는 간접차별(indirect discrimination)에 관한 기준을 제시하며, 표면적으로 중립적인 조치라 하더라도 특정 집단에 불리한 영향을 미친다면 합리적 근거가 없는 차별로 볼 수 있다고 판단하였다. 이 판례는 통계적 자료에 근거한 차별의 결과나 효과도 헌법적으로 판단 대상이 될 수 있다는 의미에서 중요한 의미를 가진다.

제공을 포함한 적극적 보호 조치 의무를 의미한다. 여기에는 의료 서비스 제공 시 장애를 이유로 한 어떠한 형태의 차별도 없어야 한다는 원칙이 포함된다.

- 건강권의 실질적 보장: 장애인 권리협약 제25조는 "장애인이 가능한 한 높은 수준의 건강을 누릴 수 있도록 충분한 조처를 해야 한다"는 의무를 국가에게 부과한다. 단순히 장애인을 배제하지 않는다는 선언적 차원을 넘어, 장애인이 '실질적으로' 의료 자원에 접근할 수 있도록 조처를 해야 하는 것이다.
- Triage 결정 후속 조치의 필요성: 독일 연방헌법재판소가 입법부의 보호 의무를 인정했음에도, 장애인 권리협약이 요구하는 구체적 이행 방안(예: 장애 친화적 진단 지표 마련, 의료진 교육 등)에 대한 명확한 지침이 부족하다는 지적이 있다. 결국 협약 차원에서 보면, 이 결정을 통해 국가가 장애인 보호 의무를 충분히 이행했다고 보기에는 다소 부족하다는 견해가 설득력을 얻고 있다.

3. 법적·사회적 함의

이번 결정은 분명 코로나19와 같은 비상 상황에서 장애인을 어떻게 보호할 것인가에 대한 근본적 논의를 촉발했다. 그러나 결정의 한계점 또한 분명히 존재하기에, 이를 보완하기 위한 다양한 후속 조치 및 제도 개선이 요구된다.

1) 법적 기준의 재정비 필요성

재판소가 강조하였듯이, 입법자는 의료 자원 배분에서 장애인이 불이익을 받지 않도록 하는 명확한 기준과 절차를 수립할 의무가 있다. 이는 기본법 제3조(평등 원칙)와 제1조(인간의 존엄성), 그리고 장애인 권리협약 제5조(평등과 비차별), 제25조(건강) 등이 요구하는 범위를 충족해야 한다.

- 세부 지침 마련: 단순히 "장애인을 배제해서는 안 된다"라는 선언에 그치는 것이 아니라, 임상적 성공 가능성을 평가하는 구체적 지침에서 장애 또는 만성질환을 어떻게 해석·적용해야 할지 명확히 규정해야 한다.
- 평가 지표의 객관화·다양화: 현재 적용되는 임상적 평가 지표가 매우 제

한적·일률적이라면, 이를 보완하기 위해 여러 전문가와 환자 단체, 특히 장애인 단체의 의견을 적극적으로 수렴하는 절차가 뒤따라야 한다.

2) 의료 전문가를 위한 교육·인식 제고

Triage 현장에서의 차별은 법률만으로 완벽히 제거하기 어렵다. 의료진은 고도로 긴박한 상황에서 결정을 내려야 하며, 그 과정에서 무의식적인 편견이나 선입견이 작용할 수 있다.

- 의무 교육 프로그램: 장애 인권 및 차별금지 관련 국내외 규범(예: 유럽인권협약, 장애인 권리협약 등)에 대한 이해를 높이는 교육이 체계적으로 제공되어야 한다. 여기서 목표는 장애가 임상적 평가에서 무조건적 '감점' 요소가 되지 않도록 경계하는 것이다.

3) 사회적 포용과 다원주의 강화

장애인에 대한 간접차별이 구조적으로 지속되지 않으려면, Triage 결정에서 한발 더 나아가 다음과 같은 사회 전체의 포용성을 높이는 노력이 필수적이다.

- 장애인에 대한 대중 인식 개선: 장애에 대한 사회적 편견이 강할수록, 의료진 또한 위기 상황에서 무의식적으로 부정적 판단을 내릴 가능성이 크다. 이러한 편견을 깨뜨리기 위해서는 장기적 관점에서 공공 캠페인과 교육, 지역사회 활동 등을 통해 장애 이해도를 높여야 한다.
- 다양성 존중 문화: 다원주의적 가치와 인권 감수성이 높은 사회에서는 위기 상황에서도 소수자를 신속하고 공정하게 보호하려는 경향이 강화된다. 이는 궁극적으로 Triage 지침이 더욱 공정하게 적용될 수 있는 토대를 마련한다.

4) 국제인권 규범 준수

독일을 비롯해 유럽 인권협약, UN 장애인 권리협약에 가입한 국가들은 이러한 국제인권 조약에 따른 의무를 국내법 제정·시행에 반영해야 한다. 코로나19와 같은 전 지구적 위기 상황은 이 의무를 재확인하는 기회이기도 하다.

- 법 제·개정의 지침 활용: 이 장에서 살펴본 유럽인권협약 제14조(차별 금

지), 제2조(생명권), 장애인 권리협약 제25조(건강), 제5조(평등과 비차별) 등은 국가가 위기 상황에서조차 소수자의 인권을 보호하기 위해 어떻게 해야 하는지에 대한 중요한 기준을 제공한다.

- 이행 모니터링과 국제적 협력: UN 장애인 권리위원회, 유럽인권재판소 등 국제기구의 권고사항을 참고해 각국의 의료 정책을 지속해서 점검하고, 모범사례를 공유함으로써 인권 보호 체계를 강화할 수 있다.[20]

결론적으로, 독일 연방헌법재판소의 Triage 결정(2021)은 코로나19라는 전례 없는 위기에서, 장애인을 포함한 취약계층을 의료 자원 배분 과정에서 어떻게 보호해야 하느냐는 문제의식을 제기했다는 점에서 매우 중요한 판례로 평가할 수 있다. 재판소는 직접 차별을 금지하는 원칙을 재확인했을 뿐 아니라, 입법자가 간접차별을 예방하기 위한 적극적 조치를 취하지 않은 점을 지적함으로써 국가의 보호 의무를 다시 한번 환기하였다.

그러나 독일 연방헌법재판소가 분류 기준 자체를 위헌으로 보지 않은 데에 대한 비판적 시각도 만만치 않다. 임상적 성공 가능성에 치중한 평가는 장애인에게 구조적으로 불리하게 작용할 수 있으며, 이는 기본법의 평등원칙뿐 아니라 유럽 인권협약(ECHR)과 유엔 장애인 권리협약(UN CRPD)이 지향하는 가치에도 부합하지 않는다는 지적이 제기된다. 결국, 이 결정이 보여 주는 핵심 쟁점은 '위기 상황에서 국가와 사회가 과연 어떤 방식으로 소수자와 취약계층을 보호할 것인가'라는 물음으로 귀결된다.

따라서 향후 입법부 및 실행 주체(정부·의료 기관 등)는 Triage 상황에서 장애인들이 배제되지 않도록 법적 기준을 더욱 명확히 하고, 의료진을 대상으로 포괄적 교육을 시행하며, 사회 전반의 포용적 인식을 높이기 위해 노력해야 한다. 나아가 국제인권 규범에 부합하는 법·제도 개선을 통해, 예측 불가능한 차기 대규모 팬데믹이 도래하더라도 모든 이들이 공정하고 존엄한 대우를 받을 수 있는 지속 가능한 의료체계를 구축해야 할 것이다.

---

20) O. De Schutter, "International Human Rights Law", 3rd Edition, Cambridge University Press, 2019.

Ⅳ. 결론: 간접차별 방지를 위한 대안 제시를 중심으로

본 장에서는 독일 연방헌법재판소의 Triage 결정에서 제기된 장애인에 대한 간접차별 가능성을 예방하고 완화하기 위한 대안들을 심도 있게 검토하였다. 특히, 집중 치료 자원 배분 과정에서 장애인에 대한 간접차별을 최소화하기 위한 세 가지 주요 대안(결정 기준의 랜덤화, 사회적 효용성의 고려, 그리고 타인에 대한 헌신 정도 평가)을 중심으로 분석하였다. 이를 통해 판결의 법리적 한계와 함께, 향후 개선되어야 할 방향에 대해 학술적·실천적 논의를 전개하였다.

독일 연방헌법재판소의 Triage 판결은 의료 자원 배분과 평등 및 차별금지 원칙 간의 미묘한 균형을 모색하는 복잡한 문제를 드러낸다. 판결은 장애인의 불이익을 방지하기 위한 입법부의 보호 의무를 인정하면서도, Triage 과정 내 내재한 체계적 불평등 문제를 충분히 해소하지 못한 한계가 있음이 지적된다. 이에 따라, 해당 판결은 유럽 인권협약 및 유엔 장애인 권리협약 등 국제인권 규범과의 충돌 가능성을 내포하며, 장애인의 생명권과 건강권 보호에 관한 법적 기준의 부재를 드러낸다.

향후 유사한 위기 상황에서 장애인이 간접차별로부터 보호받을 수 있도록, 명확한 법적 기준의 수립이 필수적이다. 이를 위해 입법부는 장애인의 특수한 의료적 요구와 취약성을 반영한 구체적인 지침 및 평가 지침을 마련해야 하며, 의료진 대상의 교육 프로그램을 통해 장애인에 대한 편견을 해소하고, 공정한 자원 배분 절차가 실행될 수 있도록 해야 한다. 더 나아가, 사회 전반에서 포용과 다양성을 촉진하는 광범위한 정책과 인식 개선 노력이 동반되어야 한다.

국내 관행을 국제인권 의무와 부합하도록 체계적으로 조정함으로써, 국가는 개인의 능력과 관계없이 모든 시민의 존엄성과 권리를 보장할 수 있는 기반을 마련할 수 있다. 이러한 노력은 단순히 법적 차원의 개선을 넘어, 민주사회의 다원성과 포용성을 실현하는 데 있어 중대한 과제로 남아 있으며, 향후 의료 위기 상황에서도 장애인을 비롯한 취약계층이 차별 없이 보호받을 수 있는 지속할 수 있는 시스템 구축에 기여할 것이다.

Ⅴ. 관련 판례 분석: 유럽인권재판소의 Centre for Legal Resources on behalf of Valentin Câmpeanu v. Romania 사건[21)]

1. 사건의 배경과 등장인물

1) 발렌틴 캄페아누(Valentin Câmpeanu) — 중복 장애 및 중증 질환

발렌틴 캄페아누는 루마니아 출신으로, 지적장애와 HIV/AIDS 감염을 동시에 가지고 있던 청년이었다. 그는 부모나 보호자가 없는 '고아' 신분으로, 어린 시절부터 여러 복지·의료 기관을 전전하며 살아야 했다. 이미 사회적 약자로 분류되던 상황에서, 중증 질환과 장애가 겹쳐 의료 보호가 더욱 절실했음에도 불구하고 적절한 지원을 제대로 받지 못했다.

2) Centre for Legal Resources(법률자원센터)

발렌틴 캄페아누를 대신해 소송을 제기한 단체는 루마니아의 비영리 인권 단체인 'Centre for Legal Resources(법률자원센터)'이다. 이 단체는 루마니아 내에서 주로 인권 옹호 활동을 펼쳐왔으며, 특히 중증 장애인, 소수자, 아동 등 취약 계층이 법적·제도적으로 보호받지 못하는 상황에 대해 문제를 제기하는 일을 해왔다. 발렌틴 캄페아누가 사망한 직후, 센터 측은 그가 받지 못한 의료 및 사회복지 지원 실태에 심각한 문제가 있었다고 판단하여, 그의 인권 침해 사례를 유럽인권재판소에 제소하게 된다.

2. 핵심 사실과 문제점

1) 복지·의료기관 간의 열악한 연계

발렌틴 캄페아누는 중증 장애와 HIV/AIDS 감염 상태를 모두 가지고 있었지만, 그의 건강 상태를 적극적으로 관리·지원할 별도의 기관이 존재하지 않았다. 그가 머무르던 사회복지 시설이나 의료시설에서는 고도의 전문 치료나 장기적인 돌봄을 제공할 만한 인프라가 부재했으며, 실질적으로 각 기관이 책임을 전가하는 구조가 형성되어 있었다.

---

21) European Court of Human Rights, Centre for Legal Resources on behalf of Valentin Campeanu v. Romania, Application no. 47848/08, 17 July 2014.

결과적으로 발렌틴 캄페아누는 어느 한 곳에서도 온전한 치료와 돌봄을 받지 못했고, 중간 단계의 '사각지대'에 놓이게 된다.

2) 적절한 치료 기회의 박탈

캄페아누의 상태가 악화할 때마다, 시설 측은 형식적인 수준의 조치만을 취했을 뿐 근본적인 치료 계획을 세우지 않았다. 지적장애를 앓는 환자가 HIV/AIDS 치료 과정에서 발생할 수 있는 부작용이나, 장기 입원 치료가 필요한 경우의 복합적 상황을 전혀 고려하지 않았다는 지적도 제기되었다.

이처럼 "중증 장애+HIV/AIDS 감염"이라는 특수한 의료 상황이 실제로는 제대로 다루어지지 못했고, 전문 의료진조차도 환자의 복합적인 상태를 체계적으로 관리하지 못한 것으로 드러났다.

3) 국가 기관의 소극적인 대응

루마니아 정부 및 행정 당국은 발렌틴 캄페아누 사건이 발생하기 전부터 자국 복지시설의 열악한 환경이 국내·외 여러 보고서를 통해 지적됐음에도 불구하고, 근본적인 대책을 마련하지 않았다. 예컨대, 의료진 배치나 시설 개선, 장애인 전담 프로그램 확대 등이 매우 미흡한 수준에 머물렀다.

캄페아누가 제대로 된 치료와 보호를 받지 못하는 상황이 반복되는데도 행정 당국은 직접적인 개입이나 개선 조처하지 않았고, 이는 결국 환자가 계속해서 위험에 노출된 상태로 지내게 하였다.

3. 유럽인권재판소의 판단

1) 청구인 적격

가장 먼저 문제가 된 것은 '사망한 장애인의 사건을 제3자인 NGO가 대신 제소할 수 있는가?'라는 절차적 쟁점이었다. 캄페아누가 이미 사망했기 때문에 본인이 직접 청구권을 행사할 수 없었고, 가족이나 법정후견인이 있는 것도 아니었기 때문이다.

유럽인권재판소는 "예외적 상황하에서 제3자가 피해자를 대리할 수 있다"고 인정하였다.[22] 이는 인권 보호 측면에서, 본인이 직접 권리를 주장할 수 없

22) C. Grabenwarter, "European Convention on Human Rights: Commentary", München: Beck/Hart/

는 경우라도 그 피해를 구제받을 길이 열려 있어야 한다는 진보적 해석으로 받아들여진다.

2) 유럽인권협약 제2조(생명권) 위반

이 사건에서 재판소는 우선 루마니아 정부가 캄페아누의 생명권 보호 의무를 충분히 이행하지 못했다고 판단했다. 캄페아누가 분명히 집중 치료가 필요한 상태였음에도, 국가나 지방 자치 단체가 제도적으로 그를 내버려 둔 결과, 결국 사망에 이르게 되었다는 것이다.

재판소에 따르면, 중증 장애와 중증 질환이 동시 존재하는 상황은 국가가 "더욱 각별한 관심과 보호"를 기울여야 할 요인이 되었어야 한다. 하지만 실제로는 아무런 실질적 보호 조치가 이루어지지 않았고, 이는 곧 ECHR 제2조에서 파생되는 국가의 '적극적 보호 의무'를 위배한 것으로 평가되었다.

3) 국가의 적극적 개입 필요성

유럽인권재판소는 판결문에서 국가가 단순히 "금지 규정"을 둘 뿐만 아니라, "적극적으로 취약계층을 보호"할 의무가 있음을 재차 확인했다. 유럽인권협약 제2조(생명권) 위반에 관한 유럽인권재판소의 판단은 특히 중증 장애인, 고령자, 만성·중증 질환자가 합리적 이유 없이 불이익을 받지 않도록 구조적 보호 장치를 마련해야 한다는 사실을 분명히 한다.

캄페아누 사건을 통해 재판소는, 비록 사건 당시 루마니아 정부가 제도적·행정적 한계를 주장하였더라도, 그 한계 자체가 국가가 정당한 보호 조치를 소홀히 한 책임을 면제해 주지 않는다고 지적했다.

4. 사건의 의의와 Triage 문제와의 연관성

1) 중증 장애인을 위한 국가 보호 의무 강화

이 판결은 중증 장애인이나 다중 질환을 앓는 이들이 심각한 불이익에 노출될 경우, 국가가 사후적으로 규제를 가하는 것만으로는 부족하며, 사전에 위험을 예방하고 즉각적인 개입을 통해 그들의 생명과 건강을 보장해 줘야 한다

Nomos/Helbing Lichtenhahn, 2014.

는 점을 천명했다. 이는, Triage 상황에서 장애인이 '생존 가능성' 평가에서 불리한 처우를 받지 않도록 제도적·행정적으로 조치해야 한다는 논리와도 맞닿아 있다.

2) 간접차별의 인지와 해소

발렌틴 캄페아누 사건의 본질은, 루마니아의 공공 의료 및 사회복지 체계가 표면적으로는 중립적인 제도였음에도 불구하고, 실제로는 중증 장애인에게 현실적으로 접근 불가능하고 부적절한 환경이었다는 데에 있다. 유럽인권재판소는 이 사건에서 국가가 중증 장애인의 생명에 대한 실질적 보호 조치를 취하지 않은 점을 문제 삼아 제2조(생명권)의 실체적 및 절차적 측면에서 위반을 인정하였다. 다만, 제14조(차별 금지)에 대해서는 별도로 판단할 필요가 없다고 보아 본안 심사를 하지 않았다.[23] 그런데도 이 사건은 국가가 장애인과 같은 사회적 취약계층의 특수한 필요를 고려하지 않은 채 일반적 기준만을 적용할 경우, 결과적으로 구조적 배제로 이어질 수 있다는 점을 보여주는 상징적 판례로 평가된다. 이러한 맥락은 독일 연방헌법재판소의 Triage 결정과도 연결된다. 해당 결정에서 재판소는 '생존 가능성'이라는 분류 기준이 직접적 차별은 아니라고 보았지만, 장애인이 그 기준에 의해 체계적으로 불이익을 받을 가능성을 간과한 입법자의 태도에 대해 헌법적 보호 의무 위반의 소지가 있다고 보았다. 두 사건은 모두, 간접적이거나 구조적인 형태의 차별이 생명권과 평등권의 실질적 보장에 중대한 영향을 미칠 수 있음을 시사하며, 특히 국가가 사전에 위험을 감지하고 적극적으로 개입할 책무를 지닌다는 점을 공통적으로 강조한다.

---

23) 유럽인권협약 제14조는 "이 협약에 규정된 권리와 자유의 향유"와 관련된 차별을 금지하는 종속적 차별금지 조항(accessory non-discrimination clause)으로, 단독으로는 적용되지 않고 반드시 유럽인권협약의 다른 조항과 결합되어야 한다. 이러한 구조 때문에, 협약상 보호되는 권리 중 어느 하나에 대한 침해가 명백하지 않거나 본안 판단이 이루어지지 않는 경우, 차별금지 여부 역시 독립적으로 판단되지 않는 한계가 있다. 이로 인해 Valentin Câmpeanu v. Romania 사건과 같이 구조적 차별의 의혹이 제기된 상황에서도 제14조가 실질적으로 심사되지 못하는 결과가 발생한다는 점에서, 제14조의 보조적 성격에 대한 제도적 비판이 꾸준히 제기되고 있다. 일부 학자들과 실무가들은 차별금지 조항의 독립적 적용 가능성을 보완하거나, 제12의정서 제1항(일반적 의미의 차별금지 조항)의 적용 필요성을 주장하고 있다.

5. 결 론

Centre for Legal Resources on behalf of Valentin Campeanu v. Romania 사건은 환자가 이미 사망했음에도, NGO가 그를 대신해 제소해 국제인권 법정에서 승소했다는 점에서 절차적·형식적 측면에서도 의미가 크다. 이와 더불어, 지적장애와 HIV/AIDS를 동시에 겪는 이중적 취약성을 지닌 개인을 국가와 사회가 보호하지 못했을 때, 그것이 곧 ECHR 제2조(생명권)를 위배하는 심각한 인권 침해로 이어질 수 있음을 보여 준 결정적 사례이다.

이 판례는 Triage 자체를 직접 다루지는 않았으나, 의료적 사원 배분 과정에서 장애인이나 중증 질환자가 간접차별 또는 구조적 불이익에 노출되는 방식이 어떤 식으로 국제법적 책임 문제로 비화할 수 있는지를 미리 경고해 주고 있다. 아울러, 위기 상황에서 국가가 더욱 철저하고 세심한 보호 의무를 다하지 않을 경우, 장애인 혹은 취약 환자가 받을 수 있는 잠재적 피해가 얼마나 큰지를 바로 보여 준 사례이기도 하다.

이처럼 캄페아누 판결이 시사하는 핵심은, 국가는 취약계층 보호를 위한 적극적 의무가 있으며, 이를 소홀히 할 때 곧바로 생명권 침해로 이어진다는 점이다. 오늘날 Triage 논의에서 가장 예민하게 다루어지는 장애인 보호 문제 역시, 결국 '국가가 제도적으로 구체적인 안전장치를 마련해야 한다'는 맥락에서 해답을 모색해야 함을 암시한다.

주요 참고문헌

Ⅰ. 단행본

De Schutter, O. (2014). International Human Rights Law (2nd Edition). Cambridge University Press.

Epping, V., & Hillgruber, C. (2020). Grundgesetz Kommentar (3. Auflage). München: C.H. Beck.

Fredman, S. (2011). Discrimination Law (2nd Edition). Oxford University Press.

Grabenwarter, C. (2014). European Convention on Human Rights: Commentary. München: Beck/Hart.

Ⅱ. 논문 및 보고서

DIVI (2020). Empfehlungen zur Allokation intensivmedizinischer Ressourcen bei der COVID-19-Pandemie. Deutschen Interdisziplinären Vereinigung für Intensiv- und Notfallmedizin.

Lawson, A. (2007). The UN Convention on the Rights of Persons with Disabilities: New Era or False Dawn? Syracuse Journal of International Law and Commerce, 34(2), 563-619.

Taupitz, J. (2020). Verteilung medizinischer Ressourcen in der Corona-Krise: Wer darf überleben? Medizinrecht, 38(6), 440-450.

WHO (2011). World Report on Disability. Geneva: World Health Organization.

WHO (2020). Clinical Management of COVID-19: Interim Guidance. Geneva: World Health Organization.

Ⅲ. 법령 및 국제조약

UN Convention on the Rights of Persons with Disabilities (2006).

Ⅳ. 판례

BVerfG, 1 BvR 1541/20, 2021.12.16. 결정.

European Court of Human Rights, D.H. and Others v. Czech Republic, Application no. 57325/00, Grand Chamber Judgement of 13 November 2007.

European Court of Human Rights, Centre for Legal Resources on behalf of Valentin Câmpeanu v. Romania, Application no. 47848/08, Judgment of 17 July 2014.

제 9 장

성차별의 금지와 비례성원칙

Ⅰ. 서 론

현대 법학에서 '비례성원칙(proportionality principle)'은 국가가 공권력을 행사할 때 합리적이고 공정한 결정을 내릴 수 있도록 안내하는 핵심 지침으로 인정받고 있다. 이 원칙은 법학뿐 아니라 예술, 건축, 철학, 공공정책 분야에 이르기까지 폭넓게 적용되는 개념이다. 고대 그리스 시절부터 '황금비율(golden ratio)' 개념을 통해 미적 조화를 추구했던 예술사와 달리, 법학에서의 비례성은 수학적 공식과 같은 정태적 개념이 아니다. 오히려 법 해석과 사법심사 과정에서 국가가 행사하는 제도나 법률 조치가 목적 달성에 적절하고 침해가 과도하지 않은지 자세히 검토하는 동태적 논증 방식으로 발전해 왔다.

비례성원칙의 현대적 의의는 크게 세 가지 측면에서 살펴볼 수 있다. 첫째, 공익과 사익의 균형을 맞추는 방안으로써, 국가가 국민의 기본권을 제한할 때 그 제한이 정당한 목표를 향해 실제로 이바지하는지를 확인하는 역할을 한다. 둘째, 헌법적 통제의 수단으로서, 비례성 심사는 입법·행정 조치가 권력 남용으로 흐르는 것을 예방하거나 억제하는 사법적 메커니즘으로 기능한다. 셋째, 국제인권 규범과의 상호 작용 측면에서, 비례성원칙은 유럽인권재판소를 비롯한 다수의 국제사법기관이 협약상의 권리 제한을 검토할 때 보편적으로 원용하는 준거 틀로 작용한다.

본 장에서는 이러한 비례성원칙이 유럽인권협약 제14조[1]와 결합하여 성차

1) 유럽인권협약 제14조는 차별 금지를 규정하는 조항으로 독립적인 권리 조항이 아닌 종속적 차별금지 조항이다. 따라서 반드시 협약상 다른 권리와 결합되어야 적용된다. 이 조항은 특히 비례성원칙과 함께 해석될 때, 차별적 조치의 정당성 여부를 판단하는 핵심 기준이 된다.

별 금지 논의에 어떻게 적용되는지를 살펴보고자 한다. 구체적으로, 유럽인권재판소의 대표적 판례인 Petrovic v. Austria 사건[2)]과 Konstantin Markin v. Russia 사건[3)]을 비교·분석하여, 성평등과 직접 차별[4)]과 관련된 사안에서 비례성 검토가 어떤 방식으로 이루어지는지 규명하는 것이 본 장의 목표이다.

이 두 사건은 모두 성차별적 법제(또는 정책)에 대한 개인의 권리 구제 요청에서 출발했으나, 최종 결론과 판결 근거에서 상당히 대조적인 모습을 보였다. Petrovic 사건(1998년)은 비교적 초기 단계의 판례로, 남성의 육아휴직 급여 제도를 적극적으로 인정하지 않던 당시 유럽 각국의 분위기를 고려하여, 재판소가 국가에 광범위한 재량권을 허용하는 결과로 이어졌다. 반면, Markin 사건(2012년)에서는 유럽인권재판소가 성평등 문제를 더 엄격하게 심사하여, 남성 군인의 육아휴직을 전면 배제하는 것은 합리적 근거가 없는 성차별로 판단함으로써 유럽인권협약 제8조(사생활 및 가족생활의 존중)와 관련하여 제14조(차별 금지) 위반을 인정하였다.

본 장의 궁극적 물음은, 이러한 차이가 단순한 시대적 변화에 기인하는 것인지, 아니면 유럽인권재판소가 성차별과 관련된 사례에서 비례성 원칙을 적용하는 방식을 한층 정교화한 결과인지를 규명하는 데 있다. 이를 통해 유럽인권협약 제14조 차별 금지 조항이 비례성 심사와 결합할 때, 국가 재량권과 개인의 기본권 사이에서 어떤 방식으로 결론이 달라질 수 있는지 구체적으로 살펴보고자 한다. 나아가 현대 사회에서 성평등의 확보가 더는 선택이 아니라 인권 보장의 필수적 전제라는 인식이 확산하는 만큼, 해당 판례들이 지닌 학술적·실천적 함의도 함께 조망할 것이다.

---

2) European Court of Human Rights, Petrovic v. Austria, Application no. 20458/92, Judgment of 27 March 1998.

3) European Court of Human Rights, Konstantin Markin v. Russia, Application no. 30078/06, Grand Chamber Judgment of 22 March 2012.

4) 직접 차별(direct discrimination)이란 어떤 사람이 성별, 인종, 장애 등과 같은 특정한 사유를 이유로 동등한 상황에 있는 다른 사람보다 불리한 대우를 명시적으로 받는 경우를 말한다. 예컨대, Markin 사건에서와 같이 여성에게만 육아휴직을 허용하고 남성에게는 이를 제한하는 법제는 성별에 따른 직접 차별로 간주할 수 있다.

II. 비례성의 일반 원칙과 판례

1. 비례성 원칙의 개념과 의의

비례성 원칙이란 국가가 어떠한 정책이나 제도를 도입·시행할 때, 그것이 과도한 기본권 침해를 야기하지 않도록 합리적 제한범위를 유지해야 한다는 개념이다. 민주주의 체제에서 공익과 사익이 충돌하는 지점은 무궁무진한데, 비례성 검토는 이때 국가가 행사하는 권한이 단순히 자의적이거나 무제한적이지 않고, 정당화될 만한 이유와 균형을 갖추었는지 평가하는 핵심 틀로 작동한다.

1) 역사적·이론적 배경

비례성원칙은 19세기 말 독일 행정법에서 발전한 '과잉금지원칙'[5]을 기원으로 삼는다. 당시 프로이센 헌정 체제는 국민의 자유를 제한하는 행정 조치가 얼마나 합법적·필요한 것인지를 두고 논란이 있었고, 이를 해소하기 위해 행정청이 목적과 수단을 균형 있게 고려해야 한다는 인식이 자리 잡았다. 이후 독일 연방헌법재판소의 판례를 거치며, 목적의 정당성과 수단의 적합성을 단계적으로 검토하는 구조가 정교화되었다.

현대적 관점에서는 알렉시(Alexy)와 바라크(Barak) 등이 법익 충돌 상황에서 비례성 검토를 헌법적 권리 제한의 필수 절차로 제시하였다.[6] 이들은 국가권력이 어떤 제한 조처를 하더라도, (1) 목적이 정당해야 하며, (2) 수단이 목적에 적합해야 하고, (3) 다른 대안이 없으며, (4) 침해되는 기본권과 실현되는 공익 간 균형이 유지되어야 한다고 역설하였다.

2) 헌법적·국제적 함의

오늘날 비례성원칙은 개별 국가의 헌법재판소나 최고법원이 기본권 심사

---

5) 과잉금지원칙(Übermaßverbot)은 국가가 기본권을 제한할 때 그 제한이 정당한 목적을 달성하는 데 필요한 범위를 넘지 않아야 한다는 원칙이다. 이는 독일 행정법에서 유래한 개념으로, 오늘날에는 비례성원칙의 핵심 구성요소로 통용된다. 통상적으로는 ① 목적의 정당성, ② 수단의 적합성, ③ 필요성, ④ 협의의 비례성 또는 이익형량(=침해와 이익 간의 과잉 여부)의 네 단계로 구성되며, 독일 연방헌법재판소의 판례를 통해 체계화되었다. 이 원칙은 기본권 보호와 공익 추구 사이의 헌법적 균형을 유지하는 핵심 기준으로 기능한다.

6) 관련하여 Robert Alexy, A Theory of Constitutional Rights, trans. Julian Rivers, Oxford: Oxford University Press, 2002.; Aharon Barak, Proportionality: Constitutional Rights and Their Limitations, Cambridge: Cambridge University Press, 2012.

에서 핵심적으로 원용하는 기준이 되었다. 예컨대 헌법재판소는 법률이나 정책이 국민의 표현의 자유, 신체의 자유 등 헌법상 권리를 심각하게 침해한다고 판단하면, 비례성 위반을 이유로 위헌 결정을 내릴 수 있다.

국제적으로도, 유럽인권재판소를 비롯해 미주인권재판소, 유엔 인권위원회 등 다수의 국제인권기구가 협약상의 권리 제한을 심사할 때 사실상 비례성 논리를 참조한다. 유럽 인권협약 조항에 비례성이 명문으로 규정되어 있지는 않으나, 재판소는 사건별로 "해당 제한이나 정책이 민주사회에서 필요했는가?"[7]를 심사하는 과정에서 비례성 평가를 수행한다.

2. 비례성원칙의 구조: 네 단계 분석

학계에서는 일반적으로 (1) 정당한 목적, (2) 적합성, (3) 필요성, (4) 협의의 비례성(이익형량) 등 네 단계를 제시한다. 이는 독일 헌법학에서 정립된 모델이나, 이미 국제인권법과 비교헌법 분야에서도 표준화된 틀로 자리 잡았다.

- 정당한 목적(합법성): 국가의 조치가 추구하는 목표가 헌법적·법률적 체계에서 합법적·정당한 범위에 속하는가를 먼저 검증한다.
- 적합성: 그 목표를 달성하기 위해 선택된 수단이 실제로 이바지하는지, 즉 목적 실현에 적절한지를 분석한다.
- 필요성: 적합한 수단이라 해도 기본권 침해가 지나치게 크다면, 동일한 효과를 달성할 수 있는 덜 침해적인 대안이 있는지를 검토해야 한다.
- 협의의 비례성(이익형량): 목적 달성으로 얻는 공익과 침해되는 사익(또는 기본권)의 이익을 상호 비교해, 지나친 불균형이 없는지를 최종적으로 평가한다.

이 네 단계는 국가정책이나 입법, 혹은 특정 판결이 개인의 권리에 미치는 영향을 종합적으로 점검하는 틀로서 폭넓게 활용된다.

7) 해당 내용은 유럽 인권협약 여러 조항에서 찾을 수 있다. 예를 들어 Markin 사례에서 다루어진 8조(사생활 및 가족생활의 존중에 대한 권리)의 경우에도 "공공기관은 이 권리의 행사에 간섭해서는 안 되며, 다만 그 간섭이 법에 따라 이루어지고, 국가안보, 공공질서, 범죄예방, 타인의 권리 보호 등과 같은 정당한 목적을 위하여 민주사회에 필요한 경우에는(necessary in a democratic society) 예외적으로 허용될 수 있다"고 규정한다.

3. 비례성원칙의 적용 양상과 한계

비례성 심사는 국가권력이 행사되는 거의 모든 영역에서 유효하지만, 실제 사건마다 다음과 같은 변수가 작용한다.

1) 사법심사 강도와 국가 재량

유럽인권재판소는 종종 '판단의 여지(Margin of Appreciation)'를 언급한다. 국제인권재판소(특히 유럽인권재판소)가 국가의 문화적·사회적 맥락과 민주적 정당성을 고려하여, 일정 범위 내에서 국가의 판단과 정책 결정에 자율성을 부여하는 해석 원칙에 해당한다. 이는 국제기구의 일률적 판단이 아닌, 국가별 차이를 존중하려는 취지에서 발전한 개념이다. 그러나 이 원칙이 과도하게 적용될 경우, 비례성원칙과 충돌하거나 기본권 보호 수준을 약화할 수 있다는 비판도 제기된다. 이는 각국의 고유한 문화·역사·법 전통을 존중한다는 취지로, 국가 당국이 일정 부분 정책 결정을 스스로 내릴 수 있음을 인정한다. 문제는 비례성 검토와 국가 재량 사이의 경계가 언제나 명확하지 않다는 데 있다. 재판소가 넓은 재량을 인정해 줄수록, 비례성 심사는 상대적으로 느슨해질 수 있다.[8)]

2) 목적의 다원성과 수단의 복합성

현대 복지국가의 정책은 일반적으로 단일한 목적에 국한되지 않으며, 하나의 규제나 제도가 복수의 헌법적 가치와 공익 목표를 동시에 추구하는 경향이 있다. 예컨대 출산휴가 제도는 단순한 사회보장정책이 아니라, 가족생활의 보호, 노동권의 실현, 성평등의 촉진, 경제적 안정성 확보 등 여러 기본권 및 정책 목표를 포괄한다. 이러한 경우, 비례성 심사 단계 중 적합성과 필요성 판단 자체가 복잡해질 수 있으며, 법원은 상충하는 공익 목적 간의 우선순위 설정 또는 권리 간 충돌 조정을 요구받는다. 따라서 다원적 목적 구조하에서는 단순한 형식적 심사보다는, 실질적 가치 평가와 체계적 해석이 동반되어야 하고, 법원은 각 목표에 어떤 우선순위를 부여해야 할지 고민해야 한다.

---

8) Yuval Shany, "Toward a General Margin of Appreciation Doctrine in International Law?", European Journal of International Law, Vol. 16(5), 2005, 907–940.

3) 과학적·기술적 불확실성

과학기술의 발전으로 인해 국가가 규제해야 할 영역은 점점 더 복잡하고 불확실한 특성을 지닌다. 핵에너지, 생명공학, 인공지능과 같은 분야에서는 특정 조치의 필요성이나 그에 따른 위험성이 과학적으로 완전히 확정되지 않은 상황에서 정책 결정을 내려야 하는 경우가 많다. 이러한 맥락에서 국가가 "예방원칙(precautionary principle)"[9]에 따라 사전적이고 강력한 규제 조치를 시행할 때, 해당 조치가 기본권을 제한하는 경우 비례성원칙의 적용이 중요한 판단 기준이 된다.

문제는 위험이 확정되지 않은 상태에서 취해지는 제한 조치가 과연 정당한지를 어떻게 평가할 것인가에 있다. 법원은 이때, 해당 조치가 과학적 불확실성 속에서도 적절한 근거를 갖추고 있는지, 덜 침해적인 대안은 존재하지 않는지, 그리고 침해되는 기본권과 보호되는 공익 사이에 실질적인 균형이 존재하는지를 종합적으로 검토해야 한다. 이처럼 과학적·기술적 불확실성이 내재한 상황에서의 비례성 심사는 단순한 형식적 요건 심사를 넘어서, 기술적 사실과 법적 가치판단을 구분하고 통합할 수 있는 해석 능력을 요한다. 따라서 이 영역에서의 비례성원칙 적용은 기존보다 훨씬 더 복합적이고 정교한 판단 구조를 요구하게 된다.[10]

4) 비례성원칙 자체에 대한 비판

비례성 검토가 아무리 논리적으로 정립돼도, 가치의 우선순위나 법원의 주관적 판단이 크게 작용할 여지가 남아 있다는 점에서 '만병통치약'은 아니라는 비판도 제기된다. 예컨대 "생명의 가치"와 "개인의 자유"를 비교할 때, 이를 정

9) 예방 원칙(precautionary principle)이란 과학적으로 명확한 증거가 아직 확보되지 않았더라도, 중대한 위험 가능성이 존재할 때 국가가 사전에 규제 조치를 할 수 있고, 필요하다면 취해야 한다는 원칙이다. 이는 환경법 분야에서 처음 발전하였으나, 현재는 공중보건, 생명윤리, 인공지능 규제 등 다양한 영역에서 불확실성을 고려한 기본권 보호의 기준으로 작용하고 있다.

10) 유럽인권재판소는 Taşkın and Others v. Turkey(Application no. 46117/99, Judgment of 10 November 2004) 사건에서 환경오염 가능성에 대한 과학적 불확실성이 존재하는 상황에서도, 당국이 충분한 사전적 보호조치를 취하지 않은 점을 문제 삼아 제8조(사생활 및 가정생활의 권리) 침해를 인정하였다. 이 사건은 위험이 확정되지 않은 경우에도 국가가 비례성과 예방 원칙에 기초하여 적절한 보호조치를 취해야 함을 강조한 판례로 평가된다.

확히 수치화하거나 저울질할 수 있는가 하는 근본적 의문이 제기된다. 또한 국가나 법원이 비례성 검토 결과를 실제 정책에 얼마나 반영하느냐에 따라, 이 원칙이 실효적으로 운영될지 결정된다는 점도 주목할 필요가 있다.

그럼에도 불구하고, 비례성원칙은 법치주의적 질서를 유지하고 인권을 존중하기 위한 가장 보편적 기준으로 자리매김해 왔다. 세계 여러 국가의 헌법재판 및 국제인권법 영역에서 이미 광범위하게 적용되고 있으며, 성차별 금지와 같은 민감한 영역에도 예외 없이 그 중요성이 확인되고 있다.

Ⅲ. 유럽인권협약 제14조와 성차별과 관련된 사례 연구

1. 유럽인권협약 제14조 및 사례 연구

1) 유럽인권협약 제14조 개관

유럽인권협약 제14조는 성별, 인종, 피부색, 종교, 언어 등 어떠한 사유로도 부당한 차별을 금지하고, 협약에서 인정하는 권리와 자유를 모든 개인이 평등하게 누릴 수 있도록 규정하고 있다. 국제인권법상 '직접 차별(direct discrimination)'이란, 외형상 중립적이지 않은 규범·정책이 특정 집단을 분명히 배제하거나 불이익을 주는 경우를 의미한다. 협약 제14조가 이를 판단할 때, 재판소는 국가가 과연 객관적이고 합리적인 정당성(objective and reasonable justification)을 제시했는지, 그리고 이때 비례성이 충족되는지를 종합적으로 심사한다.[11)]

다만 제14조는 독립조항이 아니기 때문에, 협약 또는 의정서가 규성하는 '권리의 행사'와 밀접하게 결부된 맥락에서만 적용할 수 있다. 예컨대 단순히 복지제도 전반이 차별적이라고 주장하려면, 해당 제도가 협약이 보장하는 '가족생활', '재산권', '교육권' 등과 어떻게 연동되는지를 먼저 입증해야 한다.

2) Petrovic v. Austria 사건

오스트리아 국적의 안툰 페트로비치(Antun Petrovic)는 1980년대 말 부인의

---

11) European Court of Human Rights, Guide on Article 14 of the European Convention on Human Rights and on Article 1 of Protocol No. 12 to the Convention, Council of Europe, Updated 31 August 2020.

출산 이후, 본인이 직접 육아휴직 급여를 받고자 여러 행정 절차를 밟았다. 그러나 당시 오스트리아 법률은 육아휴직급여 수급자를 주로 여성(출산 당사자인 어머니)에 한정하는 구조였고, 남성 배우자의 휴직에 대해서는 실질적으로 같은 혜택을 인정하지 않았다. 이에 페트로비치는 가정 내에서 자신이 자녀를 돌볼 수 있는 충분한 시간을 보장받음과 동시에, 경제적으로도 국가의 지원을 받을 권리가 있다고 주장하며 국내 법원에 소송을 제기하였다.

(1) 오스트리아 국내 소송 경과

페트로비치는 먼저 관할 행정당국에 육아휴직급여를 신청했으나, 해당 급여의 법적 수급 요건(임신·출산을 겪은 '여성' 당사자 중심) 때문에 거부당했다.

그는 일반 법원과 최고법원에 이의를 제기했으나, 최종적으로 오스트리아 헌법재판소에서도 헌법 위반이 아니라고 판단해 패소했다.

당시 오스트리아 헌법재판소의 주된 논리는 "출산 이후 산모의 신체적·건강적 특성을 보호하는 것이 본질적 목적이며, 남성에게 같은 급여를 부여해야 한다는 절대적 의무는 법률에서 인정되지 않는다"라는 것이었다.[12)]

(2) 유럽인권재판소에 제소: 협약 제8조와 제14조의 위반 주장

오스트리아의 모든 국내적 구제 절차가 무산되자, 페트로비치는 유럽인권재판소에 제소하며 유럽인권협약 제8조(사생활 및 가족생활 존중권)와 결부한 제14조(차별금지 조항) 위반을 주장했다.

구체적으로 그는 "국가가 이미 가족생활 관련 급여제도를 도입해 놓은 상황이라면, 남성도 그러한 제도적 혜택을 동등하게 누릴 권리가 있다"라는 취지였다. 즉, 국가가 임의로 특정 복지제도를 마련해 놓고도 이를 여성에게만 사실상 열어 두는 것은 가족생활을 누릴 권리에서의 '성차별'에 해당한다고 주장하였다.

(3) 재판소의 판단: 가족생활 권리에 대한 접근

유럽인권재판소는 먼저 "유럽 인권협약 제8조가 국가에 대하여 재정적 급여를 의무적으로 보장하라고 명령하는 규정은 아니다"라고 분명히 밝혔다. 다

12) Petrovic v. Austria, ECtHR, Judgment of 27 March 1998, Application no. 20458/92, para. 36.

시 말해, 제8조(가족·사생활 존중) 자체가 급여제도를 창설하도록 국가에 강제하지는 않는다는 것이다.

그러나 "한 국가가 자발적으로 가족 친화적 복지제도를 도입한 경우, 그 제도의 운용 방식이 제8조 보호영역에 따른다"라는 점을 인정했다. 이로써 육아휴직급여 제도가 아예 협약 제8조와 무관하다고 볼 수 없게 되었고, 결과적으로 제14조(차별금지) 검토의 대상이 될 여지를 확보한 것이다.

이 검토 과정에서 재판소는 "남성에게 육아휴직 급여를 주지 않는 것이 과연 성차별에 해당하는가?"라는 문제를 집중적으로 다루었다. 만약 이를 성차별로 인정한다면, 국가가 '객관적이고 합리적인 정당성(objective and reasonable justification)'을 제시하지 못하는 한, 제14조 위반이 될 수 있기 때문이다.

(4) 결론: '객관적·합리적 정당성'의 인정과 판단 여지

최종적으로 유럽인권재판소는 해당 시점에서 오스트리아 정부가 육아휴직급여를 주로 여성에게 집중시키는 정책을 펴는 데에 "객관적이고 합리적인 정당성"이 있었다고 보았다. 재판소는 "남성도 육아를 할 수 있다"는 원칙적 가능성을 부정하지 않았지만, 당시 유럽 다수 국가의 법·사회적 관행 역시 여성에 대한 보호와 지원을 우선하는 경향이 있었음을 고려했다.

유럽인권재판소는 사안에 관하여 회원국인 오스트리아에 '판단의 여지(margin of appreciation)'를 넓게 인정하였다. 즉, 유럽 여러 회원국이 남성 육아휴직 급여를 제도화하지 않았고, 사회적 인식 역시 '출산 후 육아는 주로 여성의 몫'이라는 전통적 시각이 강했던 점을 고려하여, 오스트리아 입법자가 불합리한 정책을 펼쳤다고 단정하기는 어렵다고 본 것이다.

따라서 사안에서 유럽 인권재판소는 제8조와 관련한 제14조 위반을 인정하지 않았다.

(5) 의의와 한계

유럽 인권재판소는 "국가가 임의로 설정한 복지제도가 협약 보호영역 내에 속할 수 있다"는 점을 재확인했다. 이는 유럽인권협약 제8조가 단순히 국가의 불간섭 의무만을 의미하는 것이 아니라, 일정 부분 국가가 적극적 사회정책을 펼치는 상황에도 적용될 여지가 있음을 시사한다.

다만 이 결론은 당시 사회·문화적 맥락을 크게 반영한 것이어서, 남성에 대한 육아휴직급여를 배제한 조치가 궁극적으로 성평등에 부정적인 영향을 미친다는 점을 충분히 고려하지 못했다는 비판이 제기되었다. 실제로 이후 2010년대 들어 유럽 여러 국가가 남성 육아휴직을 제도화함에 따라, Petrovic 판결은 "성차별적 정책을 국가 재량으로 용인했다"라는 비판을 받게 되었다.

Petrovic 사건은 뒤이은 Konstantin Markin v. Russia 사건(2012년) 등에서 재판소가 더욱 엄격한 비례성 심사를 적용하도록 자극하는 간접적인 계기가 된 것으로 보인다. Markin 판결에서 재판소는 남성 군인의 육아휴직을 배제한 러시아 법률을 차별로 판단하여 제14조 위반을 인정하였다. 이는 Petrovic 사건 당시와 달리, 성별 고정관념에 대한 사회·법적 인식이 변화했음을 반영한 것이다.

3) Konstantin Markin v. Russia 사건

(1) 사건 배경과 국내 소송: 러시아 국내 법령과 육아휴직 제도

러시아에서는 여성 군인에게 출산휴가와 육아휴직을 보장하는 규정이 비교적 명확하게 마련되어 있었으나, 남성 군인이 3년 이상의 장기 휴직을 통해 자녀를 돌볼 수 있는 조항이 거의 없었다. 특히 러시아군 복무 및 인사 행정규정은 '남성 병력의 장기 부재'를 국가 안보와 군 조직 운영 효율성 측면에서 부정적으로 인식하는 경향이 강했다.

(2) 청구인 마르킨의 러시아에서의 국내 소송

마르킨은 세 자녀를 홀로 양육해야 하는 긴급한 상황에 부딪혀 3년간의 장기 육아휴직 신청을 했지만, 군 당국은 이를 거부했다. 국내 법원에 제소했으나, 러시아 헌법재판소는 "여성 군인의 장기 휴직과 달리 남성 군인은 가족 돌봄보다 국가 안보·군 효율성을 우선해야 한다"라는 논리를 인정했다. 이러한 이유로 러시아 국내 법원 최종심에서도 마르킨은 패소하였다.[13)]

(3) 유럽인권재판소 제소와 주된 쟁점

마르킨은 "국가가 이미 가족생활을 보장하기 위한 휴직 제도를 마련해 두

13) Konstantin Markin v. Russia, ECtHR [GC], Judgment of 22 March 2012, Application no. 30078/06, para. 48-49.

었다면, 남성·여성 군인 모두에게 동등하게 적용되어야 한다"라고 주장했다. 유럽인권협약 제8조는 사생활 및 가족생활의 존중을 보장하며, 국가가 어떤 형태로든 이를 침해하거나 특정 집단에게만 제도적 혜택을 제한한다면 문제가 될 수 있다. 동시에 제14조는 '성'을 비롯한 어떠한 이유로도 부당하게 차별받지 않을 권리를 규정한다. 따라서 '남성 군인이라는 이유로 휴직 혜택을 박탈한 것'이 차별금지 원칙에 정면으로 위반된다는 주장이었다.

(4) 러시아 정부의 반론

러시아 정부는 "군대 효율성과 국가 안보는 헌법적·공익적 가치가 매우 크므로, 남성 군인의 장기 휴직을 제한하는 것은 정당한 목적을 추구하는 합헌적 제도"라고 반박했다. 또한 여성 군인에게만 장기 육아휴직을 부여하는 것은 자연적·생물학적 측면에서 출산·모성 보호가 중요하다는 근거에 입각한 것이며, 전통적 성 역할 분업의 관행도 고려해야 한다고 주장했다.[14)]

(5) 유럽인권재판소의 판결 내용

유럽인권재판소는 먼저 러시아 정부가 제시한 군대 효율성, 국가 안보라는 목적 자체는 공익적 가치가 큰 것임을 부정하지 않았다. 이는 현대 민주사회의 국가 운영에 있어 국가 방위와 군 조직의 기능이 중요한 역할을 한다는 점을 존중한 것이다.

그러나 재판소는 "목적이 정당하더라도, 그 목적 달성 방식이 비례적이어야 한다"는 점을 강조했다. 마르킨 사안에서 '단지 남성이라는 이유'만으로 장기 육아휴직을 원천 배제하는 것은, 과도하게 일반화된 성 고정관념("군인은 남성이어야 하고, 육아는 여성의 몫이다")을 반영한 결과라고 보았다. 유럽인권재판소는 이러한 관행이 "사실상 남성들이 아이를 돌볼 기회를 박탈함으로써 여성에게만 육아 책임을 일방적으로 전가하고, 동시에 남성 육아 참여를 구조적으로 막는 차별"이라고 지적하였다.[15)]

재판소는 더 나아가 "러시아가 군대 운영상의 공익을 지키는 다른 대안적 수단을 충분히 모색했는가"라는 의문을 제기했다. 예컨대 일정 인원 이상의 남

14) Ibid., paras. 111-117.

15) Ibid., para. 142.

성 군인이 한꺼번에 휴직하는 것을 제한하거나, 육아휴직 기간을 나누어 사용할 수 있게 만드는 등 '덜 침해적'(less restrictive) 방법이 존재할 수 있음에도, 법률 자체가 남성에게 3년 이상의 육아휴직을 원칙적으로 막아 놓은 것은 필요성 기준을 충족하지 못한다는 분석이었다.

결론적으로 유럽인권재판소는 최종 판결에서, 러시아의 법규가 모성 보호를 위한 특별 조치라기보다는 "성별 이분법적 사고에 입각한 배타적 정책"이라고 평가했다. 다시 말해, 군 조직 효율성이라는 목표 아래 "남성 군인은 오래 자녀를 돌볼 수 없다"고 단정 지은 것은 협약이 지향하는 민주사회에서 용납하기 어려운 성차별적 제도라는 것이다. 이에 따라 유럽인권협약 제14조(차별금지) 위반을 인정하고, 협약 제8조와의 연계 해석을 통해 마르킨이 가족생활을 영위할 권리가 침해받았다고 보았다.

(6) 사건의 의의와 영향

이 사건은 유럽인권재판소가 성차별에 관한 기준을 한층 엄격하게 제시한 대표적 사례로 평가된다. 이전 판례(예: Petrovic v. Austria)에서는 남성 육아휴직 급여 제한에 대해 국가 재량의 범위를 비교적 폭넓게 인정했으나, Markin 사건에서는 "시대적·사회적 인식이 달라지고 있다"라며 국가 재량의 범위를 축소하였다. 이를 통해 "군대라는 특수 조직에서도 남녀 차별이 무조건 정당화되지는 않는다"라는 점을 명확히 확인시켰다.

재판소는 군 조직이 엄격한 위계와 특수 목적을 지닌 공간이라는 점은 인정하되, 그 특수성만을 이유로 남성 군인을 육아휴직에서 전면 배제하는 것은 과잉이라고 보았다. 이는 안보·방위라는 중대한 공익이 성평등 가치와 양립 불가능하지 않으며, '온건한 수단'을 통해 양자를 조화롭게 달성할 수 있다는 사실을 환기한 결정적 사례에 해당한다.

Markin 판결에서 유럽인권재판소는 "여성에게만 장기 육아휴직을 부여하는 정책이 군 효율성에 적합할 수 있다는 주장" 자체를 부정하지 않았다. 그러나 그것이 유일한 방법이 아니며, 다른 덜 침해적 대안이 존재함에도 이를 고려하지 않은 것은 문제라고 지적하였다. 비례성원칙(목적의 정당성－수단의 적합성－필요성－이익형량) 심사를 한층 엄격히 적용하여 차별을 판별하는 재판소 태도를 재확인함에 있어서 비례성 심사의 중요성을 부각한 사례에 해당한다.

러시아는 Markin 사건 이후 군 조직 내 인사 규정과 부모 휴가 제도에 관한 내부 논의를 시작했으며, 다른 회원국들도 '남성 군인의 부모 역할'을 허용하는 방향으로 법령을 정비하는 데 직접·간접적 영향을 받았다. 이 사건의 결론은 유럽 인권체계 전반에서 남성 육아휴직, 아버지 출산휴가 등 성평등 관련 제도의 확대를 정당화하는 주요 선례가 되었다.

2. 각 판결에서의 비례성 심사

유럽인권재판소는 Petrovic v. Austria 사건과 Konstantin Markin v. Russia 사건 모두에서 '비례성원칙'을 직접 명시적으로 길게 언급하지는 않았다. 그러나 판결문 전반을 면밀히 살펴보면, 일반적으로 목적의 정당성 → 수단의 적합성 → 필요성 → 협의의 비례성(이익형량)으로 이어지는 전형적인 비례성 검토 단계가 상당 부분 내재하여 있음을 확인할 수 있다. 이는 비록 재판소가 판결문에서 구체적으로 '비례성 심사'를 전면에 내세우지 않았더라도, 결국 국가 조치가 민주사회에서 정당화될 수 있는지 여부를 평가하기 위해 사실상 이 네 단계를 충실히 거쳤다는 방증이다.

1) 목적의 정당성

(1) Petrovic 사건

Petrovic v. Austria 판결에서 유럽인권재판소는 육아휴직급여 제도의 목적 자체가 부당하다고 단정하지 않았다. 오히려 오스트리아가 출산 후 여성 중심으로 급여제도를 설정한 배경이 "객관적이고 합리적인 정당성(objective and reasonable justification)"을 갖춘 것이라고 간주했다. 이는 재판소가 "해당 시점의 유럽 여러 국가 입법 경향"을 폭넓게 고려했고, 남성 육아휴직 제도가 대다수 국가에서 확립되지 않았다는 현실을 존중했기 때문이다. 그 결과, "남성 육아휴직급여 제한"이라는 제도의 입법 목적 자체를 재판소가 부적합하다고 선언하지 않았고, 나아가 이를 제한적으로나마 정당화해 주었다.

(2) Markin 사건

Konstantin Markin v. Russia 사건에서 러시아 정부는 군대 효율성과 국가 안보라는 국가적·공익적 가치를 전면에 내세웠다. 유럽인권재판소는 이러한 목적 자체가 결코 사익 추구나 자의적 동기가 아니라는 점을 인정하면서도, 그것이 곧바로 '남성 군인의 장기 육아휴직'을 전면 배제할 합리적 이유로 이어지지는 않는다고 지적했다. 즉, 군사 효율성은 정당한 공익적 목적이 될 수 있으나, '성별 고정관념'에 기반한 제한은 국가의 재량권을 넘어서는 영역일 수 있다는 점을 판시하였다. 결국, 남성을 배제하는 방식만으로 군 조직의 안정과 안보를 유지하려는 시도는 현대 민주사회의 성평등 가치를 훼손한다는 판단이 내려졌다.

2) 수단의 적합성

(1) Petrovic 사건

재판소는 오스트리아 육아휴직급여 제도의 구체적 목적과 수단 간 연관성을 심도 있게 분석하지 않았다. 판결문에서 국가정책의 적합성 자체를 비교·평가하기보다, 오스트리아의 시책이 "객관적·합리적 정당성"을 갖췄는지 아닌지만 간략히 확인했다. 따라서 '여성 중심의 급여 제한'이라는 수단이 과연 어떻게 목표 달성에 이바지하는지, 혹은 대안 수난이 존재하는지를 구체적으로 규명하기보다는, 해당 시대적·사회적 상황에서 국가가 충분히 재량을 행사할 수 있는 부분이라고 결론지었다.

(2) Markin 사건

이에 비해 Markin 판결에서 유럽인권재판소는 남성 군인을 휴직 대상에서 배제할 경우, 국가가 주장하는 '군사 인력 운용의 용이성'이 일정 부분 실현될 수 있음을 인정했다. 이러한 조치는 표면적으로 군대 효율성과 관련이 있어 보이기에 '수단의 적합성' 단계는 충족될 수 있다고 본 것이다. 다만 재판소는 이어지는 단계에서 "성평등이라는 가치와 군 효율성 간 충돌"을 보다 자세히 따져야 함을 지적했다. 즉, 남성 군인의 휴직을 제한함으로써 얻는 이익이 단순히 '인력 공백 최소화'에서 끝나는 게 아니라, 동시에 성평등 측면에서 큰 손실이 발생할 수 있다고 보았다.

3) 필요성

(1) Petrovic 사건

Petrovic 판결문에서는 오스트리아가 과연 남성도 동등한 육아휴직급여를 받을 수 있도록 할 다른 정책 대안을 고려해 보았는지 아닌지가 구체적으로 나타나지 않는다. 재판소 역시 이 점을 별도로 강조하거나 심층 검토하지 않았고, 따라서 '보다 완화된 방식' 혹은 '덜 침해적인 대안'이 있는지에 대한 질의가 사실상 생략되었다. 이는 재판소가 당시 남성 육아휴직이 사회적으로 널리 제도화되지 않았던 맥락을 상당히 존중했기 때문으로 보인다.

(2) Markin 사건

반면, Markin 판결에서 재판소는 러시아의 군대 구조와 달리, "여러 유럽 국가에서 이미 남성 군인에게도 육아휴직을 허용하고 있다"라는 사례를 언급하며, 더 완화된 대안이 존재함을 시사했다. 즉, 군 조직이라는 특수성을 완전히 부정하지는 않으면서도, 군이 남성을 '전면 배제'하는 방식만이 국가 안보와 군 효율성 보장을 위한 유일한 수단이 아니라는 점을 강조했다. 이는 재판소가 '필요성' 단계에서 국가 조치가 불필요하게 과도하다고 보는 방향으로 나아가는 결정적 근거가 되었다.[16]

4) 협의의 비례성(이익형량)

(1) Petrovic 사건

오스트리아 제도의 결과로 남성(출산한 여성의 배우자)이 사실상 육아휴직 급여를 받지 못하게 되더라도, 재판소는 이를 당시에 "절대적인 차별"로 단정하지 않았다. 이는 재판소가 '남성 급여 제한'에서 발생하는 기본권 침해보다, 오스트리아의 사회·입법적 환경과 그에 따른 국가 재량권을 더 크게 존중했음을 보여 준다. 1990년대 후반 당시, 남성 출산휴가 급여제도가 널리 확산하지 않았다는 점이 이 같은 결론의 배경이 되었다.

(2) Markin 사건

반면, 러시아 법이 남성 군인의 장기 육아휴직을 전면 차단하는 것이 초래

16) Konstantin Markin v. Russia, op. cit., paras. 147-150.

하는 개인의 불이익은 "상당히 중대하고 광범위하다"라고 재판소는 판시했다. 남성 군인이 자녀를 돌볼 기회를 아예 박탈당한다면, 이는 곧 가족생활 권리 및 성평등 원리에 대한 심각한 침해로 이어진다는 것이다. 국가가 제시한 군 조직 운용상의 편의나 안보 효과가 충분히 입증되지 못했고, 비례성(균형성) 측면에서 개인의 기본권 침해가 훨씬 더 크다고 평가하여 제14조 위반을 인정했다.

3. 비례성심사에 관한 평가

Petrovic 사건과 Markin 사건은 모두 '육아휴직'이라는 유사한 이슈를 다루면서도, 재판소가 비례성심사를 얼마나 엄격하게 적용하느냐에 따라 결론이 극명하게 갈렸다는 점에서 중요한 대비를 이룬다. 전자의 경우 재판소는 국가 재량권에 해당하는 판단 여지(margin of appreciation)의 범위를 넓게 인정함으로써 당시 "남성에게 출산휴가 혜택을 부여하지 않는 제도도 수용할 수 있는 범주 안에 있다"라는 판단을 내렸다. 반면 후자의 판결에서는 재판소가 훨씬 엄격한 기준을 들이대어, 같은 유형의 문제(남성의 육아휴직 제한)를 성차별로 명시적으로 규정하고 배척하였다.

이러한 변화는 다음 세 가지 요인으로 설명할 수 있다.

① 성평등 이슈에 대한 국제사회의 인식 변화: 1990년대 후반 대비 2010년대 이후, 성평등에 대한 사회적 관심과 법적 감수성이 크게 향상되면서, 유럽인권재판소도 "성차별의 합리화"를 더욱 엄정하게 심사하는 경향을 보이게 되었다.

② 재판소 판례 축적과 사회 현실 반영: Petrovic 사건 이후 축적된 여러 판례와 각국의 제도 변화를 통해, 남성 육아휴직이 충분히 실현할 수 있는 제도로 자리 잡았다는 사실이 확인되었다. 재판소는 이러한 맥락을 수용하여, 국가가 성별을 이유로 제도를 제한하는 행위를 예전보다 자세히 검토하게 되었다.

③ 비례성 심사의 정교화: 재판소 스스로가 국가 재량권과 협약상 권리 제한을 심사하는 데 있어, 정당한 목적－적합성－필요성－균형성을 좀 더 체계적·엄격하게 적용하려는 태도를 발전시켰다. 이에 따라, 국가가 제

시하는 공익 목적이 "과연 성별 차별을 정당화할 만큼 중대한가?"라는 의문을 심도 있게 검토하게 되었고, 그 결과 성차별적 법률·정책에 대한 면죄부가 과거보다 훨씬 줄어들었다.

결국 두 사건을 비교해 보면, 비례성 심사가 단순히 국가 조치의 합헌·합법 여부를 평가하는 도구가 아니라, 성차별을 판단하는 핵심 기준으로서도 기능하고 있음을 알 수 있다. 특히 Petrovic 사건에서의 '제한적 비례성 검토'와 Markin 사건에서의 '엄격한 비례성 검토' 사이의 간극은, 재판소가 시대 흐름과 사회 변화에 따라 국가 재량을 인정하는 범위를 재설정하는 과정에서도 성차별에 관한 판단에 있어서 비례성 평가가 얼마나 중요한 역할을 맡는지 보여 주는 사례이다.

IV. 결 론

본 장에서는 비례성원칙의 전반적 개념을 살펴본 뒤, Petrovic v. Austria와 Konstantin Markin v. Russia 사건을 비교·분석하여 유럽인권재판소가 성차별과 관련한 사안을 어떻게 다루고 있는지를 고찰하였다. 두 판례 모두 유럽인권협약 제8조와 관련하여 육아휴직 제도의 차별성 여부를 판단했지만, 결론과 논증 과정은 크게 달랐다.

우선, Petrovic 사건(1998년)에서는 당시 남성 육아휴직 급여가 거의 보편화되지 않은 유럽의 현실을 고려하여, 오스트리아 법률에 대해 넓은 재량을 인정하였다. 비례성 검토가 충분히 전개되지 않았다는 비판이 있으나, 재판소는 "입법권자에게 상당한 재량을 부여할 필요가 있다"라는 태도를 고수했다. 반면, Markin 사건(2012년)에서는 러시아 법이 군인 남성의 장기 육아휴직을 원천적으로 제한하는 조치를 두고, "성차별을 정당화할 만한 구체적 근거가 부족하다"라는 이유로 성차별에 해당한다고 결론짓고 유럽 인권협약 제14조 위반을 인정했다. 이때 재판소는 비례성원칙을 한층 세밀하게 적용하여, 국가가 추구하는 공익(군대 효율성)과 개인의 기본권(가족생활 보장) 사이의 균형이 무너졌음을 명확히 지적했다.

이렇듯 유럽인권재판소가 성차별 문제를 판단하는 데, 비례성 검토는 판결 논리의 뼈대를 이루는 중추적 임무를 수행한다. 국가가 성별을 근거로 차등 대우를 설정할 때, ① 그 목적이 헌법적·공익적 측면에서 합리적으로 인정될 수 있는지(목적의 정당성), ② 해당 차별 조치가 목적 달성에 적합하고 불가피한 수단인지(수단의 적합성), ③ 다른 대안이 없거나 있어도 현저히 실효성이 떨어지는지(필요성), 그리고 ④ 침해되는 개인의 권리와 달성되는 공익 간 균형이 수용 가능한지(이익형량) 등을 단계별로 살피는 것이다. 이러한 과정에서 비례성에 따른 검토가 꼼꼼히 이뤄지면, 국가 재량이라는 명목으로 뭉뚱그려져 온 여러 차별적 관행이 한층 엄격한 심사를 받게 된다.

Petrovic와 Markin 사건의 대비는 유럽인권재판소가 성차별을 바라보는 시각이 점진적으로 엄격해지고, 이를 통해 성평등이라는 인권 가치가 협약 해석에서 더욱 중시되고 있음을 방증한다. 특히 Markin 판결은 "군 조직처럼 전통적으로 성별 역할 분업이 강하게 유지되어 온 영역에서도, 단지 남성이라는 이유로 육아휴직을 제한하는 것은 민주사회에서 정당화되기 어렵다"라는 점을 선언했다. 이는 성차별적 조치가 '관습'이나 '효율성'만을 이유로 방치될 수 없음을 분명히 하여, 이후 유럽 각국의 입법·사법적 논의에 직접적 영향을 미쳤다.

정리하자면, 비례성의 원칙은 유럽인권협약 제14조(차별금지)를 해석하고 적용하는 데 있어 중요한 역할을 수행한다. 국가가 시행하는 성차별적 제도가 정당화되려면, 비례성 심사의 전 과정을 엄격하게 거쳐 그 제도가 허용할 수 있는 범위 내에 있음을 증명해야 한다. 시대적 흐름과 함께 성평등 인식이 높아지는 만큼, 앞으로 유럽인권재판소는 Markin 사건에서 보인 엄격 심사 기조를 더 확장하여, 성차별을 허용하는 국가 조치가 사실상 설 자리를 좁혀 갈 것으로 예상된다. 이는 궁극적으로 직접 차별(direct discrimination)의 방지를 넘어, 실제적 성평등을 실현하기 위한 국제사회의 보편적 요구에 맞는 방향이기도 하다.

▌주요 참고문헌

Ⅰ. 유럽인권재판소 판례 및 보고서

European Court of Human Rights, *Petrovic v. Austria*, Application no. 20458/92, Judgment of 27 March 1998, para. 36.

European Court of Human Rights, *Konstantin Markin v. Russia*, Application no. 30078/06, Grand Chamber Judgment of 22 March 2012.

European Court of Human Rights, *Taşkın and Others v. Turkey*, Application no. 46117/99, Judgment of 10 November 2004.

European Court of Human Rights, *Guide on Article 14 of the European Convention on Human Rights and on Article 1 of Protocol No. 12 to the Convention*, Council of Europe, updated 31 August 2020.

Ⅱ. 단행본

Alexy, Robert (2002). *A Theory of Constitutional Rights*, translated by Julian Rivers, Oxford: Oxford University Press.

Barak, Aharon (2012). *Proportionality: Constitutional Rights and Their Limitations*, Cambridge: Cambridge University Press.

Ⅲ. 논문

Shany, Yuval (2005). “Toward a General Margin of Appreciation Doctrine in International Law?”, *European Journal of International Law*, Vol. 16(5), 907–940.

제 4 부

취약계층의 인권

제10장

난민의 권리

Ⅰ. 서 론

유럽연합(EU)은 1990년대 후반부터 회원국 간 '공동 이주·망명 정책'을 마련하기 위해 꾸준히 제도 개혁과 입법 논의를 진행해 왔다. 이른바 '공동 유럽 망명 시스템'[1]의 구축이 대표적인 예로, 더블린(Dublin) 규정과 유럽연합 난민 지위 지침, 수용조건 지침 등을 통해 난민 및 망명 신청자에 대한 처리 기준과 절차를 최대한 통일하려는 시도를 이어 왔다. 그러나 2015년 이후 시리아·이라크·아프가니스탄 등 분쟁 지역에서 대규모 난민이 유입되면서, 기존 규범 체계의 한계가 명확해지고 EU 회원국 간 이견이 심화되었다. 이에 대응하여 유럽연합은 2020년 '새로운 이주·망명에 관한 협정'[2]을 제안하는 등 대대적인 개혁을 다시 시도하고 있다.

이 과정에서 국경 통제와 망명 절차의 효율성을 높이는 동시에, 인도주의적 관점에서 난민을 보호해야 한다는 국제법적 의무 간의 긴장 관계가 어느 때보다 누드러지었다. 한편으로는 난민협약(1951) 및 EU 기본권 헌장(Article 19)에

1) 유럽연합의 '공동 유럽 망명 시스템(Common European Asylum System, CEAS)'은 「유럽연합 기능에 관한 조약」(Treaty on the Functioning of the European Union, TFEU) 제78조를 근거로 하여, 난민 보호 및 망명 제도에 관한 회원국 간의 기준을 조화롭게 통일하려는 제도적 틀이다. 이 시스템은 주로 다음의 5가지 핵심 입법으로 구성된다: ① 난민신청 처리 책임국을 규정하는 더블린 III 규정(Regulation (EU) No 604/2013), ② 지문 데이터베이스인 유로닥 규정(Regulation (EU) No 603/2013), ③ 망명 절차를 규율하는 재심사 망명 절차 지침(Directive 2013/32/EU), ④ 난민 및 보조적 보호자격 기준을 정하는 자격 지침(Directive 2011/95/EU), ⑤ 망명 신청자에 대한 수용 기준을 규정한 수용조건 지침(Directive 2013/33/EU).

2) 2020년 이후 유럽연합 집행위원회는 '신규 이주 및 망명 협약(New Pact on Migration and Asylum)'을 제안하며 CEAS의 전면 개편을 추진하였고, 2023년 12월에는 새로운 이주 및 망명 관리 규정(Asylum and Migration Management Regulation, AMMR)을 포함한 입법안에 대해 정치적 합의에 이르렀다.

의해 확립된 강제송환 금지 원칙[3]과 인권 보장 체계를 준수해야 한다는 요구가 있다. 다른 한편으로는 회원국 내 안보 우려와 사회적 부담을 줄이기 위해 육·해상 국경을 봉쇄하거나 망명 신청 절차를 간소화해 '대량 유입 사태'를 억제하려는 정치적 압박이 커지고 있다.

이미 그리스–터키 국경이나 중앙 지중해 경로(이탈리아–리비아 사이), 그리고 스페인령 멜리야(Melilla) 등 주요 외부 국경에서 푸시백(push–back) 관행이 잦아지며, 망명 신청자의 절차적 권리가 심각하게 침해되고 있다는 다양한 보고가 나왔다. 이는 유럽인권협약과 제네바협약(1951)에서 규정한 난민 보호 의무와 직접 충돌할 여지를 높이는 동시에, 이주민과 난민을 '보호의 대상'이라기보다 '통제해야 할 문제'로 보는 이른바 '크리미그레이션(crimmigration)'[4] 담론을 부추기는 결과로 이어졌다. 최근 학계에서는 이러한 국경 봉쇄정책과 푸시백 관행이 '요새화된 유럽(Fortress Europe)'을 고착화하고, 난민을 포함한 이동 인구가 망명 절차에 진입하기조차 어렵게 만든다는 점에서, 국제인권법적·헌법적 긴장 관계를 정면으로 드러내는 현상이라고 지적하고 있다.

EU 차원에서 새롭게 제안된 공동 망명 정책에서도 국경 지대에서의 신속 심사 절차나 '가속화된' 망명 신청 처리 제도가 도입될 경우, 사실상 보호 공백이 발생할 것이란 우려가 계속 제기된다. 이러한 위기 속에서 이주민을 국경에서 즉시 되돌려 보내는 푸시백 조치가 유럽인권재판소 판례나 강제송환 금지 원칙과 양립할 수 있는지 여부가 치열한 법적·정치적 쟁점이 되었다.

특히 N.D. 및 N.T. 대 스페인 사건[5]은 멜리야 국경을 넘은 두 명의 이주민

---

3) 강제송환 금지 원칙(non-refoulement)은 난민협약(1951 Refugee Convention) 제33조와 유럽인권협약 제3조를 포함한 국제법적 원칙으로, 개인이 박해나 생명의 위험에 처할 가능성이 있는 국가로 강제 송환되지 않도록 보장한다.

4) '크리미그레이션(crimmigration)'은 범죄(crime)와 이민(immigration)의 합성어로, 이주·난민 문제를 형사정책의 대상으로 간주하고 이를 통제와 처벌의 논리로 다루려는 경향을 지칭한다. 이 개념은 특히 이주민과 난민을 보호의 주체가 아닌, 국가 안보나 공공질서에 대한 위협으로 규정하면서, 이민법과 형법의 경계를 모호하게 만드는 현상을 비판적으로 설명할 때 사용된다. 이러한 접근은 결과적으로 국제인권법과 난민법이 보장하는 보호의무를 약화시키고, 이주자를 범죄화함으로써 사회적 배제와 차별을 심화시킨다는 점에서 인권 침해의 우려를 낳는다. 이 개념은 Juliet Stumpf가 2006년 발표한 논문 'The Crimmigration Crisis: Immigrants, Crime, and Sovereign Power'에서 본격적으로 정립되었다(Juliet Stumpf, The Crimmigration Crisis: Immigrants, Crime, and Sovereign Power." American University Law Review 56, no. 2 (December 2006): 367-419).

을 스페인 당국이 곧바로 모로코로 돌려보낸 조치가 집단추방 금지(collective expulsion) 및 기타 인권 조항을 위반하는지에 대한 분쟁이었다. 2017년 1심(제3부) 판결에서는 이주민 측 손을 들어 주었으나, 2020년 2월 대 재판부(Grand Chamber)는 결론을 뒤집어 "망명 신청자가 합법적 진입 경로를 스스로 외면했다면, 집단추방 금지 위반이 아니다"라는 예외 논리를 제시함으로써 적지 않은 논란을 불러일으켰다.

이 장에서는 이 사건을 중심으로 유럽인권재판소가 집단추방 금지 원칙을 어떻게 해석했는지, 그리고 그로부터 파생된 예외 논리가 EU 국경 관리 및 난민 보호 체계에 어떠한 영향을 미치는지를 중심으로 난민의 권리를 다룬다. 더 나아가 이 판결이 제시한 논리가 EU 기본권 헌장, 독일을 비롯한 각국의 헌법 질서, 그리고 국제인권법 원칙인 강제송환 금지와 충돌할 가능성이 있는지 살펴보고, 절차적·제도적 개선 방안을 제시하고자 한다. 이는 곧 푸시백 관행이 강화되는 현실 속에서, 인권 보호라는 유럽인권협약의 핵심 가치를 지키기 위한 최후의 안전장치를 어떻게 마련할 것인지에 대한 긴급한 과제가 될 것이다.

먼저 유럽인권재판소 판례인 N.D. 및 N.T. 대 스페인 사건의 사실관계와 소송 경과를 정리하고, 문제의 발단이 된 멜리야 국경의 '푸시백' 관행을 구체적으로 살펴본다. 이어서 2020년 대재판부 판결이 집단추방 금지 조항에 새로운 예외를 부여했다는 점에 초점을 맞추어 그 법리 및 한계를 분석한다. 이를 토대로 스페인 헌법재판소와 다른 EU 회원국에서 나타나고 있는 후속 반응, 그리고 논쟁의 핵심인 강제송환 금지 원칙이 어떻게 흔들릴 위험에 놓여 있는지 구체적으로 고찰한다. 궁극적으로, 국경 통제와 난민 보호라는 상충하는 요구 사이에서 어떤 조화로운 해법을 모색할 수 있는지, 그리고 국제인권법 체계가 요구하는 난민의 권리를 보호하기 위한 최소한의 절차적 장치를 어떻게 재확립할 수 있는지 답을 모색해 보고자 한다.

---

5) European Court of Human Rights(Grand Chamber), Case of N.D. and N.T. v. Spain, Applications nos. 8675/15 and 8697/15, Judgment of 13 February 2020.

II. N.D.와 N.T. 대 스페인 판결[6]

N.D.와 N.T. 사건의 구체적인 사실관계를 살펴보기 전에, 먼저 스페인령 멜리야 국경에서 오랜 기간 이어져 온 '푸시백(push-back)' 관행이 어떤 역사와 특징을 지니는지 조망한다. 이를 통해 멜리야 국경에서 벌어진 사건이 특정 개인에게만 국한된 분쟁이 아니라, 국경 통제 정책 전반에 내재한 구조적 문제와 직결되어 있음을 보여 줄 것이다.

1. 배경: 멜리야 국경의 푸시백 관행

1) 스페인령 멜리야의 지리·정치적 특성

멜리야(Melilla)는 지중해 연안에 위치한 스페인 자치도시로, 아프리카 대륙 북부에 자리하고 있지만 EU 회원국 영토로 공식 인정된다. 면적은 약 13.4㎢로 매우 작지만, 모로코와 약 12km 길이의 국경선을 맞대고 있어 대서양 횡단 루트 및 사하라 이남 아프리카 출신 이주민에게 '유럽으로 들어가는 문' 역할을 한다. 이곳은 EU의 외부 국경에 해당하기 때문에, EU와 아프리카를 잇는 지정학적·전략적 요충지로서 중요한 의미를 지닌다.

이 지역에는 스페인 준군사조직인 시빌 과르디아(Civil Guardia)[7]가 대규모로 배치되어 치안과 국경 관리를 담당하고 있다. 2010년대 들어 전쟁·기근·정치적 혼란을 피해 사하라 이남 지역에서 북아프리카로 이동하는 사람들, 그리고 시리아·이라크 등 중동 분쟁 지역 출신 난민이 급증하면서 멜리야 국경 관리는 갈수록 엄격해졌다. 특히 스페인 정부는 국경 침입을 막기 위해 6m 높이의 철제 울타리를 이중·삼중으로 설치하고 적외선 카메라, 열감지 센서, 24시간 감시 시스템을 운용하는 등 물리적·기술적 봉쇄 장치를 대폭 강화해 왔다.

6) European Court of Human Rights(Grand Chamber), Case of N.D. and N.T. v. Spain, Applications nos. 8675/15 and 8697/15, Judgment of 13 February 2020.

7) '시빌 과르디아(Civil Guardia)'는 스페인의 국가 준군사조직으로, 내무부와 국방부 양쪽의 통제를 받으며 경찰 기능과 군사적 성격을 동시에 수행하는 기관이다. 1844년에 창설된 이 조직은 스페인 전역, 특히 국경 지역과 농촌 지역의 치안 유지, 이민 통제, 국경 감시, 마약 및 조직범죄 단속 등 광범위한 임무를 수행하고 있다. 시빌 과르디아는 유럽연합의 외부 국경을 통제하는 데에도 핵심적인 역할을 맡고 있으며, 이민자 및 난민에 대한 과도한 물리력 사용, 인권 침해 논란이 국제 인권기구에 의해 반복적으로 제기된 바 있다.

2) '푸시백(push-back)' 방식의 등장

멜리야에서 가장 논란이 되어 온 국경 통제 방법은 이른바 '푸시백'으로, 스페인 당국이 국경을 넘어온 이주민에게 적법한 망명 신청 절차나 개별 심사를 거의 제공하지 않은 채 곧바로 국경 너머로 되돌려 보내는 조치이다. 스페인어로는 "devoluciones en caliente(즉시 되돌려 보냄)"라고 표현되기도 하는데, 이는 말 그대로 '바로 되돌려 보낸다'는 뜻이다. 즉, 이주민의 상황이나 신원, 보호 필요 여부를 실질적으로 검토하지 않고 바로 되돌려 보내는 방식이라는 점에서 문제가 심각하다.

스페인 정부는 대규모 이주민의 국경 진입을 신속하게 차단할 수 있다는 점을 들어 푸시백이 '불법 입국 억제'에 효과적이라고 주장한다. 그러나 국제인권법과 유럽인권협약에서 요구하는 최소한의 절차적 권리인 예를 들어, 망명 절차 안내, 통역, 변호인 접근, 신원확인 등이 전혀 보장되지 않는다는 점에서, 비판이 끊이지 않는다. 난민협약(1951) 제33조와 유럽인권협약 제3조가 명시한 강제송환 금지 원칙 역시 제대로 이행되지 않을 위험이 크다.

3) 초법적 관행에 대한 문제 제기

멜리야에서의 푸시백은 한동안 불분명한 내부 지침이나 국경 프로토콜을 근거로 시행되어 왔다. 시민단체와 인권단체들은 이를 두고 "스페인 정부가 사문화된 절차나 비공식 지침을 남용해 초법적 단속을 벌인다"라고 비판해 왔다. 국제앰네스티(Amnesty International), 휴먼라이츠워치(Human Rights Watch) 등 국제 NGO들은 스페인이 집단 단위로 이주민을 되돌려 보내는 과정에서 신원확인, 통역, 변호인 조력 등 기본적 권리를 보장하지 않은 채 추방한다면, 이는 사실상 '집단추방(collective expulsion)'에 해당한다고 지적했다.

이처럼 멜리야 국경은 난민 보호와 국가 안보 논리가 극명하게 충돌하는 최전선이 되었으며, N.D.와 N.T. 사건은 바로 이러한 현실 속에서 제기된 대표적 분쟁이다. 이 사건에서 스페인 당국은 국경을 넘어온 이주민을 적발하는 즉시 모로코로 인계했는데, 이것이 유럽인권협약 위반에 해당하느냐가 핵심 쟁점이 되었다.

2. 사실관계: N.D.와 N.T.가 겪은 추방 과정

1) 두 명의 이주민: 출신과 이동 동기

N.D.와 N.T.는 각각 말리와 코트디부아르 출신으로, 말리의 경우 내전과 정정 불안을 피해 도망친 이주민, 코트디부아르의 경우 국경 분쟁과 경제 불안에서 벗어나 더 나은 삶을 찾아 이동한 이주민이었다. 이들은 사하라 사막을 횡단해 모로코에 도달하기까지 수개월에서 수년의 위험한 과정을 거쳤고, 멜리야로 넘어가면 곧바로 "유럽 영토"에 진입할 수 있다는 인식 아래 국경 인근 임시 캠프나 숲에 머물렀다고 알려져 있다.

2) 집단 국경 넘기 시도

2014년 8월 13일 새벽, N.D.와 N.T.는 약 600명 규모의 이주민 무리와 함께 멜리야 국경 울타리를 넘어 스페인 영토로 진입하려고 시도했다. 이러한 대규모 시도는 초과 밀집 상태의 비공식 캠프에서 벗어나고자 하는 절박함, 그리고 시빌 과르디아 병력이 동시에 모든 이주민을 통제하기 어렵게 만들려는 전략이 복합적으로 작용한 결과였다.

이 과정에서 상당수 이주민이 울타리에 걸려 다치거나 탈진 상태에 빠졌다. N.D.와 N.T. 역시 겨우 철조망을 넘었지만, 국경 안쪽으로 떨어진 직후 시빌 과르디아에 의해 체포되었다. 문제는 이들이 체포되자마자 적법한 망명 절차나 변호인 조력은 전혀 없이 곧장 모로코 당국에 인계되었다는 점이었다.

3) 즉각 추방 절차

N.D.와 N.T.는 붙잡힌 뒤 수갑이 채워진 상태로 멜리야 국경을 통해 곧바로 모로코 국경 경찰에게 넘겨졌다. 이 과정에서 스페인 당국이 공식 추방 명령서를 발급하거나, 최소한의 항고 기회를 제공했다는 기록은 확인되지 않는다. 결국 그들은 모로코 내 경찰서와 캠프를 전전한 끝에, 수도에서 멀리 떨어진 지역으로 강제 이송되었다. 망명 신청 방법이나 추방에 대한 이의 제기 절차를 안내받지 못했다는 점이 사건의 핵심 쟁점이 되었다.

4) 유럽인권재판소에 제소

두 사람은 이후 국제 NGO 및 유럽 이주 단체의 법적 지원을 받아 유럽인권재판소에 제소하였다. 이들은 스페인 정부가 유럽인권협약의 여러 조항, 특히 제3조(비인도적 처우 금지), 제4의정서 제4조(집단추방 금지), 제13조(효과적 구제 수단 보장)를 위반하였다고 주장했다. 재판소는 제3조에 대한 본안 심리는 각하했지만, 집단추방 금지와 효과적 구제 수단 보장(제4의정서 제4조, 제13조) 위반 가능성에 대해서는 본격적인 심리를 진행해 2017년 소재판부 판결, 그리고 2020년 대재판부(Grand Chamber) 판결에까지 이르게 되었다.

3. 주요 쟁점

1) 국경에서의 관할권 문제

스페인 정부는 사건 초기부터 "N.D.와 N.T.가 정식으로 국경을 넘지 않았기에 스페인 관할권이 미치지 않는다"라는 주장을 폈다. 그러나 재판소는 당국이 국경 울타리와 그 내부를 실질적으로 통제하고 있었고, 이주민들이 그 안으로 진입해 물리적으로 억류된 순간부터 스페인 관할권이 성립한다고 보았다. 이는 해상에서의 난민 구호 활동에 관해서도 국가의 실질적 통제가 미치는 곳이면 협약상 관할권이 인정된다고 본 Hirsi Jamaa and Others v. Italy 판결(2012)[8] 등 선례와 일치한다.

2) 추방(expulsion)인지 입국 거부(refusal)인지

스페인 측은 자국 영토에 진입하기 전 단계에서의 "입국 거부"에 해당하므로 추방 개념이 아니라고 주장했다. 하지만 재판소는 이주민들이 철조망 안쪽까지 들어왔고, 스페인 병력이 그들을 체포해 모로코로 밀어냈으므로 "형식적 국경선 이전에서의 거부"로 보기 어렵다고 판단했다. 이는 "형식적 구분보다 실제 이주민이 국가권력에 의해 내쫓겼는가"가 추방 여부를 결정한다는 실질적 해석을 다시 한번 확인해 준 것이다.

3) 집단추방 금지와 개별 심사

집단추방 금지 규정(유럽인권협약 제4의정서 제4조)은 국가가 개별 사정을

---

8) European Court of Human Rights(Grand Chamber), Case of Hirsi Jamaa and Others v. Italy, Application no. 27765/09, Judgment of 23 February 2012.

고려하지 않고 대규모 이주민을 일괄적으로 되돌려보낼 경우를 명확히 금지한다. 2017년 1심 재판부는 “스페인 당국이 N.D.와 N.T.를 비롯한 수백 명을 동시에 추방하면서 개별 심사를 전혀 하지 않았다”라고 보아 위반을 인정했다. 그러나 2020년 대재판부는 “이주민들이 합법적 입국 경로를 이용하지 않고 스스로 불법적 방법으로 국경을 침범했다면, 국가가 추가 개별 심사를 할 의무가 완화될 수 있다”고 하여 다른 결론에 도달했다.

4) 효과적 구제 수단(제13조) 부재

이주민에게 추방 결정에 대한 항고 절차나 변호인·통역인 접근을 보장해야 하는지 아닌지도 쟁점이 되었다. 스페인 측은 “이주민 스스로 합법적 신청 절차를 회피했으므로 구제 수단을 자동으로 보장하기 어려웠다”라고 주장했으며, 대재판부는 결국 이 논리를 일부 수용해 제13조 위반을 인정하지 않았다. 이는 이주민의 ‘자기 귀책성’을 강조한 대목으로서, 이후 EU 회원국들이 푸시백을 합리화하는 근거로 활용하기에 이르렀다.

4. 판결의 경과

1) 2017년 소재판부(제3부) 판결

소재판부 판결은 푸시백 조치가 집단추방 금지 조항을 위반했다고 명시적으로 지적했다. 즉, 스페인이 국경 울타리를 넘어온 사람들을 체포해 곧바로 대규모로 돌려보낸 행위가 개별 사정 고려 없이 일괄 시행된 집단추방이라고 본 것이다. 아울러, 추방 대상자들에게 적절한 항고 절차와 변호인 조력이 제공되지 않았다는 이유로, 제13조(효과적 구제 수단) 역시 위반이라고 판단했다.

2) 대재판부(Grand Chamber) 이송

스페인 정부는 제3부 판결에 불복하여 협약 제43조에 따라 대재판부 재심리를 요청했다. 대재판부는 2017년 판결을 전면적으로 재검토한 뒤, 2020년 2월 13일 새로운 판결을 선고했다. 이 판결은 집단추방 금지와 난민 보호 의무의 해석에 중대한 전환점을 마련했다는 점에서, 향후 유럽 전역의 국경 및 이주 정책에 깊은 영향을 끼쳤다.

3) 2020년 2월 대재판부 판결 요지

대재판부는 결국 "스페인이 집단추방 금지를 위반했다"라고 볼 수 없다고 결론지었다. 판결 논리는 크게 두 가지다. 첫째, "스페인이 베니 엔자르(Beni Enzar) 국경검문소나 영사관 등 합법적 경로를 열어 두었다." 둘째, "N.D.와 N.T.가 이를 고의로 회피해 불법 진입을 시도한 이상, 국가가 개별 심사를 제공하지 않았다고 해서 곧바로 집단추방 금지 위반이 되는 것은 아니다." 요컨대, 합법 경로가 존재하지만, 폭력적·불법적 방법으로 국경을 넘으려 한 사람들에게 국가 책임을 묻는 것은 부당하다는 결론이었다.

Ⅲ. 대재판부 판결의 주요 논리

이하에서는 대재판부가 내세운 법적 논리를 좀 더 체계적으로 분석한다. 구체적으로 국경에서의 국가 관할권 인정 여부, '추방(expulsion)' 개념 해석, '집단추방 금지 예외'로 불리는 신설 논리, 제13조 구제수단 보장 의무의 범위 등을 중심으로 살펴본다. 이를 통해 이 판결이 강제송환 금지 및 집단추방 금지에 미친 충격파를 구체적으로 평가하고자 한다.

1. 국가 관할권 인정: 국경이라는 '특수 지역' 문제

1) 협약 제1조 관할권 해석

유럽인권협약 제1조는 당사국이 "자국 관할권(jurisdiction) 내의 모든 사람"에게 협약상 권리를 보장해야 한다고 규정한다. 스페인 측은 국경 울타리나 그 인근이 자국 영토로 '정식 인정'되기 전 단계라고 주장했으나, 대재판부는 스페인 병력이 국경 울타리를 장악하고 이주민을 사실상 구금·단속했다면 이미 관할권이 미친다고 판단했다. 이는 Hirsi Jamaa and Others v. Italy[9] 등 과거 판례와 일관된 해석으로, 국경이나 영해라고 해서 국가의 인권 의무가 배제될 수 없다는 원칙을 재확인한 것이다.

---

9) European Court of Human Rights(Grand Chamber), Case of Hirsi Jamaa and Others v. Italy, Application no. 27765/09, Judgment of 23 February 2012.

2) 국경 특별 구역 설정의 불인정

대재판부는 일부 국가들이 시도하는 '완충 지대' 등을 설정해 협약 의무를 줄이려는 방식을 받아들이지 않았다. 이는 헝가리 등지에서 수용시설을 국경에 설치하고 "이 지역은 본토와 달라 인권 조항 적용이 제한적"이라는 주장했던 사례들을 상기시키는 부분이다. 판결은 국경에서의 '특별 지대'가 협약 적용을 무효로 할 수 없음을 분명히 했다.

2. '추방(expulsion)'의 형식적 개념과 실질적 개념

1) 스페인 정부의 "거부(refusal)" 주장

스페인 정부는 사건 초기부터, 이 사안을 추방이 아닌 "국경에서의 단순 입국 거부"로 봐야 한다고 주장했다. 그러나 대재판부는 이주민들이 철제 울타리를 넘어온 점, 스페인 병력이 물리적으로 이들을 제압·체포해 모로코 당국에 인계했다는 점을 들어 "사실상 국가가 국경 안에서 추방을 집행했다"라고 판단했다. 형식적으로 국경 안팎을 구분하기보다는 국가권력이 행사된 실질을 중시하는 재판소의 일관된 시각이 재확인된 것이다.

2) 재판소의 실질적 해석

Hirsi Jamaa 사건에서 이탈리아 해안경비대가 공해상에서 난민 보트를 발견해 리비아로 곧바로 송환했을 때도, 재판소는 이탈리아가 실질적 통제를 행사했다면 '추방'에 해당한다고 판시했다. N.D.와 N.T. 사례에서도 마찬가지로, "이미 스페인 병력이 지배력을 행사하는 지점에 진입한 이주민을 밀어낸 것"을 본질적 판단 요소로 삼았다. 따라서 국가가 '입국 거부'를 주장해도, 실질적으로는 국경 내부에서의 추방으로 평가된다는 점이 강조된다.

3. 집단추방 금지 예외 인정: 2단계 공식(two-tier test)

본 판결에서 가장 논란이 된 것은, 대재판부가 유럽인권협약 제4의정서 제4조(집단추방 금지)에 대해 새로운 예외 사유를 열어 준 부분이다. 즉, (1) 국가가 합법적 입국 경로를 실질적으로 보장했음에도, (2) 이주민이 이를 고의로 회피하거나 정당한 사유 없이 사용하지 않았다면, 집단추방 금지를 엄격히 적용하기 어렵다는 논리다. 이는 기존 판례에서 '개별 심사 없이 일괄 송환'을 금지한 입장을 사실상 완화한 것으로 평가된다.

1) 기존 판례와의 관계

유럽인권재판소는 과거 관련 판례[10]에서 집단추방 금지를 폭넓게 인정해 왔다. 그러나 N.D.와 N.T. 사건에서는 "이주민이 합법 루트를 두고도 불법 진입을 택했다면, 국가가 개별적 절차를 제공하지 않아도 집단추방 금지 위반이 아니다"라는 예외를 공식화했다. 이는 향후 유럽 국경에서 이주민 귀책성을 강조하는 논리가 강화될 소지를 만들었다.

2) 스페인에 합법적 신청 경로가 있었는가?

핵심 쟁점은 스페인이 실제로 베니 엔자르(Beni Enzar) 국경검문소나 모로코 내 스페인 영사관 등 '합법적 망명 신청 경로'를 충분히 제공했느냐에 달려 있다. 대재판부는 "그 경로가 존재했다"라는 스페인 정부의 주장을 대체로 받아들였다. 그러나 현장에서 사하라 이남 출신 이주민이 복잡한 서류 절차를 밟아 법적 루트를 이용하는 것이 얼마나 실질적으로 가능했는지는 여전히 의문이 크다.

3) "결정적 자기 행위"와 귀책성

대재판부는 "이주민이 정당한 이유 없이 합법 경로를 거부했다면, 국가가 그들을 개별 심사 없이 되돌려 보내더라도 집단추방 금지 위반을 적용하기 어렵다"라고 보았다. 이때 이주민의 '결정적 자기 행위'가 문제의 핵심이 된다는 것이다. 이는 향후 유럽 각국이 푸시백을 합리화할 때 "당사자가 스스로 합법 루트를 외면했다"라는 근거를 제시하기만 하면, 책임을 상당 부분 면제받을 수 있음을 시사한다는 점에서 난민의 권리 보장과 관련하여 문제가 될 소지가 크다.

---

10) 예를 들어, European Court of Human Rights(Grand Chamber), Case of Hirsi Jamaa and Others v. Italy, Application no. 27765/09, Judgment of 23 February 2012와 European Court of Human Rights(Grand Chamber), Case of Khlaifia and Others v. Italy, Application no. 16483/12, Judgment of 15 December 2016 등이 이에 해당한다.

4. 제13조(효과적 구제 수단) 관련 판단

1) 이주민 측 주장: 절차적 보장 부재

N.D.와 N.T.는 스페인 당국에 의해 체포된 즉시 모로코로 넘겨졌기 때문에, 추방에 대한 이의를 제기하거나 망명을 신청할 수 있는 기회를 전혀 제공 받지 못했다고 주장했다. 이는 난민의 입장에서는 유럽인권협약 제13조가 보장하는 "효과적 구제 수단"을 전혀 행사하지 못했다는 의미다.

2) 대재판부 결론: 이주민의 '불법 시도'가 결정적

그러나 대재판부는 "공식 채널을 통해 망명 신청을 할 수 있음에도 불구하고, 이들이 불법 경로로 집단 난입을 시도했다"라는 점을 지적하며 스페인의 책임을 감경해 주었다. 이 논리는 "이주민 본인이 합법 경로를 택했다면 충분히 절차적 권리를 보장받을 수 있었을 것"이라는 가정에 기초한다. 따라서 이주민이 부당하게 국가의 행정절차 수행을 어렵게 만들었다면, 국가가 제13조 의무를 완전히 이행하지 못했다고 해도 자동으로 협약 위반이 되지 않는다는 것이 대재판부의 결론이다.

Ⅳ. 판결의 시사점

대재판부가 제시한 '집단추방 금지 예외' 논리는 유럽 이민·난민 정책에 새로운 해석 지형을 열었다. 본 장에서는 (1) 스페인 국내 법제와 헌법재판소 판결에 미친 영향, (2) EU 회원국 전반에 나타나는 푸시백·봉쇄 정책 강화 경향, (3) 국제인권법 및 ECHR 체계와의 잠재적 충돌, (4) 궁극적으로 유럽의 난민 보호 체계에 제기되는 도전과제 등을 중점적으로 검토한다.

1. 스페인 헌법재판소의 대응과 국내 제도 변화

1) 헌법재판소 판결(2020년 11월)[11]

N.D.와 N.T. 사건에 대한 대재판부 판결 이후, 스페인 헌법재판소도 자국

11) Tribunal Constitucional(Pleno), Sentencia 172/2020, de 19 de noviembre.

이민법 개정안에 대해 "국경에서의 즉시 추방" 조항이 위헌인지 여부를 심리했다. 헌재는 대재판부 판결의 논리를 사실상 그대로 인용해, 합법적 망명 경로가 존재하는 한 국경 지대에서의 신속 추방(devoluciones en caliente)이 위헌이 아니라는 결정을 내렸다. 이는 멜리야·세우타 국경 등에서 비공식적으로 진행되던 푸시백 관행에 헌법적 정당성을 부여하는 결과로 이어졌다.

2) 멜리야 국경 통제의 제도화

이후 스페인 정부는 멜리야 국경에서 푸시백 조치를 더욱 공고화했다. 시빌 과르디아와 군의 역할이 크게 확대되었고, 고성능 감시 장비·울타리 시스템도 확충되었다. 더욱이 "합법적 절차를 우회해 폭력적으로 국경을 넘으려는 시도를 방지하는 것"이라는 명분 아래, 푸시백이 '공식적 대응 수단'으로 제도화되는 양상이 나타났다. 이는 과거에는 불분명하거나 초법적으로 여겨지던 단속이, 이제는 법제적으로 뒷받침되는 수준으로 자리 잡았음을 의미한다.

2. EU 회원국들의 푸시백·봉쇄 정책 강화 경향

1) 지중해·발칸 루트 국가들

그리스·이탈리아·헝가리 등 EU 외곽 국경을 맡는 국가들은 멜리야 사례와 유사하게, 해상 및 육상에서 난민과 이주민을 신속하게 되돌려 보내는 푸시백 방식을 더욱 자주 활용하고 있다. 특히 그리스－터키 국경에서는 난민 보트를 해상에서 발견할 시 엔진을 중단시키거나, 터키 쪽으로 강제로 되밀어내는 식의 푸시백 사례가 국제 NGO 보고서[12]에 반복해서 폭로되고 있다.

이들 국가는 N.D.와 N.T. 판결의 논리를 근거로 "망명 신청자들이 합법적 경로를 선택하지 않고 위험한 보트 항로를 택했다"라는 점을 부각하면서, 집단 추방 금지 위반이 아니라고 주장할 가능성이 커졌다. 결과적으로 국경 현장에

12) 이러한 보고서의 예로는 human rights watch의 Greece에 관한 보고서인 "Greece: Violence Against Asylum Seekers at Border(2020)"(https://www.hrw.org/news/2020/03/17/greece-violence-against-asylum-seekers-border)와 pushback 관행을 다룬 Amnesty International의 보고서 "Greece: Violence, lies, and pushbacks – Refugees and migrants still denied safety and asylum at Europe's borders"(https://www.amnesty.org/en/documents/eur25/4307/2021/en/) 등을 들 수 있다.

서 국가가 이주민을 물리적으로 저지하거나 되돌려 보내는 조치를 합리화하는 기제로 작동할 여지가 커진 셈이다.

2) '합법적 루트'를 형식적으로만 열어 두기

EU 회원국들은 일견 "대사관·영사관, 공식 국경검문소, 인도주의 비자 제도 등 합법 경로를 열어 두었다"라고 말하지만, 실제로 이를 통해 망명 절차를 제대로 이용하기란 서류 구비나 재정적·행정적 요건 등 현실적 장벽이 높아 쉽지 않다. 언어 장벽과 신분 서류 미비, 비자 발급 거부 등으로 인해 사하라 이남 출신 이주민이 현실적으로 공식 루트에 접근하기란 거의 불가능에 가깝다는 지적이 계속 제기된다. 그런데도 "합법 통로가 있었으나 당사자가 사용하지 않았다"라는 주장만으로 국가의 책임이 면제될 위험이 커졌다는 점이 이 판결이 난민의 권리 보호에 있어서 퇴보하였다고 평가받을 수 있다.

3. 국제인권법과 유럽인권협약 체계

1) 난민협약(1951)과 강제송환 금지 원칙

난민협약 제33조, 유럽인권협약 제3조에 규정된 강제송환 금지원칙은, 박해나 심각한 인권 침해 위험이 있는 국가로의 송환을 금지한다는 점에서 절대적 지위를 갖는 핵심 조항으로 평가된다. 그러나 푸시백 관행은 난민 신청자가 본인의 위험을 설명할 기회 자체를 박탈당하기 때문에, 결과적으로 박해 위험 지역으로 되돌려 보내는 결과를 초래할 우려가 크다.

N.D.와 N.T. 판결은 "합법적 신청 루트가 존재했다"라는 사실을 전제로 국가의 책임을 면제해 주었다. 문제는 실제로 그러한 루트가 존재하는지, 그리고 그 루트가 실질적으로 작동하는지에 대한 검증이 상당히 어렵다는 것이다. 국경에서 자의적 추방이 이루어지고 나면, 당사자가 박해 위험을 호소할 기회조차 없이 입증할 수 없어지는 악순환이 발생할 수 있다.

2) 유럽인권협약 제4의정서 제4조 해석의 변곡점

집단추방 금지 조항은 그동안 유럽인권재판소가 난민과 이주민 보호에 있어 가장 강력한 방어선으로 기능해 왔다. 그러나 N.D.와 N.T. 판결 이후 각국이

"이주민이 합법적 절차를 고의로 회피했다"라는 주장을 펴면, 집단추방 금지 적용이 까다로워지는 상황이 되었다. 이는 향후 유럽인권협약 체계 내에서 해당 조항의 실효성이 낮아질 가능성을 시사하며, 결과적으로 국경에서의 난민에 대한 절차적 보호가 약화할 수 있다.

4. 난민 보호 체계에 대한 함의

1) 푸시백 합리화와 '요새화된 유럽(Fortress Europe)'

N.D.와 N.T. 대 스페인 사건 판결은 망명 신청자가 국경 지대에서 곧바로 추방되더라도 일정 조건에서 국가 책임이 면제될 수 있음을 확인시켜 주었다. 이는 장기적으로 유럽의 국경이 '요새화'되는 경향을 강화한다. 인도주의적 고려보다 외부인(특히 비유럽 출신) 유입을 막는 안보 논리가 우선시되는 구조가 굳어지면서, 유럽 밖에서 온 난민이나 이주민이 합법적으로 망명 절차에 접근하기가 더욱 어려워질 수 있다.

2) 인권 보호의 '절차적 공백' 발생

국경에서 신속 조치나 간소화된 절차가 상시화되면, 실제로 보호가 필요한 난민이라 하더라도 본인의 사정을 제대로 밝힐 기회를 얻기 어렵다. 이들은 "합법 절차가 열려 있었다"라는 말만 듣고 즉시 되돌려 보내질 위험에 처한다. 이는 국제인권법이 요구하는 최소한의 절차적 권리가 현장에서 무력화되는 것을 의미한다.

3) 향후 정책 개선과 국제협력의 중요성

EU는 국경 관리와 난민 보호라는 이중 과제를 균형 있게 수행해야 한다는 압박에 놓여 있다. 단순히 국경을 열어 두는 것만이 해결책은 아니지만, 그렇다고 난민협약과 유럽인권협약의 기본 원칙을 훼손해서는 안 된다는 점이 핵심이다. 따라서 학계와 시민사회에서는 (1) 역외 망명 신청 센터의 실질적 접근성 개선, (2) 이주민에게 충분한 법률 정보와 통역 서비스를 제공할 체계 구축, (3) EU 회원국 간의 분산 수용과 책임 분담(burden-sharing) 메커니즘 강화 등을 핵심 대안으로 제시하고 있다.

기후 위기와 지역 분쟁 등으로 인해 강제 이주가 계속 증가할 가능성이 큰 시대적 흐름을 고려할 때, 유럽 인권협약 체계를 준수하며 인권 친화적이고 실효성 있는 해법을 마련하는 일은 단지 특정 국가의 문제가 아니라 국제 사회가 함께 고민해야 할 긴급 의제가 되었다. EU의 새로운 이주·망명 협정이 현실적인 제도 개혁과 인권 보호 강화를 조화롭게 달성할 수 있을지, 그리고 각 회원국이 이를 성실히 이행할 의지가 있는지가 관건이다.

V. 결 론

N.D.와 N.T. 대 스페인 사건 판결은 '집단추방 금지' 원칙에 대한 유럽인권재판소의 해석에 분명한 변화를 가져왔다. 대재판부는 "합법 루트가 마련되어 있는데도 이를 이용하지 않은 이주민에게까지 국가가 개별 심사를 제공할 절대적 의무는 없다"라는 논리를 제시함으로써, 국경에서 이뤄지는 푸시백 조치가 일정 부분 정당화될 수 있는 길을 열어 준 것이다. 이는 망명 신청자의 입장에서 보면, 국경 지역에서 적법 절차에 진입하기가 더욱 어려워졌다는 뜻이기도 하다.

이 판결의 직접적 후속 효과로, 스페인 헌법재판소는 국경에서의 즉시 추방을 합헌이라 인정했고, 다른 EU 회원국들도 푸시백을 제도화하거나 봉쇄 조치를 강화하는 추세가 뚜렷해지고 있다. 이는 난민 보호 시스템에 대한 추가 압박으로 작용하여, 국제인권법과 유럽 인권협약 체계가 지향해 온 기본 원칙인, 특히 강제송환 금지와 절차적 권리 보장을 실질적으로 약화할 수 있다는 우려를 낳는다.

결국 가장 중요한 문제는 국경 통제라는 국가 주권적 목적과 난민 보호라는 국제인권법적 의무를 어떻게 조화롭게 결합할 것인가에 달려 있다. 푸시백 관행은 당장 이주민 유입을 줄이는 데 효과적일 수 있으나, 망명 절차의 진입 자체를 봉쇄함으로써 보호가 필요한 개인을 무차별적으로 배제하고, 국제인권법 체계의 근간을 잠식할 위험을 안고 있다. 따라서 N.D.와 N.T. 판결이 남긴 법적·제도적 여파를 면밀히 추적하고, 이주민 인권과 국가 안보가 균형을 이룰 수 있도록 기존 절차를 보완하는 후속 노력이 시급하다.

단기적으로는 국경 지대에서 망명 신청을 원하는 이주민에게 최소한의 정보 제공, 통역, 변호인 조력 기회를 의무화하고, 모든 추방 조치에 대해 실질적인 항고 가능성을 열어 두는 제도 장치가 마련되어야 한다. 장기적으로는 EU 회원국 간 난민 분담 시스템, 역외 망명 신청 센터의 실효적 운영, 기후난민에 대한 인도주의적·법적 보호 확대 등, 근본적이면서도 국제적 차원의 연대와 협력이 필수적이다.

궁극적으로 N.D.와 N.T. 판결은 강제송환 금지와 집단추방 금지라는 난민 보호의 핵심 원칙들이 '합법적 경로 vs. 불법 진입'이라는 프레임에 의해 제한적으로 재해석되는 전환점을 보여 주었다. 그러나 이는 인권 보장 체계가 단순히 절차적 편의를 위해 훼손되어도 좋은가라는 심각한 질문을 던진다. 기후 위기와 지역 분쟁의 장기화로 이주민 이동이 꾸준히 늘어날 전망 속에서, 유럽인권재판소와 회원국들이 기존 원칙을 어떻게 재조정하고 실효성 있게 지킬 것인지가 EU뿐 아니라 국제사회의 핵심 과제로 부상하고 있다. 인권의 보편적 가치를 유지하면서도 현실적인 국경 관리 체계를 구축하기 위한 노력이, 지금보다 훨씬 더 치열하게 요구되는 시점이다.

관련 판례 Hirsi Jamaa and Others v. Italy 사건(ECtHR, 2012)

1. 사건 개요 및 배경

1) 사실관계

- 발단: 2009년 5월, 소말리아와 에리트레아 출신 등 아프리카 이주민 200여 명이 리비아에서 보트를 타고 출항하여 이탈리아로 향하던 중, 지중해 해역에서 이탈리아 해안경비대에게 구조(또는 단속)되었다.
- 이탈리아 당국의 조치: 구체적인 망명 절차나 난민 신청 안내 없이, 이탈리아 당국은 이 이주민들을 공해상에서 곧바로 리비아로 돌려보냈다. 당시 이주민들은 이탈리아 선박에 일시적으로 올라탔지만, 신원 조사나 망명 신청 절차가 이뤄지지 않은 채 리비아 측에 인계되었다.
- 소송 제기: 이후 일부 이주민은 유럽인권재판소(ECtHR)에 제소하여, 이탈리아 정부가 유럽인권협약(ECHR) 제3조(비인도적 처우 금지) 및 제4의정서 제4조(집단추방 금지) 등을 위반했다고 주장했다.

2) 맥락: 이탈리아의 '리비아 해상 푸시백' 정책

이 사건은 이탈리아가 당시 카다피 정권(리비아)과 이주 협정을 맺고, 지중해에서 구조된 이주민들을 바로 리비아로 송환·인계했던 '해상 푸시백' 정책과 직결되어 있다.

리비아가 난민협약 비준국이 아닐 뿐 아니라, 억류 시설에서의 인권 침해가 만연하다는 사실이 국제 사회에 널리 알려진 상황에서, 이탈리아가 강제 송환을 시도한 점이 인권단체들의 강한 비판을 받았다.

2. 유럽인권재판소 판결(2012)

1) 국가 관할권 인정

- 이탈리아 관할권 성립: 이탈리아 정부는 공해상에서 발생한 일이라는 점을 들어 자국 관할권이 미치지 않는다고 주장했다. 그러나 재판소는 "이탈리아 해안경비대가 실질적으로 난민 보트를 통제·관리했으므로, 이는 이탈리아 관할권 행사에 해당한다"라고 판단했다.

  이는 후에 N.D.와 N.T. 대 스페인 사건에서도 국경 울타리 안에 들어온 이주민을 체포한 순간 관할권이 발생한다고 본 논리와 일맥상통한다.

2) 제3조(비인도적 처우 금지) 위반

재판소는 리비아로의 강제송환이 이주민들에게 비인간적·굴욕적 처우를 받을 실질적 위험, 또는 추후 본국으로 다시 송환될 위험을 초래할 수 있다고 보았다. 난민협약 미비준국인 리비아의 구금 시설에서 수감자들이 심각한 폭력·고문을 당할 가능성이 존재한다는 사실이 이미 광범위한 증거로 입증되어 있었다.

- 강제송환 금지(non-refoulement) 원칙: 제3조 해석을 통해, 잠재적으로 박해 또는 비인도적 처우 위험이 있는 지역으로 송환돼서는 안 된다는 원칙이 재차 확인되었다.

3) 제4의정서 제4조(집단추방 금지) 위반

재판소는 "개별 심사 없이 일괄적으로 리비아로 돌려보낸 행위"가 곧바로 집단추방에 해당한다고 지적했다. 이주민 개개인의 상황(예컨대 망명 사유, 박해 위험 여부)을 전혀 고려하지 않고, 단지 '리비아발 보트'라는 이유만으로 집단 단위 송환을 결정한 것은 협약 위반이라는 취지였다.

이러한 판단은, 추방 전 이주민에게 "실질적이고 효과적인" 법적 보호와 절차적 보장이 제공되어야 한다는 점을 강하게 환기시켰다.

4) 제13조(효과적 구제수단) 관련 문제

이탈리아 당국은 보트 탑승자들에게 항고 기회나 변호인 조력, 난민 신청 안내를 전혀 제공하지 않았다. 재판소는 "추방 관련 결정을 이의 제기 없이 즉시 집행했다"는 점에서 제13조 위반 가능성을 언급했다.

다만 이 사건에서는 제3조·제4의정서 제4조에 대한 위반 확인이 핵심이었고, 제13조는 사실상 이를 뒷받침하는 보충적 쟁점으로 다뤄졌다.

3. 판결의 시사점 및 분석

1) 해상에서의 푸시백과 관할권

Hirsi Jamaa 사건은 국가가 해상에서 실시하는 푸시백이라 해도, 실질적으로 이주민·난민을 통제하는 상황이라면 ECHR 관할권이 성립한다는 점을 명확히 했다.

이는 육상 국경에서 벌어지는 푸시백(스페인-모로코, 그리스-터키 등)에도 그대로 적용될 수 있는 보편 원칙을 제시한 것이어서, 이 후속 판례들(N.D. 및 N.T. 사건 포함)에서도 주요 근거로 활용되었다.

2) 집단추방 금지의 '절대성'

재판소는 Hirsi Jamaa 판결에서, "개별 심사 없는 대규모 강제송환은 집단추방 금지 조항 위반"이라는 기준을 비교적 엄격하게 확립했다.

이 점이 후일 N.D.와 N.T. 대 스페인 사건에서 대재판부가 '합법적 경로를 스스로 회피한 경우 예외를 인정'하는 방향으로 결론을 내린 것과 대조를 이룬다. 학계나 시민단체에서는 Hirsi Jamaa 판결이 보여 준 엄격 해석이 오히려 N.D.·N.T. 사건에서 한층 완화된 것이 아닌가 하는 우려를 제기한다.

3) 강제송환 금지(non-refoulement) 원칙의 재확인

재판소는 Hirsi Jamaa 사건을 통해, 망명 신청자의 박해 위험을 평가하지 않은 채 이루어지는 송환은 ECHR 제3조에서 금지하는 비인도적 처우로 이어질 수 있음을 다시 한 번 분명히 밝혔다.

난민협약(1951)과 ECHR이 모두 보호 의무를 명시하고 있으므로, 국가가 어떤 방식으로든 이를 우회해 '집단 단위'로 돌려보내는 것은 심각한 문제라는 점이 강조되었다.

4) EU 이주·난민 정책에 미치는 영향

Hirsi Jamaa 사건은 이탈리아 정부가 리비아와 체결했던 '이주 협정'의 타당성에 직접적

인 의문을 던졌고, 나아가 EU 전체가 추진하던 '외부 국경 강화 정책'에 대한 비판적 시각을 확산시켰다.

그럼에도 이후에도 유럽 각국이 해상·육상 푸시백을 이어 나간 데서 알 수 있듯, 실제 정책 변화로 연결되는 데에는 한계가 있었다. Hirsi Jamaa가 엄격 기준을 제시했지만, 회원국들은 이를 우회하기 위한 다양한 시도를 계속하고 있기 때문이다.

4. 결론

Hirsi Jamaa and Others v. Italy 사건은 해상에서 이루어진 푸시백이 유럽인권협약의 집단추방 금지, 비인도적 처우 금지, 그리고 효과적 구제수단 보장의 원칙을 정면으로 위반한 판례로서, 유럽 인권협약 체계 내에서 이주민 보호가 어떻게 적용되어야 하는지 매우 중요한 기준점을 마련했다는 데 의의가 있다.

특히 국가가 영해 안팎을 불문하고 이주민에 대한 실질적 통제를 행사한다면, 곧바로 자국 관할권이 미치며, 따라서 유럽인권협약의 절차적·실질적 보호 의무를 다해야 한다는 점을 명확히 했다. 또한 개별 심사 없이 대규모로 송환하는 것은 "형식상 국경 밖이라 해도 집단추방에 해당한다"라는 판단을 통해, 난민협약과 유럽인권협약이 요구하는 강제송환 금지원칙을 재확인하였다.

이러한 판결에도 불구하고 N.D.와 N.T. 대 스페인 사건 등 이후 판례에서 집단추방 금지 예외가 일부 인정되는 등, 푸시백을 둘러싼 논쟁은 더욱 복잡해지고 있다. 그럼에도 Hirsi Jamaa 판결은 오늘날까지 국경·해상 푸시백이 유럽 인권협약 정신에 부합하는지를 평가할 때 빠짐없이 인용되는 핵심 판례이자, 국제인권법상 강제송환 금지 원칙이 지닌 절대적 중요성을 다시금 환기해 주는 준거점으로서 자리하고 있다.

▌주요 참고문헌

Ⅰ. 유럽인권재판소 판례 및 보고서

Amnesty International, "Greece: Violence, lies, and pushbacks – Refugees and migrants still denied safety and asylum at Europe's borders" (2021).

European Court of Human Rights (Grand Chamber), Case of N.D. and N.T. v. Spain, Applications nos. 8675/15 and 8697/15, Judgment of 13 February 2020.

European Court of Human Rights (Grand Chamber), Case of Hirsi Jamaa and Others v. Italy, Application no. 27765/09, Judgment of 23 February 2012.

European Court of Human Rights (Grand Chamber), Case of Khlaifia and Others v. Italy, Application no. 16483/12, Judgment of 15 December 2016.

https://www.amnesty.org/en/documents/eur25/4307/2021/en/

Human Rights Watch, "Greece: Violence Against Asylum Seekers at Border" (2020). https://www.hrw.org/news/2020/03/17/greece-violence-against-asylum-seekers-border

Tribunal Constitucional (Pleno), Sentencia 172/2020, de 19 de noviembre.

Ⅱ. 논문

Stumpf, Juliet. "The Crimmigration Crisis: Immigrants, Crime, and Sovereign Power." American University Law Review 56, no. 2 (December 2006): 367-419.

제11장

여성에 대한 폭력

Ⅰ. 서 론

전 세계적으로 여성에 대한 젠더 기반 폭력은 심각한 인권 침해로 자리 잡고 있다. 여성들은 신체적, 성적, 정서적, 그리고 디지털 공간에서의 폭력 등 다양한 형태의 폭력에 노출되고 있으며, 이러한 폭력은 단순한 범죄 행위를 넘어 사회 전반에 내재한 불평등한 성별 권력관계를 재생산하는 역할을 한다. 세계보건기구(WHO)에 따르면, 전 세계 여성의 3분의 1이 신체적 또는 성적 폭력을 경험했으며, 이러한 폭력은 여성의 신체적·정신적 건강뿐만 아니라 사회적 지위와 경제적 안정에도 치명적인 영향을 미친다.

특히 젊은 여성들은 가정, 직장, 공공장소뿐만 아니라 디지털 공간에서도 젠더 기반 폭력에 직면하고 있다. 디지털 기술의 확산과 함께, 사이버 스토킹, 개인정보 유출, 온라인상에서의 성적 비방과 협박 등 새로운 유형의 폭력이 급증하고 있다. 이는 여성들이 일상생활뿐 아니라 온라인 활동에서도 불안과 두려움에 시달리게 만들며, 폭력의 영향 범위를 시간적·공간적으로 확장한다. 이러한 디지털 폭력은 물리적 폭력과 결합할 때 피해의 심각성이 더욱 배가되는 특성을 보인다.

국제사회는 여성에 대한 젠더 기반 폭력을 개인적 갈등이나 사적 문제로 간주하는 것을 넘어, 이를 인권 침해로 명시적으로 규정하며 국가의 책임을 강조하고 있다. 유럽인권재판소는 여러 판례를 통해 국가가 젠더 기반 폭력을 예방하고 피해자를 보호하기 위한 '적극적 의무'를 부담한다는 점을 분명히 해왔다. 예를 들어, 2007년 선고된 콘트로바 대 슬로바키아 사건[1]은 가정폭력을 국

1) European Court of Human Rights, Kontrová v. Slovakia, Application No. 7510/04, Judgment

가의 적극적 개입을 요구하는 인권 침해로 인정한 중대한 사례였다. 이 사건에서 피해 여성은 경찰에 지속해서 가정폭력을 신고했음에도 적절한 보호조치를 받지 못했고, 결국 치명적인 범죄로 이어졌다는 점에서 국가의 책임이 인정되었다. 이는 가정폭력이 더 이상 '사적인 영역'에서 발생하는 단순 분쟁이 아니라, 국가가 직·간접적으로 개입하여 예방과 보호조치를 취해야 하는 공적 과제임을 확인해 준 중요한 판결이다.

그 이후로 유럽인권재판소는 여성에 대한 폭력을 다룬 다양한 판례를 통해, 젠더 기반 폭력이 개인의 인권을 어떻게 침해하는지 심도 있게 논의해 왔다. 특히 볼로디나 대 러시아 사건[2]은 디지털 공간에서 발생하는 폭력과 사생활 존중권의 침해 문제를 연결 짓고, 젠더 기반 폭력이 여성에 대한 차별적 성격을 지니고 있음을 강조한 매우 의미 있는 판례로 평가받고 있다. 이 사건은 가정폭력과 디지털 폭력이 결합하여 여성의 삶 전반에 걸쳐 심각한 피해를 지속해서 발생시킬 수 있음을 보여 주었으며, 국가가 물리적 공간뿐 아니라 디지털 영역에서도 피해자를 보호할 책임이 있음을 명확히 한 판례로 자리 잡았다.

본 장에서는 이러한 맥락에서 여성에 대한 젠더 기반 폭력이 가지는 사회적·법적 함의를 살펴보고, 특히 디지털 시대에 새롭게 드러난 사이버 폭력 문제와 국제인권 체계가 이를 어떻게 다루고 있는지 고찰하고자 한다. 젠더 기반 폭력은 단순히 특정 여성 개인에게 가해지는 문제가 아니라, 구조적 성차별과 불평등이 복합적으로 작용하는 사회적 현상이다. 따라서 이를 규제하고 피해자를 보호하기 위해서는 법적 대응뿐 아니라, 사회적 인식 변화와 다각적인 예방 노력이 요구된다. 이하에서는 유럽인권재판소의 판례를 중심으로 여성에 대한 젠더 기반 폭력이 어떤 방식으로 진화·확장되며, 국제인권법이 이를 어떤 태도로 다루고 있는지 소개한다. 나아가 이러한 폭력에 대한 법적·사회적 대응 방안을 모색하고, 피해자의 권리를 효과적으로 보호하기 위한 지속적인 논의의

---

of 31 May 2007.

2) Volodina v. Russia 판결은 2019년의 첫 번째 판결과 2021년의 두 번째 판결이 있는데, 2019년 판결에서는 국가가 전통적 가정폭력 피해자를 보호하지 못한 점을 중심으로 판단하였고, 2021년 판결에서는 디지털 폭력의 피해를 집중적으로 다루었다(European Court of Human Rights, Volodina v. Russia(No. 1), Application no. 41261/17, Judgment of 9 July 2019. & European Court of Human Rights, Volodina v. Russia(No. 2), Application no. 40419/19, Judgment of 14 September 2021).

출발점을 제공하고자 한다.

II. 여성에 대한 폭력의 법적 정의와 범위

1. 여성에 대한 폭력의 개념

1) 국제적 정의와 배경

여성에 대한 폭력은 사회 전반에 만연한 인권 침해 현상으로, 다양한 역사·문화적 맥락 속에서 꾸준히 문제시되었다. 국제사회는 여성에 대한 폭력을 근본적으로 '인권 침해'로 규정하며, 이를 단순히 사적 영역에서 발생하는 범죄가 아닌, 구조적 성 불평등에서 비롯된 젠더 기반 폭력(gender-based violence)으로 이해한다.

유엔(UN)은 1993년 채택한 '여성에 대한 폭력 철폐 선언'[3]에서 여성에 대한 폭력을 "여성에게 신체적·성적·정신적 피해를 초래하거나 그럴 가능성이 있는 모든 폭력 행위, 강압 또는 자의적 자유 박탈 행위"로 정의했다. 이는 기존에 주로 가정폭력이나 성폭력 등 물리적 형태의 폭력만이 문제시되던 사회 인식을 확장하여, 성적·심리적 폭력, 강압, 위협 등의 비신체적 형태까지 폭넓게 포괄하고자 한 국제사회의 노력이 반영된 결과이다.

또한 유엔 여성차별철폐위원회는 일반권고 제19호[4]와 제35호[5] 등을 통해, 여성에 대한 폭력이 여성 차별의 한 형태이자, 여성의 인권과 기본적 자유를 심각하게 침해한다는 점을 강조해 왔다. 이는 여성에 대한 폭력이 사회적·구조적 차별의 결과임을 공식적으로 확인함과 동시에, 각국 정부에 여성 폭력 근절을 위한 입법·사법·행정적 조치를 취할 의무가 있음을 시사한다.

---

3) United Nations, Declaration on the Elimination of Violence against Women, adopted by General Assembly resolution 48/104 of 20 December 1993. Available at: https://www.ohchr.org/en/instruments-mechanisms/instruments/declaration-elimination-violence-against-women

4) CEDAW Committee, General Recommendation No. 19: Violence against women, UN Doc. A/47/38 (1992).

5) Committee on the Elimination of Discrimination against Women, General Recommendation No. 35 on gender-based violence against women, updating General Recommendation No. 19, UN Doc. CEDAW/C/GC/35(26 July 2017).

2) 젠더 기반 폭력으로서의 여성 폭력

'젠더 기반 폭력'이란 용어는 여성이 경험하는 폭력이 불평등한 성별 권력 관계에서 기인한다는 점에 착안하여, 여성에 대한 폭력을 남성 대 여성의 개인 간 문제로 환원하기보다 사회 구조적 맥락에서 이해하려는 개념적 전환을 담고 있다. 즉, 여성을 대상으로 한 폭력은 단순한 물리적 폭행이나 범죄 행위가 아니라, 사회와 문화 전반에 내재한 성별 위계와 차별을 강화하는 방편으로 기능한다는 것이다. 이는 가정, 직장, 공적 공간뿐만 아니라 디지털 공간에서도 동일하게 적용된다.

젠더 기반 폭력은 신체적 폭력, 성적 학대, 정신적 학대, 경제적 통제 등 다양한 방식으로 나타날 수 있으며, 해당 폭력이 여성에게 미치는 영향 또한 복합적이다. 더욱이 폭력을 가한 가해자가 피해자와 친밀한 관계(배우자, 연인, 동거인 등)일 경우, 피해자가 사건을 신고하거나 도움을 구하기 어려워지는 경향이 있어 폭력이 더욱 은폐되고 지속될 위험이 크다.

3) 디지털 시대와 여성에 대한 사이버 폭력

디지털 기술이 급격히 발전하면서, 여성에 대한 폭력 역시 사이버 공간을 매개로 더욱 다양하고 교묘한 방식으로 확장되고 있다. 대표적인 예로 해킹, 사칭, 사이버 스토킹, 악의적 콘텐츠 유포 등이 있으며, 이는 물리적 공간에서의 폭력과 맞물려 피해를 더욱 심화시키기도 한다.

- 사이버 스토킹: SNS나 메신저를 통해 상대를 집요하게 추적·괴롭히고, 개인정보를 무단으로 수집·공개하는 행위
- 사칭 및 악의적 계정 생성: 피해자의 사진이나 신상 정보를 도용하여 계정을 개설하고, 타인을 기만하거나 비방하는 행위
- 불법 촬영 및 유포: 피해자의 동의 없이 촬영한 사진·영상 등을 인터넷이나 SNS에 유포하여 명예훼손과 심리적 고통을 유발하는 행위

특히 사이버 공간에서의 폭력은 24시간 내내 언제든 이루어질 수 있는 특성 때문에, 피해자가 불안감에서 벗어나기 어려우며 2차·3차 피해로 이어질 가능성이 크다. 이에 대한 사회적 경각심을 높이고, 디지털 폭력에 특화된 예방

및 보호 체계를 마련하는 것이 시급하다.

2. 젠더 기반 폭력의 유형

1) 신체적 폭력

신체적 폭력은 타인의 몸에 물리적으로 해를 가하는 모든 행위를 말한다. 여성에 대한 신체적 폭력은 가정폭력(배우자폭력)을 비롯하여 공공장소에서의 무차별적 폭행 등 다양한 형태로 나타난다. 국제인권 규범상 이러한 폭력은 피해자의 존엄성 및 건강권을 심각하게 침해하는 인권 침해로 간주한다.

2) 성적 폭력

성폭력은 여성의 성적 자기 결정권을 침해하는 모든 행위를 포함한다. 여기에는 강간, 준강제적 성관계, 성희롱, 직장 내 성적 강요 등이 포함될 수 있다. 젠더 기반 폭력 중에서도 성폭력은 발생 빈도가 높고 은폐 가능성이 큰 범죄 유형 중 하나로, 여성의 신체적·정신적 건강에 장기적·심각한 피해를 준다. 또한 피해자가 신고를 망설이거나 2차 피해를 우려해 문제 제기를 포기하는 예도 많다. 성폭력은 피해자가 일상생활에서 지속적인 공포감과 불안을 경험하게 만들며, 법적·의료적 지원 및 심리적 치유가 필수적으로 뒤따라야 한다.

3) 심리적 폭력

심리적 폭력은 언어적 모욕, 위협, 감정적 학대, 모멸감 조성 등을 통해 피해자를 정신적으로 괴롭히는 행위를 의미한다. 예컨대 배우자나 연인이 상대를 지속해서 비하하거나 협박함으로써 불안과 두려움을 야기하고, 피해자의 자존감을 저하한다면 이는 심리적 폭력으로 간주할 수 있다. 심리적 폭력은 외관상 드러나는 상처가 없다는 이유로 간과되는 경우가 많지만, 장기적으로 피해자의 정신건강과 사회적 기능을 심각하게 저해할 수 있다.

4) 경제적 폭력

경제적 폭력은 피해자가 경제적 자원을 독립적으로 확보하거나 관리하지 못하도록 제한하는 행위를 말한다. 배우자나 가족이 여성의 소득을 가로채거나, 고용 및 진학 기회를 박탈하는 행위 등이 이에 속한다. 이는 피해자가 가정 내에서 경제적으로 종속되어 폭력 관계에서 쉽게 벗어나기 어려운 구조를 고착화하며, 폭력의 지속성을 높인다.

5) 사이버 폭력

사이버 폭력은 디지털 기기를 통해 이루어지는 각종 폭력적 행위를 모두 아우르는 개념으로, 특히 젊은 여성과 청소년에게 그 피해가 두드러진다. 인터넷이나 SNS상의 익명성이 악용되면서 피해자는 가해자를 정확히 특정하기 어려워지고, 불법 촬영물 유포나 사이버 스토킹, 전자적 통신 수단을 통해 반복적이고 지속적으로 특정인을 괴롭히는 행위를 일컫는 사이버 불링(cyberbullying) 등 새로운 형태의 폭력이 등장함에 따라 법적·제도적 대응이 더욱 복잡해졌다.

- 사이버 스토킹, 협박: 온라인상에서 위협적 메시지를 반복적으로 보내 심리적 위협을 가하는 행위
- 음란물·불법촬영물 유포: 피해자의 의사에 반해 특정 이미지를 인터넷에 게시하거나 타인에게 공유하는 행위
- 악의적 댓글: 익명성 뒤에 숨어 집단적 비방·비하 발언을 퍼붓는 사이버 집단 폭력 행위

이러한 사이버 폭력은 피해자가 자력으로 해결하기 매우 어려운 경우가 많으며, 확산 속도가 빠르고 '잊힐 권리'가 보장되기 어렵다는 점에서 한층 위협적이다. 따라서 수사기관, 시민사회, 플랫폼 운영사 등 여러 주체가 긴밀히 협력하여 신속·적극적인 대응 전략을 마련할 필요가 있다.

3. 젠더 기반 폭력에 대한 법적·제도적 대응의 중요성

1) 국가의 책무와 국제인권 규범

여성에 대한 폭력을 방지하고 피해자를 보호하며 가해자를 처벌하는 것은 국가의 기본적 책무로 인식된다. 이는 유엔의 「여성에 대한 폭력 철폐 선언」,[6)]

6) United Nations General Assembly, Declaration on the Elimination of Violence against Women, A/RES/48/104, 20 December 1993.

「베이징 행동강령(1995)」,[7] 유럽평의회의 「이스탄불 협약(2011)」[8] 등 국제 문서에서 반복해서 강조되고 있다. 한국을 비롯한 여러 국가가 여성차별철폐협약[9]을 비준함에 따라, 여성 폭력 근절을 위한 적극적 입법 조치와 정책 추진, 사법적 구제 절차 마련 등이 요구된다.

2) 법률 제정과 형사사법 체계의 개선

여성 폭력을 효과적으로 규제하기 위해서는 해당 폭력 유형들을 명확히 정의하고 처벌 근거를 마련하는 입법이 필수적이다. 가정폭력처벌법, 성폭력처벌법, 스토킹처벌법 등 일부 영역에서 이미 별도의 법률이 시행되고 있으나, 사이버 폭력 등 신종 범죄 유형에 대한 입법 공백과 제재 수단의 미비가 지적되고 있다.

더 나아가 형사사법 체계 내에서 피해자 보호를 위한 절차적 장치(2차 피해 방지, 의료·심리지원 등)와 가해자 처벌의 실효성을 높이는 방안이 마련되어야 한다. 특히 디지털 증거 확보와 온라인 불법 촬영물의 신속한 삭제·차단을 위한 기술적·제도적 대응이 매우 중요하며, 수사기관의 전문성을 높이는 교육과 국제 공조 체계 구축도 병행되어야 한다.

3) 예방 교육 및 사회적 인식 제고

여성에 대한 폭력을 근절하기 위해서는 사후 처벌뿐만 아니라, 사회 전반의 인식 변화를 꾀하는 예방 교육이 필수적이다. 학교 교육과 직장 내 성희롱 예방 프로그램, 미디어 캠페인 등을 통해 성평등 관점에서 폭력의 문제를 다루고, 젠더 기반 폭력이 일상적인 차별과 편견 속에서 발생·지속된다는 사실을 널리 알릴 필요가 있다. 특히 디지털 네이티브 세대를 대상으로 한 온라인 윤리 교육과 성평등 교육을 조기에 실시하여, 사이버 공간에서도 타인의 인권을 존중하고 폭력적 행위를 예방하는 문화를 조성해야 한다.

---

7) United Nations, Beijing Declaration and Platform for Action, adopted at the Fourth World Conference on Women, Beijing, 4-15 September 1995.

8) Council of Europe, Convention on Preventing and Combating Violence against Women and Domestic Violence(Istanbul Convention), CETS No. 210, Istanbul, 11 May 2011.

9) United Nations, Convention on the Elimination of All Forms of Discrimination against Women (CEDAW), adopted 18 December 1979, entered into force 3 September 1981.

4. 여성에 대한 폭력 근절을 위한 법적 제도

1) 국제협약

국제적으로, 여성에 대한 폭력 근절을 위한 대표적인 협약은 '여성에 대한 모든 형태의 차별 철폐 협약(CEDAW)'[10]이다. 이 협약은 1981년 발효된 이후, 189개 국가가 비준한 거의 보편적인 국제인권 협약으로 자리 잡았다. CEDAW는 국가들이 여성에 대한 폭력을 차별 행위로 인식하고, 이를 방지하기 위한 법적·제도적 장치를 마련할 것을 요구하고 있다.

또한, '이스탄불 협약'[11]은 유럽 내에서 여성에 대한 폭력과 가정폭력을 예방하고, 가해자를 처벌하며 피해자를 보호하는 것을 목표로 한다. 이 협약은 체약국들에 폭력 예방 및 피해자 보호를 위한 구체적인 의무를 부과하고 있으며, 국제적 차원에서의 협력을 강조한다. 이스탄불 협약은 유럽평의회 소속 국가들을 중심으로 체결된 조약이지만 국제적으로 여성폭력 방지 분야에서 중요한 국제 기준으로 많이 인용되고 있다.

2) 지역적 및 국가적 대응

지역적으로는 1994년 '벨렘두파라 협약'[12]이 미주 지역에서, 2003년 '마푸토 의정서'[13]가 아프리카에서 여성 폭력을 예방하고 퇴치하기 위한 중요한 협약으로 기능하고 있다. 이러한 협약들은 각 지역의 문화적, 사회적 배경에 맞춘 법적 대응을 강조하며, 여성 폭력에 대한 다양한 차원의 접근 방식을 제공한다.

여성에 대한 젠더 기반 폭력은 단순한 범죄를 넘어서 젠더 불평등과 구조적 차별의 산물로 이해되어야 한다. 국제적, 지역적 법적 제도들은 이러한 폭력

---

10) United Nations, Convention on the Elimination of All Forms of Discrimination against Women (CEDAW), adopted 18 December 1979, entered into force 3 September 1981.

11) Council of Europe, Convention on Preventing and Combating Violence against Women and Domestic Violence (Istanbul Convention), CETS No. 210, Istanbul, 11 May 2011(이 협약은 터키 이스탄불에서 열린 유럽평의회 회의에서 처음 채택되었기 때문에 '이스탄불 협약'으로 불리며, 유럽평의회 소속 국가들을 중심으로 체결된 조약이다).

12) Inter-American Convention on the Prevention, Punishment and Eradication of Violence against Women("Convention of Belém do Pará"), adopted 9 June 1994, entered into force 5 March 1995, Organization of American States (OAS).

13) Protocol to the African Charter on Human and Peoples' Rights on the Rights of Women in Africa("Maputo Protocol"), adopted 11 July 2003, entered into force 25 November 2005, African Union (AU).

의 근절을 위해 중요한 역할을 하고 있지만, 여전히 많은 국가에서 제도적 허점과 이행의 어려움이 존재한다. 젠더 기반 폭력을 근절하기 위해서는 국가의 적극적인 개입, 법적 보호, 그리고 사회 전반의 인식 변화가 필수적이다.

5. 소결론

여성에 대한 폭력은 개인적 차원을 넘어 사회적·구조적 문제이며, 국가와 지역사회의 포괄적 대응이 필요한 영역이다. 국제인권 규범은 여성 폭력을 인권 침해로 명시하면서, 각국이 이를 예방·규제하고 피해자를 보호하며 가해자를 처벌할 의무가 있음을 강조해 왔다. 한국을 비롯한 여러 국가에서 가정폭력, 성폭력, 사이버 폭력 등에 관한 법·제도적 장치를 마련하고 있으나, 피해 지속성과 온라인 불법 촬영, 사이버 스토킹 등과 같은 새로운 폭력 유형의 등장으로 인해 현장에서의 보호와 예방이 여전히 미흡하다는 지적이 나온다.

이에 대응하기 위해서는 다음과 같은 노력이 요구된다.

- 입법 공백 해소: 신·변종 사이버 폭력에 대한 정의와 처벌 규정을 보완하고, 폭력 예방·피해 지원 체계를 강화한다.
- 사법 체계 개선: 수사기관 및 사법부의 전문성을 높여, 디지털 범죄 증거 확보와 피해자 보호가 신속하고 효율적으로 이루어지도록 한다.
- 사회적 인식 전환: 교육, 미디어, 시민사회 활동 등을 통해 여성 폭력이 사회 전체의 책임이라는 인식을 확산시키고, 성평등 문화를 정착시킨다.

여성에 대한 폭력은 인권 침해이자 성차별적 구조가 만들어낸 산물로, 이를 해결하기 위해서는 적극적인 법적·제도적 수단과 더불어 성평등 의식을 확산시키는 장기적 노력이 함께 이루어져야 한다. 디지털 시대의 도래로 폭력의 공간이 오프라인에서 온라인으로 확장된 만큼, 국제인권 규범이 제시하는 원칙과 각국의 입법·정책 경험을 토대로 다차원적인 대응 전략을 마련하는 것이 시급하다. 이러한 노력은 여성의 인권과 안전을 보장할 뿐 아니라, 사회 전체의 지속 가능한 발전과 민주주의 가치를 수호하는 기반이 될 것이다.

Ⅲ. 유럽인권재판소의 볼로디나 대 러시아 판결(제2호)[14)]

1. 사실관계: 가해자의 디지털 스토킹과 국가의 부실 대응

1) 사이버 폭력의 주요 양상

이 사건은 러시아 국적 여성 볼로디나(이하 "청구인")와 아제르바이잔 출신 남성 S 간의 파탄 난 연인 관계에서 비롯되었다. 2014~2015년경, 두 사람의 관계가 악화하자 S는 물리적 폭력뿐만 아니라 인터넷과 SNS를 활용한 집요한 스토킹 및 신상 털기 행위를 벌였다. 청구인은 가해자의 폭력적 양상이 오프라인뿐 아니라 온라인에서까지 전방위적으로 이어지며 심각한 정신적·심리적 피해를 당하게 되었다고 주장하였다.

특히 가해자 S가 활용한 수법은 청구인의 소셜 미디어 계정 해킹, 개인정보 무단 유포, 가짜 프로필 생성, 협박성 메시지 전송, 비동의 사진·영상 공개 등으로 다양했다.

- 개인정보 유출: 청구인의 SNS(VKontakte, Instagram 등) 비밀번호를 알아내 주소, 전화번호, 가족관계 등 민감한 정보를 불특정 다수에게 유포
- 가짜 프로필 생성: 청구자의 신분을 도용하여 허위 계정을 만들고, 청구인의 사생활 사진을 올리거나 왜곡·비방 글 게재
- 온라인 스토킹 및 위협: SNS 메신저를 통해 "살해하겠다"라는 협박을 반복 전송하고, 청구인의 거주지 인근 사진 등을 언급하며 심리적 공포 조성
- 비동의 영상·사진 유포: 나체 사진을 동의 없이 게시하는 '디지털 성범죄' 행위

이러한 사이버 폭력은 물리적 폭력과 동등한 수준, 혹은 그 이상의 공포와 피해를 유발할 수 있다는 점에서 학계와 국제인권기구 모두 심각하게 바라보고 있다. 실제로 청구인은 S의 사이버 폭력으로 인하여 자신의 온라인 활동 전반이 위축되었고, 외부 이동 시에도 극도의 불안감을 느끼는 등 사회활동이 사실상 제한되었다고 진술하였다.

---

14) European Court of Human Rights, Volodina v. Russia(No. 2), Application no. 40419/19, Judgment of 14 September 2021.

2) 러시아 당국의 소극적 대응

볼로디나는 반복적으로 경찰에 도움을 요청하였으나, 러시아 사법당국은 디지털 증거 수집에 대한 전문성이 부족했을 뿐만 아니라, '구체적 위험성이 충분히 확인되지 않았다'는 이유로 사건 처리를 기각하거나 지연하였다.

- 2016년 초: 청구인이 SNS 해킹 및 협박에 대해 첫 신고를 했으나, 경찰은 "범죄 구성 요건이 불분명하다"라며 사건 접수 자체를 피하였다.
- 2017년 말: 개인정보 유출과 자택 주변 스토킹 등 가해자의 위협 행위가 반복되었음에도, 경찰은 "위협이 실제적이지 않다"라며 각하하였다.
- 2018년: 검찰이 개입해 예비 조사를 시작했으나, SNS 플랫폼 운영사나 ISP로부터 IP 주소, 로그 기록 등을 적극적으로 확보하지 않았고, 형사소송으로 이어질 수준의 피해가 입증되지 않았다는 판단을 유지하였다.

결과적으로 청구인은 국내 사법 시스템에서 충분한 보호와 구제를 받지 못했고, 이에 따라 유럽 인권협약 제34조[15]를 근거로 유럽인권재판소에 청구를 제기하게 되었다. 이로써 볼로디나 대 러시아 사건(제2호)은 유럽인권재판소에서 본격적인 심리 대상이 되었다.

2. 유럽인권재판소에서의 쟁점: 디지털 폭력과 인권조약 적용

1) 적용 조항

볼로디나 측은 유럽 인권협약(이하 "조약") 제2조(생명권), 제3조(고문 및 비인간적 처우 금지), 제8조(사생활 및 가족생활 존중) 등이 침해되었다고 주장하였다.

- 제2조(생명권): 비록 현재까지 실제 살해나 중상해가 발생하지는 않았으나, 가해자 S의 반복적 협박과 지속적 스토킹은 치명적 위해를 가할 수 있음이 충분히 예견된다. 그런데도 국가 기관이 적절히 대처하지 않는 것

15) 제34조는 재판소가 유럽 인권협약이나 그 의정서에 규정된 권리에 대한 고등계약당사국 중 어느 하나에 의해 침해받았다고 주장하는 개인, 비정부기구 또는 개인들의 집단으로부터 청구를 접수할 수 있다는 조항이다. (참고로 개인이 직접 재판소에 청구할 수 있는 유럽인권재판소와 비교하고, 미주 인권 체제에서는 개인이나 단체는 미주인권위원회에 청구할 수 있고 위원회가 미주인권재판소로 사건을 회부할 수 있다는 차이가 존재한다.)

은 생명권 보호 의무를 위반한 것으로 해석될 수 있다는 주장이다.

- 제3조(고문 및 비인간적 처우 금지): 가해자의 협박과 디지털 성범죄가 장기간 반복되었고, 정신적·심리적 고통이 심각하다는 점에서, 이는 단순한 폭언을 넘어 비인간적 처우로 볼 여지가 있다. 유럽인권재판소는 신체적 고통뿐 아니라 심리적·정신적 학대도 제3조 위반이 될 수 있음을 과거 판례들을 통해 인정해 왔다.
- 제8조(사생활 및 가족생활 존중): 신상 털기, 비동의 사진 유포 등은 청구인의 사생활권을 직접적으로 침해하는 행위이며, 국가가 이를 방치한다면 개인의 프라이버시를 보호해야 할 의무를 다하지 못한 것이다.

또한 볼로디나 측은 제14조(차별 금지) 위반도 주장하였고, 성별에 근거한 폭력이기 때문에, 국가가 여성 폭력 문제를 경시하는 구조적 차별을 방관한다면, 이는 협약에서 금지하는 차별에 해당할 수 있다는 주장을 전개하였다.

2) 국가의 '적극적 의무'와 디지털 폭력

유럽인권재판소는 판례에서 거듭 강조된 핵심 개념은 바로 '국가의 적극적 의무'[16]이다. 이는 국가가 사적 폭력으로부터 개인을 보호하기 위해 합리적으로 기대되는 모든 조치를 해야 한다는 원칙을 말한다.

- 콘트로바 대 슬로바키아(2007)[17]: 반복적인 가정폭력 신고에도 불구하고 경찰이 방치함으로써 치명적 결과(피해자 자녀 살해)를 초래했다며, 생명권 위반이 인정된 사례이다. 이 사건에서 유럽인권재판소는 국가가 단순히 개인의 권리를 침해하지 않는 것(소극적 의무)만으로는 부족하며, 특히 가정폭력과 같이 예견할 수 있고 반복적인 위험이 존재할 경우, 국가 기관이 적극적으로 피해자를 보호하기 위한 합리적 조치를 할 의무(적극적 의무)가 있다고 판시하였다.

---

16) 국가의 적극적 의무(positive obligation)는 국가가 개인의 인권을 실질적으로 보장하기 위하여 적극적 보호조치를 취할 의무를 말하며, 특히 가정폭력 방지, 사회보장제도 운영 등에서 강조된다. 이에 대비되는 개념으로 국가의 소극적 의무(negative obligation)가 있는데, 이는 국가가 개인의 인권을 침해하지 않도록 제한되는 의무를 의미한다.

17) European Court of Human Rights, Kontrová v. Slovakia, Application No. 7510/04, Judgment of 31 May 2007.

- 볼로디나 대 러시아(제1호, 2019)[18]: 본 사건의 1차 판결에서 유럽인권재판소는 러시아 당국이 가정폭력 사건에 소극적으로 대응해 청구인을 보호하지 못했다고 본 바 있다.특히 피해자의 반복적인 도움 요청에도 경찰과 수사기관이 소극적으로 대응하거나 방관함으로써, 국가가 사적 폭력으로부터 개인의 생명과 신체의 안전을 보호할 적극적 의무를 다하지 못하였다고 보았다.

이처럼 재판소가 제시하는 국가의 적극적 의무는 단순히 폭력 발생 후 처벌하는 소극적 의무를 넘어, 위해가 예견되거나 신고가 접수된 시점부터 강력한 예방 및 보호조치를 취하라고 요구한다. 즉 러시아 경찰과 검찰이 '디지털 범죄는 실질적 위협이 약하다'라는 이유만으로 처벌을 피한 행위는, 재판소가 요구하는 국가의 적극적 의무 위반에 해당한다.

3. 유럽인권재판소 판결(제2호)의 주요 내용과 의의

1) 판결 요지

유럽인권재판소는 이 사건을 심리하면서 '디지털 폭력 역시 물리적 폭력 못지않은 위협과 피해를 발생시킬 수 있다'는 점을 강조했다. 구체적으로 다음과 같은 쟁점을 지적하였다.

- 러시아 당국의 부실한 증거 확보 노력: 경찰이 SNS 기록, ISP 로그 등을 충분히 수집하지 않았고, 가해자의 온라인 행적을 추적하지 않아 실제 위험성을 축소 판단한 것은 국가의 부작위를 시사한다.
- 지속적 위협의 예견 가능성: 가해자는 수시로 "살해하겠다"라는 협박을 반복했고, 과거에도 볼로디나에 대한 폭행 전력이 있었으므로 폭력 재발 우려가 컸다. 이는 국가가 긴급하거나 중간 정도의 보호조치를 모색할 객관적 근거에 해당한다.
- 사생활권의 심각한 침해: 개인정보 및 나체 사진 유출은 청구인의 사생활

18) European Court of Human Rights, Volodina v. Russia (No. 1), Application no. 41261/17, Judgment of 9 July 2019.

을 중대하게 침해하는 행위로, 국가가 이를 방치함으로써 협약 제8조(사생활 및 가족생활 존중)에 따른 보호 의무를 다하지 못했다는 판단에 이르렀다.

이에 따라 재판소는 러시아가 조약 제2조(생명권) 및 제8조(사생활 및 가족생활 존중)에 근거한 '적극적 보호 의무'를 충분히 이행하지 않았다는 점을 인정하고, 청구인 측에 일정한 배상과 재발 방지 대책을 마련할 것을 판결하였다. 동시에 재판소는 러시아 당국이 가정폭력 및 온라인 스토킹을 '실질적 범죄'로 인식하고, 관련 법체계와 수사 지침을 정비해야 한다고 강조했다.

2) 판결의 학술적·국제법적 의의

(1) 디지털 폭력의 인권 침해성 확인

해당 판결은 해킹, 신상 유포, 비동의 사진 게시 등 사이버 폭력 행위가 국제인권법상 보호되는 개인의 사생활권, 신체적·정신적 안전을 심각하게 침해한다고 공식적으로 선언한 사례로 자리 잡았다.

(2) 국가의 구체적 개입 기준 제시

유럽인권재판소는 온라인 증거 수집, 가해자 추적, 가해자와의 분리, 접근 금지 명령, 임시 안전조치 등과 같은 피해자 보호조치에 대한 구체적 기준을 시사하였다. 이는 각 회원국이 디지털 폭력 사건 처리에 지침을 마련하는 근거가 될 수 있다.

(3) 여성에 대한 폭력 문제의 구조적 측면 재확인

여성단체와 인권기구들은 본 사건을 통해 경찰·사법 시스템이 젠더 기반 폭력을 우선순위로 두지 않는 구조적 한계를 비판하였다. 유럽인권재판소 판결은 이 같은 구조적 문제를 다시 한번 공론화하고, 러시아를 비롯한 회원국들에 가정폭력·디지털 폭력 방지책의 강화를 촉구하는 계기가 되었다.

4. 디지털 시대 국가의 '적극적 의무' 재정립

볼로디나 대 러시아(제2호) 사건은 '디지털 기술을 통한 폭력'이 물리적 폭력 못지않은 피해를 초래한다는 점을 국제인권법의 차원에서 본격적으로 다룬 판례라는 점에서 의의가 크다. 이미 유럽인권재판소는 사인에 의한 사적 폭력에 대한 국가의 책임을 강조해 왔으나, 본 사건을 통해 디지털 폭력에 대해서도 국가가 '실질적 피해가 없다'라는 식으로 간주하거나 증거 수집을 소홀히 해서는 안 됨을 분명히 밝혔다.

이 사건이 시사하는 바는 크게 세 가지다. 첫째, 수사기관·사법기관의 디지털 역량 강화가 시급하다는 점이다. 사적 공간에서 벌어진 물리적 폭력뿐 아니라 온라인상의 증거 확보, 플랫폼 협조, 가해자 추적 등을 체계적으로 할 수 있는 제도적 기반이 필요하기 때문이다. 둘째, 젠더 기반 폭력에 대한 구조적 인식 전환이다. 여성 폭력 문제가 단지 개별적 범죄가 아닌, 사회적·문화적 맥락에서 확산·지속되는 구조임을 인식해야 하며, 국가가 이를 예방·규제하는 데 우선순위를 두어야 한다. 셋째, 국제 협력의 중요성이다. 디지털 범죄는 플랫폼과 서버가 여러 국가에 분산된 경우가 많아, 국제사법 공조 없이는 실효적 대응이 어려울 수 있다.

궁극적으로, 볼로디나 사건은 세계 각국이 새로운 폭력 양상을 법과 제도의 울타리 안에서 제대로 다룰 수 있도록 촉구하는 '경종' 역할을 한다. 피해자가 사적인 공간에서 목소리를 내지 못한 채 괴롭힘을 당하는 시대가 아니라, 디지털 시대의 특성에 부합하는 적극적 보호장치가 마련되어야 한다는 점을 재확인한 것이다. 이는 인권 보장을 위한 국가 역할의 확장된 의미를 보여 주며, 장기적으로 가정폭력·사이버 스토킹 근절에 핵심 지침으로 작용할 것이다.

5. 관련 판례와 협약

1) Buturugă v. Romania(2020)[19]

볼로디나 사건과 유사하게, 유럽인권재판소는 2020년 Buturugă v. Romania 판결에서 남편이 아내의 이메일 계정과 페이스북 계정을 무단으로 접속·사찰한 사안을 다루었다. 청구인은 이혼소송 중인 남편이 자신의 이메일 및 페이스북 계정에 무단으로 접근하여 사생활을 침해하였다고 주장하였다. 루마니아 당

19) European Court of Human Rights, Buturugă v. Romania, no. 56867/15, judgment of 11 February 2020.

국은 이와 관련한 범죄 수사를 제한적으로 진행하였으며, 디지털 침해 부분을 가정폭력의 맥락에서 충분히 고려하지 않았다. 그러나, 유럽인권재판소는 이를 가정폭력의 하나로 보았으며, 국가가 이러한 디지털 스토킹을 충분히 제재하지 못한 부분을 제8조(사생활 및 가족생활 존중)에 관한 국가의 적극적 의무 위반으로 인정하였다. 이는 볼로디나 사건에서 제시된 논리를 이어받아, 가정폭력에 디지털 침해가 결합할 때 사적 범위를 넘어 국가개입의 필요성이 더 커진다고 보았다.

2) 이스탄불 협약과의 관련성

유럽평의회가 2011년 채택한 「여성에 대한 폭력 및 가정폭력 방지를 위한 협약」[20]은 여성에 대한 폭력을 인권 침해이자 차별의 한 형태로 규정하고, 이를 근절하기 위한 종합적인 국가적 의무를 명시하고 있다. 이 협약은 정신적 폭력, 스토킹, 성적 폭력, 강간 등 다양한 형태의 폭력을 범죄화할 것을 촉구하며, 국가가 폭력 예방, 피해자 보호, 가해자 처벌에 있어 적극적이고 포괄적인 조치를 할 의무를 부담함을 명확히 하고 있다. 러시아는 이 협약의 체약국은 아니지만, 유럽인권재판소의 관련 판결들은 이스탄불 협약이 구현하고자 하는 핵심적 보호 기준과 긴밀히 연결되어 해석된다. 특히 디지털 공간에서 발생하는 성별 기반 폭력의 증가 추세를 고려할 때, 사이버 폭력 역시 이 협약의 보호 범위 안에서 이해될 수 있다.

6. 소결론

볼로디나 대 러시아 판결(제2호)은 디지털 폭력이 한 개인의 사생활 존중권을 얼마나 심각하게 침해할 수 있는지를 여실히 보여 준 사례로서, 유럽인권재판소가 국가의 '적극적 의무'를 재확인했다는 점에서 큰 의의가 있다. 단순히 물리적 폭력만이 아닌, 온라인에서 이루어지는 협박·스토킹·개인정보 유출·비동의 영상·이미지 유포 행위 등도 현실 세계의 폭력과 등가의 법적·인권적 보호가 필요하다는 메시지가 판결 전반에 흐른다.

---

20) Council of Europe, Convention on Preventing and Combating Violence against Women and Domestic Violence(Istanbul Convention), CETS No. 210, Istanbul, 11 May 2011.

특히 해당 사건에서 유럽인권재판소가 국가가 사인(私人) 간 폭력 행위에 대해 적절히 대응하지 않는다면, 협약상의 의무를 위반한 것으로 판단할 수 있다는 원칙을 다시 한번 천명하였다. 이는 디지털화가 가속화되는 시대에, 가정폭력·데이트폭력·성폭력 등 전통적 폭력 유형과 결합하여 더 복합적·교묘해지는 사이버 폭력을 방치해서는 안 된다는 경고이기도 하다.

국제인권법 영역에서 앞으로도 사이버 폭력 관련 분쟁이 증가할 것으로 예상되는 만큼, 각국 정부와 사법기관은 디지털 기술과 범죄 수법의 변화를 자세히 추적하고, 이를 효과적으로 규제·처벌할 수 있는 제도를 마련해야 할 것이다. 또한 본 판결이 지적하는 국가의 적극적 의무를 이행하기 위해서는, 법적 제도의 개선뿐 아니라 플랫폼 사업자, 시민사회, 언론 등 다양한 주체가 협력하여 디지털 폭력의 심각성을 알리고 피해자를 보호하는 문화를 확산시키는 것이 필수적이다. 유럽인권법원을 포함한 국제·지역 인권기구들은 해당 판례를 통해 국가에 사회적 약자를 보호하고 인권 보장을 실현하라는 지속적 경고와 권고를 하게 될 것으로 보인다. 이는 인권 보호가 오프라인을 넘어 온라인 공간으로 확장되는 시대적 흐름에 맞으며, 궁극적으로 폭력 없는 안전한 디지털 생태계를 구축하기 위한 토대를 제공할 것이다.

Ⅳ. 판결에 대한 비판적 논의

1. 유럽인권협약 제3조의 적용 가능성

1) 제3조 적용 제외의 문제

해당 사건에서 유럽인권재판소가 오푸즈 사건[21]에서처럼 제3조(고문 및 비인간적·굴욕적 대우 금지)가 적용되지 않은 점이 문제로 지적된다. 디지털 폭력

21) European Court of Human Rights, Opuz v. Turkey, Application no. 33401/02, Judgment of 9 June 2009(이 사건에서 유럽인권재판소는 가정폭력 피해자인 청구인과 그 어머니가 반복적인 폭력과 위협에 시달렸음에도 불구하고 국가기관이 실질적인 보호 조치를 취하지 않은 점을 문제 삼았다. 결국 가해자가 청구인의 어머니를 살해하였고, 재판소는 국가가 폭력을 방지하지 못한 것은 생명권(제2조), 고문 및 비인간적·굴욕적 대우 금지(제3조), 차별 금지(제14조) 위반에 해당한다고 판단하였다. 본 판결은 가정폭력에 대한 국가의 적극적 보호 의무를 명확히 확립한 선례로 평가된다).

이 장기적·심각한 정신적 고통을 초래할 수 있는데도, 이를 단순 사생활 침해로 한정하면 그 심각성이 축소될 여지가 있기 때문이다. 오푸즈 사건에서는 국가의 무대응으로 인해 가정폭력 피해자가 극심한 신체적·심리적 피해를 보았다고 판단하며 제3조가 적용되었는데, 볼로디나 사건에서 이와 유사한 또는 더 심각한 정신적 피해 가능성을 충분히 고려하지 않았다는 점이 아쉽다는 것이다.

2) 신체적 폭력과 디지털 폭력의 구분 문제

본 판결은 신체적 폭력과 디지털 폭력을 구분하여 다루고 있으나, 이러한 구분 방식에 대한 비판이 제기된다. 현실에서는 두 형태의 폭력이 종종 결합하여 피해자의 일상을 지속해서 침해하며, 심각한 정신적·심리적 피해를 초래할 수 있다. 특히 가해자는 오프라인에서의 폭력을 온라인 괴롭힘, 감시, 협박 등으로 확장하며, 이에 따라 피해자는 장기간에 걸쳐 우울증, 불안 장애 등 중대한 정신건강 문제를 겪을 위험이 커진다. 따라서 신체적 폭력과 디지털 폭력을 이분법적으로 분리하기보다는, 이들 간의 상호 연계성과 누적적 피해 양상을 종합적으로 고려하는 접근이 요구된다.

2. 여성에 대한 폭력 및 차별 문제

1) 젠더 기반 폭력으로서의 접근 부족

유럽인권재판소는 본 사건에서 협약 제8조(사생활 존중권)를 중심으로 심리하였으나, 제14조(차별금지)를 적용하지 않은 점에 대해 비판이 제기된다. 여성에 대한 폭력은 본질적으로 젠더 차별의 한 형태로 국제사회에서 오랫동안 인식되어 왔으며, 여성에 대한 모든 형태의 차별 철폐 협약(CEDAW)을 비롯한 국제인권규범은 이러한 차별적 성격을 명확히 강조하고 있다. 특히 오푸즈 대 터키 사건에서 유럽인권재판소는 국가의 미온적 대응이 여성에게 불리한 결과를 초래한 점을 들어 제14조를 병합하여 심리하였다. 반면 볼로디나 사건에서는 디지털 폭력의 성에 따른 불평등 측면이 충분히 조명되지 않아 차별 문제에 대한 접근이 미흡했다는 평가가 나온다.

2) 젠더 관점 법리 발전의 한계

이러한 평가는 유럽인권재판소의 판례가 여성 폭력 문제를 체계적으로 젠더 관점에서 다루는 법리를 아직 확립하지 못했음을 보여 준다. 사이버 폭력은 다양한 성별을 대상으로 발생할 수 있으나, 현실적으로는 여성과 소녀를 대상으로 성적 모욕, 비동의 영상 유포 등 성차별적 형태로 빈번히 발생한다는 실증적 연구가 다수 존재한다. 그런데도 법원은 이를 사생활 침해로만 다루며 차별금지 조항을 적용하지 않아, 여성 폭력이라는 구조적 차별 문제의 심층적 분석이 부족하다는 지적을 받고 있다.

Ⅴ. 디지털 폭력 대응을 위한 과제

1. 국내 법체계 정비와 제도적 기반 구축

국가 차원에서는 형법, 정보통신 관련 특별법, 스토킹처벌법 등 기존 법령을 정비하여 디지털 폭력 유형을 명확히 규정하고, 피해자의 신속한 신고 및 긴급 보호 조치를 가능하게 하는 절차를 마련할 필요가 있다. 특히 디지털 증거 확보를 위한 법적·행정적 체계를 정비하고, 수사기관이 SNS 기업·플랫폼 사업자와 신속히 협력할 수 있는 제도적 기반이 필수적이다. 실제로 볼로디나 사건에서 러시아 당국이 플랫폼 사업자로부터 로그자료를 적시에 확보하지 못한 점은 가해행위 입증의 한계로 지적되었다.

2. 국제사법공조 및 플랫폼 사업자의 책임

사이버 폭력은 국가 경계를 넘어 발생할 수 있으며, 플랫폼 서버가 타국에 있을 때 접근이 더욱 어렵다. 이러한 현실을 고려하면, 국가 간 사법공조 체계 개선, 범유럽 차원의 디지털 폭력 대책 마련, 그리고 글로벌 SNS 기업의 책임 강화를 위한 규범 확립 등이 시급하다. 유럽연합의 '디지털서비스법(DSA)'[22]은 온라인 플랫폼의 책임을 강화하고 불법 콘텐츠를 신속히 제거하는 절차를 마련하고 있어, 디지털 플랫폼의 사회적 책임을 대폭 강화한 획기적 입법으로 평가된다. 특히 DSA는 사이버 폭력, 혐오 표현, 아동 착취물 등 인권 침해적 온라인

---

22) Regulation (EU) 2022/2065 of the European Parliament and of the Council of 19 October 2022 on a Single Market for Digital Services and amending Directive 2000/31/EC (Digital Services Act).

콘텐츠에 대한 보다 효과적인 대응 체계를 마련함으로써 인권 보호 기능을 강화하여, 향후 유럽인권재판소 판례와의 상호작용이 예상된다.

3. 사회·문화적 변화와 예방 교육의 필요성

디지털 폭력의 근절을 위하여 법적·제도적 대응은 필수적이나, 이러한 조치만으로 충분하지 않다는 한계가 지적된다. 사회 전반의 인식 개선을 통한 예방적 접근이 병행되어야 한다. 이를 위해 성평등 교육 및 디지털 리터러시(digital literacy) 교육의 확대가 중요하며, 이를 통해 개인의 권리 인식과 타인의 권리를 존중하는 문화적 토대를 강화할 수 있다. 특히 가정폭력이나 데이트폭력과 결합된 형태의 사이버 폭력은 종종 사적인 갈등이나 감정 문제로 축소·은폐되는 경향이 있어, 조기 신고가 가능하고 피해자가 사회적 지지망을 신속히 활용할 수 있는 환경 조성이 필수적이다. 이러한 다층적 접근은 디지털 시대의 인권 보호를 실질적으로 강화하는 핵심 요소라 할 수 있다.

VI. 결 론

볼로디나 대 러시아(제2호) 사건은 디지털 폭력이 여성 폭력의 한 형태로서 국제인권법상 사생활 침해를 구성할 수 있음을 명시적으로 확인한 중요한 판례이다. 러시아 정부가 국가의 '적극적 의무'를 충분히 이행하지 못한 결과, 온라인에서 지속해서 발생한 협박과 개인정보 유출, 비동의 영상·사신 유포 등을 방치함으로써 협약 제8조를 위반했다는 결론에 이른 것이다. 이는 가정폭력·데이트폭력과 디지털 폭력이 결합할 때, 여성에 대한 폭력이 더욱 은밀하고 교묘해질 수 있음을 보여준 사례로 평가받는다.

그런데도 본 판결은 제3조(고문 및 비인간적 대우 금지)와 제14조(차별 금지)를 깊이 다루지 않았다는 점에서 한계가 지적된다. 디지털 폭력의 심각한 정신적 피해 가능성을 고려하면, 오푸즈 대 터키 사건과 마찬가지로 제3조를 통해 '비인간적 대우'의 관점에서 살펴볼 여지가 있었다는 것이다. 또한 여성에 대한 폭력이 구조적 성차별의 결과라는 점을 강조하려면 제14조(차별 금지) 차원의 심리가 필수적인데, 이 부분 역시 충분히 논의되지 않았다.

따라서 이 사건은 디지털 시대에 새롭게 부상하는 폭력 형태에 대응하여 인권 보호의 지평을 넓혔다는 점에서 의의가 크나, 여성 폭력의 구조적 성격을 더욱 심층적으로 다루기 위한 후속 논의가 필요함을 시사한다. 앞으로 각국 법원과 국제인권기구들은 제3조(고문 및 비인간적 대우 금지)·제14조(차별 금지) 적용 범위를 확대할 가능성을 모색하고, 온라인에서 발생하는 젠더 기반 폭력의 실태와 피해자의 심리적·사회적 후유증을 고려한 포괄적 판례를 구축할 필요가 있다. 이와 더불어 사이버 폭력을 예방하고 피해자를 신속히 보호할 수 있는 기술적·법적 수단을 갖추는 것이 시급하다. 궁극적으로, 법적 처벌만이 아니라 여성에 대한 차별을 근본적으로 해소하기 위한 다각적인 사회·문화적 접근이 결합할 때, 디지털 시대의 여성 폭력 문제를 보다 효과적으로 해결할 수 있을 것이다.

관련 판례 **콘트로바 대 슬로바키아 사건(2007)**[23)]

1. 사건 개요

1) 배경과 사실관계

슬로바키아 국적의 콘트로바(Kontrová)는 오랜 기간 가정폭력에 시달려 왔으며, 남편의 폭력적 성향으로 인해 신체적·정신적 피해가 누적된 상태였다. 특히 폭력이 자녀들에게까지 확장될 가능성이 크다는 점을 인식한 피해자는 여러 차례 현지 경찰에 도움을 요청하였다. 경찰은 피신고자(남편)의 위협적 언행과 특정 범죄 행위에 대한 증거를 어느 정도 파악하고 있었음에도, 적극적인 보호조치를 취하지 않은 것으로 지적된다.

콘트로바는 남편의 폭력이 점차 심해지자 경찰서를 재차 방문하여 긴급 조치 및 법적 구제를 요구하였다. 그러나 당시 담당 경찰관들은 신고의 심각성을 충분히 인지하지 않았거나, 혹은 가정폭력 문제를 '부부 간 사적인 다툼' 정도로 축소하여 바라보는 경향이 있었던 것으로 보인다. 이 과정에서 경찰 측은 가정폭력 관련 수사 절차를 개시하지 않았고, 피해자의 보호 요청도 제대로 이행하지 않았다.

결국 가해 남편은 경찰의 소극적인 대응과 지역사회의 낮은 경각심을 틈타 폭력을 지속

23) European Court of Human Rights, Kontrová v. Slovakia, Application no. 7510/04, Judgment of 31 May 2007.

하였고, 극단적으로는 자녀까지 살해하는 비극적 결과로 이어졌다. 이 사건은 가정폭력이 실제로 가족 구성원의 생명권까지 위협할 수 있음을 바로 보여주는 동시에, 국가가 "적극적 개입"에 실패했을 때 발생할 수 있는 치명적 결과를 부각시켰다.

2) 소송 진행 과정

콘트로바 사건은 슬로바키아 국내의 형사 및 행정적 절차에서 제대로 된 구제를 받지 못한 피해자가 유럽인권협약 상의 권리 침해를 이유로 유럽인권재판소에 제소하면서 본격적으로 국제법적 문제로 부상했다.

- 제소 이유: 슬로바키아 국가 기관(특히 경찰)이 가정폭력을 예방·억제할 의무를 소홀히 함으로써, 청구인과 자녀의 생명권 및 가족생활의 평온을 보장받을 권리를 침해했다는 것.
- 청구 조항: 유럽인권협약의 제2조(생명권), 제3조(고문 및 비인도적 처우 금지), 제8조(사생활 및 가족생활의 존중) 등이 핵심적으로 언급되었다.

유럽인권재판소는 해당 사건을 접수한 이후, 슬로바키아 정부가 가정폭력에 대해 적절한 절차를 밟았는지, 경찰이 피해자의 호소에 어떻게 대응했는지를 자세히 심리하였다. 그리고 결론적으로 국가가 사전에 취할 수 있었던 조치를 이행하지 않은 점, 가정폭력이 반복되는 정황에도 불구하고 즉각적인 보호 수단을 작동시키지 않았던 점 등을 지적하며, 국가의 보호의무 위반을 인정하였다.

2. 법적 쟁점: 국가의 '적극적 의무'

1) 유럽인권협약 제2조(생명권)와 국가의 의무

이 사건에서 유럽인권재판소가 가장 중점적으로 논의한 조항은 제2조(생명권)이다. 조약 제2조는 국가에 대해 "개인의 생명을 보호하기 위한 적극적 조치"를 취할 것을 요구한다. 일반적으로 국가의 인권 침해는 공권력 작용에 의한 직접적 침해가 문제 되지만, 콘트로바 사건처럼 "개인 간 폭력"에서조차 국가가 합리적으로 예상할 수 있는 위험에 대해 충분한 조처를 하지 않았다면, 조약 제2조 위반이 성립할 수 있다.

- 적극적 의무(Positive Obligations): 국가가 사적 영역에서 발생하는 폭력으로부터 개인의 생명을 보호하기 위해 '합리적으로 기대되는 모든 조치'를 취해야 한다는 것.
- 예측 가능성(Foreseeability): 가정폭력 등 폭력의 '재발 우려'가 구체적으로 인식되거나, 피해자가 충분히 보호를 호소했다면, 국가 기관은 보다 강력한 대응책을 마련해야 한다.

유럽인권재판소는 콘트로바의 반복된 경찰 신고와 주변 상황을 고려할 때, 국가가 가해자의 폭력 행태 및 치명적 위험을 '예측할 수 있었음에도' 아무런 긴급 조치를 취하지 않았다고 보았다. 이러한 부작위(不作爲)는 제2조가 규정하는 "생명 보호 의무"에 합당하지 않은 태도로, 결과적으로 자녀가 살해되는 중대한 비극을 초래했다는 점에서 슬로바키아 정부의 책임을 인정하였다.

2) 제8조(사생활 및 가족생활 존중)의 침해

콘트로바 사건에서 제2조(생명권)가 가장 중요한 쟁점이 된 것은 사실이지만, 가정폭력이 피해자의 '가족생활'을 심각하게 파괴한다는 점에서 조약 제8조(사생활 및 가족생활 존중) 또한 상당한 비중을 차지한다.

유럽인권재판소는 가정폭력이 피해자의 가족생활에 미치는 파괴적 효과를 지적하며, 국가가 이를 방지하기 위한 제도적·실질적 수단을 갖춰야 함을 강조했다.

제8조 위반 판단은 궁극적으로 국가가 사인의 권리 침해에 대해 적절히 대응했는가를 기준으로 하며, 이 사건의 경우 슬로바키아 당국이 보호조치를 등한시함으로써 피해자의 가족생활을 회복 불가능할 정도로 훼손했다는 취지이다.

비록 주된 위반 조항은 제2조였지만, 제8조 역시 가족의 존엄과 안정적 가정생활을 보호하기 위한 국가의 의무를 확인시켜 준다는 점에서 중요한 의의를 지닌다.

3) 제3조(고문 및 비인도적 처우 금지)와의 연관성

제3조는 고문및 비인도적 처우를 금지하는 절대적 권리로, 국가의 침해뿐 아니라 사인의 폭력으로부터도 개인을 보호해야 할 적극적 의무를 함의한다. 다만 유럽인권재판소는 폭력의 심각성이나 지속성, 피해자의 건강 악화 정도 등을 종합 검토하여 제3조 위반을 인정할지 결정한다.

콘트로바 사건에서 가정폭력은 심각성과 지속성을 모두 갖춘 형태였으나, 유럽인권재판소는 제2조 위반을 중심으로 판결했다. 그런데도 제3조에 관한 논의는 가정폭력이 단순히 폭행을 넘어 "비인도적 처우"로서 다뤄질 수 있음을 상기시킨다. 이는 추후 다른 유사 판례에서 피해자들이 제2조(생명권)뿐 아니라 제3조(고문 및 비인도적 처우 금지) 위반도 적극적으로 주장하는 근거가 될 수 있다.

3. 판결 결과 및 의미

1) 판결 요지

유럽인권재판소는 슬로바키아 정부가 가정폭력을 충분히 인지할 수 있었고, 합리적으로 예상할 수 있는 범죄 위험에 대응하기 위해 긴급 조치를 취할 수 있었음에도 이를 이행하지 않았다고 보았다. 결과적으로 다음과 같은 결론을 내렸다.

- 조약 제2조(생명권) 위반 인정: 국가가 생명권을 보호하기 위한 합리적 조치를 소홀히 함으로써, 가정폭력으로 인한 치명적 결과(자녀 살해)를 방지하지 못했다.
- 제8조(사생활 및 가족생활 존중) 위반 가능성 시사: 가정폭력은 가족생활의 파괴로 이어질 수 있으므로, 국가가 적절한 대응을 하지 않은 점은 제8조상의 가족생활 존중 의무를 위반한 것으로 볼 여지가 있다(다만 핵심 판단은 제2조 위반이었다).
- 정부 배상 및 재발 방지 조치 권고: 슬로바키아 정부는 피해자(또는 피해자의 유족)에게 적절한 배상과 함께, 유사 사건 재발을 방지하기 위한 제도적·행정적 개혁을 시행할 의무가 있음을 확인했다.

2) 가정폭력 사건에서의 법적·실천적 시사점

- 가정폭력의 공적 문제화: 본 사건은 가정폭력이 '사적 영역'이 아닌, 국가가 공적 개입을 통해 예방·규제해야 하는 인권 문제임을 재확인시켰다.
- 경찰 등 수사기관의 책무 강조: 경찰은 반복 신고나 피해자의 진술이 있으면 가해자로부터 즉시 분리 조치, 임시 보호명령, 접근금지명령 등 다양한 수단을 동원해 위험을 감소시킬 책임이 있다.
- 적극적 의무의 구체화: 국가 기관의 부작위는 가정폭력 피해자가 큰 피해(심지어 목숨을 잃는 사태)에 이르는 결과를 초래할 수 있으며, 이는 국제인권 규범상 중대한 위반으로 인정될 수 있음을 보여 준다.

4. 평가 및 결론

1) 콘트로바 사건의 한계와 확장

콘트로바 사건은 유럽인권재판소가 가정폭력 문제에서 국가의 책임을 명시적으로 묻고, 이를 조약 제2조(생명권)와 연결 지었다는 점에서 획기적 사례로 꼽힌다. 그러나 모든 가정폭력 사건이 곧바로 제2조 위반으로 이어지는 것은 아니며, 유럽인권재판소의 판결은 항상 "폭력의 심각성, 예측 가능성, 국가의 대응 수준" 등을 종합적으로 검토한다.

또한 피해자가 이미 살해, 심각한 상해 등 극단적인 피해를 당한 상황에서 비로소 국가 책임이 인정되었다는 점은 사후적 구제의 한계를 보여 준다. 이는 유사 사건에서 "사전에 폭력을 중단시키고 피해자를 보호하기 위한 긴급 조치"가 더 강화되어야 함을 의미한다. 다행히 이 사건 이후 여러 회원국이 가정폭력 관련 입법과 경찰 지침을 정비하는 등 제도적 개선을 시도하였다.

2) 국제인권법적 함의

본 사건은 가정폭력 피해자를 보호하기 위한 국가의 '적극적 의무'를 구체화한 대표적 사례다. 이는 국제인권법 전반에 걸쳐 폭력 예방·규제에서 국가가 수행해야 할 역할을 재확인하는 데 이바지한다.

- 이중성격: 사적 폭력 vs. 공적 책임

  폭력은 사인이 가해했으나, 국가가 이를 방치할 때 결국 국가가 국제인권 규범을 위반한 것으로 간주할 수 있다. 특히 성·연령 등 취약 집단을 대상으로 한 폭력일수록 국가의 '인지 가능성'과 '예방조치 부재'가 더 엄격하게 심사의 대상이 된다.

- 재발 방지 의무

  재판소 판결은 단지 배상을 명하는 데 그치지 않고, 사건이 반복되지 않도록 제도적·정책적 개선 조치를 권고한다. 이는 각 회원국이 가정폭력, 아동학대 등 가정 내 폭력 유형에 대해 별도의 보호장치를 마련하도록 유도하는 장치가 되었다.

3) 결론: 가정폭력 문제 해결을 위한 이정표

콘트로바 대 슬로바키아 사건은 가정폭력 피해자의 권리가 국가의 부작위로 인해 심각하게 침해될 수 있다는 점을 국제사회에 다시금 각인시켰다. 결정적으로, 가정폭력은 사적 영역에서 벌어지는 단순 갈등이 아니라, 국제인권 규범상 개입이 요구되는 중대한 인권 침해라는 메시지를 분명히 전달했다.

오늘날 디지털 폭력 등 폭력의 양상이 더욱 복잡해지고, 젠더 기반 폭력의 피해가 전 세계적으로 지속되고 있는 상황에서 콘트로바 사건의 의의는 여전히 유효하다. 가정폭력뿐 아니라 사이버 스토킹, 온라인 불법 촬영, 가해자의 위치추적 등 다양한 형태로 폭력이 발생할 경우, 국가의 대응에는 "적극적 의무"가 따른다. 이는 피해자 보호와 동시에 폭력의 재발을 막는 제도적·정책적 장치를 끊임없이 보완해야 함을 의미한다.

궁극적으로, 이 사건이 후속 판례와 입법·정책에 미친 영향은 단순히 한 국가에서의 사법적 책임을 묻는 데 그치지 않고, 국제적 차원에서 가정폭력 근절을 위한 기준을 구축했다는 점에서 높이 평가된다. 국가가 사적 폭력으로부터 개인을 보호하지 못해 초래되는 인권 침해는 결코 '개인 간 분쟁'으로 방치될 수 없으며, 인권 조약상 핵심 조항(특히 생명권, 가족생활 존중 의무)을 위반하는 결과로 이어질 수 있음을 재차 확인해 준 역사적 판결이라 할 수 있다.

주요 참고문헌

Ⅰ. 유럽인권재판소 판례

European Court of Human Rights, Kontrová v. Slovakia, Application No. 7510/04, Judgment of 31 May 2007.

European Court of Human Rights, Volodina v. Russia (No. 1), Application no. 41261/17, Judgment of 9 July 2019.

European Court of Human Rights, Volodina v. Russia (No. 2), Application no. 40419/19, Judgment of 14 September 2021.

European Court of Human Rights, Buturugă v. Romania, no. 56867/15, judgment of 11 February 2020.

European Court of Human Rights, Opuz v. Turkey, Application no. 33401/02, Judgment of 9 June 2009.

Ⅱ. UN 보고서

CEDAW Committee, General Recommendation No. 19: Violence against women, UN Doc. A/47/38 (1992).

Committee on the Elimination of Discrimination against Women, General Recommendation No. 35 on gender-based violence against women, updating General Recommendation No. 19, UN Doc. CEDAW/C/GC/35 (26 July 2017).

United Nations, Declaration on the Elimination of Violence against Women, adopted by General Assembly resolution 48/104 of 20 December 1993. Available at: https://www.ohchr.org/en/instruments-mechanisms/instruments/declaration-elimination-violence-against-women

United Nations General Assembly, Declaration on the Elimination of Violence against Women, A/RES/48/104, 20 December 1993.

United Nations, Beijing Declaration and Platform for Action, adopted at the Fourth World Conference on Women, Beijing, 4-15 September 1995.

Ⅲ. 관련 조약 및 법

Council of Europe, Convention on Preventing and Combating Violence against Women and Domestic Violence (Istanbul Convention), CETS No. 210, Istanbul, 11 May 2011.

Inter-American Convention on the Prevention, Punishment and Eradication of Violence against Women ("Convention of Belém do Pará"), adopted 9 June 1994, entered into force 5 March 1995, Organization of American States (OAS).

Protocol to the African Charter on Human and Peoples' Rights on the Rights of Women in Africa ("Maputo Protocol"), adopted 11 July 2003, entered into force 25 November 2005, African Union (AU).

Regulation (EU) 2022/2065 of the European Parliament and of the Council of 19 October 2022 on a Single Market for Digital Services and amending Directive 2000/31/EC (Digital Services Act).

제12장

성 소수자의 인권

Ⅰ. 서 론

성 소수자의 인권에 관한 논의로서 성 소수자 차별 금지와 동성 결혼의 법적 인정 문제는 최근 국제인권법의 영역에서 지속해서 논의되는 핵심적인 주제 중 하나로 자리 잡고 있다. 특히 유럽인권재판소는 성적 지향을 이유로 한 차별이나 동성 커플의 법적 보호와 관련한 중요한 판결을 지속해서 내리면서, 해당 이슈에 대한 유럽 전역의 법적 표준을 정립하는 데 중심적인 역할을 해왔다. 이 가운데 2015년의 Oliari 사건[1]은 유럽인권재판소의 판례 발전 과정에서 성 소수자 권리 보호와 관련한 국가의 적극적 의무[2]의 개념을 구체화한 중요한 선례로 평가된다.

동성 커플의 법적 보호에 관한 유럽인권재판소의 논의는 기존에 다수의 판례를 통해 축적되어 왔다. Schalk and Kopf v. Austria(2010),[3] Vallianatos and Others v. Greece(2013)[4] 등 주요 판례에서 유럽인권재판소는 성적 지향을 이유

1) European Court of Human Rights, Oliari and Others v. Italy, Applications Nos. 18766/11 and 36030/11, Judgment of 21 July 2015.

2) Oliari and Others v. Italy 사건에서 유럽인권재판소는 이탈리아가 동성 커플의 법적 지위와 보호를 인정하지 않은 것이 유럽인권협약 제8조(사생활 및 가족생활의 존중권)를 위반한 것이라고 판시하였다. 특히 재판소는 국가가 동성 커플의 관계를 법적으로 인정하고 보호할 적극적 의무(positive state obligation)를 부담한다고 명확히 하였다. 이는 성 소수자 권리 보호와 관련한 국가의 적극적 의무 이론을 구체화한 주요 판례로 평가된다

3) 유럽인권재판소는 Schalk and Kopf 사건에서 동성 커플의 관계가 유럽인권협약 제8조(사생활 및 가족생활의 존중)상의 '가족생활(family life)'에 포함된다고 처음 인정하였다. 다만, 동성결혼을 허용할 국가의 의무까지 인정하지는 않았다(ECtHR, Schalk and Kopf v. Austria, Appl. No. 30141/04, Judgment of 24 June 2010).

4) Vallianatos 사건에서 유럽인권재판소는 성적 지향에 따른 차별을 문제 삼아, 이성 커플에게만 시민결합(civil union)을 허용한 그리스 법제가 유럽 인권협약 제8조와 연계한 제14조(차

로 한 차별 금지의 중요성을 지속해서 확인하며, 동성 커플에 대한 법적 인정 문제를 점진적으로 발전시켜 왔다. 그러나 Oliari 사건은 기존 판례에서 더 나아가, 당사국에 대해 동성 커플 관계를 제도적으로 인정할 적극적인 의무가 있음을 명확히 판시한 점에서 큰 의의를 지닌다.

Oliari 사건에서 원고들은 이탈리아 법체계가 동성 결혼 혹은 시민결합과 같은 법적 보호 제도를 전혀 제공하지 않아, 자신들의 권리가 침해되었다고 주장하였다. 이와 관련해 유럽인권재판소는 유럽인권협약 제8조(사생활과 가족생활 존중의 권리)를 중심으로 논의를 전개하였다. 특히 재판소는 동성 커플의 법적 인정 부재가 원고들의 사생활 및 가족생활에 대한 존중의 권리를 침해한다고 판단하면서, 협약 제8조의 적극적 의무 개념을 새롭게 강조하였다.

구체적으로 이 사건에서 유럽인권재판소는 이탈리아의 국내적 현실, 즉 동성 커플에 대한 사회적 수용도와 함께, 유럽 내 국가 간 법적 인정 제도의 전반적 추세를 고려하였다. 당시 유럽 국가들의 절반 이상이 동성 커플의 법적 보호를 위한 제도를 이미 마련하였다는 사실을 확인하면서, 이탈리아가 사회적 합의나 정치적 맥락을 이유로 동성 커플에 대한 법적 보호를 지연하는 것은 유럽인권협약에 따라 용납될 수 없다고 판시하였다. 이는 국가의 적극적 의무 개념이 사회적 현실과 국제적 흐름 속에서 동성 커플의 실질적 보호를 요구하는 방향으로 발전하고 있음을 의미하는 것이다.

Oliari 판결의 또 다른 중요한 의의는 '실질적이고 효과적인' 법적 보호가 동성 커플에게 제공되어야 한다는 기준을 명확히 했다는 점이다. 유럽인권재판소는 이러한 법적 보호에 관하여 단순히 선언적 차원의 인정에 그쳐서는 안 되며, 구체적이고 실효성 있는 보호 체계를 구축할 의무가 국가에 있음을 강조하였다. 이는 향후 동성 결혼이나 시민결합 제도를 도입하고자 하는 국가들에 대해 법적 기준을 제시하며, 입법적 공백 상태를 방치할 수 없다는 명확한 메시지를 전달하고 있다.

한편 Oliari 사건 이후 유럽 각국에서 동성 커플의 법적 보호를 위한 시민결합 및 동성 간 혼인 제도 도입이 빠르게 확산하고 있으며, 유럽인권재판소의

별 금지) 위반으로 판단하였다(ECtHR, Vallianatos and Others v. Greece, Appl. Nos. 29381/09 and 32684/09, Judgment of 7 November 2013).

해당 판결은 이러한 제도적 발전에 중요한 법리적 근거로 인용되고 있다. 다만, 동성 결혼 자체의 인정 여부는 여전히 국가별 재량의 영역으로 남아 있어, 법적 보호의 범위와 형식에 대한 한계는 여전히 존재한다. 앞으로 유럽인권재판소의 추가적인 관련 판례 발전과 국가별 입법적 대응이 지속해서 요구되는 영역으로 남아 있음을 시사한다.

이러한 맥락에서 Oliari 판결은 성 소수자 차별 금지와 동성 커플 보호를 위한 국제 인권 기준의 발전을 보여주는 핵심적인 사례로 평가된다. 국가의 적극적 의무 개념을 구체화하고, 동성 커플의 법적 보호에 대한 국제적 기준을 명확히 제시한 Oliari 판결은 향후 헌법 및 법률 해석, 그리고 관련 제도의 도입 및 개선 과정에서 중요한 준거점으로서 그 가치를 발휘할 것으로 기대된다.

II. 성 소수자 차별 금지의 법적 논의

1. 성 소수자에 대한 차별 금지: 헌법적 함의

성 소수자 차별 금지는 현대 헌법 주의에서 평등권과 밀접하게 연결된 중요한 법적 이슈이다. 각국의 헌법은 일반적으로 차별 금지 원칙을 기본권의 핵심 요소로 설정하고 있으며, 최근 들어 성적 지향이나 성 정체성을 이유로 한 차별을 금지하는 명시적 또는 해석적 접근이 점차 확대되고 있다. 그러나 국가마다 사회·문화적 맥락과 역사적 특수성에 따라 성 소수자 권리에 대한 해석과 보호 수준에 차이가 존재한다. 예를 들어, 미국, 독일, 남아프리카공화국 등의 국가에서는 헌법 해석을 통해 성적 지향에 따른 차별 금지를 명확히 하고 있지만, 일부 국가에서는 관련 논의가 여전히 정치적·사회적 저항에 직면하고 있는 것이 현실이다.

유럽인권재판소는 성 소수자 차별 금지에 대한 명확한 법리를 발전시켜 왔으며, 특히 유럽 인권협약의 제8조(사생활 및 가족생활 존중의 권리)와 제14조(차별 금지 조항)를 주요한 법적 근거로 삼아 판례를 누적해 왔다. 그러나 유럽인권재판소는 동성 결혼의 법적 인정 문제에 관해서는 상당한 재량의 여지[5]를 각

5) 재량의 여지 혹은 판단의 여지(Margin of Appreciation)란 유럽인권재판소가 각 회원국의 역

회원국에 허용하여, 유럽 전역에서 통일된 기준을 강요하지 않고 있다. 이는 법적 일관성을 다소 약화할 수 있다는 비판과 함께, 회원국의 문화적 다양성을 존중하고 점진적인 제도 발전을 도모하는 현실적 접근으로 평가받고 있다.

한편, 동성 결혼의 법적 인정 여부는 국제적으로도 다양한 양상을 보인다. 일부 국가는 이미 헌법 또는 관련 법률을 통해 동성 결혼을 전면적으로 인정하고 있으며, 동성 커플에게 이성 커플과 같은 법적 권리와 의무를 부여하고 있다. 네덜란드(2001년), 벨기에(2003년), 미국(2015년 Obergefell v. Hodges 판결[6] 이후), 독일(2017년) 등은 이러한 접근을 대표적으로 실현한 국가들이다. 반면, 동유럽과 아시아 일부 국가를 포함한 상당수 국가에서는 전통적 혼인 개념을 유지하며 동성 결혼의 법적 인정을 제한하거나 거부하고 있다. 이러한 국가별 차이는 결국 헌법적 해석 방식과 사회적 합의 수준, 그리고 정치적·입법적 의지에 따라 달라지는 것으로 보인다.

이러한 맥락에서 유럽인권재판소의 Oliari v. Italy 판결은 동성 결혼 제도에 대한 논의를 한층 더 깊게 발전시킨 사례로 간주한다. 유럽인권재판소는 이 판결에서 이탈리아가 동성 커플에게 법적으로 인정받고 보호받을 수 있는 실효성 있는 제도를 제공할 적극적 의무를 지고 있다고 명시하였다. 그러나 차별 금지를 명시한 유럽인권협약 제14조를 직접 적용하여 동성 결혼을 강제하지 않은 점에 대해서는 법적 한계로 지적되기도 한다. 이는 재판소가 성 소수자의 권리 보호에 대해 일정한 원칙과 기준을 제시하면서도, 구체적인 제도적 형태에 대해서는 회원국의 재량을 존중하는 다소 조심스러운 균형적 접근을 유지하고 있음을 보여주는 것이다.

유럽인권재판소의 Oliari 판결은 국제사회가 성 소수자 권리에 관한 법적 기준을 점진적으로 형성해 가는 과정에서 중요한 선례로 자리 잡았다. 동시에 국가별 제도적·사회적 한계가 존재함을 재확인시켜 주었다는 점에서 향후 유

사적·문화적·사회적 특수성을 고려하여 일정한 범위 안에서 국가가 자국의 법과 정책을 자율적으로 결정할 수 있도록 허용하는 해석 원칙이다. 이 원칙은 국가의 민주적 정당성과 다양성을 존중하면서도 인권 보호의 국제적 기준과 균형을 이루기 위해 적용된다.

6) 미국에서는 연방대법원이 Obergefell v. Hodges 판결(2015년)을 통해 동성 결혼 금지법이 헌법상 평등 보호 조항과 자유권을 침해한다고 판단하여 모든 주에서 동성 결혼을 허용하도록 하였다(U.S. Supreme Court. (2015). Obergefell v. Hodges, 576 U.S. 644).

럽인권재판소의 추가적인 법리 발전과 성 소수자 권리에 관한 각국의 입법적 대응이 요구될 것임을 시사한다.

2. 비례성의 원칙과 국가의 의무

성 소수자 차별 금지와 동성 결혼에 관한 법적 논의에서 비례성의 원칙[7]은 법원의 기본권 심사에 있어 중심적인 역할을 한다. 비례성의 원칙은 특정 기본권 제한 조치 또는 신규 제도의 도입이 합법적 목적을 추구하면서도 과도하지 않은 방식으로 이루어져야 함을 규정한다. 국가가 개인의 자유와 권리를 제한할 경우, 그 제한이 달성하려는 목적과 수단 사이에 적정한 균형과 비례성을 유지하는지를 엄격한 심사를 요구하는 것이다.

유럽인권재판소의 Oliari v. Italy(2015) 판결은 동성 커플의 권리 보호와 관련하여 비례성 원칙을 암묵적으로 반영한 중요한 사례이다. Oliari 판결에서 유럽인권재판소는 동성 커플에 대한 법적 인정의 부재가 사생활 및 가족생활의 존중에 관한 유럽 인권협약 제8조를 위반하였다고 판단하였다. 재판부는 명시적으로 비례성 원칙을 언급하지 않았으나, 판결문은 사실상 국가가 동성 커플의 기본적 권리를 보호하기 위한 적극적 의무를 부담함을 강조하고 있다. 이는 비례성 원칙의 핵심적 정신을 반영한 것이라고 평가될 수 있다. 즉, 국가는 소수자의 권리를 충분히 보호하는 데 필요한 최소한의 법적 조치를 취할 의무가 있으며, 이러한 의무를 회피하거나 소극적으로 대응하는 것은 결국 비례성 원칙의 정신에 어긋난다.

Oliari 판결은 또한 국가의 의무에 관한 재판소의 입장이 더욱 적극적인 방향으로 발전하고 있음을 나타낸다. 전통적으로 국가의 적극적 의무는 개인의 기본권 침해를 방지하기 위한 소극적 의무와 구분되어 논의되어 왔다. 그러나 재판소의 최근 경향은 비례성 원칙을 통해 국가의 적극적 의무의 범위를 확장

7) 비례성의 원칙(proportionality principle)은 기본권 제한의 합헌성을 심사할 때 적용되는 핵심 기준이다. 이 원칙은 네 단계로 구성되며, 첫 번째로 제한 조치가 정당한 목적(legitimate aim)을 추구해야 한다. 즉, 공공질서, 공공안전, 타인의 권리 보호 등 헌법이나 국제인권법이 인정하는 공익적 목적이어야 한다. 이후 (2) 적합성, (3) 필요성, (4) 법익 균형성의 심사가 순차적으로 이루어진다. 이 과정을 통해 법원은 기본권 제한이 과도하거나 자의적인지를 판단한다.

하고, 국가가 성 소수자 등 취약 계층에 대한 실질적인 보호조치를 취해야 한다는 점을 분명히 하고 있다. Oliari 판결은 국가가 동성 커플의 법적 지위를 인정하지 않음으로써 개인의 기본권 행사를 실질적으로 제한하였음을 지적하며, 국가의 부작위(omission)[8] 또한 비례성 심사의 대상이 될 수 있음을 시사한다.

이러한 논리는 이후의 판결에서도 일관되게 유지되고 있다. 예컨대 Fedotova v. Russia(2021) 사건[9]에서 유럽인권재판소는 성 소수자의 가족생활에 대한 권리를 명시적으로 인정하면서, 국가가 입법적 보호조치를 취하지 않은 것을 비례성 원칙의 위반으로 판단하였다. 법원의 이와 같은 태도는 비례성 심사의 영역이 적극적 조치를 요구하는 방향으로 확장되고 있음을 보여준다.

따라서 현대 인권법적 논의에서 비례성 원칙은 단순히 기본권 제한의 정당성을 평가하는 소극적인 도구에 그치지 않고, 국가가 적극적으로 취해야 할 보호조치의 범위를 확정 짓는 중요한 기준으로 작용하고 있다. 성 소수자에 대한 법적 차별 해소와 동성 결혼 논의에서도 국가의 의무를 명확히 하는 데 있어 비례성 원칙은 핵심적인 위치를 차지하고 있으며, 향후 인권 보호의 범위와 국가 의무의 내용을 명확히 하는 데도 지속적인 영향을 미칠 것으로 보인다.

3. 유럽인권재판소의 성 소수자 권리 관련 판례의 동향

유럽인권재판소는 성 소수자 권리와 관련된 여러 사건에서 점진적으로 진보적인 태도를 보인다. 초기의 중요한 판례로서 Dudgeon v. the United Kingdom (1981)[10] 사건에서 유럽인권재판소는 동성 간 성행위를 형사처벌하는 것이 유

8) 국가의 부작위(omission)란 국가가 법적·사실적 보호 조치를 취하지 않거나 필요한 조치를 이행하지 않는 상태를 말한다. 이러한 부작위도 기본권 보장의 관점에서 국가 책임의 대상이 될 수 있으며, 특히 취약 집단의 권리 보호에 있어 비례성 심사의 중요한 요소로 작용한다.

9) Fedotova and Others v. Russia 사건(2021)은 러시아 당국이 동성 커플에게 어떠한 법적 인정이나 보호도 제공하지 않은 것이 문제된 사건이다. 유럽인권재판소는 이러한 법적 공백이 유럽인권협약 제8조(사생활 및 가족생활의 존중권)를 위반한다고 판단하였다. 재판소는 국가가 일정한 재량(margin of appreciation)을 가지더라도, 가족생활에 대한 최소한의 법적 보호 자체를 전면적으로 거부하는 것은 비례성 원칙에 반하며 허용될 수 없다고 판시하였다 (ECtHR, Fedotova and Others v. Russia, Applications nos. 40792/10, 30538/14 and 43439/14, Judgment of 17 January 2021).

10) Dudgeon v. the United Kingdom 사건(1981)은 북아일랜드에서 동성 간 성행위를 범죄로 규정한 법률에 대해 제기된 최초의 유럽인권재판소 판결이다. 재판소는 이러한 형사처벌 규정

럽 인권협약 제8조에서 규정하는 사생활 존중권의 침해임을 명확히 하였다. 이 판결은 개인의 성적 자기 결정권을 기본권으로 인정하는 첫 단계였으며, 이후 관련 판례의 이론적 기반으로 기능하였다.

이후 Smith and Grady v. the United Kingdom(1999) 사건[11]에서는 성적 지향을 이유로 군대에서 강제 전역을 하도록 한 조치가 개인의 사생활 보호 권리를 침해한다는 판단이 내려졌다. 재판부는 이 사건에서 군대 내 동성애자에 대한 제도적 차별이 협약 제8조를 위반하는 것으로 판시하였으며, 공공의 이익 또는 군 기강 유지와 같은 국가의 논리가 성 소수자 개인의 인권 침해를 정당화하기에 불충분하다고 결론 내렸다.

또한, 유럽인권재판소는 성적 지향을 근거로 한 차별 사안에서 협약 제8조(사생활 존중의 권리)와 제14조(차별 금지 조항)를 종합적으로 적용하여 판단의 기준을 더욱 엄격하게 설정하고 있다. 특히 최근 판례들은 국가의 차별적 조치를 정당화하기 위한 명분을 더욱 엄격히 심사하며, 성 소수자 권리를 실질적으로 보장하는 방향으로 진화하고 있다. 이러한 판례의 흐름은 유럽 내 법적 표준과 사회적 인식의 변화를 적극적으로 반영하며, 국가가 성적 지향에 따른 차별을 금지하고 개인의 존엄과 자유를 보장할 의무를 강화하는 추세로 나아가고 있음을 보여준다.

이 유럽 인권협약 제8조(사생활의 존중권)를 침해한다고 판단하였다. 이 판결은 성적 자기 결정권을 인권의 한 영역으로 명시적으로 인정한 첫 판례로 평가되며, 이후 성 소수자 권리 판례법의 출발점이 되었다(ECtHR, Dudgeon v. the United Kingdom, Application no. 7525/76, Judgment of 22 Ocober 1981).

11) Smith and Grady v. the United Kingdom 사건(1999)은 영국 군대 내에서 동성애 성향을 이유로 한 강제 전역 조치가 문제된 사건이다. 유럽인권재판소는 이러한 조치가 유럽 인권협약 제8조(사생활의 존중권)를 침해한다고 판결하였다. 재판소는 군 기강 유지나 작전 수행 능력 보호와 같은 국가의 주장이 성 소수자의 권리 제한을 정당화하기에 충분하지 않다고 보았다. 이 판결은 성적 지향에 근거한 국가기관의 제도적 차별을 인권 침해로 인정한 중요한 선례로 평가된다(ECtHR, Smith and Grady v. the United Kingdom, Applications nos. 33985/96 and 33986/96, Judgment of 27 September 1999).

Ⅲ. Oliari and Others v. Italy 사건[12)]

1. 사건의 발단과 초기 경위

이탈리아에 거주하던 동성 커플들은 혼인 신고를 진행하려 했으나, 이성 간 결합만을 혼인으로 인정하는 민법 조항을 근거로 트렌토 지방청에서 접수를 거부당하였다. 당사자들은 국내 소송을 거쳐 2010년에 이탈리아 헌법재판소에 이 문제를 제기했다. 헌법재판소는 혼인이 역사적·전통적으로 이성 간 결합에 국한된다는 이유로 위헌성이 없다고 보았지만, 동성 커플도 가족생활을 형성하고 있으므로 적절한 법적 보호가 필요하다는 의견을 제시하였다. 그러나 당시 입법부는 이를 반영한 구체적 제도를 제정하지 않고 장기간 방치했기 때문에, 동성 커플은 공적 제도에서 법적 신분이나 권리를 획득할 길이 전혀 없는 상태에 놓였다.

2. 이탈리아 헌법재판소 결정 이후의 상황

이탈리아 헌법재판소는 동성 커플이 사실상 가족생활을 영위하고 있음을 어느 정도 인정해야 한다고 지적했고, 이를 통해 입법부가 관련 제도를 마련해야 할 필요성이 공론화되었다. 그러나 법률 제정이 이루어지지 않은 채 시간이 지남에 따라, 동성 커플에게 법적 안정성을 보장하는 수단은 여전히 마련되지 않았다. 이에 따라 당사자들은 권리를 실질적으로 행사할 수 없게 되었고, 결국 이러한 부작위가 인권 침해라고 보는 시각이 확산하였다.

3. 유럽인권재판소 제소

2011년경 Oliari 등은 이탈리아 정부가 동성 커플을 위한 법적 보호 장치를 전혀 제공하지 않는 것은 유럽인권협약 위반이라며 유럽인권재판소에 제소하였다. 이에 이탈리아 정부는 혼인의 전통적 정의와 사회적·문화적 여론을 들어, 동성 커플에 대한 제도화 여부는 국가별 재량의 범위에 포함된다고 주장했다.

12) European Court of Human Rights, Oliari and Others v. Italy, Applications Nos. 18766/11 and 36030/11, Judgment of 21 July 2015.

재판 과정에서 청구인들은 동성 커플의 가족생활이 이미 현실화하여 있으므로, 협약상 보호 대상임을 분명히 해 달라고 요구하였다.

4. 주요 쟁점: 가족생활 보장 범위, 차별 금지, 혼인할 권리

1) 가족생활의 범위(유럽인권협약 제8조)

유럽인권재판소는 동성 간 파트너십 역시 협약 제8조에서 보호하는 '사적·가족적 생활(private and family life)'의 보호범위에 포함된다고 명확히 판단했다. 동성 커플이 상호 의존적이고 안정적인 관계를 유지하고 있다는 점을 근거로, 이러한 결합 형태를 기존의 이성 간 '가족' 범주에서 배타적으로 제외할 수 없다고 보았다. 재판소는 헌법재판소 결정 이후에도 법제화가 미뤄진 이탈리아 정부의 태도가 제8조 상의 보호 의무에 반한다고 지적했다.

2) 차별 금지 원칙(유럽인권협약 제14조)

성적 지향은 협약 제14조가 규정하는 차별 사유에 포함된다는 것이 재판소의 확립된 입장이다. 다만 Oliari 사건에서 재판소는 제14조 위반 여부에 대해서는 별도로 판단하지 않고, 국가가 동성 커플에게 어떠한 법적 인정의 기회도 제공하지 않은 점을 협약 제8조(사생활 및 가족생활의 존중권) 위반으로만 평가하였다. 재판소는 동성 결합 제도화 여부에 관한 국가의 재량을 인정하면서도, 전면적인 입법 부재가 동성 커플의 가족생활을 보호할 국가의 적극적 의무를 위반한 것으로 보았다.

3) 혼인에 관한 권리(유럽인권협약 제12조)

유럽인권협약 제12조가 보장하는 혼인할 권리는 Oliari 사건에서 동성 혼인 제도의 도입을 국가에 직접적으로 강제하는 근거로 해석되지는 않았다. 재판소는 혼인의 정의 및 제도 설계에 관하여 각국이 폭넓은 입법적 재량을 가지며, 동성 간 혼인을 인정할 헌법적 의무까지는 부과되지 않는다고 보았다. 그러나 동성 커플에게 어떠한 형태의 법적 보호나 제도적 인정도 제공하지 않는 상태는 협약 제8조에서 도출되는 국가의 적극적 의무를 위반하는 것으로 판시하였다. 이에 따라 비록 혼인 제도와 같지 않더라도 시민결합, 등록 파트너십 등 최소한의 법적 지위를 보장하는 제도의 마련이 요구됨이 명확해졌다.

5. 입법 부작위에 대한 재판소의 결론

이탈리아 헌법재판소가 이미 동성 커플의 법적 보호 필요성을 지적했음에도 불구하고, 이탈리아 입법부가 어떠한 대안적 제도도 마련하지 않은 점이 유럽인권재판소 심리에 핵심적 고려 요소가 되었다. 재판소는 장기간의 입법 부작위가 협약 제8조에서 도출되는 가족생활 보호 의무를 위반한다고 판단하였다. 한편, 재판소는 제14조(차별 금지)에 대한 별도의 판단은 하지 않았다. 결과적으로, 유럽인권재판소는 2015년 7월 21일 판결에서 이탈리아 정부가 동성 커플의 사생활 및 가족 생활권을 실질적으로 보장하지 않았다는 이유로 협약 위반(제8조)을 인정하였다.

6. 판결 이후 제도 변화와 함의

이 판결의 직접적인 영향으로 이탈리아는 2016년에 시민결합(Civil Union) 제도[13]를 도입하여 동성 커플이 법적 지위를 획득할 수 있도록 했다. 이는 Oliari 사건을 계기로 재판소가 동성 커플 관계를 가족생활 범주에 포섭해야 한다고 명시함으로써, 정부와 의회가 더 이상 입법적 결정을 늦출 수 없게 된 결과로 볼 수 있다. 학술적 논의에서는 이러한 변화가 '국가별 재량'이라는 이름으로 미뤄졌던 법적 공백을 실제로 메운 사례로 평가되며, 유럽 인권협약 체제에서 차별 금지 및 인권 보호 범위가 한층 넓어졌음을 보여주는 사례로 주목받는다. 이로써 혼인을 이성 간 결합으로만 고정해 두었던 기존 관행에 균열이 생겼으며, 국가가 동성 커플의 가족생활을 제도적으로 보장해야 한다는 요구가 국제인권법의 흐름 속에서 더욱 공고하게 자리 잡게 되었다.

7. 보충 의견(Concurring Opinion)에서의 주요 쟁점

Oliari 사건 판결의 보충 의견은 다수 의견과 판결의 결론 자체에는 동의하

13) 이탈리아는 2016년 5월 20일 법률 제76호 동성 간 시민결합의 규율 및 동거 관계에 관한 법률을 통하여 Oliari 판결 이후 입법 공백을 해소하기 위하여 시민결합법을 제정하였다.

나, 국가 의무의 범위와 이행 방식을 어떻게 해석할 것인지에 관해 약간의 견해 차이를 제시한다.

1) 국가의 소극적 의무 강조

다수 의견은 동성 커플을 법적으로 보호해야 할 '적극적 의무'가 제대로 이행되지 않았다고 지적했지만, 보충 의견은 국가가 기존 제도 내에서 동성 커플의 권리를 부당하게 침해한 사실만으로도 제8조(사생활 및 가족생활의 존중권) 위반을 논증할 수 있다고 보았다. 이는 법적·정책적 제도 설계 이전에, 국가는 최소한의 침해나 간섭을 배제하는 '소극적 의무'를 우선으로 준수해야 한다는 견해를 보여준다.

2) 국가 개입의 결함과 보호 공백

보충 의견은 이성 커플과 달리 동성 커플에게 아예 혼인 제도를 열어주지 않는 상황이, 결국 사생활·가족 생활권의 실질적 보장이 없게 만든다고 분석했다. 이때 국가가 아무런 대안도 마련하지 않음으로써, 국민이 자기 권리를 누릴 기회를 제도적으로 제한해 버렸다는 점이 보충의견의 핵심 주장이다.

3) 적극적 의무의 확장 여부

다수 의견이 동성 커플 보호를 위한 새로운 입법·정책 등을 국가의 '적극적 의무'로 확장해서 해석한 것과 달리, 보충 의견은 기존 협약 해석만으로도 이미 국가가 협약을 위반했다고 볼 근거는 충분하다고 지적한다. 즉, 동성 커플을 보호해야 한다는 결론 자체에는 공감하지만, 이를 곧바로 '적극적 의무'의 범위로 확장하는 것은 신중해야 한다는 시각이다.

결국 Oliari 판결은 동성 커플에게 '혼인' 그 자체를 강제적으로 부여해야 한다고 선언하지는 않았으나, 동성 파트너십의 법적 인정을 위한 최소한의 법적 제도가 필요함을 분명히 하였다. 이러한 판결의 귀결은 국가별 재량 범위와 함께 동성 커플의 법적·사회적 지위 인정이 계속해서 논의되어야 함을 시사한다. 헌법재판소의 결정 이후에도 입법이 장기간 이루어지지 않은 점이 문제의 핵심으로 지적된 만큼, 동성 커플의 권리를 보장하는 실효적 조치가 마련되는지 아닌지가 국가의 협약 준수 여부를 판단하는 중요한 기준이 되었다.

8. Oliari 판결에 나타난 헌법적 심사 기준으로서의 비례성의 원칙

이 부분에서는 Oliari 사건에서 핵심적으로 제기된 헌법상 원칙이 어떻게 적용되었는지를 중점적으로 살펴보고, 특히 유럽인권재판소의 비례성 심사가 어떤 방식으로 구체화하는지 소개한다. 나아가 이러한 심사 과정을 국내 헌법재판 실무나 입법정책에 접목할 가능성을 모색함으로써, 성적 지향에 관한 기본권 보장 논의가 지닌 의미를 더욱 체계적으로 파악하고자 한다.

1) 비례성 원칙의 구조와 적용 배경

비례성의 원칙은 국가의 공권력 행사로 인해 기본권이 제한되는 상황에서, 해당 제한이 헌법적으로 정당화될 수 있는지를 판단하는 보편적 기준으로 자리잡아 왔다. 유럽 인권협약 체계에서도 목적의 정당성, 수단의 적합성, 침해의 최소성, 그리고 법익 균형성을 차례대로 점검함으로써, 국가가 개인의 기본권을 제한하는 데 과도하거나 불필요한 희생을 강요하지 않는지 판단한다. Oliari 사건에서 동성 커플에 대한 제도적 보호 공백이 발생했을 때, 재판소가 이 원칙에 따라 국가의 의무 이행 정도를 평가했다는 점은 시사하는 바가 크다.

특히 동성 커플에게 법적으로 안정된 지위를 보장하지 못하는 것이 과연 헌법적·국제인권적 관점에서 허용될 수 있는지에 대한 의문은, 단순히 가족법의 문제를 넘어 시민적·정치적 권리에 대한 광범위한 쟁점들을 수반한다. 동성간 결합을 둘러싼 사회적·문화적 합의 수준이 국가마다 상이하다는 점을 참작하더라도, 최소한 법적 빈틈을 방치해 개인이 입는 불이익이 심각한 수준에 이르렀는지를 비례성 원칙에 따라 검토할 수 있다.

2) 수단의 적합성: 제도 부재와 지방자치단체의 한계

수단의 적합성 단계에서는 국가가 취한 혹은 취하지 않은 조치가 문제 해결에 기여할 수 있는지를 평가한다. 이탈리아의 경우 혼인 외에 동성 커플에게 적용될 별도의 공식적 파트너십 제도를 마련하지 않았고, 일부 지방자치단체 차원에서 시행되던 '동성 커플 등록'은 실질적인 권리 부여가 거의 없는 상징적 장치에 그쳤다. 또한 동거 계약이나 민법상의 일반적 계약 관행은 동성 커플 특유의 가족생활을 제대로 반영하기에 매우 불충분했다.

유럽인권재판소는 이처럼 국가가 최소한의 제도적 대안조차 제공하지 않았다는 점을 문제 삼았다. 즉, 국가는 사회적으로 논란이 있는 사안이라 하더라도, 당사자들이 기본권을 합리적으로 누릴 수 있도록 제도적·법적 방안을 고려해야 하며, 전면적 부작위가 개인 권리의 본질적 내용을 훼손하는 결과를 초래해서는 안 된다고 판단했다. 이는 국가가 단지 '무관여'를 통해 다툼을 회피하는 방식이 적합한 해결책이 될 수 없음을 보여준다.

3) 침해의 최소성: 대체 제도의 미비와 장기적 방치

침해의 최소성 심사는 문제의 해결을 위해 제시된 수단이 기본권을 불필요하게 과도하게 제한하지는 않는지, 혹은 덜 제한적인 대안이 있었음에도 국가는 왜 그것을 채택하지 않았는지를 파악하는 단계다. Oliari 사건에서 유럽인권재판소는 이미 이탈리아 내에서 동성 커플을 일정 부분 보호해야 한다는 공감대가 확산하고 있었음에도, 입법부와 행정부가 이를 적극적으로 제도화하지 않은 점을 부각했다.

시민결합이나 등록 파트너십 같은 다양한 법적 모델은, 전통적 의미의 혼인을 대체하거나 보완할 수 있는 현실적 대안으로 거론되어 왔다. 그러나 이탈리아 입법부가 장기간 이를 도입하지 않음으로써, 동성 커플이 공적 영역에서 정당한 인정이나 보호를 일체 기대할 수 없는 상태가 고착화되었다. 유럽인권재판소는 이러한 방치가 결국 침해의 최소성 원칙에 위배된다고 판단했다. 즉, 특정 권리를 완벽히 부정하기보다는 제한적으로라도 인정할 수 있는 수단이 마련되어야 했음에도, 전적으로 부재한 점이 문제가 된 것이다.

4) 협의의 비례성(법익 균형성): 기본권 보호의 우선성

협의의 비례성은 전반적인 이익 형량 과정에서, 특정 제한이 초래하는 피해가 국가나 사회가 달성하고자 하는 공익과 비교했을 때 지나치게 크거나 불합리한지를 확인하는 절차다. Oliari 사건에서 재판소는, 이미 이탈리아 헌법재판소조차 동성 커플 보호를 위한 입법의 필요성을 공감했다는 사실을 중시했다. 이는 성적 지향을 이유로 한 차별과 기본권 침해 문제가 더 이상 이론적 논쟁에 그치지 않고, 국가 제도 전반에서 해소해야 할 실제 과제가 되었다는 의미였다.

결국, 유럽인권재판소는 입법 과정의 지연 또는 의도적 방치로 인해 동성 커플의 사생활·가족 생활권이 실질적으로 제한되는 상황이 장기화하였다는 점에 주목하였다. 이는 헌법적 가치를 기반으로 한 인권 보장 체계에서도 마찬가지로 수용하기 어려운 결과로, 개인의 존엄과 자율성을 국가가 적절히 배려하지 않았다는 함의를 갖는다. 나아가 국가가 의도적으로 '무시' 혹은 '방치'하는 태도를 보이는 것은 협약 해석상 허용되는 재량의 범위를 벗어나는 부당한 간섭이라고 평가되었다.

9. 판단의 재량 범위와 국가 책임

유럽인권재판소가 '판단의 재량 범위' 개념을 활용해, 개별 국가의 문화적·역사적 맥락을 어느 정도까지 인정할 것인지를 결정해 온 것은 익히 알려진 사실이다. 혼인 제도 역시 종교, 관습, 전통 등 여러 요인이 복합적으로 작용하는 영역인 만큼, 재판소는 국가별 입법재량을 완전히 배제하지는 않는다. 그러나 그 재량도 제한 없는 것은 아니며, 특히 광범위한 사회적 요구가 있음에도 국가가 장기간 아무런 입법 조치를 취하지 않은 상황에서는 협약 위반을 선언할 수 있다는 것이 Oliari 판결의 취지다.

실제로 이탈리아 사회는 동성 커플 보호 필요성을 지속해서 제기해 왔음에도, 정부와 의회가 이를 뒷받침할 법적 제도를 구체화하지 않아 공백 상태가 상당 기간 이어졌다. 유럽인권재판소는 이러한 부작위가 동성 커플의 권리를 침해하는 결과를 초래했다고 보았다. 즉, 국가의 재량은 상황에 따라 폭넓게 인정될 수 있으되, 이를 남용해 결과적으로 개인의 핵심적 권리를 과도하게 침해하거나 방치해서는 안 된다는 점이 명확히 확인된 셈이다.

10. 국가의 인권 보호 의무: 소극적 의무와 적극적 의무의 교차

Oliari 판결은 국가의 인권 보호 의무가 단순한 소극적 의무를 넘어 실질적 보장으로 확장되어야 함을 보여준다. 재판소는 국가가 동성 커플이 안정된 가족생활을 형성할 수 있도록 법적·제도적 장치를 마련할 적극적 의무를 부담한다고 판시하였다. 성적 지향을 이유로 법적·사회적 보호에서 배제되는 상황을 방치하는 것은 사실상 평등한 권리 향유를 차단하는 결과를 초래하며, 이는 인권 침해로 평가될 수 있음을 명확히 한 것이다.

유럽인권협약 체계는 전통적으로 국가의 소극적 의무, 즉 국가권력의 직접적 침해 금지를 중심으로 발전해 왔다. 그러나 협약의 해석은 시간이 지나며 점차 적극적 의무의 중요성을 강조하기에 이르렀고, Oliari 판결은 이러한 전환을 대표하는 사례로 평가된다. 이탈리아 정부가 동성 커플 보호를 위한 어떠한 법적 제도도 마련하지 않은 상태는 부작위에 의한 권리 침해로 간주되었으며, 이는 국가가 단순히 침해를 피하는 것만으로는 협약상의 의무를 다할 수 없음을 재확인시켰다.

1) 소극적 의무와 적극적 의무의 차이

(1) 소극적 의무의 의미와 한계

소극적 의무는 국가가 직접적인 침해 행위를 하지 않아야 한다는 점을 핵심으로 한다. 예컨대 공권력 행사 시 개별 시민의 자유나 권리를 자의적으로 제한하거나 박탈하지 않는 것이 이에 해당한다. 이는 근대 헌법의 기본 정신인 "국가 권력의 제한과 국민의 자유 보장"을 구현하는 가장 기초적인 단계다. 다만 소극적 의무는 '개인에게 불이익을 주지 않는다'라는 소극적 태도만으로 국가의 책임을 다하는 것처럼 보이게 만들 수 있다. 문제는 이러한 소극적 태도만으로는 다양한 사회적 약자가 처한 구조적 차별을 해소하거나, 새로운 형태의 인권 침해 상황을 적극적으로 방지하기 어렵다는 점에 있다.

(2) 적극적 의무의 등장 배경

적극적 의무는 개인의 인권이 실제 생활 전반에서 구현되도록 국가가 적극적으로 제도·정책을 마련해야 한다는 개념이다. 이러한 개념이 본격적으로 주목받기 시작한 것은, 단순히 폭력이나 직접적인 권리 침해를 가하지 않는 수동적 방식만으로는 인권 보장을 온전히 실현하기 어렵다는 국제사회의 공감대가 형성되면서다. 특히 성적 지향, 장애, 인종·민족 차별 등과 같은 복합적인 사회문제는 소극적 의무의 틀 안에서 해결이 미흡하다는 지적이 잇따랐다.

(3) 법제적·사법적 변환

유럽 인권협약 체계에서 적극적 의무는 점차 다양한 판결을 통해 구체화하였다. 이는 공공 영역에서 기본권의 실질적인 보장 수준을 높이기 위한 해석론적 발전으로 볼 수 있다. 소극적 의무가 "침해하지 말라"는 국가의 책임에 국한되지만, 적극적 의무는 "공적인 제도를 마련하라"라거나 "필요한 지원을 제공하라"라는 식으로 국가의 역할을 확장한다. Oliari 사건에서 보듯, 이러한 확대 해석은 성적 지향, 가족생활, 사회적 권리 등에 관한 국가의 책임을 새롭게 조명하는 계기가 되었다.

2) Oliari 판결에서의 적극적 의무: 구체적 사례와 함의

(1) 법적 공백에 대한 재판소의 비판

Oliari 사건에서 재판소는 이탈리아 정부가 동성 커플을 위한 시민 결합이나 등록 파트너십 같은 최소한의 법적 보호 장치조차 마련하지 않았다는 점을 협약 제8조(생활 및 가족생활 보장) 위반의 핵심 근거로 삼았다. 이는 "국가는 동성 커플이 현실적으로 가족생활을 구성할 수 있는 장치를, 적어도 일부라도 제공해야 한다"는 명시적 메시지로 해석된다. 재판소가 국가의 '부작위'를 문제 삼았다는 점은, 전통적 의미의 '국가 침해'가 없어도 인권 보호 소홀로 인해 피해가 발생할 수 있음을 다시금 상기시킨다.

(2) 소수자 보호와 적극적 제도 설계

적극적 의무론이 특히 강조되는 지점은, 동성 커플처럼 사회적 소수자 집단이 구조적 차별이나 권리 제한을 경험하는 현실이다. Oliari 판결은 국가는 단지 '침해하지 않는 것' 이상을 해야 하며, 소수자에게 필요한 법적 안정성과 지원이 보장될 수 있도록 각종 입법 조치를 마련해야 한다고 선언했다. 이는 소수자 권리를 보장하기 위한 국가 개입의 정당성을 재확인함과 동시에, 소수자 보호가 민주적 헌정질서의 필수 요소임을 재차 환기하는 역할을 한다.

(3) 협약 제8조 위반과 적극적 의무

유럽 인권협약 제8조인 사생활 및 가족생활 보장은 Oliari 사건의 핵심이었다. 동성 커플을 전혀 보호하지 않는 상태가 이 조항의 침해로 인정된 것은, 재판소가 사생활·가족생활 영역에서 국가의 적극적 노력을 요구했다는 것을 의미한다. 이는 "국가가 어떠한 명시적으로 억압하지 않았어도, 소수자 집단에 대한 실효성 있는 법적 지원이 부재하면 협약 위반이 될 수 있다"라는 점을 명문화한 대표적 판례로 자리매김했다.

3) 이탈리아의 부작위와 위반: 원인 및 귀결

(1) 헌법재판소의 시사점 미이행

이탈리아 헌법재판소가 이미 동성 커플 보호 필요성을 언급했음에도, 입법부가 장기간 아무런 조처를 하지 않았다는 점은 Oliari 사건에서 결정적 문제로 지목되었다. 이탈리아 헌법재판소가 "혼인은 전통적으로 이성 간 결합"이라는 견해를 밝히면서도, "동성 커플을 위한 보호 입법은 필요하다"라고 지적했음에도, 실무 단계에서 이를 충족시킬 구체적인 입법이 나오지 않았다. 유럽인권재판소는 이를 "헌법적 권고의 방치"로 보고, 국가가 적절한 '법적 틀'을 조성할 책임을 회피했다고 판단했다.

(2) 재판소의 지적과 국가 의무 이행의 연계

유럽인권재판소가 주목한 부분은, 동성 커플이 법적으로 승인받을 수 있는 제도가 전혀 없다는 현실이었다. 법정에서 자신의 권리를 몇 차례 인정받더라도, 제도화된 틀이 없으니 이를 실질적으로 활용할 방도가 없는 상황이었다. 재판소는 이러한 상태를 국가의 적극적 의무 위반으로 간주하고, 장기간의 부작위를 통해 동성 커플의 권리 행사를 사실상 가로막은 정부에 대해 협약 위반 결정을 내렸다. 이는 입법 공백의 문제를 단순한 정책 부재가 아닌 '인권 침해' 관점에서 바라보도록 하는 선례가 되었다.

(3) 부작위가 초래한 불이익의 중대성

이탈리아에서 동성 커플들은 부부로서 인정받지 못해 상속, 연금, 조세 혜택 등에서 발생하는 각종 실질적 이익을 박탈당해 왔다. 거기에 더하여 병원 치료 결정이나 유족·연고자 관계 인정 등 가족 구성원으로서 누려야 할 권리에서도 배제되는 사례가 빈번했다. Oliari 사건은 이러한 구체적 피해 사례를 근거로, 국가가 과연 소극적 의무만을 지킨다고 해서 개인들이 실제 권리를 누릴 수 있는지 근본적인 의문을 제기했다. 재판소는 국가의 방치가 초래한 피해가 가볍지 않다고 보았으며, 입법적 대응이야말로 이러한 부작위를 시정하는 필수 절차라고 명시했다.

4) 사법적 판단과 법 제도 부재

(1) 사법 절차에만 의존하는 방식의 한계

이탈리아 사법부가 동성 커플의 일부 권리를 인정한 판결을 선고한 사례가 없었던 것은 아니지만, 이러한 '개별 소송' 방식은 보편적이고 안정적인 권리 보장을 담보하기 어렵다. 당사자는 매번 법정 투쟁을 거쳐야만 하고, 판결 결과가 일관되지 않으면 권리 보호가 불투명해지기 때문이다. 유럽인권재판소는 개인이 사생활·가족생활 관련 권리를 추구하는 데 있어서, 사후적이고 불확실한 소송 방식만으로 모든 문제가 해결되지 않는다고 판단했다.

(2) 제도적 안정성과 국가 책임

적극적 의무론은 바로 이 지점에서 국가에 대한 제도 구축 요구를 강화한다. 즉, 시민들이 기본권을 일상적으로 행사하는 데 장애가 없도록 법 제도를 안정적으로 마련해 두어야 한다는 것이다. Oliari 판결에서 재판소는 "개인들이 사법 절차를 거치지 않고도 가족생활과 사생활을 보호받을 수 있도록, 국가가 법적 기반을 조속히 정비하라"라는 메시지를 보냈다. 이는 재량의 범위를 논하기 전에, '최소한의 법적 틀'조차 갖추지 않은 상태가 얼마나 심각한 인권 침해에 해당하는지를 부각하는 것이기도 하다.

(3) 제도 부재가 초래하는 기본권 침해의 구조화

사법부가 사안별로 제한적이고 개별적인 권리 인정해주는 방식은, 근본적으로 제도적 해결책이 부재한 국가의 책임을 희석하는 결과를 낳을 수 있다. Oliari 사건에서 동성 커플이 장기간 법적 공백 상태에 놓였던 배경에는, 국가가 "사회적 갈등"이나 "전통적 가치관" 등을 이유로 입법을 미루는 관행이 작동했다. 그러나 재판소는 그러한 사정이 국가의 책임을 경감시키는 요소가 될 수 없다고 보았으며, 오히려 '법 제도의 부재'가 구조적 불이익을 낳는다는 점을 분명히 지적했다.

5) 적극적 의무의 의의: 소수자 보호의 새로운 패러다임

(1) Oliari 판결의 광범위한 영향

Oliari 판결은 ‘동성 결혼’ 제도를 강제하는 정도까지 나아가지는 않았지만, 동성 커플 보호를 위한 국가 책임을 크게 확장했다. 이는 성적 지향을 이유로 차별받는 소수자들을 국가가 어떠한 방식으로 보호해야 하는지에 대한 국제인권 기준을 한층 세분화했다는 데 의의가 있다. 즉, 각국의 문화·전통을 존중하면서도, 기본권 보장을 위한 최소한의 장치 마련은 결코 미룰 수 없는 의무라는 인식을 확산시켰다.

(2) ‘소극적’ 국가 모델에서 ‘적극적’ 국가 모델로

과거에는 국가가 개인의 사적 생활에 과도하게 개입하지 않는 것이 자유와 인권 보장을 위한 제일 나은 방법처럼 여겨졌다. 그러나 현대 인권 담론은, 소수자의 특수한 상황과 구조적 배제를 고려할 때 국가가 적극적으로 상황 개선에 나서야 한다는 “적극적 국가 모델”을 더욱 강조한다. Oliari 판결은 이러한 패러다임 전환을 선도하는 대표적 사례로서, 국가가 사회적 다수를 위한 정책만을 펼칠 것이 아니라, 소수자 권리를 위한 정책적·입법적 조치도 동시에 꾀해야 함을 역설한다.

(3) 국내 적용 가능성과 향후 과제

한국을 비롯한 여러 국가에서도 동성 커플 또는 성 소수자의 법적 지위를 어떻게 인정할 것인지가 꾸준히 제기되고 있다. Oliari 판결의 의의는, 이러한 논쟁이 단지 ‘가치관 대립’에서 끝나는 것이 아니라, 국가가 인권 보호 의무를 어디까지 이행해야 하느냐는 핵심적인 헌법 문제로 연결된다는 점을 보여준다는 것이다. 성 소수자 인권을 보호하기 위한 입법이나 제도화가 지연될수록, Oliari 사건에서 확인된 것처럼 국제인권 규범 위반으로 비칠 가능성도 커진다. 따라서 국가의 적극적 의무 개념을 숙고하여, 소수자 차별 현장을 개선하기 위한 현실적이고 구체적인 법·제도 정비가 긴요하다.

이렇듯 Oliari 판결은 국가가 소수자를 위한 입법적·정책적 조치를 마련하지 않은 상황을 심각한 인권 침해로 규정한 판례로서, 헌법적 측면에서도 “소극적 의무와 적극적 의무의 조화"가 얼마나 중요한지를 재삼 부각한다. 이는 앞으로 성적 지향뿐 아니라 다른 영역의 소수자 인권에서도, 국가가 단순한 무 행위로 일관하기 어려운 현실을 환기하며, 인권 보호의 실천적 진전을 요구하는 강력한 이정표로 남을 것으로 보인다.

Ⅳ. 결 론

Oliari and Others v. Italy 판결은 성 소수자 인권 보호에서 국가의 적극적 의무를 분명히 한 중요한 전환점으로 평가된다. 유럽인권재판소는 동성 커플에게 법적으로 안정된 지위를 보장하지 않는 것이 성적 지향을 이유로 한 차별에 해당할 수 있음을 명확히 하면서, 국가가 단순한 소극적 불간섭을 넘어 실질적 보호 조치를 마련해야 할 의무가 있음을 강조하였다. 이는 단지 결혼제도의 인정 여부를 넘어, 기본권 보호의 실효성을 확보하는 국가의 적극적 보호 의무의 범위를 확장한 것이다.

유럽인권재판소는 국가별 전통과 문화적 다양성을 고려하되, 장기간 입법 부재로 인해 동성 커플이 입게 되는 실질적 불이익이 협약상 용인될 수 없는 수준에 이르면 국가가 적극적으로 입법에 나서야 한다고 판단하였다. 이탈리아의 경우, 헌법재판소가 동성 커플 보호 필요성을 여러 차례 언급했음에도 입법적 공백이 지속되었고, 결국 Oliari 판결 이후 2016년 시민결합법을 제정함으로써 국가의 국제인권법상 의무를 이행하였다.

이 판결은 성 소수자 권리 보장 논의에 있어 몇 가지 제도적 함의를 제공한다. 첫째, 국민적 합의가 완전히 형성되지 않은 사안이라 하더라도, 국가가 인권 보호를 위해 입법적 대안을 적극적으로 모색해야 한다는 원칙을 제시하였다. 둘째, 결혼제도의 확대가 정치적·사회적으로 논란이 될 수 있는 경우라도, 등록 파트너십이나 시민결합과 같은 실질적 보호 장치를 통해 기본권 침해를 완화할 수 있음을 보여주었다. 셋째, 국제인권법 판례가 국내 사법기관이 성적 지향을 이유로 한 차별 사건을 심사할 때 중요한 해석 기준으로 작용할 수 있음을 확인하였다.

결국 Oliari 판결은 국가가 더 이상 소수자의 기본권을 소극적으로 방치하는 것으로 책무를 다했다고 할 수 없는 새로운 인권법적 패러다임을 정립하였다. 성 소수자에 대한 차별을 실질적으로 시정하고 법적 공백을 적극적으로 메우는 국가 의무가 강조됨으로써, 국내외에서 성 소수자 권리 보장을 위한 법·제도 설계에 지속적인 방향성을 제공하고 있다.

보 론 포괄적 차별금지법과 성소수자의 인권

1. 포괄적 차별금지법의 의의와 개념

포괄적 차별금지법은 다양한 차별 사유를 명시적으로 열거하고, 그에 기초한 불합리한 차별 행위를 금지함과 동시에 피해자 구제 절차와 국가의 예방적·보호적 책무를 규정하는 종합적 입법을 의미한다. 전통적으로 차별금지 영역은 개별 분야별로 또는 특정 소수자 집단에 초점을 맞춘 입법을 통해 분산적으로 다루어져 왔다. 예컨대 장애인차별금지법, 남녀고용평등법, 인종차별 금지법 등은 각 분야나 특정 대상 집단을 중심으로 차별의 유형과 구제 방식을 분절적으로 규율한다. 하지만 현대적 인권보장 체계는 '성적 지향, 성별 정체성, 장애, 인종, 종교, 나이' 등을 포함한 다양한 차별 사유가 복합적으로 작용하는 현실을 반영할 필요가 커졌다.

포괄적 차별금지법은 사회 전반에 걸쳐 존재하는 다층적 차별 구조에 한 번에 대응할 수 있는 법적 틀을 제공한다는 점에서 주목받는다. 특히 성적 지향과 성별 정체성 문제는 기존 법 제도만으로는 충분히 보호되지 않는 사각지대를 형성해 왔고, 이는 국제인권기구와 유럽인권재판소의 다양한 판례에서 지적되어 왔다. 유럽인권재판소의 Oliari and Others v. Italy 판결도 그 대표적인 사례 중 하나로, 성적 지향과 결합하는 가족 생활권·사생활권 보호 문제가 포괄적 차별금지법의 필요성에 관한 담론을 촉진했다.

2. 국제 인권기준과 포괄적 차별금지법의 정착 과정

국제사회에서는 이미 유엔 인권기구와 유럽인권재판소를 비롯한 주요 인권재판소의 판결·권고 등을 통해 '차별금지는 인권보장의 기본 토대'라는 인식이 확고히 자리 잡고 있다. 유엔 인권이사회 결의와 유엔 자유권 규약위원회,[14] 사회권규약위원회[15] 등은 성적 지향·성별 정체성을 근거로 한 차별을 금지하

14) Committee on Human Rights 혹은 Human Rights Committee라 불리며, 국제인권규약 중 시민적 및 정치적 권리에 관한 국제규약(International Covenant on Civil and Political Rights, ICCPR)의 이행을 감독하는 기구이다.

15) 공식 명칭은 유엔 경제적·사회적·문화적 권리위원회(Committee on Economic, Social and

고, 이를 위해 국가가 제도적 조치를 마련할 필요가 있음을 반복적으로 강조해 왔다. 유럽 인권협약 제14조 역시 성적 지향을 포함한 여러 차별 사유를 폭넓게 규율하며, 이로부터 국가가 특정 소수자 그룹에 대한 제도적 보호를 소홀히 할 수 없다는 해석이 도출됐다.

그러나 실제로 포괄적 차별금지법을 입법·시행하는 과정은 각국의 문화적·정치적·사회적 요인에 따라 상당한 편차를 보여 왔다. 일부 국가는 이미 1990년대 이후부터 성적 지향 차별을 명시적으로 포함하는 반면, 다른 국가들은 가족법이나 일부 개별법을 통해 제한적으로만 차별 이슈를 다루는 사례가 많다. Oliari 사건과 같은 판결에서 유럽인권재판소가 회원국의 재량을 완전히 부정하지 않으면서도, 입법 공백 상태가 장기화하는 것은 인권 침해에 해당한다고 판단한 점은 그만큼 '포괄적'이고 '정합적인' 차별금지 규범이 필요함을 방증한다. 다시 말해, 단편적인 정책이나 사후적 구제 수단만으로는 다면적인 차별 현실을 해결하기 어렵다는 사실이 국제 인권기준 속에서 점차 확인되고 있다.

3. Oliari and Others v. Italy 판결이 시사하는 포괄적 차별금지법의 함의

Oliari 사건은 이탈리아 정부가 동성 커플에 대한 어떠한 법적 보호 수단도 마련하지 않은 것을 유럽 인권협약 제8조 위반이라고 선언함으로써, 국가가 '소극적 의무'(인권을 침해하지 않을 의무)뿐만 아니라 '적극적 의무'(보호하고 제도를 마련할 의무)도 부담한다는 점을 강조하였다. 이러한 논리가 포괄적 차별금지법과 맞물릴 때, 다음과 같은 학술적 함의가 도출된다.

첫째, 성적 지향에 대한 권리 보장은 단순히 차별적 조항을 삭제하거나 성 소수자 차별을 직접 금지하는 조문을 추가하는 데 그치지 않는다. Oliari 판결처럼, 국가가 실질적으로 소수자들이 직면한 차별 환경을 개선하고, 안정적 권리를 행사할 수 있도록 제도 전체를 조정해야 하는 '적극적 책임'을 강조한다. 이는 포괄적 차별금지법의 골격과 부합한다.

둘째, 재판소가 국가별 재량권을 고려하더라도, 장기간 입법 공백이 유지

Cultural Rights)이고 경제적·사회적·문화적 권리에 관한 국제규약(International Covenant on Economic, Social and Cultural Rights, ICESCR)의 이행을 감독한다.

되는 상황을 인권 침해로 간주한 대목은 포괄적 차별금지법의 지연이 일으킬 수 있는 문제점을 명확히 제시해 준다. 입법 부재가 사실상 차별을 구조화하고, 소수자들에게 계속되는 불이익을 초래한다면, 이는 국가가 인권 조약에 따라 이행해야 할 핵심 의무를 방치하는 것과 다름없다. 이러한 시각은 사회적 합의 부족, 정치적 부담 등을 이유로 입법 추진이 오랫동안 유예되어 온 국가들에 중요한 메시지가 된다.

셋째, Oliari 판결이 지적한 바와 같이, 성적 지향을 이유로 가정·가족 영역에서 최소한의 법적 지위조차 인정되지 않는 상태는 단순한 차별이 아니라 일상생활과 권리 행사 전반에 걸친 중대한 제한이다. 포괄적 차별금지법은 이러한 사적·공적 영역 모두에서 발생하는 차별 행위를 규율 대상에 포괄적으로 포함하기에, '가족'이라는 전통적 제도의 보호에서 소외된 사람들에게도 직접적인 보호 장치를 제공할 수 있다.

4. 국내적 함의와 법 제도화 과제

국내에서도 성적 지향, 성별 정체성, 장애, 인종·민족, 종교, 나이 등을 이유로 한 차별 문제가 사회적 관심사로 대두되고 있으며, 포괄적 차별금지법 제정을 둘러싼 논의가 계속되고 있다. 특히 동성 커플이나 성 소수자 인권 보호가 핵심 쟁점 중 하나로 부상했는데, Oliari 사건에서 확인되었듯이 법 제도 부재가 초래하는 구조적 차별은 단기간에 해소되기 어려운 측면이 강하다.

국내 헌법재판이나 법률적 해석 과정에서도 점차 국제인권 규범이 참조되는 경향이 확산하는 만큼, Oliari 판결은 크게 두 가지 시사점을 제공한다. 첫째, 포괄적 차별금지법을 제정하거나 개정하는 문제에서 정치적 부담이나 문화적 이견만을 이유로 무기한 미루는 것은 국가가 소수자의 인권 보호 의무를 이행하지 않는 부작위로 간주할 수 있다. 둘째, 포괄적 차별금지법이 제정된다고 해서 모든 차별 문제가 자동으로 해결되는 것은 아니지만, 최소한 차별 문제를 한 곳에서 통합적으로 다루는 법적 기반이 마련된다는 데 그 의의가 있다는 점이다. 이는 후속 정책 수립과 사법적 구제를 체계화하는 토대가 되며, 국제사회의 차별금지 기준을 준용하는 근거이기도 하다.

5. 입법 방향과 제도 운용상의 주요 쟁점

포괄적 차별금지법을 입법화하고 운영할 때는 몇 가지 핵심 쟁점이 발생한다. 먼저 '차별 사유의 범위' 문제는 가장 중요한 결정 사항 중 하나다. 포괄적 차별금지법은 원칙적으로 성적 지향·성별 정체성·장애·인종·연령 등 폭넓은 사유를 포함하되, 미래에 발생할 수 있는 다양한 차별 유형을 포착할 수 있도록 개방적·추상적 문언도 병행해야 한다. 그러나 이를 두고 "법 적용 범위가 지나치게 넓어질 수 있다"는 반론이 제기되기도 하므로, 구체적 기준을 마련하고 사회적 합의를 거치는 과정이 필요하다.

둘째로, '구제 절차와 피해자 보호 시스템'도 중요한 쟁점이다. 포괄적 차별금지법은 단순히 차별 행위를 금지하는 것에서 그치지 않고, 실제 피해자들이 이를 입증하고 효과적으로 구제받을 수 있는 사법·행정 제도를 어떻게 설계할 것인지가 핵심이다. 예컨대 인권위원회의 권고 실효성, 법원의 긴급구제 절차, 징벌적 손해배상제도 등을 도입·강화할 필요가 있다는 주장이 제기되고 있다.

셋째, 사회적 갈등 및 시행상의 난점도 고려 대상이다. Oliari 사건의 맥락에서 보듯, 전통적 가치와 새로운 인권 담론이 충돌할 때, 입법부가 지나치게 정치적 계산에 치우쳐 입법을 회피하거나 지연하는 현상이 발생할 수 있다. 이 경우 국가가 '적극적 의무'를 이행하기보다는 여론에 떠밀려 사태를 방치하게 되고, 그 피해는 소수자에게 집중된다. 결국 포괄적 차별금지법의 성공적 정착을 위해서는 법 제정 과정에서 충분한 시민 참여와 정보 제공이 이루어져야 하고, 법 시행 이후에도 지속해서 법률·제도를 보완할 수 있는 체계를 갖추어야 한다.

결론적으로, Oliari and Others v. Italy 사건에서 확인된 국가의 의무와 국제 인권기준은 포괄적 차별금지법이 지향해야 할 방향을 뚜렷하게 보여준다. 국가가 소수자 차별을 방지하기 위해 부작위를 넘어 적극적으로 나서야 한다는 점, 입법 지연이 장기화할수록 소수자의 피해가 구조화된다는 점, 그리고 법 제정 이후에도 실효성 있는 구제 수단을 확보해야 한다는 점이 핵심이다. 이러한 일련의 관점에서 보면, 포괄적 차별금지법은 국내외를 막론하고 사회적 약자·소수자의 권리를 집약적으로 보호하기 위한 가장 유효한 입법 수단 중 하나라는 평가를 받으며, 차별 사유와 피해 구제 절차를 통합적으로 다룰 수 있는 법률로서 계속 진화를 거듭하고 있다.

주요 참고문헌

Ⅰ. 유럽인권재판소 판례 및 보고서

ECtHR, Vallianatos and Others v. Greece, Appl. Nos. 29381/09 and 32684/09, Judgment of 7 November 2013.

ECtHR, Fedotova and Others v. Russia, Applications nos. 40792/10, 30538/14 and 43439/14, Judgment of 17 January 2021.

European Court of Human Rights, Dudgeon v. the United Kingdom, Application no. 7525/76, Judgment of 22 October 1981.

European Court of Human Rights, Smith and Grady v. the United Kingdom, Applications nos. 33985/96 and 33986/96, Judgment of 27 September 1999.

European Court of Human Rights, Schalk and Kopf v. Austria, Appl. No. 30141/04, Judgment of 24 June 2010.

European Court of Human Rights, Oliari and Others v. Italy, Applications Nos. 18766/11 and 36030/11, Judgment of 21 July 2015.

Ⅱ. 미국 연방대법원 판례

U.S. Supreme Court. (2015). Obergefell v. Hodges, 576 U.S. 644.

제 5 부

새로운 이슈들

제13장

인공지능과 인권

Ⅰ. 서 론

인공지능(Artificial Intelligence, AI)은 최근 몇 년간 빅데이터·클라우드 컴퓨팅·머신러닝 기술과 결합하여 급속도로 발전해 왔다. 특히 대규모 언어모델(Large Language Model, LLM)과 이미지·음성 인식 등 다양한 형태의 AI 기술이 상용화되면서, 인공지능은 이미 우리의 일상과 사회 전반에서 중요한 의사결정 도구로 활용되고 있다. 예컨대 은행의 신용평가 시스템, 기업의 채용 절차, 의료 진단 및 정부의 행정서비스 등에서 알고리즘이 큰 역할을 담당하게 되었고, 이를 통해 효율성과 편의성이라는 긍정적 효과가 가시화되고 있다.

그러나 이와 같은 진보의 이면에는 알고리즘 차별, 프라이버시 침해, 책임 귀속 문제 등 각종 법적·윤리적 쟁점이 두드러지고 있다. 특히 인공지능이 내놓는 의사결정 결과가 특정 집단에 체계적인 불이익을 초래하는 사례[1)]가 잇달아 보고되면서, '인공지능과 인권'이라는 주제는 학계와 실무, 입법 분야 모두에서 시급한 논의 과제로 자리 잡았다. 예컨대 대형 온라인 플랫폼에서 제공하는 광고 알고리즘이 인종 또는 성별에 따라 상품 접근성을 다르게 설정하거나, 고용 과정에서 학습된 모델이 과거 남성 위주의 데이터에 기반해 여성 지원자를 배제하는 일이 발생할 수 있다는 보고는 이미 공론화되었다.[2)] 또한 얼굴 인식 기술

---

1) 예컨대, 아마존의 인공지능 채용 시스템은 여성 지원자에게 체계적 불이익을 초래하였고, 미국의 재범 위험도 평가 시스템 COMPAS는 흑인 피고인에게 높은 위험 점수를 부과하여 인종차별적 문제가 지적된 바 있다. 이러한 사례들은 인공지능이 기존 사회의 차별 구조를 학습·재생산할 위험성을 보여준다. 이와 관련한 구체적 사례들은 아래 Ⅱ. 2. 2)에서 상세히 살펴본다.

2) 구체적으로 구글이나 페이스북 등 대형 온라인 플랫폼에서 운영하는 광고 알고리즘이 사용자의 성별, 인종, 연령 등 프로파일링 정보를 활용하여 동일한 직무 광고나 금융상품 광고에

이 어두운 피부색을 지닌 사람들에게서 높은 오류율을 보인다는 연구 결과[3]도 편향된 알고리즘이 초래할 수 있는 심각한 인권 침해 가능성을 보여준다.

이러한 문제는 사적 영역에만 국한되지 않는다. 각국 정부가 행정 효율화와 비용 절감을 목적으로 AI를 활용하는 과정에서, 알고리즘이 기존의 사회적 불평등과 차별적 구조를 그대로 학습·재생산할 경우, 공공서비스 접근, 복지 배분, 법 집행 등 다양한 분야에서 취약 집단에 대한 체계적 차별과 권리 침해가 발생할 수 있으며, 이는 기본적 인권 보장과 차별금지 의무에 중대한 도전을 제기한다. 유럽연합(EU)은 이러한 위험을 인지하고 'AI Act'[4]를 통해 고위험 분야에 대한 규제와 투명성·설명 가능성 확보 방안을 제도화하려 노력 중이며, 유엔(UN) 산하기관인 유네스코(UNESCO) 또한 2021년「인공지능 윤리에 관한 권고」[5]를 채택하여 국제사회가 지향해야 할 기본 원칙을 제시했다. 이러한 흐름은 AI 기술이 불가역적 수준으로 확산한 시대에, 인권 보호와 기술 발전 간의 균형을 어떻게 이루어낼 것인가를 놓고 벌어지는 전 지구적 고민의 결과다.

한편, AI의 '법적 주체성'을 인정할 것인지에 대한 논의도 인권법 차원에서 더욱 주목받고 있다. 만약 인공지능이 고도의 자율적 판단과 학습 능력을 갖추게 될 경우, 전통적으로 '인간'을 전제로 구축되었던 법적 책임과 권리 체계가 어떻게 변화해야 하는지는 여전히 미해결의 영역이다. 일각에서는 AI가 스스로 의사결정함으로써 발생한 피해에 대해, 개발자나 운영 주체와는 별개로 AI 자체

대한 접근성을 차별적으로 제공하는 사례가 보고된 바 있다. 미국의 한 사례에서는 고소득 직종 광고가 주로 남성 사용자에게 노출되고, 여성 사용자에게는 저임금 직종 광고가 상대적으로 더 많이 제공되는 현상이 발견되었다. 또한 채용 분야에서도 아마존의 인공지능 채용 시스템이 과거 남성 중심의 채용 데이터를 학습하면서 여성 지원자를 체계적으로 불리하게 평가하는 편향을 드러낸 사례가 공론화되었다. 이러한 사례들은 인공지능과 알고리즘이 기존 사회의 구조적 차별을 강화하거나 재생산할 수 있는 위험성을 보여준다.

3) C. Orwat, 'Risks of Discrimination through the Use of Algorithms', Federal Anti- Discrimination Agency, 2020, 49 참조.

4) Regulation (EU) of the European Parliament and of the Council laying down harmonized rules on Artificial Intelligence (Artificial Intelligence Act): 유럽연합은 2024년「인공지능법(AI Act)」을 최종 채택하여, 인공지능 시스템의 위험도에 따라 4단계로 구분하는 위험 기반 규제 모델을 도입하였다. 특히 생명, 건강, 기본권 보호와 관련된 분야를 '고위험 인공지능 시스템(high-risk AI systems)'으로 분류하고, 이러한 시스템에 대해 엄격한 적합성 평가, 데이터 품질 확보, 투명성, 설명 가능성, 인적 개입 가능성, 기록보관 의무 등 다양한 법적 의무를 부과하고 있다. AI Act는 기본권 침해 방지와 인권 보호를 핵심 목표로 삼고 있다.

5) UNESCO, Recommendation on the Ethics of Artificial Intelligence, adopted on 24 November 2021.

를 제한된 범위에서 법적 책임 주체로 삼을 수 있다는 견해를 제시한다. 반면, 알고리즘은 결국 인간이 설계한 모델과 데이터에 근거하므로, 법적·윤리적 책임은 전적으로 개발자·운영자·이용자에게 귀속되어야 한다는 비판적 시각도 뚜렷하다. 이처럼 AI의 자율성을 어떻게 해석하느냐에 따라, 인권 보호의 방향과 강도를 크게 달리 설정해야 한다는 점에서 학계·실무계는 다양한 쟁점을 놓고 활발한 논의를 이어가고 있다.

이 글에서는 우선 인공지능으로 인해 발생하는 차별 문제를 비롯하여, 공공 행정에서의 알고리즘 사용과 헌법적 평등 원칙의 충돌 가능성, 나아가 AI의 법적 주체성에 대한 찬반론 등을 종합적으로 살펴보고자 한다. 특히 이미 진행되고 있는 실제 사례와 유럽연합(EU)의 규제 동향, 그리고 UNESCO 권고 등 국제 규범의 방향성을 기반으로, 인권법적 시각에서 제기되는 핵심 이슈들을 검토할 것이다. 결론적으로 이 글은 인공지능이 사회에 가져올 편익을 최대한 유지하면서도, 인권 침해 위험을 최소화하기 위한 효과적인 대안과 법적·제도적 장치를 모색하는 데 초점을 맞춘다. 이는 기술혁신과 인권 보호라는 가치가 갈등이 아닌 상호 보완 관계로 설정될 수 있도록, 더 체계적이고 균형 잡힌 논의가 이루어지는 첫걸음이 될 것이다.

II. 인공지능에 내재된 편향과 차별의 구조

1. 핵심 개념과 알고리즘의 이해[6)]

1) 인공지능(AI)의 정의

인공지능(AI)은 일반적으로 인간이 수행하는 인지적 과업, 예컨대 문제 해결, 데이터 분류, 추론, 예측 등을 인간의 명시적 지시 없이 기계가 자율적으로 수행할 수 있도록 만드는 기술적 시스템이다. 이러한 AI 시스템은 과거 전통적 컴퓨팅 방식과는 달리 방대한 데이터 집합에서 패턴을 자동으로 탐색·학습하

6) 알고리즘에 대한 전체적인 개관에 관하여, H. Surden, ‘Artificial Intelligence and Law: An Overview’(June 28, 2019). Georgia State University Law Review, Vol. 35, 2019, U of Colorado Law Legal Studies Research Paper No. 19-22, Available at SSRN: https://ssrn.com/abstract=3411869 참조.

여 결과를 예측하거나 판단하는 능력을 갖춘 것이 특징이다.

AI 기술은 초기에는 단순한 논리 연산과 자동화 시스템에 머물렀지만, 이후 빅데이터, 클라우드 컴퓨팅, 고도화된 수학적 모델과 통계 분석 기법의 결합을 통해 급속히 발전해왔다.[7] 특히 2010년대 이후 약 10년 동안 GPU(그래픽 처리 장치)와 같은 고성능 병렬 연산 기술이 발전하면서 기계학습(머신러닝)과 심층학습(딥러닝) 분야에서 획기적인 성과가 이루어졌다. 아울러 TensorFlow, PyTorch 등과 같은 오픈소스 머신러닝 프로그램의 보급과 방대한 데이터 축적이 뒷받침되면서, 이미지 인식, 자연어 처리(예: 번역, 음성 인식) 등 다양한 분야에서 인공지능의 성능이 눈에 띄게 향상되었다.

AI가 사회 전반에 미치는 영향력은 급격히 확대되고 있으며, 의료 진단 및 치료,[8] 금융거래 및 투자자문 시스템, 법률 상담을 지원하는 법률 AI, 교육 분야의 맞춤형 학습시스템 등 다양한 영역에서 실질적 응용이 이루어지고 있다. 그러나 AI 기술이 광범위하게 확산함에 따라, 알고리즘이 내린 판단과 결정의 법적 책임 소재, 알고리즘의 윤리적 투명성, 그리고 편향(Bias)으로 인한 차별과 불평등 문제 등 여러 사회적이고 윤리적인 문제들이 본격적으로 대두되고 있다.

2) 알고리즘의 기본 원리와 유형

알고리즘이란 주어진 입력 데이터를 바탕으로 특정 문제를 해결하거나 의사결정을 내리기 위해 단계별로 구성된 체계적이고 명확한 명령어의 집합을 말한다. 알고리즘은 특히 인공지능 시스템의 핵심 구성요소로 작동하며, 그 방식에 따라 크게 세 가지로 나눌 수 있다. 첫째, 사람이 미리 정한 규칙에 따라 작동하는 규칙 기반 알고리즘, 둘째, 데이터를 학습하여 스스로 규칙을 찾아내는 기계 학습 알고리즘, 셋째, 더욱 복잡한 신경망 구조를 이용하여 방대한 데이터를 학습하는 심층학습(딥 러닝) 알고리즘이 있다.

---

7) Y. LeCun, Y. Bengio, & G. Hinton, Deep learning. Nature, 521(7553), 2015, 436-444. https://doi.org/10.1038/nature14539

8) 예컨대 IBM이 개발한 '왓슨(Watson)'은 인공지능 기반의 의료 진단 및 치료 지원 시스템으로, 대량의 의학 논문, 임상 데이터, 환자 기록 등을 분석하여 암 진단 및 치료법 제안 등에 활용되었다. 특히 2010년대 중반 여러 병원에서 암 진료 보조 도구로 도입되었으나, 한계점으로는 의료 데이터의 지역적 편차, 해석의 복잡성, 윤리적 책임 소재 등이 제기되면서 이후 일부 서비스는 중단되거나 축소되었다. 이 사례는 의료 분야에서 AI가 진단·치료 결정을 지원하는 방식으로 응용될 수 있음을 보여주는 대표적 예시로 평가된다.

(1) 규칙 기반 알고리즘(Rule-based algorithms)

규칙 기반 알고리즘은 사람이 미리 정해 놓은 명확하고 결정적인 규칙에 따라 데이터를 처리하고 결과를 도출하는 방식으로 작동한다. 예를 들어 "만약 어떤 조건이 충족되면, 특정 결과를 실행한다"라는 식의 단순한 'if－then 규칙'[9]을 적용하는 것이 대표적이다. 이러한 알고리즘은 판단 기준이 분명한 상황에서 효율적으로 작동하며, 예측 가능성이 크고 구현이 비교적 간단하다는 장점이 있다. 예컨대 교통법규 위반의 경우, 제한 속도를 일정 기준 이상 초과하면 정해진 벌금이 자동으로 부과되는 시스템이 여기에 해당한다. 다만 현실에서는 예측하기 어려운 변수나 예외적인 상황이 자주 발생하는데, 이럴 때는 규칙 기반 알고리즘이 유연하게 대처하지 못하거나 잘못된 판단을 내릴 위험이 있다. 즉, 미리 정해진 규칙에서 벗어나는 상황에서는 제대로 된 의사결정을 하지 못할 수 있다.

(2) 기계 학습 알고리즘(Machine learning algorithms)

기계 학습 알고리즘은 데이터를 통해 스스로 통계적 패턴을 찾아내고 이를 바탕으로 의사결정 능력을 점점 향상시키는 방식이다. 사람이 일일이 규칙을 정해주지 않아도, 알고리즘이 많은 데이터를 분석하면서 스스로 학습해 나가는 것이 특징이다.

기계 학습은 크게 세 가지 유형으로 나눌 수 있다. 첫째, 지도 학습(Supervised Learning)은 정답이 포함된 데이터를 제공하여, 알고리즘이 입력과 결과 사이의 관계를 학습하도록 하는 방식이다. 주로 이미지 분류, 질병 예측, 주가 예측 등에서 활용된다. 둘째, 비지도 학습(Unsupervised Learning)은 정답 없이 입력 데이터만 주어진 상황에서, 알고리즘이 스스로 데이터 속 숨겨진 구조나 특징을 찾아내는 방식으로, 고객 유형 분류나 데이터 군집화 등에 활용된다. 셋째, 강화 학습(Reinforcement Learning)은 알고리즘이 스스로 환경과 상호작용하며, 자기

---

9) 'if-then 규칙'이란 "만약(if) 특정 조건이 충족되면, 그러면(then) 어떤 조치를 취한다"는 식으로 조건과 결과를 연결하는 가장 기본적인 결정 규칙을 의미한다. 예를 들어, "만약 속도가 시속 100킬로미터를 초과하면, 그러면 벌금 5만 원을 부과한다"라는 규칙이 이에 해당한다. 이러한 규칙은 사람이 먼저 예상한 상황에 대해 명확한 지침을 부여할 수 있다는 장점이 있으나, 복잡한 상황에서는 적용이 어려울 수 있다.

행동에 따른 보상이나 처벌을 반복적으로 경험하면서 최적의 행동 방식을 학습하는 방식이다. 대표적으로 바둑 인공지능 '알파고'가 이 방식을 활용하여 주목받은 바 있다.

다만 기계 학습 알고리즘은 사용되는 데이터가 사회적 편견이나 기존의 불평등을 포함하고 있을 때, 그러한 문제점을 그대로 학습하여 결과적으로 차별을 확대하거나 재생산할 위험이 있어 윤리적 문제가 지속해서 제기되고 있다.

(3) 딥 러닝 알고리즘(Deep learning algorithms)

딥 러닝 알고리즘은 기계학습의 한 분야로, 여러 층으로 구성된 인공 신경망을 이용하여 데이터를 단계적으로 처리하고 복잡한 문제를 스스로 학습해 해결하는 방식이다. 딥 러닝은 특히 이미지 인식과 자연어 처리 분야에서 큰 성과를 거두었다.

이미지 인식에서는 합성곱 신경망(Convolutional Neural Network, CNN) 기술이 적용되어 사람과 비슷하거나 때로는 그 이상의 정확도로 사진이나 영상을 분석할 수 있게 되었다. 자연어 처리 분야에서는 순환 신경망(Recurrent Neural Networks, RNN)과 최근에는 변환기(트랜스포머) 기반 모델이 널리 활용되고 있다. 대표적으로 번역, 감정 분석, 대화형 인공지능 등에 사용되는 BERT, GPT 등과 같은 최신 언어모델들이 여기에 포함된다.

그러나 딥 러닝 알고리즘은 구조가 매우 복잡하고 연산량이 방대하여, 계산 속도, 에너지 소모, 처리 효율성과 같은 기술적 문제 외에도 '블랙박스 문제'로 불리는 설명 가능성의 한계가 지적되고 있다.[10] 즉, 딥 러닝이 어떤 근거로 특정 결정을 내렸는지 사람이 이해하기 어렵다는 점이 신뢰성과 투명성 확보의 큰 걸림돌로 작용한다. 이러한 문제를 해결하기 위해 설명할 수 있는 인공지능 연구가 활발히 이루어지고 있지만, 아직 완전한 해결책은 마련되지 못하고 있다. 따라서 딥 러닝 알고리즘을 사회적으로 민감한 분야에 적용할 때는 기술적 성능뿐 아니라 윤리적 책임성과 투명성을 확보할 수 있는 별도의 안전장치와 규제적 접근이 필요하다는 목소리가 커지고 있다.

---

10) B. D. Mittelstadt, P. Allo, M. Taddeo, S. Wachter, & L. Floridi, The ethics of algorithms: Mapping the debate. Big Data & Society, 3(2), 2016, 1-21. https://doi.org/10.1177/2053951716679679

2. 알고리즘 편향의 원인과 다양한 사례에 관한 논의

1) 데이터 편향으로 인한 차별적 결과의 재생산

알고리즘 편향의 주요 원인으로는 '데이터 편향'이 가장 많이 지적된다. 인공지능은 학습 단계에서 주어진 데이터를 바탕으로 스스로 규칙과 패턴을 찾아내는데, 이 데이터에는 사회에 이미 존재하는 편견과 불평등 구조가 그대로 담겨 있을 수 있다. 이러한 편향된 데이터를 학습한 인공지능은 결국 그 편향을 그대로 반영한 결과를 만들어내어, 의도하지 않더라도 차별을 반복하거나 확대할 위험을 안고 있다.

데이터 편향의 대표적인 사례로 아마존의 채용 알고리즘 사건(2018)[11)]이 자주 언급된다. 아마존은 과거 약 10년 동안의 자사 채용 데이터를 바탕으로 인공지능 채용 평가 시스템을 개발하였다. 그런데 이 데이터는 과거 남성 지원자가 대부분이었던 상황을 반영하고 있었고, 인공지능은 이를 학습하면서 여성 지원자에게 불리한 평가를 하는 경향을 보였다. 예를 들어 여성 대학 졸업이나 여성 관련 활동 경력이 있으면 점수를 깎는 식으로 평가가 이루어져 여성 지원자에게 체계적인 불이익이 발생하였다. 이 사례는 인공지능이 편향된 데이터를 학습할 때 기존의 사회적 불평등을 되풀이하고 강화할 수 있음을 보여준다.

이와 유사한 예로 미국의 범죄 예측 시스템인 COMPAS 사례가 있다. 이 시스템은 범죄 피의자의 재범 가능성을 예측하는 인공지능 프로그램인데, 2016년 미국 탐사보도 매체인 ProPublica[12)]가 분석한 결과, 흑인 피의자에 대해 백인 피의자보다 훨씬 더 높은 재범 위험을 예측하는 경향이 확인되었다. 이는 미국 형사사법제도가 오랫동안 흑인에 대해 차별적으로 작용해온 기록을 데이터로 축적했기 때문이며, 결국 이 편향된 데이터를 학습한 알고리즘이 구조적인 인종차별을 더욱 심화시킬 수 있는 위험성을 보여준 사례로 평가된다.

2) 알고리즘의 사회적 맥락 인식 한계와 편향 재생산의 문제

알고리즘은 사회적 맥락(social context)과 문화적 함의(cultural implication)

11) Carnegie Mellon University, "Amazon scrapped secret artificial intelligence recruiting engine that showed biases against women," 11 October 2018.

12) Julia Angwin & Jeff Larson, "Machine Bias," ProPublica, 23 May 2016.

를 이해하는 능력이 근본적으로 제한적이다. 인공지능 모델은 수학적·통계적 방식으로 데이터 내 패턴을 추출하고 학습할 뿐, 특정 표현이나 행동이 지니는 사회적·윤리적 의미까지 자율적으로 파악하거나 비판적으로 해석하지는 못한다.[13] 이러한 한계로 인해, 현실 사회에서 수집된 데이터에 이미 내재되어 있던 편견, 혐오, 차별이 알고리즘에 의해 그대로 재생산될 위험이 상존한다. 이 경우 인공지능 시스템은 특정 개인이나 집단의 기본권을 침해하는 결과를 초래할 수 있으며, 이는 차별금지 및 인권 보호의 관점에서 심각한 법적 문제로 연결된다.

국내에서 논란이 되었던 챗봇 서비스 '이루다' 사건(2021)[14]은 이러한 위험을 잘 보여준다. 이루다는 온라인 대화 데이터를 기반으로 자연어 처리 모델을 학습하였으나, 수집된 데이터에는 여성, 성 소수자, 장애인 등에 대한 혐오적 표현과 차별적 언어가 다수 포함되어 있었다. 챗봇은 데이터에 내재한 편견을 비판 없이 수용하며 반복적으로 사회적 소수자에 대한 차별적 발언을 생성하였다. 이 과정은 알고리즘의 의도적 차별이 아니라 자료수집과 관리 과정의 윤리적·사회적 기준 부재에서 기인한 구조적 편향의 재생산이었다. 이러한 사례는 자료수집 단계부터 차별적 함의를 체계적으로 식별·제거하지 않을 경우, 알고리즘이 인권 침해의 매개가 될 수 있음을 명확히 시사한다.

국제적으로도 유사한 문제가 반복되고 있다. 마이크로소프트의 AI 챗봇 '테이(Tay)' 사례(2016)는 알고리즘이 사회적 맥락을 이해하지 못하는 구조적 한계를 극명하게 드러낸다.[15] Tay는 사용자와의 소셜 네트워크 상호작용을 통해 실시간 학습하도록 설계되었으나, 악의적 사용자들이 반복적으로 혐오적 메시지를 입력하면서 챗봇은 인종차별적·성차별적 발언을 빠르게 학습하고 이를 공공연히 발화하였다. 결국 테이는 가동 수일 만에 서비스가 중단되는 사태로 이어졌다.

이러한 사례들은 단순한 기술적 오류를 넘어, 알고리즘 개발 및 운영 과정

---

13) B. D. Mittelstadt, P. Allo, M. Taddeo, S. Wachter, & L. Floridi, The ethics of algorithms: Mapping the debate. Big Data & Society, 3(2), 2016, 1–21. https://doi.org/10.1177/2053951716679679

14) 한겨레, '이루다 개발사, 연인 카톡 대화 수집하고는 돌려보며 웃었다; (2021년 1월 12일자 기사) https://www.hani.co.kr/arti/economy/it/978383.html

15) M. J. Wolf, K. W. Miller, & F. S. Grodzinsky, Why We Should Have Seen That Coming: Comments on Microsoft's Tay 'Experiment,' and Wider Implications, The ORBIT Journal, 제1권 제2호, 2017, 1~12.

전반에서 인권 친화적 설계원칙의 도입 필요성을 보여준다. 알고리즘이 사회적 맥락을 스스로 이해하지 못하는 이상, 개발자와 사업자는 데이터 선정, 학습 과정, 발화 관리 단계에서 적극적이고 사전적인 인권 보호장치를 마련해야 한다. 나아가, 법제도 차원에서도 알고리즘 차별에 대한 사전적 위험 평가와 독립적 감독 체계의 구축이 필수적이다.

3) 실제 사례: 얼굴 인식 알고리즘에서의 인종·성별 편향

얼굴 인식 기술(face recognition technology)은 인공지능이 공공행정, 출입통제, 범죄수사, 공항 보안 등 다양한 영역에서 적극적으로 활용되는 대표적 분야이다. 그러나 이러한 기술이 인종, 성별, 피부색 등 보호사유에 따라 현저히 상이한 정확도를 보이며 차별적 결과를 초래할 위험성이 반복적으로 지적되고 있다.

MIT의 연구진이 수행한 이른바 “Gender Shades” 연구 결과에 따르면, IBM, Microsoft, Face++ 등 주요 글로벌 기업의 얼굴 인식 시스템들은 백인 남성에 대해서는 거의 완벽한 정확도를 기록한 반면, 어두운 피부색을 가진 여성에 대해서는 최대 30% 이상의 오류율을 보였다.[16] 이러한 차이는 훈련 데이터에 소수 인종 및 성별 소수자의 이미지가 충분히 반영되지 않았거나, 기존 사회에 내재한 구조적 인종·성차별적 편향이 데이터에 투영된 결과로 분석된다. 결국 이러한 오류는 기술적 문제가 아니라 차별금지 원칙 및 평등권 침해와 직결되는 인권적 사안으로 전환된다.

실제 미국 일부 경찰기관에서 사용한 Amazon의 얼굴 인식 시스템은 유색인종 집단에 대해 현저히 높은 오류 비율을 나타내어 심각한 인권 침해 논란을 초래하였다.[17] 무고한 시민이 잘못된 신원확인으로 법 집행 절차에 노출되는 경우, 이는 형사 절차상 기본권, 평등권, 개인정보 보호권 침해로 이어질 수 있다. 이러한 사례들은 알고리즘 차별이 단순한 기술적 오류를 넘어, 인권법적 통제와 법적 책임의 확립이 필수적임을 시사한다.

결과적으로 얼굴 인식 기술에서의 인종·성별 편향 문제는 데이터의 대표

---

16) J. Buolamwini & T. Gebru, Gender Shades: Intersectional Accuracy Disparities in Commercial Gender Classification. Proceedings of Machine Learning Research, 81, 2018, 1-15.

17) J. Snow, J. van der Merwe, & J. Angwin, Amazon's Face Recognition Falsely Matched 28 Members of Congress With Mugshots. American Civil Liberties Union(ACLU), July 26, 2018.

성(representation), 알고리즘의 투명성(transparency), 편향성 점검(bias auditing), 독립적 검증(auditing)의 확보를 포함하는 법적·제도적 대응이 병행될 때만 실질적 차별 예방이 가능함을 보여준다. EU 차별금지법, 일반 개인정보보호 규정(GDPR), 인공지능 법(AI Act) 등[18]은 이러한 차별 예방을 위한 규범적 기준을 점차 구체화하고 있으며, 향후 보다 명확한 입법적 보완과 국제적 기준 정립이 중요한 과제로 제기된다.

3. 차별의 다차원적 형태에 관한 논의

1) 직접 차별과 간접 차별의 개념 및 특징

인공지능 알고리즘이 초래할 수 있는 차별 현상은 기존 차별 이론에서 구분하는 직접 차별(direct discrimination)과 간접 차별(indirect discrimination)의 개념을 통해 체계적으로 분석할 수 있다.

우선, 직접 차별이란 특정 보호 사유(예: 성별, 인종, 장애, 종교, 성적 지향 등)를 이유로 특정 개인이나 집단에 명시적이고 의도적으로 불리한 대우를 가하는 경우를 의미한다. 예컨대 기업이 "여성 직원은 승진 대상에서 제외한다"라는 규칙을 적용하거나, 채용 과정에서 특정 인종에 속한 지원자를 자동으로 탈락시키는 경우가 이에 해당한다. 이러한 직접 차별은 차별행위의 동기와 대상이 명확히 드러나므로 법적으로도 비교적 입증과 규제가 쉬운 형태로 분류된다.

반면, 간접 차별은 외관상 중립적이고 합리적으로 보이는 기준이나 정책이 결과적으로 특정 집단에 불균형적으로 불이익을 초래하는 경우를 말한다. 행위자의 주관적 의도 여부와 무관하게, 제도의 적용 결과가 문제의 핵심이 된다. 예를 들어, 학자금 대출 심사에서 신용점수를 주요 심사 기준으로 삼을 때, 기존 신용평가 체계가 사회경제적 취약계층, 소수 인종, 장애인 집단에 상대적으로 낮은 점수를 부여하는 구조를 반영하고 있다면 이는 간접 차별로 평가될 수 있다.

---

18) EU 차별금지법은 인종평등지침(Directive 2000/43/EC), 고용평등지침(Directive 2000/78/EC), 성평등지침(Directive 2006/54/EC) 등을 포함한다. 일반개인정보보호규정은 Regulation (EU) 2016/679(General Data Protection Regulation, GDPR), 인공지능법은 Regulation (EU) 2024/1689 (Artificial Intelligence Act)를 의미한다. 이들 법령은 III.과 IV. 항목에서 상세히 다룬다.

인공지능 알고리즘의 경우, 대량의 학습 데이터를 기반으로 자동화된 결정을 내리므로, 훈련 데이터에 내재한 사회적 불평등과 편견이 알고리즘 결과에 반영되어 간접 차별을 발생시키는 위험이 크다. 이러한 구조적 차별의 발생 가능성은 이미 실증적 사례에서도 확인되고 있다. 예컨대 미국의 일부 금융기관에서 운영하는 신용평가 시스템이 사회적 약자 집단을 체계적으로 불이익하게 평가하여 논란이 된 바 있으며, 유럽연합(EU)에서도 고용 및 복지 분야에서 알고리즘에 의한 간접 차별 문제를 방지하기 위한 법적 기준 마련이 적극적으로 논의되고 있다.[19]

이처럼 간접 차별은 구조적이고 체계적으로 발생하는 경우가 많으므로, 이를 예방하고 시정하기 위해서는 정교한 법적 개념 정립과 함께 효과적인 제도적 통제 장치가 필수적으로 요구된다.

2) 교차 차별(Intersectionality)의 개념 및 인공지능 시대에서의 심화

교차성 이론(intersectionality theory)은 미국의 법학자 킴벌리 크렌쇼가 1989년에 처음으로 제시한 개념으로,[20] 이후 법학, 사회학, 인권학 분야에서 활발히 논의되어 왔다. 이 이론은 인종, 성별, 장애, 성적 지향, 계급 등 다양한 보호 사유가 단순히 독립적으로 작용하는 것이 아니라, 이들이 서로 교차(intersect)하고 중첩(overlap)되면서 복합적이고 중층적인 차별 및 배제 현상을 발생시킬 수 있음을 강조한다. 교차 차별은 각 차별 요소의 단순한 합 이상의 불균형과 억압을 만들어내며, 그 피해 역시 보다 심화될 수 있다. 이러한 관점은 국제인권법에서도 점차 중요성이 확대되고 있다.

인공지능 알고리즘 환경에서는 교차 차별의 문제점이 더욱 복잡하고 심각하게 나타날 수 있다. AI 시스템은 방대한 양의 데이터 세트를 기반으로 작동하는데, 이 데이터에 이미 내재하여 있는 사회적 불평등 구조와 편견이 교차적으로 반영되면서 복합적인 차별 결과를 초래할 위험이 존재한다. 예를 들어, 채용 알고리즘이나 범죄예측 알고리즘이 흑인이면서 여성인 개인을 평가하는 경우,

19) European Union Agency for Fundamental Rights (FRA), #BigData: Discrimination in data-supported decision making, Luxembourg: Publications Office of the European Union, 2018.

20) Kimberlé Crenshaw, Demarginalizing the Intersection of Race and Sex: A Black Feminist Critique of Antidiscrimination Doctrine, Feminist Theory and Antiracist Politics, University of Chicago Legal Forum, Vol. 1989, No. 1, 1989, 139-167.

단순히 인종차별이나 성차별 중 하나로만 설명할 수 없는 중첩된 불이익이 발생할 수 있다. 다시 말해, 교차적 정체성을 지닌 집단이 다수의 차별 요소가 결합하는 과정에서 더욱 심각한 배제와 차별에 직면하게 되는 것이다.

이와 관련하여 교차 차별의 실질적 위험성은 앞서 소개된 얼굴 인식 알고리즘의 오류 사례에서도 확인된다. Buolamwini와 Gebru의 2018년 연구[21)]에서 드러난 것처럼, 얼굴 인식 시스템이 어두운 피부색의 여성에 대해 현저히 높은 오인식률을 보였다는 사실은 인종과 성별이 결합할 때 차별이 단순히 누적되는 것이 아니라 질적으로 증폭될 수 있음을 보여준다. 이러한 교차 차별은 단순한 데이터 대표성 부족의 문제를 넘어, 알고리즘 설계·운영 전반에서 교차성을 충분히 반영하지 못할 때 인권 침해의 심각성이 확대될 수 있음을 시사한다. 따라서 인공지능 시스템의 개발 및 규제 과정에서 교차성 관점의 도입은 차별 예방의 핵심적 요소로 작용한다.

결국, 인공지능 시대에는 교차 차별적 요소를 반영하는 정교한 데이터 평가 및 차별 감시 체계가 필수적이며, 이는 알고리즘의 공정성과 인권 보장을 위한 핵심적인 법적 과제로 주목받고 있다.

3) 대리 차별(Proxy Discrimination)의 개념과 알고리즘의 활용

대리 차별(proxy discrimination)은 법적으로 보호되는 차별 사유(예: 인종, 성별, 장애 등)를 명시적으로 사용하지 않으면서도, 이들과 밀접하게 연관된 간접적 변수(proxy)를 통해 실질적으로 유사한 차별적 결과를 초래하는 현상을 의미한다.[22)] 이러한 형태의 차별은 표면적으로 중립성을 가장하지만, 결과적으로 특정 집단에 체계적인 불이익을 가하기 때문에 인권적 측면에서 중대한 문제를 초래한다.

대표적인 사례로, 미국의 주택담보 대출 및 보험 심사 과정에서 활용되는 '우편번호(zip code)' 변수가 자주 언급된다. 우편번호는 겉보기에는 단순한 지리적 식별 수단에 불과하나, 실제로는 인종적·사회경제적 집단의 주거지 분포와 높은 상관관계를 가지는 경우가 많다. 이에 따라 알고리즘이 이러한 변수를 이

---

21) J. Buolamwini & T. Gebru, Gender Shades: Intersectional Accuracy Disparities in Commercial Gender Classification. Proceedings of Machine Learning Research, 81, 2018, 1-15.

22) A. E. R. Prince & D. Schwarcz, 'Proxy Discrimination', Iowa Law Review, 2020.

용할 때 소수 인종 집단에 불리한 평가가 반복적으로 이루어질 위험성이 존재한다. 이처럼 대리 변수를 통해 이루어지는 차별은 기존 차별금지법의 전통적 규제 틀로는 쉽게 포착되지 않는 교묘한 형태를 띤다.

특히 기계 학습기반의 인공지능 시스템은 대량의 데이터를 자동으로 분석하며 변수 간 복잡한 상관관계를 스스로 탐색하는 특성을 보인다. 이에 따라 차별을 의도하지 않더라도 알고리즘이 대리 변수들을 통해 차별적 결과를 생성하는 위험이 상당히 커진다. 더욱이 이러한 과정은 알고리즘의 작동 원리가 '블랙박스(black box)'화 되어 있는 경우가 많아, 차별의 원인을 사후적으로 식별하거나 입증하는 것도 쉽지 않다.[23)]

이러한 위험성을 고려할 때, 대리 차별을 방지하기 위해서는 알고리즘 설계 초기 단계에서부터 민감 변수 및 대리 변수에 대한 사전적 검토와 통제가 필요하다. 또한 운영 과정에서는 알고리즘 설명 가능성(explainability)과 투명성(transparency)을 높여, 차별 발생 가능성을 지속해서 점검할 수 있는 법적·기술적 장치가 마련되어야 한다. 최근에는 알고리즘 공정성(fairness) 보장을 위한 통계적 진단기법, 독립적 알고리즘 감사(audit) 제도의 도입, 그리고 대리 차별에 대한 구체적 법적 정의 및 규제기준 확립의 필요성이 국제적으로 활발히 논의되고 있다.

Ⅲ. 인공지능 차별에 관한 법적 규제와 대응 전략

1. 전통적 차별금지법과 새롭게 부상하는 규제 담론에 관한 논의

1) 유럽연합의 차별금지법과 인공지능 시대의 새로운 도전

유럽연합(EU)은 차별로부터 개인의 권리를 보호하기 위하여 포괄적 차별금지법 체계를 지속해서 발전시켜 왔다. 특히 2000년 제정된 고용 평등지침[24)]과 인종 평등지침[25)]은 성별, 인종, 종교, 연령, 장애, 성적 지향 등을 이유로 한 차

23) R. Binns, Fairness in Machine Learning: Lessons from Political Philosophy. Proceedings of the 2018 Conference on Fairness, Accountability, and Transparency, 2018, 149-159.

24) Directive 2000/78/EC establishing a general framework for equal treatment in employment and occupation.

25) Directive 2000/43/EC implementing the principle of equal treatment between persons

별을 폭넓게 규제하고 있다. 이러한 지침들은 회원국 국내법으로 이행되어 구체적 법적 효력을 갖추고 있으며, 유럽사법재판소(Court of Justice of the European Union, CJEU)의 판례를 통하여 법적 해석이 지속해서 발전하고 있다.

그러나 인공지능 기반 알고리즘이 확산하면서 새롭게 등장한 알고리즘적 차별(algorithmic discrimination)은 기존 차별금지법 체계에 중대한 법적·이론적 도전을 제기하고 있다. 특히 교차 차별(intersectional discrimination)이나 대리 차별(proxy discrimination)과 같이 복합적이고 비의도적인 형태의 차별은 전통적 차별개념의 적용을 어렵게 만든다.[26] 예를 들어, 현행 EU 차별금지법은 일반적으로 개별 차별 사유를 중심으로 보호 대상을 설정하고 있으나, 알고리즘 시스템에서는 인종, 성별, 장애 등이 상호 교차하며 복합적 불이익이 발생할 수 있어 기존 규범으로는 법적 귀속 및 보호 범위가 불명확해질 수 있다.

이러한 한계를 극복하기 위하여 EU는 기존 차별금지법 체계와 함께 인공지능법(AI Act)[27]과 같은 새로운 법제적 대응을 마련하고 있다. AI Act는 전통적 차별금지 원칙을 보완하면서, 인공지능 기술이 초래할 수 있는 복합적 차별 구조를 보다 체계적으로 규율하기 위한 시도로 평가된다. 이는 기술 발전에 따른 새로운 인권 침해 가능성에 대응하여 법적 보호 체계의 확장을 모색하는 최근 인권법 영역의 중요한 흐름을 보여준다.

2) 국내외 비차별 법제의 현황과 기술 규제의 새로운 흐름

한국에서는 「남녀고용평등과 일·가정 양립 지원에 관한 법률」, 「장애인차별금지 및 권리구제 등에 관한 법률」 등 특정 차별 사유별로 개별 입법이 이루어져 비차별 원칙을 점진적으로 확립해 왔다. 이러한 개별적 차별금지법 체계는 성별, 장애, 나이 등 구체적인 보호 사유를 중심으로 차별의 예방 및 구제를 규율해 왔다. 그러나 최근 인공지능(AI) 기술의 급속한 발전으로 채용, 금융, 공공행정 등 다양한 영역에서 알고리즘 기반의 자동화된 의사결정 시스템이 폭넓게 도입되면서, 기존의 개별 법제를 통한 대응만으로는 교차적이고 복합적인

---

irrespective of racial or ethnic origin

26) F. Zuiderveen Borgesius, Discrimination, artificial intelligence, and algorithmic decision- making. Council of Europe Expert Paper, 2018.

27) Regulation (EU) 2024/1689(Artificial Intelligence Act).

형태의 차별을 충분히 규율하기 어려운 한계가 지적되고 있다.

이러한 한계를 보완하기 위하여, 국내에서도 인공지능 기술에 특화된 포괄적 차별 규제 법제의 도입 가능성이 논의되고 있다. 이른바 'AI 차별금지법'의 도입 논의[28)]는 기존의 특정 사유 중심의 차별금지법을 넘어, 알고리즘적 의사결정 과정에서 발생할 수 있는 교차적 차별, 대리적 차별, 구조적 편향 등 새로운 형태의 차별을 보다 효과적으로 예방하고 규제하는 것을 목표로 한다. 아울러 개인정보 보호법 등 기존의 데이터 보호 체계와 연계하여, 데이터 수집·이용·처리 단계부터 알고리즘 설계 및 운영에 이르기까지 차별 위험을 사전적으로 평가하고 관리하는 통합적 규제모형이 함께 제안되고 있다.

해외에서도 유사한 문제의식하에 다양한 입법적, 정책적 대응이 전개되고 있다. 미국에서는 '알고리즘 책무성법'[29)]이 의회에 제출되어, 정부기관 및 민간기업이 알고리즘 의사결정 과정의 투명성을 확보하고 차별 발생 위험을 평가·관리하도록 요구하는 구체적 규범을 마련하려는 입법이 추진 중이다. 영국에서는 정보위원회가 인공지능 기반 자동화 의사결정의 투명성 및 공정성 확보를 위한 실무 가이드라인[30)]을 제시하고 있으며, 독립적 알고리즘 감독기구 설립의 필요성도 활발히 논의되고 있다.

2. 기술적 대응방안: 투명성·설명가능성·데이터 품질 보장을 중심으로

1) 알고리즘 감사(Audit)의 필요성과 결과 검증 메커니즘의 구축

최근 연구[31)]는 알고리즘의 편향성과 차별적 결과를 사전에 식별하고 방지

28) 한국여성정책연구원, 인공지능 젠더편향 완화를 위한 국내 법제화 대응 방안 연구, 2023 연구보고서.

29) Algorithmic Accountability Act of 2022 (H.R. 6580/S. 3572) A bill to direct the Federal Trade Commission to require entities that use automated decision systems to evaluate their impact on accuracy, fairness, bias, discrimination, privacy, and security(이 법안은 2022년 2월 3일에 미 하원과 상원에 각각 제출되었으나, 아직 통과되지는 않았으며, 현재까지도 입법 논의 중이다).

30) Information Commissioner's Office (ICO) & The Alan Turing Institute, Explaining decisions made with AI: Guidance for organisations, 2020. Available at: https://ico.org.uk/for-organisations/uk-gdpr-guidance-and-resources/artificial-intelligence/explaining-decisions-made-with-artificial-intelligence/

31) I. D. Raji & J. Buolamwini, Actionable Auditing: Investigating the Impact of Publicly Naming

하기 위한 제도적 장치로서 독립적이고 객관적인 알고리즘 감사(algorithmic audit)의 도입 필요성을 강하게 제기하고 있다. 알고리즘 감사란 알고리즘 설계·운영 전반에 걸쳐 입력 데이터의 구성, 처리 과정, 출력 결과에 이르기까지 외부 전문가 또는 독립기관이 개입하여 투명성과 객관성을 기반으로 알고리즘의 공정성을 점검하는 절차를 말한다.

감사 과정에서는 편향 지표(bias indicators)를 활용하여 특정 사회 집단에 대해 부정적 영향을 미치는 결과가 체계적으로 나타나는지 분석하며, 문제 발견 시에는 개발자나 운영 기관에 대해 수정 권고 및 데이터 재수집을 요구할 수 있는 권한도 포함되어야 한다. 이는 기업이나 정부 기관의 자발적 내부 규제에 의존하는 방식보다 훨씬 실효적인 방식으로 평가되며, 알고리즘 차별에 대한 공적 통제를 실현하기 위한 핵심 제도적 기제로 자리 잡을 수 있다.

또한, 알고리즘 감사 결과의 공개 및 시민사회의 검토 가능성 보장을 통해 알고리즘의 투명성과 책임성을 제고하고, 기술적 결정에 대한 민주적 통제 메커니즘을 강화할 필요가 있다. 이는 단순한 기술적 조치를 넘어 인권 보장을 위한 제도 설계로 연결되어야 한다.

2) 데이터 관리의 중요성과 체계적 검증 시스템의 확립

알고리즘 편향의 근본 원인은 대개 입력 데이터의 품질, 대표성 및 균형성 결여에 기인하므로, 데이터 관리 전반에 대한 법적·기술적 기준의 정립이 핵심 과제로 떠오르고 있다. 특히, 알고리즘 설계 이전 단계부터 데이터 샘플의 공정성과 사회적 대표성을 확보하기 위한 윤리적 기준과 검증 절차가 마련되어야 한다.

이를 위해 국내외적으로 '데이터 윤리 가이드라인(data ethics guidelines)'의 마련과 데이터 품질 보장을 위한 제도적 인프라 구축이 강조되고 있다.[32] 이와

Biased Performance Results of Commercial AI Products. Proceedings of the 2019 AAAI/ACM Conference on AI, Ethics, and Society, 2019, 429-435.

32) 예컨대, 이청호(2023)는 국내외 사례를 분석하며 여섯 가지 윤리 원칙 기반의 데이터 윤리 가이드라인 틀을 제안하였다(이청호, 데이터 윤리 가이드라인 분석 연구, 윤리교육연구 제70호, 2023, 323-366). 국제적으로는 UNESCO의 AI 윤리 권고가 프라이버시·투명성·공정성을 포함한 10대 원칙을 제시하고 있으며(UNESCO, Recommendation on the Ethics of Artificial Intelligence, 2021), EU는 위 '신뢰할 수 있는 AI 가이드라인'을 통해 데이터 거버넌스와 비차별성 등을 기술 설계단계에서부터 제도화할 것을 권고하고 있다(European Commission,

같은 가이드라인은 소수자나 사회적 취약계층의 데이터가 배제되지 않고 정당하게 반영될 수 있도록 보장하는 방식으로 설계되어야 하며, 이는 알고리즘의 결과가 특정 집단에 대해 구조적 차별을 강화하지 않도록 하는 필수 전제이다.

데이터의 수집, 활용, 저장 및 삭제 전 과정에 대해 개인정보 보호법과 차별금지법 등 기존 인권 관련 법제와의 유기적 연계를 통해 실질적 통제 메커니즘을 구축하는 것이 중요하다. 나아가 데이터 처리 과정의 설명 가능성과 검증 가능성을 법제화함으로써 기술적 투명성을 제고하고, 알고리즘의 결정이 인간의 존엄성과 평등권을 침해하지 않도록 해야 한다.

결국 알고리즘 차별을 예방하기 위해서는 기술적·제도적·윤리적 요소가 통합된 다층적 대응 체계가 마련되어야 하며, 이는 현대 인권법이 직면한 디지털 환경에서의 새로운 과제로 인식되어야 한다.

3. 교차 차별과 대리 차별 방지를 위한 대응 방안

1) 독립적 감시기구 설치와 모니터링 시스템의 제도화

인공지능 기술이 행정, 고용, 금융, 복지 등 사회 전반의 의사결정 과정에 광범위하게 활용됨에 따라, 기존의 단일한 차별 범주를 넘어서는 교차 차별(intersectional discrimination)과 대리 차별(proxy discrimination)의 발생 가능성이 증가하고 있다. 교차 차별은 인종, 성별, 장애, 연령 등 복수의 차별 사유가 중첩되어 나타나는 차별 형태를 의미하며, 대리 차별은 알고리즘이 직접적으로 금지된 차별 사유를 사용하지 않더라도, 이를 간접적으로 예측 가능한 변수들을 통해 차별 효과를 초래하는 경우를 말한다.

이러한 복합적 차별 문제에 효과적으로 대응하기 위해서는 독립적이고 전문적인 감시 및 모니터링 체계의 제도화가 필수적이다. 예를 들어, 국가인권위원회 산하에 'AI 차별 모니터링 전담 기구'를 설치하거나, 유럽연합의 유럽 데이터 보호 감독기구(EDPS)[33] 또는 유럽 데이터 보호 이사회(EDPB)[34]처럼 알고리즘 기반 의사결정 시스템을 지속해서 평가·감시하는 독립적 감독기구의 설치

Ethics guidelines for trustworthy AI, 2019).

33) European Data Protection Supervisor, https://www.edps.europa.eu/_en

34) European Data Protection Board, https://www.edpb.europa.eu/edpb_en

가 고려될 수 있다.

이러한 감시기구는 알고리즘의 설계 및 운용 과정에서 투명성, 공정성, 책임성의 원칙이 실질적으로 준수되는지를 정기적으로 점검하고, 특히 교차 차별이나 대리 차별이 발생하는 사례를 선제적으로 식별하고 대응하는 기능을 수행해야 한다. 이를 위해서는 다음과 같은 제도적 조치가 필요하다:

- 정기적 알고리즘 감사(algorithmic audits)를 통해 고위험 알고리즘 시스템의 편향 가능성을 조기에 파악하고,
- 편향성 평가를 위한 객관적 지표와 기준을 수립하며,
- 차별적 결과가 식별되면 시정 권고 및 법적 조치로 연결될 수 있는 절차를 마련해야 한다.

나아가, 독립 감시기구는 관련 분쟁 발생 시 중립적이고 전문적인 조정기능도 수행해야 한다. 알고리즘 기반 결정은 그 구조와 작동 원리가 일반 시민이나 기존의 사법 시스템으로는 명확히 분석되기 어려운 경우가 많으므로, 기술적·법적 전문성을 갖춘 전문가 그룹이 갈등 해결을 담당함으로써, 피해자의 권리 회복과 실질적 구제를 보다 신속하고 효과적으로 끌어낼 수 있다.

결국, 이러한 독립적 감시 체계는 기존의 차별금지법, 개인정보 보호법 등의 법 제도를 보완하면서, 디지털 환경에서 발생하는 새로운 형태의 차별에 더욱 정합적으로 대응할 수 있는 제도적 기반을 제공하게 될 것이다.

2) 위반 행위에 대한 제재 강화 및 피해자 구제 절차의 실효성 확보

현행 차별금지법이나 개인정보 보호 관련 법제는 알고리즘에 의한 교차 차별 및 대리 차별을 충분히 포섭하거나 실효성 있게 제재하기에는 한계가 있다. 특히 알고리즘이 비차별 원칙을 우회하거나 간접적으로 차별적 결과를 초래하는 경우, 현행 법체계는 그 위법성을 판단하거나 적절한 구제 수단을 제공하는 데 있어 명확한 기준과 강제력을 결여하고 있다.

이러한 문제를 극복하기 위해, 알고리즘 차별이 확인되면 더욱 명확하고 강력한 제재 수단을 마련할 필요성이 제기되고 있다. 제재 방안으로는 다음과 같은 조치가 검토될 수 있다:

- 차별적 결과를 유발한 AI 시스템에 대한 즉각적 사용 중단 명령
- 관련 기업에 대한 과징금 또는 손해배상 청구 등 실질적 경제적 제재
- 공식적인 공개 사과 및 재발 방지를 위한 구체적 이행 계획 제출 의무 등

동시에, 알고리즘 차별의 피해자가 개별적으로 자신의 권리를 주장하기 어려운 구조적 제약을 고려할 때, 집단적 권리 구제 절차를 도입·확대하는 것이 중요하다. 예컨대 집단소송 제도나 집단 분쟁조정 절차를 통해 피해자들이 공동으로 권리를 주장하고, 과도한 비용과 절차적 장벽 없이 신속하게 구제받을 수 있는 체계가 마련되어야 한다.

이러한 집단구제 제도는 EU의 일반 개인정보보호 규정(GDPR)에서도 제80조[35] 등을 통해 이미 명시된 바 있으며, 이는 개인정보 침해뿐 아니라 알고리즘 기반 차별 피해자 보호에도 확대 적용할 수 있는 방향성을 제시하고 있다.

나아가, 위 제재와 구제 절차가 실질적 효력을 갖기 위해서는, 독립적 감시기구가 수행한 알고리즘 감사 및 조사 결과가 사법기관과 연계되어 집행될 수 있도록 법적 근거와 권한을 명확히 부여하는 것이 필수적이다. 이러한 연계는 알고리즘 차별에 대한 예방적 조치와 사후적 대응의 실효성을 높이며, 디지털 환경에서의 인권 보호 체계를 강화하는 핵심 요소로 작용할 수 있다.

3) 혁신과 인권 보호 간 균형을 위한 국제적 협력과 규범적 기준의 명확화

인공지능 기술은 오늘날 경제적·사회적 혁신을 촉진하는 핵심 동력으로 평가받고 있다. 그러나 동시에 알고리즘 편향 및 차별적 의사결정의 위험성을 내포하고 있다는 점에서, 기술 발전은 인권 보장과 상충할 수 있는 이중적 성격을 지닌다. 따라서 인공지능의 개발 및 활용에 있어 기술 혁신의 촉진과 인권 보호의 보장이라는 두 가지 가치 간의 조화를 달성하는 것이 현대 입법자와 정책결정자에게 주어진 핵심 과제이다.

이러한 조화를 실현하기 위해서는 단순한 기술 규제나 시장 자율성의 강조

---

35) GDPR 제80조(대표 단체를 통한 권리 행사, Representation of data subjects)는 정보 주체가 비영리 단체나 시민사회 조직 등 대표 단체를 통해 개인정보 침해에 대한 권리를 행사하고, 감독기관 또는 법원에 대리로 이의제기를 할 수 있도록 허용하고 있다. 이는 집단소송 또는 집단 분쟁조정의 제도적 기초로 활용될 수 있으며, 알고리즘 차별 피해자들이 집단으로 권리를 주장하는 기반이 될 수 있다(https://gdpr-info.eu/art-80-gdpr).

를 넘어, 입법자, 기업, 학계, 시민사회 등 다양한 이해관계자 간의 참여와 협력, 그리고 윤리적·법적 기준에 대한 국제적 합의가 필수적이다.

실제로, 최근 국제기구들은 인공지능 기술에 대한 윤리적 지침과 규범적 기준을 마련하기 위해 적극적으로 노력하고 있다.

- 경제협력개발기구(OECD)는 2019년 채택한 「인공지능에 관한 권고」[36]를 채택하여, 인공지능 시스템은 인간의 존엄성과 자유를 존중하고, 공정성, 투명성, 설명 가능성, 안전성, 책임성을 확보해야 한다는 5대 원칙을 제시하였다. 이는 정부와 민간기업 모두에 적용되는 비구속적 규범이지만, 실제 정책 및 법 제도에 영향을 미치는 '소프트 로'(soft law)의 성격을 지닌다. 특히 알고리즘 편향 및 차별을 방지하기 위한 사전적 위험평가, 책임소재 명확화, 공공 감독 강화 등이 강조된다.
- 유네스코(UNESCO) 또한 2021년 「AI 윤리에 관한 권고」[37]를 193개 회원국의 합의로 채택하였다. 이 권고안은 인공지능이 인권, 인간의 존엄성, 차별금지, 성평등, 프라이버시 보호 등을 원칙으로 삼아야 하며, 각국은 이를 실현하기 위한 법적·제도적 조치를 마련할 것을 권고하고 있다. 특히 알고리즘에 기반한 차별 방지와 사회적 약자 보호, 투명성 확보와 같은 원칙은 국내 인권법 체계와의 정합성 확보를 위한 기준으로 작용할 수 있다.

나아가, 이러한 국제 규범은 국내 법제에 반영될 수 있도록 구체화하여야 한다. 즉, 기술혁신을 저해하지 않으면서도, 인공지능 기술이 헌법과 국제인권 기준에 부합하게 작동하도록 유도하는 법적·제도적 환경이 조성되어야 한다. 이는 단지 기술에 대한 통제 차원을 넘어, 인권 중심의 디지털 질서 확립이라는 법적·윤리적 과제와 직결된다.

궁극적으로 알고리즘 차별을 실효성 있게 예방하고 통제하기 위해서는

- 독립적이고 전문화된 감독기구의 설치,
- 강력한 제재 및 실효적인 권리 구제 절차의 구축, 그리고

36) OECD, Recommendation of the Council on Artificial Intelligence, OECD/LEGAL/0449, 2019.
37) UNESCO, Recommendation on the Ethics of Artificial Intelligence, adopted on 23 November 2021.

• 국제적으로 합의된 윤리 원칙 및 법적 기준을 반영한 국내 제도의 정비가 상호 보완적으로 이루어져야 한다.

이를 통해 인공지능 기술의 발전이 사회적 약자의 권리를 침해하는 수단이 아니라, 포용적이고 공정한 사회로 나아가는 도구로 기능할 수 있도록 하는 지속적 노력과 감시가 요청된다.

IV. 알고리즘 차별에 대한 EU의 법·제도적 대응

1. 기존 차별금지법과 알고리즘 차별의 교차 지점

유럽연합(EU)은 오랜 기간 인종, 성별, 종교, 장애, 연령, 성적 지향 등 다양한 보호 사유에 따른 차별을 금지하기 위해 다수의 차별금지 지침(Equality Directives)을 도입하고, 이를 통해 직접 차별과 간접 차별을 포괄적으로 규율해 왔다. 예를 들어, 이러한 차별금지 지침에는 인종 또는 민족적 출신에 의한 차별에 관한 이행 지침,[38] 고용과 직업에서의 차별에 관한 일반적 지침,[39] 남녀평등, 특히 고용과 직업에서의 평등에 관한 지침,[40] 상품과 서비스 이용에서의 성별 차별금지에 관한 지침[41] 등이 포함된다. 이들 지침은 유럽연합기본권헌장 제21조(차별금지원칙)를 이행하는 수단으로, 각국의 입법과 판례를 통해 실체적·절차적 기준을 구체화해왔다.

그러나 이러한 규범들은 전통적으로 인간 행위자의 차별에 관한 의도를 중심으로 구성된 차별개념에 기반하고 있어, 데이터 기반의 알고리즘이 초래하는 새로운 형태의 구조적 차별을 효과적으로 포섭하기에는 한계가 존재한다. 특히 기계학습 기반 알고리즘은 기존 데이터에 내재한 암묵적 편향을 재생산하거나,

38) Council Directive 2000/43/EC of 29 June 2000 implementing the principle of equal treatment between persons irrespective of racial or ethnic origin.

39) Council Directive 2000/78/EC of 27 November 2000 establishing a general framework for equal treatment in employment and occupation.

40) Directive 2006/54/EC of the European Parliament and of the Council of 5 July 2006 on the implementation of the principle of equal opportunities and equal treatment of men and women in matters of employment and occupation.

41) Council Directive 2004/113/EC of 13 December 2004 implementing the principle of equal treatment between men and women in the access to and supply of goods and services.

대리 차별(proxy discrimination)과 같이 직접적으로 차별 사유를 사용하지 않고도 차별적 결과를 유발할 수 있기 때문이다.

2. GDPR의 설명 가능성 규정과 한계

디지털 시대의 개인정보 보호는 단순한 데이터 보안의 문제가 아니라, 인간의 자율성과 존엄성을 보장하는 핵심적 인권 문제로 부각되고 있다. 특히 인공지능(AI)과 자동화 시스템의 도입이 확대됨에 따라, 정보 주체가 이해할 수 없는 방식으로 중요한 결정이 이루어지는 '알고리즘 블랙박스(algorithmic black box)' 문제가 대두되고 있다. 이에 대한 유럽연합(EU)의 주요 대응 중 하나는 일반개인정보보호규정(GDPR) 제22조이다.

1) 제22조의 내용과 법적 취지

GDPR 제22조는 정보 주체가 오로지 자동화된 처리(예: 프로파일링 포함)에 의한 결정을 거부할 권리를 보장한다. 특히 법적 효과를 초래하거나 정보 주체에게 중대한 영향을 미치는 자동화 결정에 대하여는, 다음과 같은 권리가 명시된다:

- 인간의 개입을 요청할 권리(human intervention)
- 자신의 입장을 개진할 권리
- 결정을 설명받을 권리(right to explanation)

이 조항은 알고리즘 기반 의사결정 과정에서의 불투명성과 통제 불가능성을 방지하기 위한 절차적 안전장치로 기능하며, 정보 주체가 단순한 수동적 객체가 아니라 의사결정 과정에 실질적으로 참여할 권리를 가진 존재임을 재확인하는 인권 원칙에 근거한다.

2) 실질적 한계와 이행의 어려움

그러나 GDPR 제22조는 실제 이행 과정에서 여러 한계에 직면하고 있다. 첫째, 설명의 실효성 부족이다. 기업들은 종종 알고리즘의 설계 및 작동 원리를 "영업 비밀(trade secrets)"로 주장하며, 정보 주체가 이해할 수 있는 수준의 설명을 제공하지 않는다. 둘째, 기술 자체의 복잡성과 비가시성도 문제이다. 딥러닝 기반 AI 시스템은 설계자조차 특정 판단의 이유를 설명하기 어려운 구조를 가지며, 이에 따라 "설명의 권리"는 추상적인 이상에 그치는 경우가 많다. 셋째, 제22조의 법적 해석도 명확하지 않다. 해당 조항은 전적으로 자동화된 의사결정[42]에만 적용되므로, 일부 인간의 사후 개입이 존재하면 기업은 이를 이유로 제22조의 적용을 회피할 수 있다.

3) 제도 개선의 필요성과 향후 방향

자동화된 의사결정에 대한 정보주체의 권리 보장을 규정한 GDPR 제22조는 인공지능 기반의 개인정보 처리 실태에 대응하기 위한 중요한 규범적 토대를 제공한다. 그러나 실효적인 보호라는 측면에서 여러 한계점이 지적되어 왔으며, 이에 따라 학계와 시민사회는 해당 조항의 실질적 작동을 담보할 수 있도록 제도적 보완을 지속적으로 요구해왔다. 다음은 대표적으로 논의되는 개선 방향들이다.

- 독립적 알고리즘 감사 제도의 도입: 자동화된 의사결정 시스템의 공정성과 투명성을 확보하기 위해, 기업 내부의 알고리즘 및 프로파일링 절차에 대해 외부 전문가 또는 공공기관이 사전적·사후적으로 감시할 수 있는 독립적 감사체계를 구축할 필요가 있다.
- 설명의 표준화 및 최소 기준의 정립: GDPR에서 요구하는 설명 의무가 현실적으로는 기술적 정보의 나열에 그치는 경우가 많아, 정보 주체가 자신의 권리를 실질적으로 행사하기 어렵다는 비판이 제기된다. 이에 따라 단순한 기술적 설명이 아니라, 정보 주체가 이해할 수 있고 자신의 권리 행사에 활용할 수 있는 설명의 최소 기준을 법제화하자는 제안[43]이 있다. 이는 '설명의 권리(right to explanation)'를 실효적으로 보장하기 위한 기본 조건이다.

---

42) GDPR Art. 22 Paragraph 1. The data subject shall have the right not to be subject to a decision based solely on automated processing, including profiling, which produces legal effects concerning him or her or similarly significantly affects him or her.

43) A. D. Selbst & J. Powles, Meaningful Information and the Right to Explanation. International Data Privacy Law, 7(4), 2017, 233-242.

• 감독기구의 권한 강화: 현재 각국의 개인정보 감독기구는 기업의 불충분한 설명 제공이나 차별적 결과 발생에 대해 즉각적이고 실질적인 제재를 가하기 어렵다는 점에서 한계가 있다. 이에 따라 개인정보 감독기구에 선제적 감독권 및 실질적 제재권을 부여하고, 자동화된 의사결정 시스템을 감시할 수 있는 전문 역량을 높여야 한다는 요구가 제기되고 있다.[44] 이는 GDPR 제58조[45]에 근거한 감독 권한의 실질화를 의미하며, 특히 AI 규제 전반에 대한 공공 책임의 확대라는 맥락에서 중요성이 커지고 있다.

3. AI Act와 구조적 차별 대응: 인공지능 시대의 인권 보호를 위한 제도적 전환

유럽연합(EU)은 기존 차별금지법과 일반개인정보보호법(GDPR)의 한계를 보완하고, 인공지능 기술이 초래할 수 있는 구조적 차별과 기본권 침해에 대응하기 위해 2024년 5월 인공지능법[46]을 최종 채택하였다. AI Act는 세계 최초의 포괄적 인공지능 규제법으로 평가되며, 위험 기반 접근법(risk–based approach)을 핵심 규제 원칙으로 채택하고 있다. 이 접근법은 모든 AI 시스템을 그 위험 수준에 따라 (1) 수용 불가능한 위험(unacceptable risk), (2) 고위험(high risk), (3) 제한적 위험(limited risk), (4) 최소 위험(minimal risk)의 네 가지로 분류하고, 그에 상응하는 규제의 강도를 달리 적용한다.

특히 고위험 AI 시스템으로 분류되는 분야인, 예컨대 고용, 교육, 의료, 사

44) 예를 들어, 유럽 데이터 보호 위원회는 GDPR의 실효성 확보를 위해 각국 감독기구에 대한 인적·재정적 자원 확충과 더불어, AI와 같은 복잡한 기술에 대응할 수 있는 전문 역량과 제재 권한의 강화가 필요함을 명시적으로 주장한 바 있다(EDPB (European Data Protection Board), "Contribution of the EDPB to the evaluation of the GDPR under Article 97," February 2020).

45) GDPR 제58조는 각국 개인정보 감독기구(Data Protection Authorities, DPAs)의 법적 권한의 범위와 유형을 구체적으로 규정하고 있다. 이 조항은 크게 세 가지 유형의 권한을 명시하는데, 첫째, 조사 권한(제58조 제1항)에는 개인정보 처리 행위에 대한 접근·검사 및 감사 수행 권한이 포함된다. 둘째, 시정 권한(제58조 제2항)은 기업에 대한 경고, 시정 명령, 일시적 또는 영구적 처리 금지, 과징금 부과 등을 포괄하며, 실질적 제재 권한의 핵심 근거를 제공한다. 셋째, 자문 권한(제58조 제3항)은 입법자 및 행위자들에게 제도 개선 또는 정책 수립에 대해 의견을 제시할 수 있는 기능을 부여한다. 이처럼 제58조는 GDPR 집행의 실효성을 확보하는 제도적 기초로 작용하며, 특히 자동화된 의사결정과 같이 기술적으로 복잡한 사안에 대해 감독기구가 선제적으로 개입하고 실효적으로 제재할 수 있는 권한의 법적 근거로 해석된다.

46) The EU Artificial Intelligence Act, https://artificialintelligenceact.eu

법, 복지는 기본권 침해 가능성이 크다는 이유로, 다음과 같은 엄격한 규제 요건이 적용된다: (1) 데이터 품질과 대표성 확보, (2) 알고리즘의 투명성과 설명 가능성, (3) 인간의 지속적 감독 및 개입 가능성, (4) 사전 위험평가(pre-assessment) 절차의 이행이 그것이다. 이는 기술적 편향 및 차별이 사회 전반에 구조적으로 내재하는 것을 방지하기 위한 사전적 규제 장치로 평가된다. 따라서 AI Act는 디지털 환경에서의 실질적 평등 실현과 취약 집단 보호라는 인권법적 요청에 구조적으로 응답하는 입법이라 할 수 있다.

AI Act의 입법 과정에서는 기업과 시민사회 간의 이해관계 충돌이 첨예하게 나타났다.[47] 기업들은 과도한 규제가 혁신을 저해하고 기술 주권을 약화할 수 있다는 우려를 제기했지만, 시민사회 단체들은 알고리즘에 의한 차별, 감시 자본주의의 확산, 기본권 침해 가능성을 지적하며 더욱 강력한 규제를 요구하였다. 최종적으로 채택된 AI Act는 이러한 대립한 요구를 일정 부분 절충하여 마련되었으며, 시행 이후에도 (1) 법 집행을 위한 각국의 감독 체계 구축, (2) 독립적 감사 기구의 설치 및 권한 보장, (3) 기술적 지침서(technical guidelines) 마련과 범용적 해석 기준의 정립 등과 같은 과제가 남아 있다.

AI Act는 향후 글로벌 인공지능 규제 논의의 기준점이 될 가능성이 크며, 기술 발전과 기본권 보호 간의 균형을 모색하는 EU의 제도적 실험으로 주목받고 있다. 무엇보다 AI Act는 인공지능 시스템이 인간의 존엄성과 평등권을 침해하지 않도록 설계·운영되어야 한다는 법적·윤리적 원칙을 명시적으로 규범화하였다는 점에서 인권법적 의의가 있다.

V. 결 론

인공지능 기술의 급속한 발전은 사회 전반에 효율성과 편의를 제공하고 있지만, 그 이면에는 알고리즘 편향과 구조적 차별, 설명 불가능성 등의 인권적 위험이 잠재해 있다. 특히 자동화된 의사결정이 고용, 복지, 금융, 공공행정 등

47) 유럽연합 집행위원회, 「인공지능법(AI Act)에 관한 규칙 제정을 위한 제안에 부속된 영향 평가 보고서」(Impact Assessment Accompanying the Proposal for a Regulation Laying Down Harmonised Rules on Artificial Intelligence)의 부속 문서 2(이해관계자 의견 수렴 요약)에 따르면, 산업계 이해관계자들은 과도한 의무가 혁신을 저해할 수 있다고 우려했지만, 시민사회는 권리 기반의 보호조치와 투명성 강화를 요구하였다고 기재되어 있다.

민감한 분야에 도입되면서, 기존의 차별 구조가 인공지능에 의해 재생산되거나 심화되는 사례가 반복적으로 나타나고 있다.

이 장에서는 인공지능 기술이 일으킬 수 있는 다양한 형태의 차별로서 직접 차별, 간접 차별, 교차 차별, 대리 차별을 소개하고, 이에 대한 국내외의 법적·제도적 대응을 검토하였다. 특히 유럽연합의 AI Act와 GDPR, UNESCO 권고, OECD 원칙 등은 인권 중심의 기술 규범 형성을 위한 중요한 국제적 시도로 평가된다. 국내에서도 알고리즘 공정성 확보와 피해자 구제를 위한 독립적 감시 체계, 알고리즘 감사, 데이터 품질 확보 등의 논의가 본격화되고 있다.

앞으로 인공지능 시대의 인권 보장을 위해 다음과 같은 방향성이 중요하다.

첫째, 알고리즘 설계 및 운영 전 과정에서의 인권 영향평가 제도화가 필요하다. 알고리즘이 사회적 약자에게 미칠 수 있는 영향을 사전에 분석하고, 위험 요소를 제거할 수 있는 절차적 장치가 필수적이다.

둘째, 독립적 감독기구의 설치와 알고리즘 감사 제도의 정착이 중요하다. 기업 내부의 자율적 규제에 의존해서는 알고리즘 편향을 실효적으로 통제하기 어렵기 때문에, 외부 전문가나 공공기관의 개입이 제도화되어야 한다.

셋째, 피해자 구제의 실효성 제고를 위한 입증 책임 전환과 집단소송 제도의 확대가 요청된다. 알고리즘 결정의 구조적 특성상 개인이 차별을 입증하기 어려운 현실을 고려하여, 제도적 장벽을 낮추고 실질적인 권리 회복 수단을 제공해야 한다.

넷째, 인공지능 개발과 활용 전반에 걸친 윤리 원칙의 법제화가 필요하다. 공정성, 투명성, 설명 가능성, 인적 개입 가능성 등의 원칙이 선언에 그치지 않고, 실제 법적 의무로 구현되어야 한다.

끝으로, 인공지능 기술은 단지 기술적 진보의 문제가 아니라, 법과 윤리, 사회적 책임이 결합한 복합적 과제임을 인식해야 한다. 인권법은 기술을 통제하거나 거부하는 것이 아니라, 그 기술이 사람 중심의 방향으로 발전하도록 제도적 방향성을 제시하는 임무를 수행해야 한다. 이 장에서 제시한 다양한 분석과 정책적 제언은 그러한 방향 설정을 위한 기초적 출발점이며, 앞으로도 인권 친화적인 기술 환경 조성을 위한 지속적인 논의와 실천이 요구된다.

주요 참고문헌

Ⅰ. 법령 및 국제 규범

Algorithmic Accountability Act of 2022 (H.R. 6580 / S. 3572).

Council Directive 2004/113/ECimplementing the principle of equal treatment between men and women in the access to and supply of goods and services.

Directive 2000/43/ECimplementing the principle of equal treatment between persons irrespective of racial or ethnic origin.

Directive 2000/78/ECestablishing a general framework for equal treatment in employment and occupation.

Directive 2006/54/ECon the implementation of the principle of equal opportunities and equal treatment of men and women in matters of employment and occupation.

OECD (2019). *Recommendation of the Council on Artificial Intelligence*, OECD/LEGAL/0449.

Regulation (EU) 2016/679(General Data Protection Regulation, GDPR).

Regulation (EU) 2024/1689(Artificial Intelligence Act).

UNESCO (2021). *Recommendation on the Ethics of Artificial Intelligence*, adopted on 23 November 2021.

Ⅱ. 정책·보고서

한국여성정책연구원(2023), *인공지능 젠더편향 완화를 위한 국내 법제화 대응 방안 연구*, 연구보고서.

European Commission (2019), *Ethics Guidelines for Trustworthy AI.*

European Data Protection Board (EDPB), "*Contribution of the EDPB to the evaluation of the GDPR under Article 97*," February 2020.

European Union Agency for Fundamental Rights (FRA), *#BigData: Discrimination in Data-supported Decision Making*, Publications Office of the European Union, 2018.

European Data Protection Supervisor, https://www.edps.europa.eu/_en

European Data Protection Board, https://www.edpb.europa.eu/edpb_en

Information Commissioner's Office (ICO)& The Alan Turing Institute. (2020). *Explaining decisions made with AI: Guidance for organisations*. Available at: https://ico.org.uk/for-organisations/uk-gdpr-guidance-and-resources/artificial-intelligence/xplaining-decisions-made-with-artificial-intelligence/

European Commission(2021), COMMISSION STAFF WORKING DOCUMENT IMPACT

ASSESSMENT Accompanying the Proposal for a Regulation of the European Parliament and of the Council LAYING DOWN HARMONISED RULES ON ARTIFICIAL INTELLIGENCE ARTIFICIAL INTELLIGENCE ACT) AND AMENDING CERTAIN UNION LEGISLATIVE ACTS.

Orwat, C. (2020), '*Risks of Discrimination through the Use of Algorithms*', Federal Anti-Discrimination Agency.

III. 학술논문 및 학술지 기사

이청호(2023), *데이터 윤리 가이드라인 분석 연구*, 윤리교육연구 제70호, 323-366.

Binns, R. (2018), *Fairness in Machine Learning: Lessons from Political Philosophy*, Proceedings of the 2018 Conference on Fairness, Accountability, and Transparency, 149-159.

Buolamwini, J., & Gebru, T. (2018), *Gender Shades: Intersectional Accuracy Disparities in Commercial Gender Classification*, Proceedings of Machine Learning Research, 81, 1-15.

Crenshaw Kimberlé (1989), *Demarginalizing the Intersection of Race and Sex*, University of Chicago Legal Forum, Vol. 1989, No. 1, 139-167.

LeCun, Y., Bengio, Y., & Hinton, G. (2015), *Deep learning*, Nature, 521(7553), 436-444. https://doi.org/10.1038/nature14539

Mittelstadt, B. D., Allo, P., Taddeo, M., Wachter, S., & Floridi, L. (2016), *The ethics of algorithms: Mapping the debate*, Big Data & Society, 3(2), 1-21. https://doi.org/10.1177/2053951716679679

Prince, A. E. R. & Schwarcz, D. (2020), *Proxy Discrimination*, Iowa Law Review.

Raji, I. D., & Buolamwini, J. (2019), *Actionable Auditing: Investigating the Impact of Publicly Naming Biased Performance Results of Commercial AI Products*, Proceedings of the 2019 AAAI/ACM Conference on AI, Ethics, and Society, 429-435.

Selbst, A. D., & Powles, J. (2017), *Meaningful information and the right to explanation*, International Data Privacy Law, 7(4), 233-242.

Surden, H. (2019), *Artificial Intelligence and Law: An Overview*, Georgia State University Law Review, Vol. 35, U of Colorado Law Legal Studies Research Paper No. 19-22.

Wolf, M. J., Miller, K. W., & Grodzinsky, F. S. (2017), *Why We Should Have Seen That Coming*, The ORBIT Journal, 제1권 제2호, 1-12.

Zuiderveen Borgesius, F. (2018), *Discrimination, Artificial Intelligence*, and Algorithmic

Decision-making, Council of Europe Expert Paper.

IV. 뉴스 및 기타 자료

한겨레, '이루다 개발사, 연인 카톡 대화 수집하고는 돌려보며 웃었다', 2021년 1월 12일, https://www.hani.co.kr/arti/economy/it/978383.html

Angwin Julia & Larson Jeff, "*Machine Bias*," ProPublica, 23 May 2016.

Carnegie Mellon University, "*Amazon scrapped secret artificial intelligence recruiting engine that showed biases against women*," 11 October 2018.

Snow, J., van der Merwe, J., & Angwin, J. (2018), *Amazon's Face Recognition Falsely Matched 28 Members of Congress With Mugshots*, ACLU, July 26, 2018.

The EU Artificial Intelligence Act, https://artificialintelligenceact.eu

제14장

교차차별의 문제

Ⅰ. 서 론

1. 국제인권규범에서의 평등 원칙과 차별 금지

국제인권규범은 모든 인간이 존엄성과 권리에 있어 평등함을 천명하며, 차별 없는 권리의 보장을 핵심 원칙으로 삼고 있다. 세계인권선언,[1] 시민적 및 정치적 권리에 관한 국제규약[2](ICCPR), 그리고 경제적·사회적·문화적 권리에 관한 국제규약[3](ICESCR)은 모두 어떠한 이유로도 부당한 차별을 받아서는 안 된다는 점을 명확히 규정하고 있다. 여성차별철폐협약[4](CEDAW), 인종차별철폐협약[5](CERD) 등 특정한 차별 사유에 초점을 둔 조약들은, 해당 사유에 기반한 차별을 방지하고 실질적 평등을 실현하기 위한 국가의 구체적 의무를 정하고 있다.

이와 같이 대부분의 국제인권조약은 평등과 차별 금지의 원칙을 그 핵심 내용으로 포함하며, 유럽인권협약[6](ECHR) 제14조 또한 성별, 인종, 언어, 종교 등 다양한 사유를 근거로 한 차별을 명시적으로 금지하고 있다.

그러나 실제 사회에서는 이러한 차별 사유들이 독립적으로 작용하는 것이 아니라, 서로 교차하며 복합적으로 영향을 미치는 경우가 많다. 성별과 인종, 장

---

1) Universal Declaration of Human Rights, adopted 1948.

2) International Covenant on Civil and Political Rights, adopted 1966, entered into force 1976.

3) International Covenant on Economic, Social and Cultural Rights, adopted 1966, entered into force 1976.

4) Convention on the Elimination of All Forms of Discrimination against Women, adopted 1979, entered into force 1981.

5) International Convention on the Elimination of All Forms of Racial Discrimination, adopted 1965, entered into force 1969.

6) European Convention on Human Rights (ECHR), adopted 1950, entered into force 1953.

애, 경제적 지위 등의 요소가 중첩되면서 특정 집단에 대하여 구조적 불이익이 가중되는 "교차차별(intersectional discrimination)" 현상이 대표적이다. 이러한 교차적 형태의 차별은 단일한 차별 사유만으로는 충분히 설명되거나 해결될 수 없는 복합적인 억압의 양상을 드러내며, 인권법의 해석과 적용에 있어 새로운 접근을 요구한다.

2. 교차차별 개념의 탄생과 배경

1976년, 미국에서 5명의 아프리카계 미국인 여성이 제너럴 모터스(General Motors)를 상대로 성별 및 인종 차별을 이유로 소송을 제기한 사건은, 교차차별 문제가 사법적으로 제대로 다뤄지지 못한 대표적 사례로 평가된다. 당시 법원은 성별과 인종이라는 두 가지 차별 사유가 결합된 주장에 대해, 기존의 법적 틀 안에서는 각각의 차별 사유를 분리하여 검토할 수밖에 없다는 이유로 원고들의 주장을 기각하였다. 이로 인해 원고들은 성별과 인종이 교차함으로써 발생한 구조적 불이익을 경험했음에도 법적으로 적절한 보호를 받지 못하였다.

이 사건을 계기로 미국의 법학자이자 흑인 여성주의 이론가인 크렌쇼는 복수의 차별 사유가 동시에 작용하면서 발생하는 고유한 억압 양상을 "교차차별"로 개념화하고, 이를 분석하기 위한 이론적 틀로서 "교차성(Intersectionality)" 개념을 제시하였다.[7)]

크렌쇼의 교차성 이론은 초기에는 흑인 여성의 법적 위치에 대한 비판적 분석에서 출발하였지만, 이후 장애, 성적 지향, 계급, 이주민 지위 등 다양한 정체성과 사회적 범주로 확장되었다. 이로써 교차성은 단일한 차별 사유만으로는 설명되지 않는 복합적이고 다층적인 억압 구조를 분석하는 데 있어 중요한 이론적 도구가 되었으며, 국제인권법에서도 실질적 평등 실현을 위한 새로운 해석 틀로 주목받고 있다.

7) Kimberlé Crenshaw, Demarginalizing the Intersection of Race and Sex: A Black Feminist Critique of Antidiscrimination Doctrine, Feminist Theory and Antiracist Politics, University of Chicago Legal Forum, vol. 1989, issue 1, Article 8, 139-167.

3. 이론적 과제와 국제인권법상 쟁점

교차차별은 복수의 차별 사유가 단순히 '더해지는(additive)' 방식이 아니라 상호작용하고 융합되며, 결과적으로 새로운 차별의 형태를 창출한다는 점에서 기존의 단일 차별 이론만으로는 그 본질을 충분히 설명하기 어렵다. 이러한 복합적 차별은 피해자의 일상생활 전반에 걸쳐 지속적이고 구조적인 억압을 초래할 수 있으며, 단일한 차별 사유에 근거하여 설계된 기존의 법적 구제 절차는 이러한 현실을 반영하는 데 있어 한계를 드러낸다.

본 장에서는 교차차별 개념의 이론적 기반을 간략히 정립한 뒤, 국제인권법의 적용 맥락 속에서 이 개념이 어떻게 법적으로 고려되고 있는지를 고찰한다. 특히 유럽인권재판소(ECtHR)의 판례 분석을 통해 교차차별이 실질적으로 법적 판단에 어떠한 방식으로 반영되었는지를 살펴보고자 한다.

이를 위해 2012년 판결된 N.B. 대 슬로바키아 사건[8]과 2017년의 Carvalho Pinto 대 포르투갈 사건[9]을 중심으로, 교차차별 개념이 구체적 사건에서 어떻게 문제화되었는지, 그리고 유럽인권재판소가 이를 어떻게 해석하고 대응하였는지를 논의한다. 이러한 판례 분석은 교차차별에 대한 법적 인식과 대응의 진전 수준을 평가하고, 향후 인권 보장 체계가 지향해야 할 방향에 대한 시사점을 제시하는 데 중요한 기초가 될 수 있다.

II. 교차차별에 관한 이론적 이해와 유럽인권재판소의 역할

1. 교차차별에 관한 일반적 고찰

1) 교차성 개념의 이론적 기초

'교차성(Intersectionality)'은 성별, 인종, 장애, 성적 지향 등 복수의 차별 사유가 상호작용하며, 기존의 단일 차별 개념으로는 충분히 설명되지 않는 고유한 억압과 배제를 형성한다는 점에 주목한다. 예컨대 흑인 여성이 경험하는 차

---

8) European Court of Human Rights, N.B. v. Slovakia, Judgment of 12 June 2012, Application no. 29518/10.

9) European Court of Human Rights, Carvalho Pinto de Sousa Morais v. Portugal, Judgment of 25 July 2017, Application no. 17484/15.

별은 흑인 남성이나 백인 여성의 그것과는 질적으로 다른 양상을 띠며, 이는 남성과 여성, 백인과 유색인을 각각 이분법적으로 비교하는 기존의 분석틀로는 포착되기 어렵다.

2) 부가적 차별과 교차차별의 구분

크렌쇼(Kimberlé Crenshaw)는 차별 사유들이 단순히 누적되는 '부가적 차별(additive discrimination)'과, 서로 긴밀하게 얽혀 새로운 억압 구조를 형성하는 '교차차별(intersectional discrimination)'을 명확히 구분할 필요가 있다고 강조하였다.[10] 전자는 개별 차별이 중첩되어 피해가 심화하는 경우를 의미하지만, 후자는 차별 사유들이 상호작용하며 독자적인 차별 구조를 창출함으로써 질적으로 다른 피해 양상이 발생함을 의미한다. 이로써 교차차별은 단지 차별의 '정도' 문제가 아니라, '형태'의 문제라는 점이 두드러진다.

3) 교차차별 인식의 법적 함의

교차차별은 "다른 사람들보다 더 많은 차별을 받는다"라는 양적 인식에서 벗어나, 복합적 정체성을 지닌 개인들이 기존의 법적 보호 체계밖에 놓일 수 있다는 구조적 위험성을 드러낸다. 예를 들어 여성 중에서도 소수 인종에 속하거나, 장애와 빈곤이라는 이중의 취약 요인을 지녔을 때, 기존의 단일 차별 중심의 법제도 하에서 실질적 보호받기 어려운 상황이 발생한다. 이는 법적 구제 시스템이 다층적 정체성과 복합적 차별 구조를 충분히 반영하지 못하고 있다는 점에서, 교차차별 개념에 기초한 새로운 접근과 해석이 요구됨을 의미한다. 따라서 국제인권법 역시 단일 사유 중심의 평등 논리를 넘어서, 교차 차별적 맥락을 반영한 실질적 평등 실현 방안을 모색해야 할 필요성이 제기된다.

2. 유럽인권재판소의 법적 대응과 해석론적 과제

1) 국제·역내 인권 보장체계에서의 지위

유럽인권재판소(ECtHR)는 유럽인권협약(ECHR)의 해석과 적용을 담당하는

10) Kimberlé Crenshaw, Demarginalizing the Intersection of Race and Sex: A Black Feminist Critique of Antidiscrimination Doctrine, Feminist Theory and Antiracist Politics, University of Chicago Legal Forum, vol. 1989, issue 1, Article 8, 139-167.

역내 최고 사법 기관으로서, 회원국 내에서 발생한 인권침해 사건에 대한 최종적인 판단 권한을 가진다. 특히 국내법상 단일 차별 사유만 인정되는 한계로 인해 피해 구제가 충분히 이루어지지 않는 사건에서, 유럽인권재판소는 협약의 목적과 취지를 고려한 유연하고 진보적인 해석을 통해 피해자의 권리를 실질적으로 보호할 가능성을 열어주는 중요한 기제를 형성한다.

2) 교차차별 개념의 명시적 인정 여부

그러나 현 단계에서 유럽인권재판소를 포함한 대부분의 국내외 법원은 '교차차별'이라는 개념을 명시적으로 판시하거나, 이를 판결의 핵심 개념으로 삼아 법리를 전개하는 데까지는 이르지 못하고 있다. 많은 판례에서는 성별, 인종, 언어, 종교 등 단일한 차별 사유에 초점을 맞추며, "같은 것은 같게, 다른 것은 다르게"라는 형식적 평등 원칙에 입각한 일차원적 접근에 머무르는 경향이 지속되고 있다.

예를 들어, D.H. and Others v. the Czech Republic[11] 사건에서는 로마(Roma)[12] 아동들이 교육 과정에서 인종에 따른 차별을 주장하였지만, 성별이나 사회경제적 지위 등의 추가적 교차 사유는 유럽인권재판소의 판단 과정에서 충분히 고려되지 않았다. 마찬가지로, B.S. v. Spain[13] 사건에서는 아프리카계 여성 성 노동자에 대한 경찰의 차별적 대우가 문제 되었으나, 유럽인권재판소는 인종과 성별이 복합적으로 작용한 구조적 차별의 맥락을 명시적으로 분석하지 않았다.

이러한 사례들은 교차차별이 제기된 상황에서도 재판부가 개별 사유만을 분절적으로 다루는 경향을 보여주며, 복합적 억압 구조를 반영한 실질적 구제에 한계가 있음을 시사한다.

---

11) European Court of Human Rights, D.H. and Others v. the Czech Republic, Judgment of 13 November 2007, Application no. 57325/00.

12) 로마(Roma)는 유럽 전역에 걸쳐 분포한 소수민족 집단으로, 과거에는 '집시(Gypsy)'로 불리기도 했으나, 이는 차별적이고 모욕적인 표현으로 간주하여 현재는 '로마'라는 자칭 명칭이 국제적으로 사용된다. 로마 공동체는 역사적으로 교육, 고용, 주거 등 여러 영역에서 구조적 차별과 사회적 배제를 경험해 왔다.

13) European Court of Human Rights, B.S. v. Spain, Judgment of 24 July 2012, Application no. 47159/08.

3) 다차원적 차별 구조에 대한 해석론적 전환 필요성

교차차별이 본질적으로 다차원적이며 상호 구성적인 억압 구조를 수반하는 만큼, 법원은 단일 차별 사유에 국한된 분석을 넘어 복합적 차별의 맥락을 통합적으로 해석하고 판단할 책임을 적극적으로 수행해야 한다. 예를 들어, 유럽인권재판소가 이러한 과제에 효과적으로 대응하기 위해서는 다음과 같은 해석론적 요소들이 조화롭게 적용될 필요가 있다.

첫째, 협약 제14조(차별 금지 조항)와 제12호 의정서 제1조(법에서 정한 권리에 대한 평등한 향유권)를 확장적으로 해석함으로써, 다양한 차별 사유의 결합을 법적으로 포착할 수 있는 틀을 마련해야 한다.

둘째, 특정 국가의 사회·문화적 맥락에 따라 차별 구조의 양상이 달라질 수 있음을 고려하여, 유럽인권재판소의 기존 원칙인 '판단 여지(margin of appreciation)'를 교차차별 맥락에 적절히 적용하는 것이 요구된다.

셋째, 과거 유사 사건에서 확립된 판례들을 분석·적용함으로써, 교차차별에 대한 점진적인 법적 인정 가능성을 열어가는 판례 법리의 진화를 촉진해야 한다.

Ⅲ. 고정관념에 관한 비판적 접근과 실질적 평등의 요청

1. 형식적 평등 개념의 한계와 비판

1) 형식적 평등과 비교법적 접근의 문제점

전통적인 법적 평등 개념은 흔히 "같은 것은 같게, 다른 것은 다르게"라는 형식적 평등(formal equality)의 원칙에 기초해 왔다. 이러한 접근은 주로 차별 판단의 기준으로 '의도(intent)' 또는 '직접적 차별(direct discrimination)'이 존재하는지를 강조하며, 명시적으로 특정 집단을 배제하거나 불이익을 주는 조치에만 법적 책임을 묻는 경향이 있다. 따라서 판단 기준은 비교 집단이 같은 상황에 처해 있는지를 전제로, 차등 대우가 있었는지에 집중된다.

그러나 이러한 비교법적이고 추상적인 접근 방식은 두 가지 중대한 한계를 내포한다. 첫째, 형식적 평등 개념은 법률이나 정책이 표면적으로 중립적일지라도, 그것이 결과적으로 특정 집단에 불리한 영향을 미칠 수 있다는 구조적 현실을 충분히 반영하지 못한다. 둘째, 법적 분석이 '같은 기준의 적용 여부'에만 초점을 맞출 경우, 이미 사회적으로 불평등한 위치에 있는 개인이나 집단이 경험하는 누적적 불이익이나 교차적인 차별 구조는 보이지 않게 된다.

예컨대, 남성과 같은 조건으로 채용 시험을 치를 기회를 여성에게 제공하는 것이 겉보기에는 평등해 보일 수 있으나, 사회경제적 불균형, 가족 돌봄에 대한 성별 분업, 성차별적 문화와 같은 구조적 요소들이 여전히 존재하는 한, 이는 실질적 평등을 보장하지 못할 수 있다. 이와 같은 형식적 평등 개념의 한계는, 결과적으로 법률의 중립성과 추상적 논리를 강조하다가도 오히려 현실의 차별 구조를 은폐하거나 강화하는 역할을 할 수 있다는 비판[14)]을 받고 있다.

2) 구조적 차별에 대한 맥락적 접근의 필요성

형식적 평등 이론이 간과하기 쉬운 또 하나의 핵심 요소는, 사회 내 권력관계(power relations)와 역사적·구조적 맥락이다. 여성, 소수 인종, 장애인 등 다양한 취약 집단(vulnerable groups)은 장기간에 걸쳐 제도적·문화적 관행 속에서 축적된 차별과 배제를 경험해 왔으며, 이는 단일 사건이나 개인적 행위로 환원될 수 없는 구조적 현실이다.

이러한 맥락을 무시한 채, "해당 법 조항은 모든 사람에게 같게 적용된다"라는 식의 주장을 법적 평등의 근거로 삼을 경우, 실제로는 이미 누적된 불평등을 방치하거나 오히려 정당화하는 결과를 낳을 수 있다.

예컨대 장애인 접근성을 전혀 고려하지 않은 공공기관 건물에서, 입법자가 "모든 국민에게 건물 출입의 권리를 부여한다"라고 선언하는 것은 형식적으로는 중립적으로 보일 수 있으나, 실제로는 장애인의 권리 실현 가능성을 사실상 배제하는 구조적 차별을 은폐하는 것이다. 이는 법률의 중립성이나 일반적 적용 여부만으로는 평등의 실질적 보장을 담보할 수 없으며, 법적·정책적 조치가 현실에서 어떤 '결과(result)'를 초래하는지를 평가하는 접근, 즉 실질적 평등의 관점이 반드시 병행되어야 함을 시사한다.

---

14) Sandra Fredman, Discrimination Law, 2nd ed., Oxford University Press, 2011, 15-25.

2. 반(反)고정관념 접근법과 실질적 평등 실현

1) 고정관념(stereotype)과 차별 재생산의 구조

반(反)고정관념 접근법(Anti-Stereotyping Approach)이 주목받는 이유는, 사회적 고정관념이 차별 구조의 형성과 재생산에 핵심적 역할을 한다는 데 있다. 고정관념이란 특정 집단에 대한 고정된 이미지나 특성을 과도하게 일반화하는 인식 구조를 말하며, 이는 성별, 인종, 장애, 연령 등 다양한 영역에서 광범위하게 작동한다.

예컨대 "여성은 감정적이며 지도자 역할에 적합하지 않다"라거나, "로마(Roma)는 교육에 무관심하다"라는 식의 문화적 편견이 법원 판결이나 행정 결정에 무의식적으로 반영될 경우, 그 결과는 구조적 차별의 정당화로 이어질 수 있다.

입법자나 재판부가 이러한 사회적·문화적 전제에 대한 비판적 인식 없이 법률을 제정하거나 판결할 경우, 기존의 고정관념을 오히려 제도적으로 강화하는 악순환이 반복된다.[15] 예를 들어, "여성은 가정 역할에 더 적합하다"라는 문화적 통념을 전제로 한 복지 제도가 제정되면, 이는 여성의 경제활동 참여를 제약하고, 나아가 그러한 현실을 다시 "여성의 낮은 노동시장 참여 의지"로 해석하게 되는 이중적 오류를 낳을 수 있다.

2) 결과 중심적 접근과 맥락의 고려

반(反)고정관념 접근법의 핵심은, 법률이나 정책이 표면적으로 평등해 보이더라도 그것이 실제로 불평등을 재생산하는지를 중심으로 판단해야 한다는 데 있다. 이를 위해 입법자와 법원은 다음의 두 차원을 함께 고려해야 한다.

- 절차적 요소: 해당 제도나 규범이 수립되는 과정에서 특정 집단에 대한 편견이나 배제가 내재하여 있었는지를 점검해야 하며, 정책 형성이나 법 적용 과정에서 취약 집단의 실질적 참여가 보장되었는지도 확인해야 한다.
- 내용적(실체적) 요소: 정책이나 판결이 결과적으로 특정 집단에 과도한 부

15) Alexandra Timmer, "Toward an Anti-Stereotyping Approach for the European Court of Human Rights," Human Rights Law Review, Vol. 11, No. 4, 2011, 707-738.

담이나 제한을 초래하는 경우, 그 이면에 어떤 구조적 차별이 작용했는지 분석해야 한다. 특히 해당 집단의 역사적 차별 경험, 사회경제적 위치, 기존 권력관계 등 구조적 맥락을 함께 고려해야 실질적 평등에 가까운 해석이 가능하다.

3) 교차차별의 인식에 이바지하는 반(反)고정관념 접근

반(反)고정관념 접근법은 단지 기존의 형식적 평등 개념을 넘어서 실질적 평등을 실현하는 도구일 뿐 아니라, 복합적 차별 구조, 즉 교차차별을 이해하고 대응하는 법적 틀을 제공할 수 있다.

복수의 차별 사유 — 예컨대 성별, 인종, 장애, 성적 지향, 연령 등 — 가 서로 교차하며 발생하는 복합적인 억압 상황에서는, 각 사유를 개별적으로 분리하여 해석하는 접근만으로는 차별의 실체를 포착하기 어렵다.

예를 들어, 흑인 여성은 '흑인에 대한 편견'과 '여성에 대한 편견'이 동시에 작용하면서, 개별 요소를 단순히 더한 것보다 훨씬 깊고 구조적인 차별을 경험할 수 있기 때문이다. 반(反)고정관념 접근법은 이러한 중첩된 편견의 작동 메커니즘에 주목하여, 단일 사유 중심의 법적 틀로는 포착되지 않는 실질적 불평등을 드러내고, 보다 통합적이고 맥락적인 법적·정책적 대응을 가능하게 할 수 있다.

3. 간접 차별 개념과 반(反)고정관념 접근법

1) 간접 차별(indirect discrimination)의 개념과 의의

반(反)고정관념 접근법은 제도적으로 중립성을 가장한 차별의 구조를 해체하는 데 효과적인 분석 틀로 기능하며, 간접 차별의 개념과 긴밀히 연결된다. 간접 차별이란 특정 법률이나 정책이 겉으로는 일반적이고 중립적인 기준을 적용하는 것처럼 보이지만, 결과적으로 특정 집단에 불균형적 불이익을 초래하는 경우를 말한다.

이러한 간접 차별은 명시적이고 의도적인 차별인 직접 차별(direct discrimination)보다 식별과 입증이 훨씬 더 어려우며, 특히 고정관념이 정책 설계와 집행에 미묘하게 반영될 경우, 제도적 차별이 은폐된 채 유지·강화될 위험이 크다.[16)]

16) Sandra Fredman, Discrimination Law, 2nd ed., Oxford University Press, 2011.

2) D.H. 대 체코 사건의 함의

유럽인권재판소는 D.H. and Others v. the Czech Republic 사건[17]을 통해 간접 차별에 대한 판례법적 기준을 명확히 정립하였다. 이 사건에서 체코 정부는 로마(Roma) 아동을 주로 특수학교에 배정하는 교육정책을 시행했으나, 재판소는 명시적인 차별 의도가 존재하지 않더라도 실질적으로 로마 아동이 교육 기회를 박탈당한 결과에 주목하였다.

이 판결은 차별 판단에서 결과 중심 평가의 중요성을 강조하며, 제도의 중립적 외형만으로는 구조적 불평등을 정당화할 수 없음을 분명히 했다. 나아가 고정관념, 예컨대 "로마 아동은 교육에 부적합하다"라는 문화적 편견이 교육제도 운용에 암묵적으로 반영되면, 간접 차별의 형식을 취하면서도 실질적으로는 차별을 강화하게 되는 구조를 보여주었다.

3) 반(反)고정관념 접근법(Anti-stereotyping Approach)을 통한 제도 개선의 방향

간접 차별 개념이 실질적 효과를 갖기 위해서는, 단순한 위헌 판단을 넘어서 법률과 정책의 구조적 개선으로 이어져야 한다. 이때 반(反)고정관념 접근법은 제도 개선의 핵심 기준을 제공할 수 있다.

표면상 중립적인 기준이 특정 집단에 반복적이고 불균형적인 피해를 발생시키는 경우, 그 이면에 작동하는 사회적 고정관념과 역사적 차별 구조를 해체할 필요가 있다. 이를 위해 입법과 정책 수립 과정에서 다음과 같은 조치가 요구된다:

- 정책 설계 초기 단계에서부터 취약 집단의 실질적 참여 보장
- 차별적 효과를 유발할 수 있는 모호한 기준과 편향된 지표의 재검토
- 시행 이후 영향을 분석하고 재발 방지를 위한 감시·평가 시스템 강화

이러한 절차는 단순한 법률 개선을 넘어, 법 적용 과정 전체의 인권 친화적 전환[18]을 도모하는 과정이기도 하다.

---

17) European Court of Human Rights, D.H. and Others v. the Czech Republic, Judgment of 13 November 2007, Application no. 57325/00.

18) Alexandra Timmer, "Toward an Anti-Stereotyping Approach for the European Court of Human Rights," Human Rights Law Review, Vol. 11, No. 4(2011), esp. 729-738.

4. 소결론: 반(反)고정관념 접근법의 인권법적 의의

요약하자면, 반(反)고정관념 접근법은 기존의 형식적 평등 이론이 간과해온 구조적 차별과 권력 불균형의 현실을 분석하고, 실질적 평등(substantive equality)의 구현을 위한 이론적·실천적 기반을 제공한다. 이 접근법은 다음과 같은 점에서 인권법상 중요한 함의를 가진다:

- 결과 중심 평가의 강조: 정책이나 법률의 의도나 표면적 중립성보다는 실제로 발생한 결과를 중심으로 차별 여부를 판단함으로써, 간접 차별과 교차차별의 현실을 더 명확히 드러낸다.
- 취약 집단의 맥락적(contextual) 고려: 법적 평등의 실현을 위해, 대상 집단의 역사적 차별 경험, 사회문화적 배경, 권력 구조를 고려하는 해석이 요청된다.
- 제도 개선의 실질적 지침 제공: 고정관념에 기반한 정책 효과를 비판적으로 평가하고, 제도 개혁과 법 해석의 방향을 제시한다.
- 교차차별 포착 능력 강화: 다중 정체성을 지닌 개인이 겪는 복합적 차별을 통합적으로 인식함으로써, 단일 사유 중심의 기존 평등론의 한계를 넘어선다.

따라서 반(反)고정관념 접근법은 오늘날 국제인권법 및 국내 평등법 발전의 핵심축으로 기능하며, 복잡한 차별 현실에 더 효과적으로 대응하기 위한 새로운 평등 패러다임으로 자리 잡을 수 있다.

IV. 주요 판례 분석을 통한 교차차별의 이해

앞서 교차차별 개념의 이론적 기초와 유럽인권재판소(ECtHR)의 전반적인 접근 방식을 살펴보았다. 본 장에서는 이를 바탕으로 두 개의 대표적 사례, 즉 N.B. v. Slovakia 사건(2012)과 Carvalho Pinto de Sousa Morais v. Portugal 사건(2017)을 분석한다.

이들 사건은 모두 성별을 중심으로 한 차별을 주요 쟁점으로 삼고 있지만,

각각 인종(로마족)과 연령(고령 여성)이라는 다른 차별 사유가 결합하여 있어, 교차차별의 구체적 적용 가능성과 한계를 살펴보는 데 중요한 판례적 의미를 가진다. 특히 재판부가 교차차별의 개념을 어떠한 방식으로 고려하거나 간과했는지, 그리고 향후 국제인권법의 발전 방향에 어떠한 함의를 제공하는지를 분석하는 데 목적이 있다.

1. N.B. v. Slovakia 사건(2012)[19)]

1) 사건 개요 및 사실관계

본 사건은 슬로바키아에 거주하는 로마(Roma) 공동체 출신의 17세 여성 N.B.가, 2001년 겔니차 공립병원에서 제왕절개로 둘째 아이를 출산하던 중, 의료진으로부터 비자발적 불임 수술을 받은 것에서 비롯되었다.

의료진은 당시 N.B.에게 "불임 수술에 동의하지 않으면 사망할 수 있다"는 위협적 발언을 했으며, 마취 상태에서 관련 내용을 정확히 인지하지 못한 채 동의서에 서명하게 했다. 또한 N.B.는 미성년자였음에도 병원 측은 법정 대리인의 동의 없이 수술을 진행하였다. 이에 따라 N.B.는 추후 임신이 불가능하게 되었고, 로마 공동체 내에서 여성의 지위와 가족관계에도 심각한 영향을 받았다. 본 사건은 단순한 의료 과실을 넘어, 인종적·성별과 결합한 구조적 차별을 드러내는 사례로 평가된다.[20)]

2) 국내 소송 및 유럽인권재판소 제소

슬로바키아 국내 법원은 N.B.에게 1,593유로의 금전적 배상을 명령하였으나, 인종 차별에 해당한다는 주장은 받아들이지 않았다. 형사 절차에서도 의료진에 대한 기소가 이루어지지 않았고, 헌법재판소 또한 청구를 기각하였다. 이

19) European Court of Human Rights, N.B. v. Slovakia, ECtHR, Judgment of 12 June 2012, Application no. 29518/10.

20) 로마(Roma) 여성에 대한 강제 불임은 슬로바키아, 체코, 헝가리 등지에서 20세기 중반부터 보고되어 온 인권침해 사례로, 특히 로마족 여성을 국가의 인구 정책이나 의료 관행의 목적으로 동의 없이 불임 수술 대상으로 삼는 일이 다수 발생하였다. 이는 국제기구(예: 유엔 여성차별철폐위원회, 유럽평의회 인권위원회)와 인권 NGO들이 반복적으로 경고해 온 구조적 차별 현상이다. 슬로바키아 정부는 2003년 이후 관련 사안을 조사했으나, 피해자들에 대한 법적 책임 인정과 충분한 구제는 여전히 미흡하다는 비판이 제기되어 왔다.

에 N.B.는 유럽인권재판소에 제소하게 되었다.

슬로바키아 정부는 N.B.가 이미 국내에서 배상받았기 때문에 피해자 지위를 상실했다고 주장했지만, 유럽인권재판소는 이를 배척하고 사안에 관하여 협약 제3조(고문의 금지), 제8조(사생활 및 가족생활의 존중), 제12조(혼인의 권리), 제14조(차별 금지) 모두에 대한 적용 가능성을 인정하였다.

재판소는 특히 V.C. v. Slovakia 사건[21]에서 확립된 법리를 원용하면서, 마취 상태에서 이뤄진 동의는 실질적으로 자발적 동의(voluntary consent)로 볼 수 없으며, 이는 환자의 존엄성과 자율성을 심각하게 침해한다고 판단하였다. 그 결과, 협약 제3조 및 제8조 위반이 인정되었다.

3) 협약 제14조와 교차차별의 간과

NB v. Slovakia 사건의 핵심적 쟁점은, 피해자가 인종(로마족)과 성별(여성)이라는 복합적 정체성을 기반으로 교차차별(intersectional discrimination)의 피해자임을 주장하였음에도, 유럽인권재판소가 협약 제14조(차별 금지)에 따른 차별 문제를 독립적·심층적으로 검토하지 않았다는 점이다.

제14조는 단독 적용이 불가능하며 다른 조항의 적용과 결합할 필요가 있다는 구조적 한계가 있으나, 해당 사건에서 제기된 복합적 차별 사유에 관한 판단이 부재했다는 점은 비판의 여지를 남긴다.

유럽인권재판소는 슬로바키아 국가가 로마 여성의 사회적 취약성과 구조적 차별 현실을 인지하고 예방할 의무, 즉 국가의 적극적 의무(state positive obligation)가 있다고 언급하면서도, 판결문 어디에서도 인종과 성별이 결합하여 피해가 심화하였다는 점을 명시적으로 인정하지 않았다.

결국 본 사건은 교차차별 개념이 분명히 드러나는 사례임에도 불구하고, 유럽인권재판소가 이를 법적 개념으로 적극적으로 해석하거나 이론적으로 정교화하는 데 실패했다는 한계를 보여준다.

---

21) European Court of Human Rights, V.C. v. Slovakia, Judgment of 8 November 2011, Application no. 18968/07.

2. Carvalho Pinto de Sousa Morais v. Portugal(2017)[22]: 연령과 성별 차별의 결합

1) 사건 개요 및 배경

본 사건은 중년 여성에 대한 고정 관념적 판단이 법원의 손해배상 결정에 어떠한 영향을 미쳤는지를 다룬 판례로서, 성별과 연령의 결합한 차별이 문제가 된 대표적인 사례이다.

청구인인 Carvalho Pinto de Sousa Morais는 그녀가 50세일 때 포르투갈에서 의료 과실로 인해 성 기능 손실 및 일상생활 장애를 입었으며, 이에 따라 민사상 손해배상을 청구했다. 제1심 법원은 8만 유로(비재산적 손해)와 만6천 유로(가사도우미 비용)를 인정했다. 그러나 포르투갈 대법원(행정상 최고법원)은 "중년 이상의 여성에게는 성적 기능이 중요하지 않다"는 고정관념에 근거해 비재산적 손해액을 5만 유로로, 가사도우미 비용을 6천 유로로 크게 감액하였다.[23]

이는 연령·성별에 따른 고정관념이 재판 결과에 직접적으로 작용한 사례로, 청구인은 이러한 감액 결정이 유럽인권협약 제8조(사생활 권리)와 제14조(차별 금지 조항)에 위배된다고 주장하였다.

2) 유럽인권재판소의 심리 및 판단

Carvalho Pinto는 유럽 인권협약 제8조(사생활 및 가족생활의 존중) 및 제14조(차별 금지 조항) 위반을 주장하며 유럽인권재판소에 제소하였다.

유럽인권재판소는 포르투갈 국내 법원이 "중년 이후 여성에게 성생활은 상대적으로 덜 중요하다"라는 전제하에 피해자의 손해를 과소평가한 점을 지적하였다. 이는 피해자의 연령과 성별을 일반화하여 평가한 것으로, 재판소는 이러한 판단이 청구인의 사생활 및 인격적 존엄을 침해한다고 보았다. 특히 유럽인권재판소는 협약 제8조(사생활의 존중)와 제14조(차별의 금지)를 결합 적용하며,

---

22) European Court of Human Rights, Carvalho Pinto de Sousa Morais v. Portugal, Judgment of 25 July 2017, Application no. 17484/15.

23) 포르투갈 대법원은 59세 남성이 전립선 제거 수술 후 성 기능을 상실한 사건에서 224,459.05 유로를, 55세 남성이 잘못된 진단 후 수술로 성 기능을 상실한 사건에서 100,000 유로를 각각 인정했다. 이는 중년 남성에 비해 여성 피해자에 대한 인정이 과도하게 낮았음을 입증하는 사례로, 성별에 따른 판결 결과의 격차를 드러낸다.

성별과 연령에 기반한 일반적 가정이 정당한 법적 근거 없이 개인의 권리를 제한하였을 때 차별에 해당할 수 있음을 분명히 하였다. 비록 판결문에서 '고정관념(stereotype)'이라는 용어를 직접 사용하지는 않았지만, 유럽인권재판소의 논리는 국내 법원이 성과 연령에 관한 사회적 고정관념에 기초하여 차별적 판단을 내렸음을 우회적으로 비판한 것으로 해석된다. 이와 같은 해석은 본 판결을 반고정관념 접근법(anti-stereotyping approach)의 진전된 사례로 평가[24]하는 데서도 확인된다.

해당 사례는 유럽인권재판소가 복수의 차별 사유가 상호작용할 수 있음을 명시적으로 고려한 판결로 평가되며, 기존 판례에 비해 교차적 요소에 더욱 민감한 태도를 보인 사례로 주목된다.

3) 교차차별 해석의 진전과 한계

그런데도 재판소는 본 판결문에서 '교차차별'이라는 개념을 명시적으로 언급하지는 않았다. 재판부는 성별과 연령이 결합하여 피해자의 권리를 침해했다는 사실을 분명히 인정하였지만, 여전히 개별 차별 사유 중심의 분석 틀을 크게 벗어나지는 않았던 것이다. 즉, 교차차별 이론이 강조하는 바와 같이 두 차별 사유가 결합하여 창출하는 독자적·복합적 억압의 양상에 대한 법리적 분석은 부족하였다.

그럼에도 이 사건은 앞서 살펴본 N.B. v. Slovakia 사건에 비해, 유럽인권협약 제14조(차별금지)의 적용이 더 명시적이고 주도적으로 이루어졌다는 점, 그리고 성별과 연령이라는 두 차별 사유의 상호작용 가능성에 대한 인식이 분명히 드러났다는 점에서 유의미한 진전으로 평가된다. 이는 유럽인권재판소가 단일 사유 중심의 형식적 접근을 점차 넘어서고 있음을 시사하는 판례로서, 교차차별 이론의 향후 적용 가능성을 보여주는 사례로 주목할 만하다.

24) Lourdes Peroni & Alexandra Timmer. "Vulnerable Groups: The Promise of an Emerging Concept in European Human Rights Convention Law." International Journal of Constitutional Law(I·CON), 11(4), 2013, 1056–1085.

3. 판례 비교 및 교차차별 관점에서의 평가

1) 공통점: 사생활의 침해와 여성에 대한 구조적 차별

(1) 유럽인권협약 제8조(사생활 및 가족생활의 존중)의 핵심 쟁점화

양 사건 모두 유럽인권협약 제8조 위반을 핵심적으로 주장하였다. N.B. 사건에서는 원치 않는 불임 수술로 인해 사생활의 중대한 침해가 있었으며, Carvalho Pinto 사건에서는 의료 과실로 인한 성기능 상실과 그로 인한 개인적 삶의 질 저하가 문제가 되었다.

(2) 성차별의 구조적 요소 부각

두 사건 모두 여성을 중심으로 발생한 피해로, 사회적 고정관념이나 성 역할에 대한 편견이 사법 판단에 직접적으로 작용한 정황이 드러났다. 특히 Carvalho Pinto 사건에서는 피해자의 성과 연령을 근거로 법원이 손해를 축소 평가하였고, N.B. 사건에서는 여성의 재생산 권리에 대한 경시가 지적되었다.

(3) 복수 차별 사유 제기와 교차차별 인정의 미흡

N.B. 사건은 로마족이라는 소수 인종성과 여성이라는 성별 정체성이 결합하였고, Carvalho Pinto 사건은 여성성과 중년 이후라는 연령 요소가 동시에 고려되어야 했다. 그러나 두 판결 모두 명시적으로 "교차차별" 개념을 언급하거나 이에 기초한 법리를 전개하지는 않았다.

2) 차이점: 차별 사유와 제14조 해석의 강도

(1) 차별 사유의 결합 양상

N.B. 사건에서는 인종과 성별이, Carvalho Pinto 사건에서는 성별과 연령이 결합되었다. 이는 교차차별의 양상이 단일화되지 않으며, 맥락에 따라 다양한 조합으로 현실화함을 보여준다.

(2) 제14조(차별 금지) 적용의 적극성 차이

N.B. 사건에서는 제14조(차별 금지)의 적용 가능성이 언급되었지만 실질적 판단은 이루어지지 않았다. 반면 Carvalho Pinto 사건에서는 제8조와 제14조가 결합 적용되어, 피해자의 차별 경험이 더 직접적으로 법적으로 다루어졌다. 이

는 교차차별에 대한 유럽인권재판소의 태도가 점진적으로 변화하고 있음을 시사한다.

(3) 재판부의 인식 수준

Carvalho Pinto 사건에서 유럽인권재판소는 명시적으로 '고정관념(stereotype)'이라는 개념을 사용하지는 않았으나, 피해자의 성별과 연령을 근거로 한 국내 법원의 편견적 해석을 비판하였다. 이에 따라 본 사건은 교차차별 인식의 전환점으로 간주하며, Peroni와 Timmer 등은 이를 반고정관념 접근법(anti-stereotyping approach)의 진전 사례로 평가한다.[25)]

4. 시사점: 교차차별 법리의 발전 가능성과 과제

1) 교차차별 개념의 부재와 이론적 한계

두 사건 모두 교차차별을 암묵적으로 다루었지만, 유럽인권재판소는 해당 개념을 명시하거나 이를 중심으로 법리를 전개하지는 않았다. 이는 유럽인권재판소가 여전히 단일 사유 중심의 차별 분석에 머물러 있음을 의미한다.

2) 차별 사유 간 부정적 상호작용에 대한 고려 부족

교차차별 이론은 개별 차별 사유의 단순한 합이 아니라, 그 결합으로 인해 고유한 형태를 심화한 불이익이 발생함을 강조한다. 그러나 두 판결 모두 이런 '부정적 시너지 효과'를 법리적 관점에서 분석하지 못했다.

3) 국제인권재판소로서의 책무 강화 필요

유럽인권재판소는 회원국 사법 기관에 지침을 제공하는 핵심 기구로서, 교차차별을 명확히 식별하고 회원국 국가에 제도적 개선책을 요구할 의무를 갖는다. 앞으로는 제14조(차별 금지)의 해석을 확대하고, 다양한 차별 사유의 상호작용을 더욱 정교하게 분석하는 법리 발전이 필요하다.

---

25) Lourdes Peroni & Alexandra Timmer. "Vulnerable Groups: The Promise of an Emerging Concept in European Human Rights Convention Law." International Journal of Constitutional Law(I·CON), 11(4), 2013, 1056-1085.

5. 제도적 대응과 향후 과제: 교차 차별 구제를 위한 판례 및 정책의 발전 방향

유럽인권재판소는 N.B. 사건과 Carvalho Pinto 사건을 통해 성별, 인종, 연령 등이 결합된 차별의 가능성을 일정 부분 인정하였지만, 교차차별 개념을 명시적으로 채택하거나 체계적으로 법리를 전개하지는 않았다. 교차차별은 단일한 차별 사유로는 포착하기 어려운 복합적·구조적 차별의 양상을 드러내며, 그 실질적 해소를 위해서는 사법적·제도적 차원 모두에서 개선이 필요하다. 이에 따라 다음과 같은 과제를 제시할 수 있다.

1) 교차차별에 대한 명시적 인정 및 법제화

유럽인권재판소는 Carvalho Pinto 사건에서 제14조(차별금지)를 제8조(사생활 및 가족생활의 존중)와 결합 적용하면서 성별과 연령의 결합 효과를 일정 부분 인지하였다. 그러나 교차차별 개념 자체에 대한 명시적 인정은 이루어지지 않았다. 향후 재판소는 교차차별의 존재를 더욱 명확히 언급하고, 제14조 해석에 있어 차별 사유 간의 상호작용을 중심으로 법리를 정립할 필요가 있다. 동시에 회원국 차원에서도 차별금지법에 "복수의 차별 사유가 결합될 수 있음"을 명문으로 규정함으로써, 사법부와 수사기관, 의료기관이 구조적 차별을 보다 정교하게 인식할 수 있는 기반을 마련해야 한다.

예를 들어 EU 차원의 지침에서는 복수의 차별 사유를 명시적으로 고려하고 있으며,[26] 오스트리아와 캐나다와 같은 일부 국가에서는 차별 사유의 중첩 가능성을 입법상 명문화하고 있다.

2) 반고정관념 접근법(Anti-Stereotyping Approach)의 제도화

법원이 단일 차별 사유의 개별성만 강조하는 방식으로는 구조적 차별에 대응하기 어렵다. 사회적으로 반복 재생산되는 고정관념(stereotype)은 종종 성별,

---

26) EU 차원의 정책 및 전략 문서, 특히 「EU Gender Equality Strategy 2020–2025」 및 「EU Anti-racism Action Plan 2020–2025」는 복수의 차별 사유가 중첩되어 나타나는 교차차별(intersectional discrimination)을 명시적으로 고려하고 있다. 비록 핵심 지침인 '인종 또는 민족적 출신에 근거한 차별에 대한 평등한 대우의 원칙을 구현하기 위한 지침(2000/43/EC)' 및 '고용 및 직업에서의 평등한 대우를 위한 일반적인 틀을 수립하는 지침(2000/78/EC)'에서는 교차차별 개념이 조문 상 명확히 규정되어 있지는 않으나, 최근 유럽연합의 평등 정책은 그 해석과 이행 과정에서 이를 적극적으로 반영하고 있다.

인종, 장애, 연령 등이 결합된 맥락에서 강하게 작동하며, 법원 판단에도 직접적인 영향을 미친다. 이러한 맥락에서 유럽인권재판소는 반고정관념 접근법을 적극적으로 수용해야 하며, Carvalho Pinto 사건은 그 출발점으로 평가될 수 있다.

3) 간접 차별 개념의 확장 적용

교차차별은 외형상 중립적인 제도나 관행이 특정 집단에 불균형한 불이익을 초래할 수 있다는 점에서, 간접 차별(indirect discrimination)의 개념과도 밀접하게 연결된다. 기존 간접 차별 개념을 확장하여, 차별 사유 간의 상호작용으로 인해 발생하는 비의도적 차별 구조를 포착하고 구제하는 데 활용할 수 있다.[27] 예컨대, 의료기관이 '위험 회피'를 이유로 특정 인종 여성에게 불임 수술을 쉽게 권유하는 사례, 혹은 배상 산정에서 고정관념을 반영하여 중년 여성의 성적 자기 결정권을 경시하는 관행은 모두 간접 차별적 결과를 낳을 수 있다.

이러한 분석은 교차차별의 실질적 해소를 위한 입법적·사법적 조치 모두가 상호 유기적으로 작동해야 함을 강조한다. 나아가 유럽인권재판소는 회원국 법원에 대한 법적 기준과 해석의 지침을 제공하는 핵심 기구로서, 교차차별 개념의 법리화를 통해 더 발전된 인권 보장체계를 구축하는 데 중심적 역할을 해야 할 것이다.

Ⅴ. 판단 여지 원칙(Margin of Appreciation)과 교차차별 보호의 한계

1. 판단 여지 원칙의 개념과 기능

유럽인권재판소(ECtHR)는 유럽인권협약(ECHR)을 해석·적용함에 있어, 인권의 보편적 기준을 설정하는 동시에, 각 회원국의 역사·문화·정치적 다양성을 존중해야 하는 이중적 과제를 지닌다. 이 과정에서 등장한 개념이 바로 판단 여지 원칙(margin of appreciation)이다.

이는 회원국이 공익과 개인의 권리 사이의 균형을 설정할 자율권을 일정 부분 보장받는 원칙으로, 유럽인권재판소는 이를 통해 국가별 맥락을 고려한 판결을 할 수 있다. 대표적인 사례로는 Handyside v. the United Kingdom 사건

27) S. Fredman, Discrimination Law. Oxford University Press, 2011.

(1976)[28]에서, 표현의 자유의 제한과 관련하여 "공서양속(public morals)"이라는 국가 고유의 기준을 인정하며 판단 여지를 폭넓게 부여한 바 있다.

이 원칙은 인권의 보편적 보호와 문화적 다양성 간의 긴장을 조정하는 기능을 수행한다. 그러나 그 적용이 과도할 경우, 국가가 차별적 관행을 정당화하는 수단으로 전용할 우려가 있으므로, 신중히 적용해야 한다.

2. 교차차별 사안에서 판단 여지의 위험성과 재해석

교차차별은 성별, 인종, 연령, 장애, 성적 지향 등 복수의 차별 사유가 상호 작용하여 발생하는 복합적 차별을 의미한다. 이와 같은 사안에서 판단 여지 원칙이 무분별하게 적용되면, 국가가 전통이나 문화라는 명분 아래 교차차별을 방치하거나 합리화할 수 있는 위험이 존재한다.

그러나 유럽인권재판소는 이러한 맥락에서 오히려 국가가 더욱 적극적인 보호 의무(positive obligations)를 부담한다고 보며, 단순히 판단 여지를 부여하는 것에서 나아가, 구체적인 시정 조치를 통해 복합적 불평등을 해소할 책무가 있다는 점을 강조한다.[29] 예컨대 의료기관에서 로마(Roma) 여성에 대한 반복적 차별이 보고될 경우, 국가는 이를 방지하기 위한 제도적 개선(예: 의료진 교육, 차별 진정 절차, 피해자 보상 체계)을 마련해야 하며, 그 이행 여부는 재판소의 엄격한 심사 대상이 된다는 것이다.

---

28) European Court of Human Rights, Handyside v. the United Kingdom, no. 5493/72, judgment of 7 December 1976. 이 사건에서 유럽인권재판소는 청소년을 대상으로 한 성교육 책자인 "The Little Red Schoolbook"의 출판과 배포를 둘러싼 영국 당국의 간행물 압수 및 형사 처벌 조치가 유럽 인권협약 제10조(표현의 자유) 위반인지 여부를 심사하였다. 재판소는 표현의 자유가 민주사회의 기초적 조건임을 강조하면서도, 제10조 제2항에 따라 국가가 공공질서(public order) 및 공서양속(public morals)을 보호하기 위해 제한을 가할 수 있으며, 이때 국가별로 문화와 전통의 차이를 고려한 일정한 판단 여지(margin of appreciation)가 인정되어야 한다고 판시하였다. 이 판결은 판단 여지 원칙의 대표적 초기 사례로 널리 인용된다.

29) 예를 들어, European Court of Human Rights, B.S. v. Spain, no. 47159/08, judgment of 24 July 2012. 본 사건은 아프리카계 이주 여성 성 노동자에 대한 경찰의 물리적 폭력 및 인종차별적 대우에 관한 것으로, 재판소는 스페인 당국이 피해자의 인종 및 직업적 지위를 고려하여 충분하고 공정한 조사를 수행하지 않았다는 점에서 유럽 인권협약 제3조 및 제14조 위반을 인정하였다. 재판소는 특히 인종적 고정관념이 경찰의 행위와 수사기관의 태도에 영향을 미쳤다고 보며, 취약 집단에 대한 국가의 보호 의무를 강조하였다.

3. 판단 여지 원칙의 한계와 국가의 책임

1) '문화적 특수성'과 '협약상 권리의 본질' 사이의 긴장

유럽인권재판소는 반복적으로 천명해온 바와 같이, 인권의 본질적 내용을 침해하거나 협약상 권리의 핵심(core of the right)을 훼손할 때에는 판단 여지 원칙(Margin of Appreciation)이 적용될 수 없다는 태도를 유지하고 있다. 이는 국가의 문화적 예외주의나 정책적 자율성이 국제인권 규범을 정면으로 위반하는 것을 방지하기 위한 기본 원칙이다.

대표적인 예로, D.H. and Others v. the Czech Republic 사건[30]에서는 체코 정부가 로마(Roma) 아동을 대규모로 특수학교에 배치한 교육정책이 간접적 인종 차별에 해당한다는 점이 문제가 되었다. 체코 정부는 자국 교육제도의 운용 방식과 사회적 맥락을 고려해 판단 여지가 인정되어야 한다고 주장하였으나, 재판소는 이를 받아들이지 않았다. 오히려 재판소는 "표면적으로 중립적인 기준이라 하더라도, 그 효과가 특정 인종 집단에 불리하게 작용한다면 이는 차별에 해당한다"라고 보았으며, 협약 제14조(차별 금지) 및 제1의정서 제2조 제1항(교육권) 위반을 명확히 인정하였다.

이 판결은 국가가 주장하는 정책적 자율성이나 역사적 맥락이 협약상 권리의 본질을 침해하는 경우, 판단 여지 원칙은 적용되지 않음을 분명히 한 사례로 평가된다. 특히 인종에 기반한 구조적 차별이 쟁점이 되는 사건에서, 재판소는 회원국의 자의적 재량 행사에 제약을 가하며, 국제인권기준의 우위를 재확인하였다.

2) 재정·행정적 한계와 '단계적 이행' 가능성

유럽인권재판소는 일부 정책적 사안에 대해 회원국의 재정적·행정적 제약을 고려하여, 권리 실현을 위한 "단계적 접근(gradual implementation)" 또는 "적응적 조치(adaptive measures)"를 인정할 수 있음을 판시해 왔다. 이는 모든 국가가 동일한 속도와 수준으로 권리를 즉각 보장할 수는 없다는 현실을 반영한 해석이며, 특히 사회권적 성격이 강한 권리(예: 교육권, 건강권, 장애인 권리 등)의

---

30) European Court of Human Rights, D.H. and Others v. the Czech Republic, no. 57325/00, Grand Chamber judgment of 13 November 2007.

경우 그러하다.

예컨대, 장애인의 교육 접근성과 관련하여 모든 학교에 즉각적인 편의시설을 설치하는 것이 어려운 상황이라 하더라도, 국가가 이를 위한 구체적인 입법계획, 예산 분배 절차, 이행 점검 체계 등을 갖추고 실질적으로 노력하고 있다는 것이 입증된다면, 일정한 판단 여지가 인정될 수 있다.

실제로 Çam v. Turkey 사건[31]에서 유럽인권재판소는 시각장애를 이유로 음악원 입학이 거부된 청구인의 사례를 다루며, 단지 제도의 미비를 이유로 차별을 정당화할 수 없다고 판단하였다. 다만 국가가 포괄적 개선 계획을 갖고 적극적인 조치를 하고 있는지에 따라 재판소의 심사 강도는 달라질 수 있음을 시사하였다.

결국 단계적 이행을 허용받기 위해서는 단순한 "계획 수립"에 그쳐서는 안 되며, 구체성과 진정성, 그리고 시간에 따른 이행 성과가 동반되어야만 판단 여지 범위로 인정할 수 있다.

3) 재판소의 심사 강도와 판단 여지의 제한

국가가 교차차별 상황에 직면하고 있음에도 이를 해소하기 위한 실질적인 정책적 노력을 기울이지 않거나, 문화·전통을 이유로 차별 상태를 방치하는 경우, 유럽인권재판소는 판단 여지 원칙의 적용 범위를 제한적으로 해석하고 보다 엄격한 심사 기준을 적용하는 방식으로 적극적으로 개입할 수 있다.

이는 단지 국가의 자율성을 존중하는 것을 넘어서, 유럽인권협약상 권리의 실효성(effective protection)을 보장해야 할 의무를 함께 지니고 있음을 반영한 것이다.

예컨대 Opuz v. Turkey 사건[32]에서는 국가가 가정폭력 피해 여성을 보호하는 데 있어 반복적으로 소극적 대응을 보인 점을 들어, 국가의 적극적 보호의무 위반을 인정하고, 터키 정부가 여성에 대한 폭력을 사회구조적으로 방치

31) European Court of Human Rights, Çam v. Turkey, no. 51500/08, judgment of 23 February 2016. 시각장애인 청구인이 음악원 입학을 거부당한 사건에서, 유럽인권재판소는 차별 금지의 실효적 보호를 위해 단순한 법률상 계획 이상의 구체적 이행을 요구하였다.

32) European Court of Human Rights, Opuz v. Turkey, no. 33401/02, judgment of 9 June 2009. 유럽인권재판소는 국가가 반복된 가정폭력에도 불구하고 피해자를 보호하지 않은 점을 들어 협약 위반을 인정하였다.

한 책임이 있다고 판단하였다.

이러한 판례는 교차차별에 노출된 집단에 대한 국가의 무대응 혹은 소극적 대응이 단순한 입법 미비를 넘어 협약 위반이 될 수 있음을 보여준다. 유럽인권재판소는 국가가 실효적인 구제 조치를 제공하지 않는 경우, 판단 여지 원칙을 제한하고 구체적인 시정 조치를 주문하는 방식으로 국제인권법의 실질적 효과성을 확보하려 노력하고 있다.

VI. 유럽인권협약의 동태적 해석(dynamic interpretation)과 교차차별 대응

1. '살아있는 문서(living instrument)'로서의 협약 해석

1) 동태적 해석의 필요성과 의의

유럽인권재판소(ECtHR)는 유럽인권협약(ECHR)을 과거 성문화된 역사적 시점에 고정된 규범이 아니라, 시대 변화에 따라 새로운 인권 문제에 대응할 수 있는 '살아있는 문서'로 해석해 왔다. 이는 기술 발전, 가족구성의 변화, 디지털 사회의 출현 등 1950년대에 예상하지 못했던 상황에서 협약의 조항이 탄력적으로 적용되어야 한다는 원칙이다. Tyrer v. United Kingdom 사건(1978)[33]에서 처음으로 명시된 이 원칙은, 협약의 해석이 "사회적으로 받아들여지는 기준에 따라 변화해야 한다"라고 선언하였다.

2) 교차차별의 부상과 시대적 과제

현대 사회에서 교차차별은 성별, 인종, 장애, 성적 지향, 나이 등 복수의 정체성이 중첩되어 새로운 유형의 불평등을 만들어내는 복합적인 현상으로 인식되고 있다. 여성운동, 장애 인권운동, 인종 차별 반대 운동 등 다양한 인권운동

---

33) European Court of Human Rights, Tyrer v. the United Kingdom, App. No. 5856/72, Judgment of 25 April 1978. 이 사건은 당시 15세였던 Tyrer가 영국 맨섬(Isle of Man)의 법률에 따라 학교 체벌(corporal punishment)을 받은 것이 인간의 존엄을 침해하며 협약 제3조(비인도적 처우 금지)에 위반된다고 주장한 사안이다. 유럽인권재판소는 협약을 "살아있는 문서(living instrument)"로 해석해야 하며, 시대와 사회의 진화하는 기준에 따라 조항의 의미도 변화해야 한다고 판시하였다. 이 판결은 협약 해석의 동태적 접근(dynamic interpretation)의 출발점을 명시한 선례로 평가된다.

의 교차점에서 나타난 이 개념은, 단일한 차별 범주로는 포착할 수 없는 구체적 피해를 드러낸다. 이에 따라 재판소도 협약의 해석에 있어 이러한 다층적 현실을 반영하는 방향으로 접근하고 있다.

2. 교차차별 대응을 위한 동태적 해석의 적용

1) 기존 차별 개념의 한계 극복

교차차별은 "성차별은 성차별, 인종차별은 인종차별"과 같이 분절적으로 접근해온 전통적 차별 판단 방식의 한계를 드러냈다. 유럽인권재판소는 이러한 현실을 반영하여, 제14조(차별 금지)와 제8조(사생활 보호), 제2의정서 제1조(교육권) 등을 결합 적용하며 교차적인 맥락에서의 차별 문제를 포착하고자 하였다. Carvalho Pinto de Sousa Morais v. Portugal 사건(2017)[34]에서 재판소는 연령과 성별에 기반한 암묵적 고정관념이 판결에 반영된 점을 비판하며, 차별 금지 조항을 실질적으로 해석하였다.

2) 결과 중심 접근 및 반고정관념 원칙

동태적 해석은 표면상 중립적인 법률이나 정책이 실질적으로 특정 취약 집단에 어떤 영향을 주는지를 평가하는 결과 중심(result-oriented) 접근을 강화시킨다. 이는 간접 차별 개념 및 반(反)고정관념 접근법(anti-stereotyping approach)과 결합되어, 교차차별에 대한 보다 정밀한 법적 대응을 가능하게 한다. B.S. v. Spain 사건(2012)[35]에서 유럽인권재판소는 성 노동에 종사하는 흑인 여성이 경찰에게 반복적으로 모욕과 차별을 당한 사건에서, 인종과 성의 중첩 효과를 간접적으로 인정하였다.

3) 보호 의무의 강화와 제도적 기틀

동태적 해석의 가장 큰 효과 중 하나는 국가의 보호 의무를 강화하는 데 있다. 단순히 차별 행위의 금지를 넘어서, 국가가 소수자 집단의 구조적 취약성

34) European Court of Human Rights, Carvalho Pinto de Sousa Morais v. Portugal, App. No. 17484/15, Judgment of 25 July 2017.

35) European Court of Human Rights, B.S. v. Spain, App. No. 47159/08, Judgment of 24 July 2012.

을 인지하고 이를 해소하기 위한 제도적 조치를 마련할 책무를 부과한다는 점에서, 협약의 동태적 해석은 국가 정책의 방향성과 인권 보호 체계를 근본적으로 변화시킬 수 있다. 특히 Opuz v. Turkey 사건(2009)[36]에서는 가정폭력 피해 여성에 대한 국가의 미흡한 대응이 생명권 및 차별 금지 원칙에 위반된다고 보며, 성별 기반 폭력에 대한 실질적 보호 조치를 강조하였다.

3. 동태적 해석의 과제와 전망

1) 국가 재량과 협약 해석의 긴장

협약의 동태적 해석은 시대의 요구에 부응하는 장점이 있지만, 회원국들은 자국의 문화·법적 전통과 주권을 이유로 재판소의 개입에 우려를 표명하기도 한다. 판단 여지 원칙(margin of appreciation)을 통해 국가별 맥락을 고려하려는 시도와 보편적 인권 기준을 유지하려는 동태적 해석 사이에는 긴장이 존재한다. 그러나 유럽인권재판소는 인권의 본질적 내용이 훼손될 때에는 판단 여지의 폭을 제한하면서 해석의 방향을 인권 보장에 두고 있다.

2) 교차차별 판단 기준의 정교화

교차차별에 관한 해석은 여전히 발전 중이다. 향후 유럽인권재판소가 판례를 통해 명확한 판단 기준을 축적하고, 국가 기관이나 국내 법원에 적용할 수 있는 원칙을 구체화할 필요가 있다. 현재 협약 제14조(협약이 보장하는 권리와 자유에 한정하여 차별을 금지하는 조항)와 제12호 의정서 제1호(포괄적이고 독립적인 차별 금지 조항)의 해석[37]은 복수의 차별 사유를 포섭하는 데 중요한 도구로 기능하고 있으며, 이를 토대로 더욱 실질적인 구제 기준이 확립되어야 한다.

3) 국제적 확산과 상호 학습의 기회

'살아있는 문서' 원칙은 유럽 인권 보호 체계를 넘어, 국제인권 규범의 상호 교류와 발전에도 기여하고 있다. 교차차별 개념이 반영된 판례와 정책은 유엔

---

36) European Court of Human Rights, Opuz v. Turkey, App. No. 33401/02, Judgment of 9 June 2009.

37) 협약 제14조는 협약상 보장된 권리의 향유에 있어 차별을 금지하는 조항으로, 특정 권리와 연결되어야만 적용된다. 반면, 제12호 의정서 제1조는 법이 보장하는 모든 권리에 대한 차별을 금지하며, 독립적으로 적용될 수 있는 포괄적 차별 금지 조항으로 기능한다.

자유권위원회나 인종차별철폐위원회(CERD), 여성차별철폐위원회(CEDAW) 등의 해석에도 영향을 미치며,[38] 국가 인권기구나 시민사회, 학계의 인식 전환을 유도할 수 있다. 이를 통해 교차차별 문제에 대한 국제적 공감대와 제도적 연대가 확산할 것으로 기대된다.

Ⅶ. 결론: 교차차별 대응을 위한 법리 발전과 향후 과제

유럽인권재판소(ECtHR)의 판례를 분석한 결과, 교차차별에 대한 인식과 접근 방식은 점진적으로 진화하고 있다. 특히 2017년 선고된 Carvalho Pinto de Sousa Morais v. Portugal 사건에서는, 피해자의 연령과 성별이 복합적으로 고려되었으며, 이로 인해 재판소가 국내 법원의 고정 관념적 판단을 비판하는 등 보다 구조적인 차별의 양상을 조망하려는 경향이 나타났다. 이는 2012년 선고된 N.B. v. Slovakia 사건과 비교할 때, 교차차별에 대한 인식 수준에서 일정한 진전을 보여주는 사례로 평가된다.

교차차별은 단순히 둘 이상의 차별 사유가 합산되는 것을 의미하지 않는다. 성별, 인종, 장애, 나이, 경제적 지위 등 다양한 정체성이 상호작용하면서, 기존의 단일 차별 개념으로는 설명할 수 없는 새로운 형태의 불이익과 사회적 배제가 발생한다. 이러한 복합적 차별은 사회적 위계, 제도적 배경, 역사적 억압의 맥락 속에서 더욱 공고해지며, 이에 대한 실질적인 이해와 법적 구제가 필요하다.

그러나 여전히 유럽인권재판소는 판결문에서 “교차차별”이라는 용어를 명시적으로 사용하지 않고 있으며, 구조적 차별에 대한 직접적 언급 또한 제한적이다. 이러한 한계는 사법부 내부에서도 교차차별의 개념이 여전히 낯설고, 다차원적인 불이익 구조에 대한 분석이 충분히 축적되지 않았음을 보여준다. 예

38) 유럽인권재판소의 동태적 해석 원칙은 유엔 자유권위원회(Human Rights Committee), 인종차별철폐위원회(Committee on the Elimination of Racial Discrimination, CERD), 여성 차별철폐위원회(Committee on the Elimination of Discrimination against Women, CEDAW) 등 유엔 조약기구가 자국 보고서 심사나 일반논평을 통해 차별의 구조적·복합적 양상에 접근할 때도 참조된다. 이들 위원회는 모두 조약에 기반한 해석 권한을 가진 국제적 인권 감독기구이기 때문이다.

컨대 Carvalho 사건의 일부 반대 의견에서는, 유럽인권재판소가 사회적 메시지를 전달하려면 보다 '적절한 사건'을 기다려야 한다는 의견이 표명되었는데, 이는 재판소 내부에서도 교차차별에 대한 이해에 편차가 존재함을 시사한다.

따라서 교차차별에 대한 대응은 개별 판결의 노력에만 의존할 수 없으며, 사법적·입법적 차원에서의 제도적 개선이 병행되어야 한다. 특히 다음과 같은 과제가 중요하다.

• 중첩적 차별 사유에 대한 법리의 명문화

교차차별은 기존의 비교 방식으로는 적절히 대응하기 어렵다. 유럽인권협약 제14조(차별금지) 및 제12호 의정서 제1조(포괄적이고 독립적인 차별 금지 조항)의 차별 사유 확대 등에 관한 동태적 해석을 통해, 중첩적 차별 구조를 인정하고 이에 따른 국가의 보호 의무를 명확히 하는 법리 발전이 필요하다.

• 구조적 불평등에 관한 실질적 고려

법원은 피해자의 정체성을 단일 항목으로 파악하기보다는, 복합적 현실을 포괄적으로 평가해야 한다. 물리적 접근권, 의료 서비스, 사법 구제 등에서 나타나는 불평등은 단일 차별 사유로는 설명되지 않으며, 개별적 손해 평가가 아닌 사회적 맥락(context)을 고려한 분석이 요구된다.

• 사법부의 책임 강화와 반고정관념 접근법 확대

유럽인권재판소가 Carvalho 사건에서 제시한 바와 같이, 성별과 연령에 기초한 고정관념은 피해자의 권리를 축소시키는 결과를 초래한다. 따라서 사법부는 판결에서 고정관념에 기반한 판단을 지양하고, 실제적으로 미치는 영향을 중심으로 판단하는 반고정관념 접근법(anti-stereotyping approach)을 적극 채택해야 한다.[39)]

• 보상 중심 구제 방식의 한계 극복

교차차별 피해자는 단순한 금전적 보상만으로는 충분히 구제되지 않는다. 이들의 경험은 종종 구조적이고 상징적 성격을 지니며, 따라서 공식 사과, 제도

39) L. Peroni & A. Timmer, Vulnerability and the European Court of Human Rights. Human Rights Law Review, 13(4), 2013, 719-743.

개선, 교육·인식 제고, 사회 구조의 변화를 촉진하는 구조적 조치(structural measures)가 함께 병행되어야 한다. 재판소는 판결을 통해 이러한 통합적(reparative) 구제를 요구함으로써 국가에 실질적인 책임 이행을 촉구할 수 있다.

이와 관련하여 미주인권재판소(Inter-American Court of Human Rights)는 피해자의 권리 회복을 위해 금전적 보상 외에도 국가의 공개 사과, 역사 교과서의 수정, 유사 사례 방지를 위한 법적·행정적 제도 개선을 명령한 바 있다. 예컨대 Kimel v. Argentina 사건(2008)[40]에서 재판소는 표현의 자유 침해에 대해 국가로 하여금 피해자에 대한 손해배상 외에 공개 사과, 재판 비용 지급, 법률 개정의 의무 등을 명령하였다. 이는 단순한 개인적 보상을 넘어, 국가의 구조적 책임을 강조하는 대표적 판례로 평가된다

• 국제기준의 확산과 국내 제도와의 연계

유럽인권재판소의 교차차별 관련 판례는 유엔 인권조약기구들, 특히 자유권위원회(HRC), 여성차별철폐위원회(CEDAW), 인종차별철폐위원회(CERD)의 해석에도 영향을 미치고 있으며, 국제 인권 기준의 정합성을 높이는 방향으로 기능하고 있다. 이는 교차차별 문제에 대한 보다 통일된 대응 체계를 마련하는 데 있어 중요한 기준점이 될 수 있다.

결론적으로, 교차차별은 단순히 두 개 이상의 차별 사유가 존재하는 상황이 아니라, 각 사유가 상호작용하면서 새로운 형태의 권리 침해를 만들어내는 복합적이고 구조적인 현상이다. 이에 대한 실질적 구제를 위해서는 법원의 판결 논리가 한층 정교해지고, 입법 및 정책 차원에서도 이에 부합하는 제도 개선이 뒷받침되어야 한다. 교차차별의 문제는 인권법의 미래를 가늠하는 핵심적 과제이며, 유럽인권재판소와 각국은 이를 적극적으로 다루어야 할 의무가 있다.

40) Kimel v. Argentina 사건은 표현의 자유에 대한 침해가 쟁점이었지만, 미주인권재판소가 금전 배상 외에도 구조적·상징적 조치를 포함한 포괄적 구제를 명령한 대표적 판례로, 차별 피해자의 실질적 구제를 위한 비교법적 참고 사례가 될 수 있다.

관련 사례 **간접 차별에서 교차차별로의 이행 – D.H. 대 체코**[41)]

1. 사건 개요

본 사건은 로마(Roma) 아동들이 주류 교육체계에서 배제되어 지적 장애 아동을 위한 '특수학교'에 과도하게 배정된 것이 교육권과 평등권을 침해하는지를 다투는 사안이다. 청구인들은 모두 체코 내 소수 인종인 로마 공동체에 속한 아동들로, 이들은 대부분 낮은 수준의 교육을 제공하는 특수학교로 배정되었으며, 이는 결과적으로 교육 기회로부터의 실질적 배제를 초래했다.

2. 정부 주장 및 제소 경과

체코 정부는 해당 조치가 인종과 무관하게 학업 능력 평가 및 부모의 동의에 따라 결정되었으며, 차별 의도가 없다고 주장하였다. 그러나 청구인들은 "겉보기에는 중립적이나, 실질적으로는 로마 아동에게 불균형한 불이익"을 초래했다고 주장하며, 유럽인권협약 제14조(차별금지 조항)와 제1의정서 제2조(교육권 조항) 위반을 근거로 유럽인권재판소에 제소하였다.

3. 유럽인권재판소 판결 요지

1) 간접 차별의 인정

재판소는 이 사건에서 간접 차별의 기준을 명시적으로 제시하였다. 즉, 명백한 차별 의도가 없더라도 결과적으로 특정 집단에 불균형한 영향을 초래하는 정책은 차별에 해당할 수 있다는 원칙을 확립하였다. 통계자료에 따르면 로마 아동의 특수학교 배정 비율이 전체 대비 현저히 높았으며, 이는 정책이 사실상 특정 집단에 차별적으로 작용함을 보여주는 것으로 간주하였다.

2) 판단 여지 이론의 한계 설정

체코 정부는 교육정책은 국가 주권에 속하므로 국제법의 간섭이 제한되어야 한다는 판단 여지 원칙(margin of appreciation)을 주장하였다. 그러나 재판소는 교육권이 실질적 평등의 핵심이라는 점을 강조하며, 판단 여지가 국가의 구조적 차별을 정당화하는 도구로 기능할 수 없다고 판시하였다.

3) 반(反)고정관념 접근법의 함의

재판소는 학업 능력 평가의 기준(예: 지능검사)이 로마 아동의 문화적·사회적 배경을 반영하지 못한 점에 주목하였다. 이는 결과적으로 특정 집단을 '비정상적'으로 규정하는 편향적 기준이며, 사회적 고정관념에 기반한 정책이 차별로 이어질 수 있음을 지적하였다.

4. 판결의 인권법적 의의

1) 간접 차별 법리의 구체화

이 사건은 유럽인권재판소가 간접 차별(indirect discrimination) 개념을 명문화하고 기준을 정립한 최초의 주요 판례 중 하나로, 차별의 '의도'보다 '결과'에 주목하는 접근이 정당함을 분명히 하였다.

2) 교차차별 논의의 기초 제공

이 사건은 판결문상 '교차차별'이라는 개념을 명시적으로 사용하지는 않았지만, 로마 아동들이 겪은 교육 기회의 박탈은 인종적 편견과 사회경제적 취약성이 결합한 구조적 차별로 해석될 수 있다. 이후 유엔 인권기구들은 이 판결을 인용하면서 점차 복합적 차별에 대한 인식을 확장하고 있다.

3) '살아있는 문서'로서의 협약 해석 강조

재판소는 이 사건에서 유럽 인권협약을 "시대 변화에 따라 유연하게 해석되어야 하는 살아있는 문서(living instrument)"라고 재차 강조하였다. 이는 사회·역사적 맥락을 고려하는 해석론의 확산에 중요한 근거가 되었으며, 교차차별 대응의 해석학적 출발점을 제공하였다.

4) 교육권과 실질적 평등

D.H.사건은 단순한 학교 배정 문제가 아닌, 교육을 통한 사회통합(social integration)의 가능성과 개인의 자율성을 결정짓는 권리로써 교육권의 중요성을 재확인하였다. 특히 협약 제14조(차별 금지)와 제1의정서 제2조(교육받을 권리)를 결합해 해석함으로써, 교육권 보장의 실질적 평등을 법리적으로 구체화하였다.

41) European Court of Human Rights, D.H. and Others v. the Czech Republic, Grand Chamber Judgment, 13 November 2007, Application No. 57325/00.

▌주요 참고문헌

Ⅰ. 국제인권조약 및 지역 인권 문서

Convention on the Elimination of All Forms of Discrimination against Women, adopted 1979, entered into force 1981.

European Convention on Human Rights(ECHR), adopted 1950, entered into force 1953.

International Convention on the Elimination of All Forms of Racial Discrimination, adopted 1965, entered into force 1969.

International Covenant on Civil and Political Rights, adopted 1966, entered into force 1976.

International Covenant on Economic, Social and Cultural Rights, adopted 1966, entered into force 1976.

Universal Declaration of Human Rights, adopted 1948.

Ⅱ. 유럽인권재판소 판례(European Court of Human Rights, ECtHR)

European Court of Human Rights, *Handyside v. the United Kingdom*, no. 5493/72, judgment of 7 December 1976.

European Court of Human Rights, *Tyrer v. the United Kingdom*, App. No. 5856/72, judgment of 25 April 1978.

European Court of Human Rights, *D.H. and Others v. the Czech Republic*, Judgment of 13 November 2007, Application no. 57325/00.

European Court of Human Rights, *Opuz v. Turkey*, no. 33401/02, judgment of 9 June 2009.

European Court of Human Rights, *V.C. v. Slovakia*, Judgment of 8 November 2011, Application no. 18968/07.

European Court of Human Rights, *B.S. v. Spain*, Judgment of 24 July 2012, Application no. 47159/08.

European Court of Human Rights, *N.B. v. Slovakia*, Judgment of 12 June 2012, Application no. 29518/10.

European Court of Human Rights, *Çam v. Turkey*, no. 51500/08, judgment of 23 February 2016.

European Court of Human Rights, *Carvalho Pinto de Sousa Morais v. Portugal*, Judgment of 25 July 2017, Application no. 17484/15.

Ⅲ. 미주인권재판소 판례(Inter-American Court of Human Rights, IACtHR)

Inter-American Court of Human Rights, *Kimel v. Argentina*, Judgment of 2 May 2008.

Ⅳ. 학술 문헌 및 이론적 배경

Alexandra Timmer, "Toward an Anti-Stereotyping Approach for the European Court of Human Rights," *Human Rights Law Review*, Vol. 11, No. 4, 2011, 707-738.

Kimberlé Crenshaw, *Demarginalizing the Intersection of Race and Sex: A Black Feminist Critique of Antidiscrimination Doctrine, Feminist Theory and Antiracist Politics*, University of Chicago Legal Forum, vol. 1989, issue 1, Article 8, pp.139-167.

Lourdes Peroni & Alexandra Timmer, "Vulnerable Groups: The Promise of an Emerging Concept in European Human Rights Convention Law," *International Journal of Constitutional Law* (I · CON), Vol. 11, No. 4, 2013, 1056-1085.

Sandra Fredman, *Discrimination Law*, 2nd ed., Oxford University Press, 2011.

제15장

연령 차별과 노인의 인권

Ⅰ. 서론: 구조적 불평등에 대한 국제인권법적 대응

오늘날 전 세계적으로 인구 고령화는 특정 국가나 지역을 넘어 보편적인 사회 현상으로 자리 잡고 있다. 특히 한국은 세계에서 가장 빠른 속도로 고령화가 진행되고 있는 국가 중 하나로, 1980년대만 해도 전체 인구 중 65세 이상 노인의 비율은 4% 미만이었으나, 2025년에 20%, 2036년에 30%, 2050년에 40%를 넘어설 것으로 전망된다.[1] 이러한 급격한 인구 구조 변화는 단순한 인구학적 현상을 넘어, 사회·경제적 불균형과 세대 간 갈등, 특히 노인에 대한 구조적 차별이라는 중대한 인권 문제를 야기하고 있다.

보건복지부 노인실태조사에 따르면, 한국의 노인 중 약 21%가 일상에서 차별을 경험하였다고 보고하였으며, 특히 대중교통 이용시(38.2%), 직장(21.4%), 소매와 의료시설 이용(각각 약 10%) 단계에서 차별을 경험하였다고 응답하였다.[2] 이는 노인을 향한 사회적 편견이 단순한 개인의 인식 차원을 넘어 제도적 차원에서 일상적으로 작동하고 있음을 보여준다. 노동시장, 의료서비스, 복지 접근, 디지털 정보 이용 등 다양한 영역에서 노인은 '비생산적', '의존적', '구시대적'이라는 낙인과 함께 배제되고 있으며, 이는 명백한 인권침해다.

노인차별에 관한 이론적 분석은 로버트 버틀러(Robert N. Butler)가 제시한 '연령주의(ageism)' 개념에 기반한다.[3] 버틀러는 연령주의를 특정 연령 집단에

1) 통계청, 2024 고령자 통계, 2024년 9월 발표.
2) 김수지(2020), 노인차별 경험이 노인의 여가 시간 사용과 고독감에 미치는 영향, 보건사회연구 40(4), 212쪽 참조.
3) R. N. Butler, Age-Ism: Another Form of Bigotry. The Gerontologist, 9(4), 1969, 243-246.

대한 고정관념과 이로 인한 차별 행위로 정의하며, 특히 노인을 무능하거나 의존적인 존재로 간주하는 사회적 인식이 제도적으로 고착화되어 있다고 지적하였다. 그는 연령주의가 단순한 선입견이나 차별적 태도를 넘어, 사회 전체의 권력관계와 가치 판단 속에서 유지되고 강화되는 구조적 문제임을 강조했다.

노인에 대한 차별은 정신건강에도 부정적 영향을 미친다. 사회심리학적 연구에 따르면, 노인들은 연령차별을 경험할수록 자존감 저하, 사회적 고립, 우울감과 같은 정신적·정서적 위기를 겪게 되며, 이는 삶의 질을 현저히 떨어뜨리는 결과로 이어진다.[4] 사회학적 분석 역시 노인차별을 개인적 태도의 문제가 아니라, 사회구조 안에 내재한 억압의 기제로 파악하며, 이를 통해 연령주의가 재생산되는 과정을 조명한다.

연령차별의 독특한 특징은 그것이 보편적 취약성(universal vulnerability)을 동반한다는 점이다. 즉, 인종이나 성별과 같은 고정된 정체성과 달리, 모든 인간은 시간이 지남에 따라 노년층이 되며 연령주의의 대상이 될 수 있다. 이러한 특성은 연령차별을 특정 소수의 문제가 아닌, 전 세대가 공동으로 대처해야 할 인권 의제로 인식할 필요성을 보여준다.

또한, 연령차별은 종종 성별, 장애, 인종 등과 결합하여 작동하는 복합적 차별의 형태를 보인다. 특히 여성 노인의 경우, 성차별과 연령차별이 함께 작용함으로써 고용, 복지, 건강 등 다양한 영역에서 더욱 심화된 차별을 경험한다. 유럽인권재판소(ECtHR)는 Carvalho Pinto de Sousa Morais v. Portugal 사건[5]에서, 하급심 법원이 피해자의 나이와 성별을 근거로 사회적 역할을 경시하는 편견에 따라 손해배상액을 낮게 산정한 것이 차별적 판단임을 지적하였다. 연령과 성별에 대한 사회적 고정관념이 사법 판단에 구조적으로 작용할 수 있음을 보여준 사례로 평가할 수 있다.

국내적으로는 유교적 전통에 따른 노인 공경의 가치가 존재하지만, 현대화 과정에서 이러한 전통이 새로운 형태의 차별과 충돌하며 오히려 노인에 대한 부정적 인식과 갈등을 강화하는 양상이 나타나고 있다. 이는 단순한 인식의 문

---

4) B. R. Levy, Mind Matters: Cognitive and Physical Effects of Aging Self-Stereotypes. The Journals of Gerontology Series B: Psychological Sciences and Social Sciences, 58(4), 2003, 203-211.

5) ECtHR, Carvalho Pinto de Sousa Morais v. Portugal, no. 17484/15, Judgment of 25 July 2017.

제가 아니라, 노인의 권리 보장에 있어 법적·제도적 한계가 존재함을 시사한다.

이에 따라 한국 사회는 국제인권법의 기준과 논의를 참고하여, 노인차별에 대한 법적 대응을 강화하고 제도적 개혁을 추진할 필요가 있다. 유럽연합(EU)은 연령차별 금지와 세대 간 형평성을 사회정책의 핵심 가치로 삼고, 관련 법제와 정책을 적극적으로 정비해왔다. 예컨대 EU 고용평등지침(Directive 2000/78/EC)[6]은 연령을 포함한 모든 차별 금지를 명시하고 있으며, 이는 각 회원국의 국내법에도 강한 영향을 미치고 있다.

그뿐만 아니라, 유럽인권재판소는 연령차별에 관한 판례를 통해 국제인권법적 기준을 구체화하고 있으며, 이는 국내 인권 보호 체계의 개선에 참고할 만한 실질적 사례를 제공한다. 따라서 한국 사회는 노인의 권리를 독립된 인권 영역으로 정립하고, 이를 실현하기 위한 입법적·정책적 노력을 강화해야 할 시점이다. 동시에, 연령주의에 대한 사회적 인식 전환과 교육, 미디어 개입 등 다층적 전략이 병행되어야 하며, 이를 통해 구조적 차별에 대한 포괄적 대응이 가능할 것이다.

II. 연령주의와 구조적 차별: 개념, 실태, 국제인권법적 접근

1. 연령주의(Ageism)의 개념과 기원

연령주의는 로버트 N. 버틀러(Robert N. Butler)가 1969년 처음 제시한 개념으로, 연령에 근거한 고정관념과 그로 인한 차별적 태도, 제도, 정책을 포괄하는 현상을 의미한다.[7] 버틀러는 특히 노인에 대한 사회적 편견이 단순한 인식의 문제가 아니라, 사회구조 속에서 제도화된 차별로 기능한다고 지적했다. 그는 이를 "나이에 근거한 편견, 나이에 기반한 고정된 이미지, 그리고 이로부터 비롯되는 차별 행위"로 규정하였다.

시간이 지나면서 연령주의는 단지 고령층에만 국한된 개념이 아니라, 청년층이나 중장년층이 겪는 제도적 배제까지 포괄하는 확장된 개념으로 진화하였

6) Council Directive 2000/78/EC of 27 November 2000 establishing a general framework for equal treatment in employment and occupation.

7) R. N. Butler, Ageism: Another form of bigotry. The Gerontologist, 9(4), 1969, 243-246.

다. 그러나 현실적으로 가장 구조적이고 심각한 차별은 여전히 고령층에게 집중되고 있으며, 이들의 사회적 권리 침해는 인간의 존엄성과 평등권에 대한 중대한 도전을 제기한다.

2. 연령주의의 작동 방식: 고용, 문화, 담론

연령주의는 특히 노동시장에서 뚜렷하게 작동한다. 기업들은 종종 고령자를 "기술 습득 능력이 낮다"라거나 "변화에 둔감하다"라는 이유로 채용에서 배제하며, 채용되더라도 승진, 보상, 재교육 기회에서 차별이 빈번하게 발생한다. 실제로 노동시장에서는 연령주의가 뚜렷하게 작동하고 있다. 고용노동부와 한국산업인력공단이 실시한 2023년 실태조사에 따르면, 60대 이상 응답자의 83.2%가 채용, 승진, 임금 등에서 연령 차별을 경험했다고 응답하였다.[8] 고령 노동자들이 능력과 무관하게 배제되거나 정당한 평가를 받지 못하는 현실을 보여준다.

문화적 차원에서도 고령은 '퇴화' 또는 '종결'의 은유로 자주 사용되며, 이는 미디어, 광고, 대중 담론 속에서 반복적으로 재현된다. 이러한 이미지들은 노인을 의사결정이나 창의적 활동의 주체로 보기보다는, 보호의 대상으로만 간주하게 만들고, 고령자의 사회 참여 기회와 자기 효능감을 위축시킨다.

3. 구조적 차별로서의 연령주의

연령주의는 단지 개인 간의 편견에서 그치는 것이 아니라, 제도, 조직 문화, 정책 설계 과정 전반에 걸쳐 구조화되어 나타난다. 이는 고령자를 '복지의 수혜자'로만 바라보는 국가 정책, '혁신에서 소외된 인력'으로 낙인찍는 조직 문화 등에서 뚜렷이 확인된다.

사회학자 코리 애브람슨은 이러한 현상을 "시간에 따른 위계적 권력 관계"로 설명하며, 연령이 사회적 권력 배분의 기준으로 기능하게 되는 구조적 맥락을 강조한다.[9] 따라서 연령주의 해소를 위해서는 연령과 능력을 자동적으로 연

8) KBS 뉴스, "나이 많아 일 못해"… 장·노년 67%가 차별·따돌림 경험, 2023. https://news.kbs.co.kr/news/pc/view/view.do?ncd=7591649

9) C. Abramson, The End Game: How Inequality Shapes Our Final Years. Harvard University

결짓는 이분법적 사고를 해체하는 제도적 접근이 필수적이다.

4. 교차성(intersectionality)과 연령차별

최근 연령차별 담론에서 주목받는 중요한 개념은 교차성(intersectionality)이다. 이는 성별, 인종, 장애, 계급 등의 사회적 정체성이 중첩될 때, 차별이 더욱 복합적이고 심화된 방식으로 발생한다는 점을 이론화한 것이다. 예를 들어, 고령인 여성은 연령차별과 성차별의 이중 구조 속에서 건강, 복지, 고용 등 전 영역에서 더욱 심화된 차별을 경험하게 된다[10].

앞 장인 교차 차별의 문제에서 자세히 논의한 유럽인권재판소(ECtHR)의 Carvalho Pinto de Sousa Morais v. Portugal 사건은 교차성이 법적 판단에 어떻게 영향을 미칠 수 있는지를 보여준다. 이 사건에서 유럽인권재판소는 포르투갈 법원이 피해자의 나이와 성별을 고려하여 손해배상액을 부당하게 낮추었다고 보고, 유럽인권협약 제14조(차별금지)와 제8조(사생활 보호권) 침해를 인정하였다. 재판소는 “법원이 여성의 성적 역할에 대한 전통적 관념에 기초한 판단을 내렸다”고 판시하였고, 이는 성별 고정관념과 노화 편견이 결합되어 불리한 판단이 내려질 수 있다는 사실을 보여준 사례로 평가된다. 비록 판결문이 교차차별(intersectional discrimination)이라는 개념을 명시적으로 사용하지는 않았지만, 해당 판결은 향후 연령차별이 다른 차별 사유와 결합할 수 있다는 점을 법리적으로 조망할 수 있는 근거를 제공한다.

5. 국제인권법의 대응과 정책적 과제

국제인권법의 관점에서 연령주의(ageism)는 단순한 개인의 편견이나 문화적 인식의 문제가 아니라, 사회구조와 제도 전반에 걸쳐 작동하는 구조적 인권침해로 점점 더 명확히 인식되고 있다. 유엔은 2002년 마드리드 고령화 국제행동계획(Madrid International Plan of Action on Ageing, MIPAA)[11]을 통해 연령에

Press, 2015.

10) T. Calasanti & K. Slevin, Age Matters: Realigning Feminist Thinking. Routledge, 2007.

11) United Nations, Madrid International Plan of Action on Ageing, 2002. https://social.un.org/ageing-working-group/documents/mipaa-en.pdf

근거한 차별을 명시적으로 비판하고, 고령자의 권리 보장을 위한 법제 개선과 정책적 개입을 촉구하였다. 이 문서는 고령자의 존엄, 참여, 자립을 핵심 가치로 제시하며, 건강·안전·참여·자기결정권을 중심으로 하는 국제적 기준의 출발점이 되었다.

이어 2021년 유엔인권이사회 결의 제48/3호[12]는 "노인의 인권"에 관한 최초의 실질적 결의로서, 연령주의와 연령에 근거한 차별이 인권침해의 중대한 원인임을 공식적으로 인정하였다. 이 결의는 유엔 사무총장의 정례 보고를 요구하고, 노인 인권 증진을 위한 다자 협력과 이해관계자 회의를 촉구함으로써 국제적 이행 체계를 구체화하였다.

유럽연합(EU) 또한 법적·제도적 대응을 통해 연령차별에 대한 대응을 강화해왔다. 리스본 조약[13]을 통해 개정된 유럽연합기본조약(TFEU) 제19조 제1항은 "연령"을 포함한 차별 사유에 근거한 조치의 제정을 명시적으로 허용하고 있으며, 고용 평등지침(Directive 2000/78/EC)[14]은 고용 및 직업 영역에서 연령차별을 금지하고 있다. 이에 따라 유럽연합은 평생학습, 고령 노동자의 재교육, 기업의 연령 다양성 증진 등을 위한 정책과 프로그램을 운영하고 있으며, 세대 간 평등(intergenerational equality)을 핵심 가치로 설정하고 있다.

COVID-19 팬데믹은 연령주의의 구조적 문제를 극명하게 드러낸 사례이다. 일부 국가에서는 중환자실(ICU) 입원 기준이나 인공호흡기 배정 등에 있어 연령이 명시적 또는 암묵적 기준으로 작동하였으며, 이는 고령자의 생명권과 평등권이 경제적 효율 논리에 의해 위협받을 수 있음을 보여준다. 이러한 현상은 연령차별이 단지 사회적 편견을 넘어 생명권이라는 가장 기본적인 권리와 직결된다는 점에서, 국제인권법적 대응의 중요성을 부각시킨다.

---

12) A/HRC/RES/48/3(2021)(Human Rights Council Resolution 48/3, adopted 7 October 2021)은 "노인의 인권"에 관한 첫 실질적 결의로, 연령주의 및 연령에 근거한 차별이 인권침해의 중요한 원인임을 공식 인정하고, 유엔 사무총장 보고서 작성과 다자·이해관계자 회의 개최를 요구하였다.

13) 리스본 조약의 정식 명칭은 Treaty of Lisbon amending the Treaty on European Union and the Treaty establishing the European Community(signed at Lisbon, 13 December 2007)이며, 이 조약에 따라 개정된 유럽연합기본조약(TFEU) 제19조 제1항은 연령에 근거한 차별을 금지하는 조치를 취할 수 있는 법적 근거를 명시하고 있다.

14) Council Directive 2000/78/EC of 27 November 2000 establishing a general framework for equal treatment in employment and occupation.

이와 같은 국제적 기준에 부합하는 정책적 접근을 위해, 각국은 다음과 같은 다층적 전략을 병행해야 한다.

첫째, 법적 조치로서 연령차별 금지를 명시한 독립적 입법과 그 실효성을 보장할 수 있는 전문 감독기구의 설치가 필요하다. 고령자의 권리를 포괄적으로 규율하는 기본법 제정이 요청되며, 기존의 단편적 고용 중심 접근은 인권 보장의 관점에서 한계를 가진다.

둘째, 문화 담론의 전환이 필수적이다. 미디어·교육·기업문화 전반에서 노화를 질병이나 쇠퇴로 묘사하는 상징 코드를 탈피하고, 이를 경험과 통찰의 축적으로 재구성하는 인식 전환이 요구된다. 이는 고령자를 단순한 보호 대상이 아닌, 자율성과 권리를 가진 시민 주체로 재정립하는 데 핵심적인 전제이다.

셋째, 세대 간 연대와 통합적 정책 설계가 필요하다. 청년층과 고령층 간의 이해를 증진하고, 노동·주거·복지·돌봄 정책 전반에서 협력적 제도를 구축함으로써 세대 간 갈등을 완화할 수 있다.

넷째, 고령자의 실질적 참여를 보장하는 제도적 기반이 마련되어야 한다. 지역사회, 공공행정, 시민사회 등 모든 영역에서 고령자가 정책 결정 과정에 주체로 참여할 수 있도록 보장해야 하며, 이는 자기 결정권 실현과 직접적으로 연결된다.

마지막으로, 최근 강조되는 "생산적 고령화(productive aging)" 담론은 고령자의 사회·경제적 기여를 조명하는 긍정적 가능성을 지니고 있으나, 이를 다시 생산성 중심의 효율 논리로 환원할 경우, 고령자에 대한 이중적 낙인을 강화할 우려가 있다. 국제인권법의 관점에서는 고령자의 존엄성과 평등은 조건 없는 권리이며, 생산성 여부와 무관하게 보호받아야 할 핵심적 가치이다.

결국, 연령차별에 대한 대응은 사회 전체의 인권 감수성과 민주적 정당성을 높이는 계기로 작동해야 하며, 고령자의 권리는 단지 복지정책의 부속물이 아니라 법적·정치적 정당성의 핵심 구성 요소로 재위치화되어야 한다. 이러한 국제 인권법적 기준과 다층적 정책 전략을 기반으로 할 때에만, 모든 세대가 존엄하게 공존하는 사회, 그리고 노화가 차별이 아닌 권리로 존중받는 공동체가 가능해질 것이다.

Ⅲ. 미국의 연령차별 규제와 판례 분석

미국에서의 연령차별은 주로 1967년 연령차별고용법[15]에 의해 규율된다. ADEA는 연방 법률로서 40세 이상 개인에 대한 고용상 차별을 금지하며, 고용의 전 과정—채용, 해고, 승진, 보상, 근로 조건, 훈련 등—에서 연령을 이유로 불리하게 대우하는 것을 금한다. 적용 대상은 20명 이상의 근로자를 고용한 고용주이며, 법령상 몇 가지 예외를 허용하긴 하나, 표면상 중립적인 조치라도 40세 이상 근로자에게 불균형적으로 불이익을 초래한다면 차별로 간주될 수 있다. 단, 그러한 조치가 "연령 외의 합리적인 요인(reasonable factor other than age, RFOA)"에 근거한 경우는 예외로 인정된다.

1. 인과관계 기준에 대한 연방대법원 판례

미국 연방대법원은 ADEA의 해석에 있어 고용 차별 소송에서 원고가 입증해야 할 인과관계(causation)의 정도를 결정하는 중요한 판례들을 축적해왔다. 다음은 대표적인 세 가지 판결이다.

1) Smith v. City of Jackson, Mississippi(2005)[16]

이 판결에서 미국 연방대법원은 「연령차별고용법(ADEA)」하에서도 차별적 영향(disparate impact) 이론이 적용될 수 있음을 명확히 하였다. 즉, 고용주의 정책이나 조치가 겉보기에는 중립적이더라도, 그 결과가 고령 근로자에게 불리하게 작용한다면 ADEA에 의한 차별로 간주될 수 있다는 것이다. 다만 이러한 경우, 고용주는 해당 조치가 연령 외의 합리적인 요인(Reasonable Factors Other than Age, RFOA)에 근거한 것임을 입증함으로써 방어할 수 있다. 이 방어 기준은 시민권법 제7편(Title VII)에서 요구되는 "업무상 필요성(business necessity)" 기준보다는 덜 엄격하여, 고용주에게 더욱 넓은 재량과 정당화의 여지를 허용한다.

이 판결은 ADEA가 고의적인 연령 차별(intentional discrimination)뿐 아니라

15) "Age Discrimination in Employment Act of 1967, Pub. L. No. 90-202, 81 Stat. 602 (codified as amended at 29 U.S.C. §§ 621-634)."

16) Smith v. City of Jackson, Mississippi, 544 U.S. 228 (2005).

제도적이고 구조적인 차별이나 간접 차별에 대해서도 일정한 보호를 제공할 수 있음을 처음으로 명시한 점에서 중요한 의미가 있다. 특히 고령 근로자에 대한 고용 정책상의 간접적 배제가 심화하는 현실 속에서, 차별적 영향 이론의 적용을 인정한 것은 노인의 인권 보장을 위한 해석론적 진전으로 평가된다. 그러나 동시에, RFOA 기준의 완화는 고용주의 정당화 부담을 경감시켜 실제로는 연령 차별에 대한 실효적 구제를 어렵게 할 수 있는 여지를 남긴다는 점에서 비판의 여지도 존재한다. 따라서 이 판결은 연령 차별에 대한 보호의 외연을 넓히는 동시에, 그 실효성을 둘러싼 지속적인 입법 및 해석상의 과제를 보여주는 대표적 사례로 볼 수 있다.

2) Gross v. FBL Financial Services(2009)[17)]

이 판결에서 미국 연방대법원은 「1967년 연령차별고용법(Age Discrimination in Employment Act, ADEA)」에 따른 소송에서 원고는 연령이 사용자에 의한 불이익 조치의 '유일하고 직접적인 원인(but-for cause)'이었음을 입증해야 한다고 판시하였다. 이는 만약 연령이라는 요소가 없었다면 해당 조치가 발생하지 않았을 것임을 원고가 입증해야 함을 의미한다. 법원은 시민권법 제7편(Title VII of the Civil Rights Act of 1964)에서 인정되는 '혼합 동기(mixed motive)' 이론을 ADEA에는 적용할 수 없다고 보았으며, 이는 입법자가 ADEA의 조문에 해당 표현을 명시하지 않았다는 점에 근거하였다.

이 판결은 특히 민간 부문 근로자의 ADEA 청구에 적용되는 입증 부담을 크게 강화함으로써, 고령 근로자가 겪는 구조적 불리와 보이지 않는 연령 고정관념을 법적으로 구제하기 위한 문턱을 높였다는 비판을 받는다. 나아가 이 사건은 연령 차별이 인종이나 성별 차별에 비해 법적으로 덜 엄격하게 다루어지는 현실을 보여주는 사례로 평가된다. 연방대법원의 이러한 협소한 해석은, 노동시장에서 고령 근로자가 직면하는 배제와 불평등을 인권의 관점에서 충분히 보호하지 못한다는 점에서 노인의 인권 보장의 관점에서도 중요한 함의를 갖는다.

---

17) Gross v. FBL Financial Services, Inc., 557 U.S. 167 (2009).

3) Babb v. Wilkie(2020)[18)]

이 사건은 연방 정부 직원에게 적용되는 「연령차별고용법(ADEA)」 조항 제633a(a)조[19)]의 해석을 둘러싼 분쟁으로, 미국 연방대법원은 연방 부문에서는 고용 조치에 연령이 조금이라도 영향을 미쳤다면 ADEA 위반이 성립될 수 있다고 판시하였다. 즉, 민간 부문에서 요구되는 “but-for 원인” 기준과 달리, 위법 판단 단계에서는 연령이 결정적 요인이 아니더라도 위반이 인정된다. 다만, 복직, 보상금 등 특정한 구제 조치(remedies)를 청구하기 위해서는 여전히 연령이 해당 조치의 결정적 원인이었음을 입증해야 한다. 이 판결은 ADEA의 적용에 있어 위반 여부와 구제 요건을 구분하는 이중 구조(two-tiered structure)를 도입한 것으로 평가된다.

이 판결은 민간 부문에 비해 연방 부문에서 연령 차별에 대해 보다 낮은 입증 문턱을 적용함으로써, 공공 부문에서의 고령 근로자에 대한 차별 인식 및 예방에 중요한 전기를 마련하였다. 특히 법원이 ADEA의 연방 부문 조항을 보다 목적론적이고 인권 친화적으로 해석한 점은, 연령 고정관념으로 인한 구조적 차별에 취약한 노년층 근로자의 권리 보호를 강화하는 방향으로 이해될 수 있다. 이처럼 Gross 판결과 대비되는 Babb 판결의 태도는, 고령자의 노동권 보장과 노인의 인권 실현에 있어 법 해석의 방향성과 입증 기준이 결정적인 역할을 함을 보여준다.

2. 미국 연령차별 규제의 구조적 특징과 시사점

미국의 연령차별 규제는 공공 부문과 민간 부문 간에 이중적 기준을 적용하고 있으며, 차별적 영향에 대한 제한적 보호라는 점에서 구조적으로 복잡하고 보호의 외연이 불균등하다. 이러한 이중 구조는 연령차별에 대한 법적 대응이 일관된 인권 보장 체계를 형성하지 못하고 있음을 시사한다.

우선 Smith 판결(2005)은 ADEA하에서도 차별적 영향이론이 적용될 수 있

18) Babb v. Wilkie, Secretary of Veterans Affairs, 589 U.S._, 140 S. Ct. 1168 (2020).

19) 「연령차별고용법(ADEA)」 제633a(a)조는 “연방 정부의 고용 관련 인사 결정에서, 40세 이상의 개인은 연령을 이유로 차별을 받아서는 안 된다”고 규정하여, 연방 기관의 고용, 승진, 보상, 교육 기회 제공 등 모든 고용 조건에서 연령 차별을 명시적으로 금지하고 있다.

음을 처음으로 명시함으로써, 연령 차별에 대한 법적 인식을 의도(intent) 중심에서 결과(effect) 중심으로 확장하려는 시도를 보여주었다. 이에 따라 고용주의 조치가 형식적으로 중립적이더라도 그 결과가 고령 근로자에게 불리하게 작용할 경우, 차별로 간주될 수 있게 되었다. 그러나 동시에 대법원은 고용주가 해당 조치가 연령과 무관한 합리적 요인(RFOA)에 근거했다고 입증할 경우, 이를 정당화할 수 있다고 보았다. 이 RFOA 기준은 "업무상 필요성(business necessity)" 기준에 비해 완화된 것으로, 결과적으로 간접 차별에 대한 실효적 구제 가능성을 약화했다는 평가도 존재한다.

그로부터 4년 후의 Gross 판결(2009)은 ADEA의 해석을 더욱 제한적으로 밀어붙였다. 대법원은 민간 부문에서의 ADEA 소송에서는 원고가 연령이 고용상 불이익 조치의 유일하고 직접적인 원인(but－for cause)이었음을 입증해야 한다고 판시하였다. 이는 혼합 동기(mixed motive)를 인정하는 시민권법 제7편(Title VII)과의 해석상 차이를 명확히 하면서, 연령 차별에 대한 입증 부담을 현저히 가중하는 결과를 낳았다. 특히 현실에서 고령 근로자가 겪는 은폐된 차별과 구조적 불이익의 특성상, 이러한 입증 기준은 실질적인 권리 구제를 어렵게 하여 인권 보호의 사각지대를 만들 수 있다는 비판이 제기된다.

이에 반해 Babb 판결(2020)은 연방 정부 직원에게 적용되는 ADEA 조항(29 U.S.C. § 633a(a))을 보다 인권 친화적이고 목적론적으로 해석하였다. 대법원은 연방 공공 부문에서는 고용 결정에 연령이 조금이라도 고려되었다면 ADEA 위반이 성립할 수 있다고 보았으며, 구체적인 구제 조치를 위해서는 여전히 "but－for" 인과관계를 요구한다는 이중 구조를 채택하였다. 이 판결은 공공 부문에서 더욱 강력한 차별금지 기준이 적용되어야 함을 확인하며, 노동 영역에서의 노인 인권 보호 강화라는 방향성을 제시하였다.

결과적으로 미국의 연령차별 규제 체계는 고령 근로자의 권리 보호와 고용주의 정책 재량 사이의 균형을 모색하고자 하나, 그 적용 기준은 일관되지 않으며, 보호 수준 또한 부문별로 현저히 차등적이다. 이는 연령 차별이 성별이나 인종에 비해 상대적으로 덜 엄격한 심사 기준하에 놓여 있다는 점을 반영하며, 노인의 인권을 독립된 인권 영역으로 확립하려는 국제적 흐름과 괴리를 보이는 측면이 있다. 따라서 미국 판례는 연령 차별에 대한 법적 접근이 단순한 평등 개념을 넘어서, 고령자의 존엄성과 참여권 보장을 포함하는 보다 포괄적인 인권 기준으로 전환되어야 함을 시사한다.

3. 비교법적 함의

미국의 연령차별 규제 법제와 판례는 연령을 독립된 차별 사유로 다루면서도, 성별, 장애, 인종 등 다른 정체성과 교차할 수 있는 복합적 권리 침해 구조를 형성할 수 있다는 점에서, 이하에서 논의할 유럽인권재판소(ECtHR)의 판례 및 교차차별(intersectional discrimination) 이론과 긴밀하게 연결된다. 특히 유럽인권재판소의 Stec v. United Kingdom(2006) 판결은 연령이 사회정책상의 정당화가 필요한 차별 사유임을 확인하면서, 경제적·사회적 맥락 속에서의 취약계층 보호의 중요성을 강조한 바 있다.

또한 유럽인권재판소의 Carvalho Pinto de Sousa Morais v. Portugal(2017) 판결은 여성 노인이 성과 관련된 손해에 대해 제대로 된 배상을 받지 못한 사안에서, 성별과 연령이 중첩된 차별 구조를 인정하고, 포르투갈 법원이 적용한 고정관념적 판단이 연령차별적이자 성차별적이라는 점을 지적하였다. 이 판결은 사회적 편견과 문화적 고정관념이 법적 판단에 내재할 때 어떻게 교차차별이 발생할 수 있는지를 잘 보여주는 사례이다.

이러한 비교법적 관점에서 미국대법원의 Babb v. Wilkie(2020) 판결은 고용 결정 과정에서 연령이 일부라도 고려되었다면 위법이 될 수 있다는 기준을 제시함으로써, 차별이 반드시 명시적이거나 고의적이지 않더라도 성립될 수 있음을 인정하였다. 이는 차별의 구조적·누적적 성격을 고려한 해석으로, 구조적 차별(structural discrimination) 개념이 미국 연방대법원 판결의 논리 구조에 반영된 보기 드문 사례로 평가될 수 있다.

이처럼 미국과 유럽의 판례는 공히, 연령차별이 단순히 나이에 근거한 불이익에 그치지 않고, 노인의 존엄, 평등한 참여, 그리고 노동권 보장이라는 보다 포괄적인 인권 가치와 직결됨을 보여준다. 따라서 연령차별 문제는 형식적 평등(formal equality)을 넘어서 실질적 평등(substantive equality)과 교차적 관점에서의 권리 보호라는 인권 이론의 확장을 요구한다.

Ⅳ. 유럽인권재판소의 판례 동향과 그 의미: 연령차별에 대한 사법적 접근

1. 협약상 보호체계 내 연령차별의 지위

유럽인권협약(ECHR)은 제14조에서 차별금지를 선언하고 있으나, '연령(age)'을 명시적인 차별 사유로 나열하고 있지는 않다. 대신 "기타 지위(other status)"라는 포괄적 표현을 통해 해석 가능성을 열어두고 있다. 그럼에도 불구하고, 유럽인권재판소가 연령차별을 주요 쟁점으로 직접 판단한 사례는 아직 상대적으로 드물다. 대부분 사건에서 연령은 사회보장, 연금, 공공복지 등 다른 정책 영역의 분쟁 속에 부차적 쟁점으로 제기되거나, 복합적 정책 판단의 일부로 고려되는 경우가 많다. 이에 따라 연령차별에 관한 법리적 정립은 아직 제한적으로 진행되고 있으며, 그 해석과 적용은 사건별 맥락에 따라 상당한 변동성을 보인다.

이러한 한계에도 불구하고 유럽인권재판소는 연령주의와 관련된 사건에서 회원국 국가의 사회정책 재량(margin of appreciation)의 범위와 개인의 기본권 간 균형을 모색하며, 연령에 기초한 정당한 차별과 불합리한 차별 간 구분 기준을 형성해 왔다. 본 장에서는 연령 차별과 노인의 인권을 유럽인권재판소의 두 판례를 중심으로 분석하고, 그 법적·정책적 함의를 고찰한다.

2. 사회보장제도와 연령기준: Stec and Others v. the United Kingdom 사건(2006)[20]

Stec and Others v. the United Kingdom 사건(2006)은 연령 및 성별을 기준으로 사회보장 혜택을 차등 지급하는 국가 정책이 유럽인권협약 제14조(차별금지) 및 제1의정서 제1조(재산권 보호)에 위반되는지를 다룬 대표적 판례다. 이 사건은 특히 연령기준이 성별에 따라 다르게 설정될 경우 발생할 수 있는 교차차별적 효과와 국가의 재량, 비례성 심사 기준의 적용을 둘러싼 법적 쟁점을 중심으로 전개되었다.

---

20) European Court of Human Rights, Stec and Others v. the United Kingdom, nos. 65731/01 and 65900/01, Judgment of 12 April 2006.

1) 사건의 배경과 쟁점

청구인들은 업무상 부상이나 직업병으로 인해 소득감소보조금(Reduced Earnings Allowance, REA)을 수급하던 중, 일정 연령(남성 65세, 여성 60세)에 도달하자 해당 수당이 자동으로 현저히 축소된 퇴직수당(Retirement Allowance, RA)으로 대체되었고, 이는 성별과 연령을 기준으로 한 차별적 처우라고 주장하였다. 당시 REA는 일정 연령 이후 폐지되고 RA로 대체되었는데, 그 연령은 남성 65세, 여성 60세로 설정되어 있었다. 이 차이는 과거 여성의 무급 가사노동을 고려한 연금 수급 연령의 차등 설정에서 비롯된 것이었다.

청구인들은 일정 연령 이후 산업재해 보상급여의 종료 자체는 수용할 수 있다고 인정하면서도, 그 연령 기준을 성별에 따라 달리 설정한 것은 정당화될 수 없으며 이는 성차별에 해당한다고 주장하였다. 이들은 남녀에게 동일한 연령 기준을 적용하거나 다른 방식으로도 동일한 정책 목표를 달성할 수 있었음에도 불구하고, 굳이 성별 연령 차이를 반영한 것은 부당하다고 보았다. 이에 대해 영국 정부는, 소득감소보조금(REA)은 본질적으로 근로능력 상실에 대한 보상으로 근로 생애와 밀접하게 연결된 급여이며, 이에 따라 정년 연령에 도달한 이후 지급을 중단한 조치는 행정적 일관성과 비례성에 부합하는 정당한 정책 결정이라고 주장하였다. 또한 남성 65세, 여성 60세라는 연금 수급 연령 차이는 과거 여성의 경제적 불이익을 보완하기 위한 역사적 사유에 근거한 것이며, 이를 점진적으로 통일하는 과정에 있는 만큼 국가의 광범위한 재량권에 속한다고 응답하였다. 나아가, 사회보장제도의 연령 기준 설정은 EU 지침에 따라 정당화될 수 있으며, 유럽사법재판소도 해당 차등 기준이 성차별에 해당하지 않는다고 판단한 바 있다고 강조하였다.

2) 재판소의 판단: 국가 재량과 비례성 기준

유럽인권재판소는 사회보장제도와 같은 경제 및 사회정책 영역에서는 국가에 상대적으로 넓은 재량(margin of appreciation)이 부여된다고 보았다. 특히 이러한 영역은 각국이 자국 사회의 현실과 필요에 대한 직접적 지식을 바탕으로 공공의 이익을 판단할 수 있는 위치에 있으므로, 법원은 입법기관의 정책적 판단을 “명백히 불합리하지 않은 한(manifestly without reasonable foundation)” 존중한다고 하였다. 다만, 성별에 따른 차별과 같이 의심스러운 사유(suspect ground)에 근거한 차등 대우는 더욱 강한 정당화 근거를 요구한다고 밝혔다. 또한 재판소는 사회보장제도의 존재 자체는 재산권을 구성하지 않지만, 일단 제도가 창설된 이상 협약 제14조와 양립할 수 있는 방식으로 운영되어야 한다고 판시하였다.

재판소는 REA가 근로 또는 직업상 질병으로 인한 소득 손실을 보전하기 위한 급여로서, 근로 생애와 밀접하게 연결되어 있다는 점에서, 정년(국가연금 수급 연령)에 도달한 이후에는 지급을 종료하는 정책 결정이 합리적인 제도 설계로 볼 수 있다고 판단하였다. 청구인들 역시 이러한 정책 목적 자체에 대해서는 이의를 제기하지 않았으며, 재판소도 이에 동의하였다.

재판소는 연령기준 설정에 있어 기존 국가연금 제도의 수급 연령(남성 65세, 여성 60세)을 활용한 조치가 이해의 용이성과 행정적 일관성을 고려한 것으로서, 국가의 재량 범위에 속한다고 판단하였다. 이러한 성별 연금 연령 차이는 역사적으로 여성의 전통적 가사노동으로 인한 경제적 불이익을 보완하기 위한 취지에서 도입되었으며, 그 정당성은 점진적으로 약화되었지만 어느 시점에서 역차별이 되었는지를 특정하기는 어렵다고 보았다. 더불어 재판소는 다른 유럽 국가들 역시 유사한 차등 연령 기준을 유지하고 있으며, 유럽연합 지침도 이를 일정 부분 허용하고 있다는 점을 고려하였다. 결과적으로 이러한 조치는 명백히 불합리하다고 볼 수 없으며, 따라서 본 사건에서는 유럽인권협약 제14조 및 제1의정서 제1조 위반이 없다고 판단하였다.

3) 반대 의견과 구조적 차별의 문제 제기

이에 대해 루키스 루카이드스 판사는 강력한 반대 의견을 통해 다수의견에 이견을 표명하였다. 그는 1986년 개정된 성차별금지법(Sex Discrimination Act)을 근거로, 남성과 여성의 연금 수급 연령 차이를 정당화했던 기존의 사회적·법적 기반은 이미 사라졌으며, 더 이상 그 차이를 합리적으로 정당화할 수 없다고 주장하였다.[21] 또한, 루카이드스 판사는 영국 정부가 차별적 제도를 해소하지 않

21) Stec and Others v. the United Kingdom [GC], nos. 65731/01 and 65900/01, ECHR 2006-VI, Dissenting Opinion of Judge Loucaides.

고 "점진적 전환"이라는 명목 아래 과거의 불평등을 유지한 것은 협약 제14조에 부합하지 않는다고 보았으며, 국가의 재량을 과도하게 인정할 경우 오히려 구조적 차별을 은폐·지속시킬 위험이 있다고 경고하였다.

특히 그는 다른 국가들에서도 유사한 차등 연령 제도를 유지하고 있다는 점은, 본 사건에서의 차별을 정당화하는 근거가 될 수 없으며, 협약 당사국은 개별적으로 협약 기준에 부합하는 법제도를 갖추어야 할 의무가 있다고 강조하였다.

끝으로 그는, 본 사건에서 유럽사법재판소(ECJ)의 판단은 법적 구속력을 갖지 않으며, 다른 법적 맥락에서 이루어진 판단이기 때문에 유럽인권재판소의 차별 판단에 장애가 되어서는 안 된다고 덧붙였다.

4) 판례의 의의와 학술적 평가

Stec and Others v. the United Kingdom 사건(2006)은 형식적으로는 성별에 따른 차등 연금 수급 연령을 문제 삼은 사건이었지만, 그 제도적 구조와 효과에 비추어 볼 때 연령에 따른 간접 차별 혹은 구조적 차별의 가능성 또한 함께 드러낸 판례로 평가된다. 즉, 이 사건은 전통적인 성차별의 외형을 띠고 있으나, 실질적으로는 연령을 기준으로 한 제도 설계가 성별과 결합하여 차별적 결과를 유발하는 교차적 작용을 보여주는 사례로 해석될 수 있다.

문제의 핵심은, 영국 정부가 소득감소보조금(REA) 지급 기준을 남성 65세, 여성 60세로 설정하여 이 연령에 도달하면 해당 지원을 종료하도록 한 점에 있다. 이는 표면적으로는 연금 체계의 일관성과 행정적 효율성을 이유로 정당화되었지만, 실제로는 고령의 여성 근로자, 특히 노동시장에서 조기 퇴출당한 여성들에게 이중의 경제적 불이익을 초래하였다. 결과적으로, 법정 연령 기준이 성별과 결합되어 제도적으로 특정 집단을 배제하거나 차별하는 효과를 가져왔다는 점에서, 본 사건은 연령 차별이 교차적 차별의 형식으로 나타날 수 있음을 입증하는 주요 판례로 볼 수 있다.

유럽인권재판소는 본 판결에서 사회보장 정책과 같은 경제·사회적 영역에 대해 국가의 폭넓은 재량을 인정하면서도, 특정 제도가 차별적 효과를 초래할 경우에는 "객관적이고 합리적인 정당화" 및 "수단과 목적 간의 비례성"이라는 요건을 충족해야 한다고 판시하였다. 이는 복지 영역에서조차도 차별 심사에 있어 일정 수준의 엄격한 기준(strict scrutiny)이 적용되어야 한다는 점을 시사하며, 단순한 형식적 평등의 기준을 넘어 제도적 효과와 구조적 불균형을 심층적으로 분석해야 함을 강조한다.

그러나 학계에서는 이 판결이 연령차별의 구조적 특성을 충분히 반영하지 못했다는 비판도 제기되어 왔다. 재판소는 연령을 기준으로 제도적 혜택이 제한되는 문제에 대해 명시적인 판단을 회피하였고, 성별 차등 연령 기준의 정당화를 과거의 역사적 불평등 해소라는 명분에 과도하게 의존함으로써, 결과적으로 현실에서 나타나는 교차적 차별 구조를 간과하였다는 지적이다. 특히, Carvalho Pinto de Sousa Morais v. Portugal 사건(2017) 등에서 나타난 성별과 연령의 교차작용에 대한 후속 판례와 비교할 때, Stec 사건은 구조적 차별에 대한 인식이 아직 제한적이었던 초기 단계에 속한다고 평가할 수 있다.

이러한 비판을 가장 분명히 제기한 것이 루키스 루카이드스(Loukis Loucaides) 판사의 반대 의견(dissenting opinion)이다. 그는 이미 1986년 성차별금지법(Sex Discrimination Act)의 개정으로 과거의 법적 기반이 사라진 상황에서, 여전히 차별적 연령 기준을 유지하는 영국 정부의 입장은 협약 제14조에 위반되며, "점진적 전환"이라는 명분은 불평등의 구조적 지속을 정당화하는 수단이 될 수 없다고 비판하였다. 나아가, 유사한 제도를 유지하고 있는 다른 국가의 사례를 근거로 본 사건의 차별성을 희석시킬 수 없으며, 협약 당사국은 개별적으로 유럽인권협약의 평등 원칙에 부합하는 제도를 마련할 적극적 의무를 지닌다고 강조하였다.

결국 Stec 사건은 단일 차별 사유에 근거한 전통적 평등권 해석의 한계를 드러내면서, 성별과 연령이라는 복합적 속성이 제도적 문맥 속에서 어떻게 상호작용하며 차별을 구성하는지에 대한 통찰을 제공하였다. 오늘날 연령차별은 고립된 형태보다는, 성별, 사회경제적 지위, 노동시장 지위 등과 교차하여 구조적 불평등을 심화시키는 경향을 보이고 있으며, 이에 따라 향후 인권법의 해석과 정책 설계에 있어 교차차별 관점은 더욱 중요한 분석 틀이 될 것이다.

3. 국외 거주 고령자의 연금 차등지급: Carson and Others v. the United Kingdom 사건(2010)[22]

1) 사건 개요 및 쟁점

본 사건은 영국 국적의 고령자들이 캐나다, 오스트레일리아, 남아프리카공화국 등 영국 외 지역에 거주한다는 이유만으로, 국내 거주 연금 수급자들과 달리 연금 인상(uprating) 혜택을 받지 못한 것이 차별에 해당하는지를 다룬 것이다. 청구인들은 영국 내에서 일정 기간 국민보험(National Insurance Contributions, NICs)을 납부하여 연금 수급 자격을 취득하였음에도, 사회보장 협정이 체결되지 않은 국가에 거주하고 있다는 이유로 연금의 물가 연동 인상이 적용되지 않았다.

청구인들은 이와 같은 차등적 처우가 유럽인권협약 제1의정서 제1조(재산권) 및 제14조(차별금지조항)에 위배된다고 주장하였다. 쟁점은 국가가 복지 제도를 설계할 때 국외 거주 고령자에 대해 다른 기준을 적용하는 것이 과연 정당한가에 있었다.

2) 유럽인권재판소의 판단: 차별금지 원칙과 국가 재량의 충돌

(1) '기타 지위(other status)'로서의 거주지 및 연령

유럽인권재판소는 '거주지(place of residence)'도 제14조의 '기타 지위(other status)'에 포함된다고 보았으며, 그에 따라 본 사건에 차별금지 조항이 적용될 수 있다고 판단하였다. 그러나 재판소는 청구인들이 주장한 연령 기반 차별 가능성에 대해서는 별도의 판단을 회피하였으며, 심사의 중심을 연령이 아닌 거주지 차이에 따른 차등 대우의 정당성에 두었다.

이는 재판소가 연령 차별과 이주의 교차점에서 발생하는 복합적 불이익을 구조적으로 조명하지 못한 한계를 보여준다. 연금 제도상 기준이 결과적으로 고령자 집단에 불이익을 주는 구조를 내포하고 있음에도, 재판소는 이를 연령 차별로서 인식하거나 분석하지 않았다.

(2) 비교 가능성과 형식주의적 접근의 한계

재판소는 해외 거주 연금 수급자들이 영국 내 수급자나 협정 체결국 거주

---

22) European Court of Human Rights, Carson and Others v. the United Kingdom [GC], no. 42184/05, Judgment of 16 March 2010.

자들과 "비교 가능한 유사한 상황(relevantly similar situation)"에 있지 않다고 판단하였다. 그 근거로는 연금 제도가 영국의 조세·복지 체계, 공공 서비스(NHS 등)를 전제로 설계되었다는 점이 제시되었다.

그러나 이러한 판단은 비교집단 설정의 기준에 대한 실질적 검토 없이, 형식적 기준만으로 유사성을 부정한 것으로 평가될 수 있다. 특히 국제인권법 이론에서는 평등권 침해 여부를 가리는 첫 번째 문턱인 비교가능성 판단이 실질적 맥락(context)을 반영하지 못할 경우, 사법적 심사의 기능이 심각하게 제한될 수 있다는 점이 지적되어 왔다.[23] Carson 사건은 국적을 달리하지 않는 고령자들이 '국내외 어디에 거주하든 같게 연금에 의존한다'라는 실질적 맥락을 간과한 결과, 제도의 차별적 효과에 대한 검토 자체를 차단한 것으로 비판받을 수 있다.

(3) 차등대우의 정당성과 비례성 판단

유럽인권재판소는 해당 사건에서 영국 정부의 정책이 "명백히 비합리적(manifestly without reasonable foundation)"이지 않다는 점을 들어, 정책적 판단에 대한 폭넓은 재량(margin of appreciation)을 인정하였다. 특히 복지 인상 여부를 양자 간 사회보장 협정(bilateral agreement) 체결 여부에 의존하도록 한 정부의 조치는 재정적 부담과 외교 정책적 고려에 따른 정당한 입법 선택으로 간주하였다.

하지만 유럽인권재판소는 더욱 정교한 비례성 심사, 즉 (1) 정책 목적의 정당성, (2) 차별 효과의 필요성 및 (3) 대안 가능성에 대한 구체적 검토 없이, "재정적 판단"이라는 국가의 일반적 주장만을 그대로 수용하였다. 이는 평등권 심사의 핵심 기능인 차등 조치의 정당성과 그 효과 간의 균형 평가를 충분히 수행하지 못한 결과로, 형식적 합리성에 기초한 비례성 심사의 한계를 보여준다.

3) 판결의 함의: 연령차별 보호의 확장성과 그 한계

(1) 연령 아닌 거주지를 중심으로 한 차별 분석의 한계

Carson 판결은 고령자를 대상으로 한 불이익 조치임에도 불구하고, 재판소

---

23) N. Dube, Comparators and the Substance of Equality. Columbia Law Review, 62(1), 2024, 1–51.

는 이를 연령 차별 사건으로 분석하지 않고, 거주지를 중심으로 차등 대우를 정당화할 수 있는가에 초점을 맞췄다. 그 결과, 연령에 기반한 구조적 차별 가능성은 법적 분석의 대상에서 제외되었으며, 연령차별의 복합적 형태에 대한 사법적 인식은 충분히 반영되지 않았다.

(2) 국가 재량 존중과 실질적 평등 사이의 긴장

재판소는 영국 정부의 연금 인상 정책이 "명백히 비합리적이지 않다"라는 점만으로, 차별적 효과에 대한 실질적 심사를 생략하였다. 이는 유럽 인권 협약상 평등권 심사가 실질적 평등(substantive equality)을 추구하기보다, 입법 재량에 대한 사법적 자제를 우선시하는 보수적 경향을 보여준다. 그 결과, 고령자의 취약성과 정책 효과의 불균형은 충분히 고려되지 않았다.

(3) 노인의 국경 간 사회권 보장의 사각지대

본 판결은 고령자가 국외에 거주한다는 이유만으로 기여 기반 복지 권리에서 배제될 수 있는 현실을 드러냈다. 유럽인권재판소는 복지 정책의 영토적 한계(territoriality)를 강조하며, 국외 거주 고령자의 생활비 감소, 사회적 고립, 가족 분리와 같은 실질적 피해에 대한 심층적 분석을 제공하지 않았다. 이는 초국적 고령화(transnational ageing)와 이주 고령자 권리 보호라는 새로운 인권 과제에 적절히 대응하지 못한 사례로 남게 되었다.

Carson 사건은 거주지에 따른 차별의 정당성 판단을 중심으로 구성된 판례로서, 연령 차별 보호의 외연을 실질적으로 확대하지 못한 한계를 보여준다. 특히 비교 가능성 판단의 형식화, 비례성 심사의 축소, 국가 재량에 대한 과도한 존중은, 인권 보장의 핵심 원칙인 실질적 평등과 충돌하며, 노인이라는 소수자 집단에 대한 제도적 소외를 방치하는 결과를 초래할 수 있다.

향후 인권법 해석에서는 연령차별이 이주, 사회경제적 지위, 복지 제도 접근성과 같은 요소들과 교차적으로 작용하여 차별 효과를 강화할 수 있다는 점을 더욱 정밀하게 조명할 필요가 있다. 특히 연령은 고립된 차별 사유가 아니라, 복지국가와 인권 규범이 충돌하는 접점에서 구조적 불평등을 유발할 수 있는 핵심 변수로 작동한다는 점에서, 보다 통합적이고 맥락적 접근이 요청된다.

V. 결론: 국제인권법적 과제와 미래 방향

Stec 사건과 Carson 사건은 연령 차별이 성별, 거주지, 복지 정책 등 다양한 요소와 교차하면서 복합적인 차별 효과를 낳을 수 있음을 보여주는 대표적인 판례들이다. 유럽인권재판소는 이들 사건에서 사회보장제도와 같은 경제·사회 정책 영역에 대해 국가의 광범위한 재량(margin of appreciation)을 인정하면서도, 차별적 결과를 초래하는 제도 설계에 대해서는 정당성 및 비례성의 기준(strict scrutiny)을 적용해야 한다는 원칙을 확인하였다. 이는 연령이 단순한 생물학적 특성에 그치지 않고, 제도와 정책의 설계 방식에 따라 구조적 불평등을 재생산할 수 있는 핵심 요인임을 시사한다.

특히 Stec 사건은 성별에 따른 차등 연령 기준이라는 외형을 띠고 있었지만, 고령 여성에게 불리하게 작용하는 구조적 제도 효과를 드러내며 연령차별과 성차별이 결합하는 교차차별(intersectional discrimination)의 가능성을 제기하였다. 루카이드스(Loucaides) 판사의 반대의견은 이러한 복합적 차별 구조에 주목하면서, 사법부가 역사적 불평등을 반복적으로 정당화하지 않도록 주의해야 한다는 규범적 입장을 제시하였다.

한편, Carson 사건은 판단의 초점을 거주지 차등에 두었지만, 실질적으로는 국외 거주 고령자들이 연금 인상에서 배제되어 생활 수준이 저하되는 결과를 초래하였다. 이 사건은 고령자의 복지권 보장이 국경을 초월한 맥락에서 어떻게 제도적 한계에 직면하는지를 보여주는 판례로, 초국적 고령화(transnational ageing)라는 현대적 현실에 국제인권법이 어떻게 대응할 것인지를 묻는 계기가 된다. 이주와 고령화가 중첩되는 맥락에서 Carson 사건은 연령차별이 단지 국내 정책 문제를 넘어, 공간적 배제와 연결된 구조적 불평등의 문제로 전환될 수 있음을 보여준다.

이러한 판례들은 유럽인권협약 제14조가 보장하는 평등권의 해석상 연령이 '기타 지위(other status)'에 포함될 수 있음을 암묵적으로 인정하고 있으며, 이를 통해 실질적 평등(substantive equality) 실현을 위한 해석론적 기반을 제공한다. Carvalho Pinto de Sousa Morais 사건(2017)은 특히 고령 여성에 대한 법원의 무의식적 고정관념이 어떻게 사법적 판단의 구조적 편향으로 이어질 수 있는지를 보여준 사례이며, 이는 법 해석을 넘어선 인권 감수성의 수준을 판단하는 지표로 이해될 수 있다.

미국의 경우, 「연령차별고용법(ADEA)」에 기초한 연령차별금지 체계는 고용 영역에서 비교적 명확하게 제도화되어 있으며, 연방대법원의 일련의 판례를 통해 차별의 입증 기준 및 정당화 요건이 단계적으로 구체화되어 왔다.

우선 Smith 판결(2005)은 ADEA하에서도 차별적 영향(disparate impact) 이론의 적용 가능성을 인정함으로써, 고용 조치가 형식적으로는 중립적일지라도 그 결과가 고령 근로자에게 불리하다면 차별이 성립할 수 있음을 명시하였다. 다만 이 경우, 고용주는 해당 조치가 연령 외의 합리적인 요인(Reasonable Factors Other than Age, RFOA)에 근거했다고 입증함으로써 방어할 수 있으며, 이는 미국 시민권법 제7편(Title VII)에서 요구되는 "업무상 필요성(business necessity)" 기준보다 완화된 것이다. 이어 Gross 판결(2009)은 민간 부문에서 ADEA에 따른 차별 소송에서는 원고가 연령이 불이익 조치의 유일하고 직접적인 원인(but-for cause)임을 입증해야 한다고 판시하여, 입증 부담을 크게 강화하였다. 이는 연령 차별 구제의 실효성을 약화했다는 비판을 불러왔다.

반면 Babb 판결(2020)은 연방 공공 부문에서 적용되는 ADEA 조항(29 U.S.C. § 633a(a))을 보다 목적론적으로 해석하여, 고용 결정 과정에서 연령이 조금이라도 고려되었다면 위법이 성립할 수 있다고 판단하였다. 이는 위법 판단 단계에서는 낮은 기준을 적용하면서도, 복직이나 손해배상 등 구제 조치를 위한 추가 입증 요건으로는 여전히 "but-for 원인"(즉, 연령이 아니었다면 해당 불이익 조치가 발생하지 않았을 것이라는 직접적 인과관계)을 요구하는 이중 구조를 도입한 판례로 평가할 수 있다.

이와 같은 연방대법원의 판례들은 연령차별이 고용 영역에서 어떻게 다양한 형태로 작동하며, 성별, 장애, 이주 배경 등과 결합하여 교차차별의 구조를 형성할 수 있는 가능성을 간접적으로 드러낸다. 특히 이들 판례는 공공과 민간, 직접 차별과 간접 차별에 대해 상이한 기준을 적용함으로써, 미국의 연령차별 규제 체계가 일관된 인권 보장보다는 정책적 균형 조정을 우선시하고 있음을 보여준다.

그러나 현재까지 유럽인권재판소가 연령차별을 독립적 위반 사유로 명시적으로 판단하거나, 구조적 차별로서 심도 있게 분석한 사례는 여전히 제한적이다. 특히 차별 심사에서 '유사한 상황에 있는 집단 간의 비교 가능성'을 과도하게 형식화하거나, 국가의 재량에 대한 사법적 존중을 우선시하는 판례들은 연령차별에 대한 실질적 구제를 어렵게 만든다. 이는 국제인권법의 평등 보장 기능이 제도적 정당성과 실질적 권리 보호 간에서 어떤 균형을 취해야 하는지를 다시 묻는 지점이다.

따라서 향후 국제인권법의 과제로서 다음과 같은 점들이 제시될 수 있다:

- 유럽인권재판소는 연령을 제14조의 독립된 차별 사유로 보다 명확하게 인정하고, 그에 대한 차별 심사 기준—특히 정당화 요건과 비례성 심사의 강도—을 정교화해야 한다.
- UN 인권이사회 결의 제48/3호[24]에서 강조된 고령자의 존엄, 자율성, 사회참여의 권리를 유럽인권협약 해석에도 반영하여, 국제인권법적 상호참조를 강화해야 한다.
- 연령차별은 성별, 장애, 이주배경 등과 결합하여 구조적으로 작동하기 때문에, 향후 인권 정책과 사법적 판단에서 교차차별 관점을 핵심 분석 틀로 수용할 필요가 있다.

무엇보다 중요한 점은, 연령차별이 단지 특정 소수 집단의 권리 문제가 아니라, 모든 인간이 시간 속에서 결국 직면하게 되는 보편적 인권의 문제라는 인식의 전환이다. 이는 국제인권법이 연령주의를 생애주기적 관점에서 다루어야 할 윤리적, 법적 의무를 지닌다는 점을 의미한다. 따라서 유럽인권재판소는 향후 연령차별과 교차차별에 대해 보다 정밀한 사법적 기준을 확립함으로써, 고령자의 존엄성과 평등권을 실질적으로 보장하는 책무를 수행해야 할 것이다.

24) Human Rights Council Resolution 48/3, UN Doc. A/HRC/RES/48/3, 7 October 2021.

관련 사례 **가족결합 기준에서의 국적보유기간 차등: Biao v. Denmark 사건(2016)**[25)]

Biao v. Denmark 사건은 덴마크 정부가 가족결합(family reunification) 신청 시 적용한 '국적 보유기간 28년 규칙(the 28-year rule)'이, 출생지 및 민족적 배경에 따라 덴마크 국민 내에서 간접적인 차별을 초래할 수 있는지 여부를 다룬 판례로, 연령 그 자체보다는 국적 취득 시기와 민족적 정체성, 이주 경험이 복합적으로 작용하는 교차차별의 구조를 보여준다.

이 사건에서 유럽인권재판소는, 동일한 덴마크 국적자라 하더라도 국적을 보유한 기간에 따라 가족 결합권 행사에 실질적 차이가 발생함을 인정하였으며, 신청인이 주장한 바와 같이, 이 차이가 출생에 따른 국적 취득 여부와 연동되어 특정 민족적 배경을 가진 집단에 불리하게 작용할 경우, 간접 차별의 소지가 있다는 점이 문제의 핵심임을 확인하였다. 이 사건에서 유럽인권재판소는, 같은 덴마크 국적자라 하더라도 국적 보유기간에 따라 가족 결합권 행사에 실질적인 차이가 발생할 수 있음을 인정하고, 이러한 차이가 덴마크 민족적 배경을 갖지 않은 집단에 불균형적인 불이익을 초래할 경우, 그에 대한 객관적이고 설득력 있는 정당화가 없다면 이는 간접 차별에 해당함을 분명히 하였다.

이 판결은 본 장의 핵심 주제인 노인의 인권과 연령차별과는 직접적으로 연결되지는 않지만, 다음과 같은 점에서 중요한 참고 사례가 된다.

첫째, 국적 보유기간이라는 형식적 기준이 사실상 출신 국가, 민족, 이주 경로 등 다른 정체성과 결합해 교차 차별로 기능할 수 있음을 보여준다. 이는 고령 이주자에게 적용되는 복지 접근성, 사회 참여 제한 등의 맥락에서도 유사한 구조적 차별 가능성을 경고하는 시사점을 제공한다.

둘째, 본 판결은 형식적으로 평등한 기준이라 하더라도, 그 실질적 효과가 특정 사회집단에 불균형적으로 작용할 경우, 인권재판소가 객관성과 비례성의 원칙에 따라 정밀한 심사를 수행해야 함을 재확인하였다. 이는 고령자의 권리 제한과 관련된 정책 및 제도가 유사한 방식으로 정당화될 때, 향후 사법적 판단 기준 마련에 유용한 선례가 될 수 있다.

셋째, 해당 규정은 고령 이주자의 경우 국적 취득 시기와 관계없이 장기간 가족과 떨어져 지내야 하는 결과를 초래할 수 있으며, 이는 노인의 가족 생활권, 사회적 연대, 생애 후반의 존엄성 보장이라는 국제인권법적 과제와 직결된다.

25) European Court of Human Rights (GC), Biao v. Denmark, Application no. 38590/10, Judgment of 24 May 2016.

이러한 이유로 Biao v. Denmark 사건은 본 장에서 다루는 연령 차별과 노인의 인권이라는 주제와 직접적으로 일치하지는 않지만, 연령 관련 정책 기준이 교차 정체성과 결합할 때 발생할 수 있는 구조적 차별의 함의를 시사한다는 점에서 참고판례로 소개할 가치가 있다.

1. 사건 개요 및 쟁점

Biao v. Denmark 사건은 덴마크 정부가 이민자의 가족결합(family reunification)을 제한하기 위해 도입한 '28년 국적 보유 요건(the 28-year rule)'이, 덴마크 국적을 후천적으로 취득한 이주민에게 간접적으로 차별적 효과를 초래하는지를 다룬 판례이다. 청구인 Mr. Biao는 토고 출신으로, 1993년에 덴마크에 입국하여 체류하다가 2002년에 시민권을 취득하였다. 그는 2003년 가나 출신의 여성과 결혼했으나, 아내의 덴마크 입국 신청은 부부가 덴마크와의 실질적 유대(attachment)를 충분히 증명하지 못했다는 이유로 거부되었다.

문제는, 덴마크 국적을 28년 이상 보유하였을 때 이러한 'attachment requirement'가 면제되지만, 국적 취득 후 28년이 경과하지 않으면 면제되지 않는다는 점이었다. 이에 따라 청구인은 덴마크 국적을 취득했음에도 출생 배경이나 민족적 출신(ethnic origin)에 따라 간접 차별이 발생한다고 주장하였다.

2. 유럽인권재판소의 판단: 간접 차별과 비례성 심사의 기준 강화

1) 차별의 존재 여부와 간접적 효과

재판소는 '28년 규칙'이 형식상 중립적인 기준으로 보일 수 있으나, 그 실제 효과가 덴마크 출생 시민보다 후천적으로 국적을 취득한 이주자에게 불균형한 불이익을 초래할 경우, 이는 간접차별(indirect discrimination)에 해당할 수 있음을 분명히 하였다.[26] 구체적으로, 출생 시부터 덴마크 국적을 보유한 시민은 만 28세가 되면 자동으로 예외 적용 대상이 되지만, 이주자는 국적을 취득한 후 28년이 지나야만 해당 요건에서 면제받을 수 있어, 실질적으로 훨씬 긴 기간 동안 가족결합의 권리를 제한받게 되는 구조였다.

2) 비례성 판단과 차별의 정당화 실패

덴마크 정부는 해당 규정이 사회통합을 촉진하기 위한 정당한 목적에 부합한다고 주장하였으나, 재판소는 이 규칙이 후천적으로 국적을 취득한 이주 배경의 시민에게 불균형적이고 과도한 불이익을 초래한다는 점에서 간접차별에 해당하며, 그 효과를 정당화할 만한 "강력

26) European Court of Human Rights (GC), Biao v. Denmark, Application no. 38590/10, Judgment of 24 May 2016. §§96-97.

하고 설득력 있는 이유(compelling or very weighty reasons)"가 부족하다고 판단하였다.[27] 이에 따라 재판소는 협약 제14조(차별금지)와 제8조(가족생활 존중권)의 결합 조항 위반을 인정하였다.[28]

3. 판결의 함의: 국적취득자에 대한 구조적 차별과 연령 요소의 교차

1) 연령 기준이 아닌 국적 보유 기간 기준의 차등

이 사건은 통상적인 의미의 연령 기준(age threshold)을 다룬 것은 아니며, '연령' 자체가 차별 사유가 된 사건은 아니다. 다만, 국적 보유 기간이라는 기준이 실질적으로는 연령·출생지·민족성 등과 긴밀히 연결되어 구조적 차별로 이어질 수 있음을 잘 보여준다.

2) 연령 요소와 이주 배경의 교차 차별 가능성

출생과 동시에 시민권을 갖는 대부분의 시민은 덴마크 민족적 배경을 가지며, 국적을 나중에 취득한 경우 대부분 이민자이다. 따라서 동일한 '28년'이라는 기준이 적용될 때, 형식적으로는 평등하지만 실질적으로는 특정 집단에게 과도한 제약이 부과될 수 있음을 보여준다. 이는 Carvalho 사건 등에서 논의된 교차차별과 구조적 배제의 맥락과도 연결된다.

3) 노인과의 연결 가능성

비록 청구인은 고령자가 아니었지만, 해당 규정이 그대로 유지될 경우, 이주민이 국적을 중년 이후 취득하면 노년기에 이르기까지 가족결합권이 제한될 수 있다. 이는 고령 이주자의 존엄, 가족권, 사회적 고립 방지 등에서 중요한 시사점을 제공한다.

---

27) European Court of Human Rights (GC), Biao v. Denmark, Application no. 38590/10, Judgment of 24 May 2016. §138.

28) European Court of Human Rights (GC), Biao v. Denmark, Application no. 38590/10, Judgment of 24 May 2016. §139.

▌주요 참고문헌

Ⅰ. 국내 문헌 및 통계

김수지. (2020). 「노인차별 경험이 노인의 여가 시간 사용과 고독감에 미치는 영향」, *보건사회연구*, 40(4), 197-222.

통계청. (2024). *2024 고령자 통계*. 2024년 9월 발표.

KBS 뉴스. (2023). "나이 많아 일 못해" … 장·노년 67%가 차별·따돌림 경험. https://news.kbs.co.kr/news/pc/view/view.do?ncd=7591649

Ⅱ. 국제 및 외국 입법 자료

「Age Discrimination in Employment Act of 1967」, Pub. L. No. 90-202, 81 Stat. 602 (codified as amended at 29 U.S.C. §§ 621-634).

Council Directive 2000/78/EC of 27 November 2000 establishing a general framework for equal treatment in employment and occupation.

Human Rights Council Resolution 48/3, UN Doc. A/HRC/RES/48/3, 7 October 2021.

Treaty of Lisbon amending the Treaty on European Union and the Treaty establishing the European Community (signed at Lisbon, 13 December 2007).

United Nations. (2002). *Madrid International Plan of Action on Ageing*. https://social.un.org/ageing-working-group/documents/mipaa-en.pdf

Ⅲ. 국제 및 외국 판례

Babb v. Wilkie, Secretary of Veterans Affairs, 589 U.S. ___, 140 S. Ct. 1168 (2020).

European Court of Human Rights, *Stec and Others v. the United Kingdom*, nos. 65731/01 and 65900/01, Judgment of 12 April 2006.

European Court of Human Rights, *Carson and Others v. the United Kingdom*[GC], no. 42184/05, Judgment of 16 March 2010.

European Court of Human Rights, *Carvalho Pinto de Sousa Morais v. Portugal*, no. 17484/15, Judgment of 25 July 2017.

European Court of Human Rights [GC], *Biao v. Denmark*, Application no. 38590/10, Judgment of 24 May 2016.

Gross v. FBL Financial Services, Inc., 557 U.S. 167 (2009).

Smith v. City of Jackson, Mississippi, 544 U.S. 228 (2005).

Ⅳ. 학술논문 및 연구서

Abramson, C. (2015). *The End Game: How Inequality Shapes Our Final Years.* Harvard University Press.

Butler, R. N. (1969). Age-Ism: Another Form of Bigotry. *The Gerontologist*, 9(4), 243-246.

Calasanti, T., & Slevin, K. (2007). *Age Matters: Realigning Feminist Thinking.* Routledge.

Dube, N. (2024). Comparators and the Substance of Equality. *Columbia Law Review*, 62(1), 1-51.

Levy, B. R. (2003). Mind Matters: Cognitive and Physical Effects of Aging Self-Stereotypes. *The Journals of Gerontology Series B: Psychological Sciences and Social Sciences*, 58(4), 203-211.

찾아보기

[ㄱ]

가족생활 권리 180
가족생활의 범위 251
강제 송환 금지 원칙(Principle of non-refoulement) 62
개별적 차별금지법 284
개인 청구권 28
개인 청원제도 17
객관적 기준의 모호성 159
객관적이고 합리적인 정당화 347
건강에 대한 권리 155
결정적 자기 행위 205
경제사회문화권위원회 11
경제적 폭력 220
경제적, 사회적, 문화적 권리에 관한 국제규약 5
고문 금지 20
고문 방지협약 9
고문받지 않을 권리 56
고정관념 141
공적 담론 100
공정한 재판을 받을 권리 20
과소 금지 원칙 79
과잉금지 원칙 79
과학적·기술적 불확실성 178
관습 190
관용 84
교차 차별 281
교차성 이론 281
구제 절차와 피해자 보호 시스템 267
구조적 불평등에 관한 고려 부족 161
국가보고서 심사 17
국경에서의 관할권 201
국제앰네스티 7
국제형사재판소 43
규칙 기반 알고리즘 275
기계 학습 알고리즘 275
기본권 보호의 우선성 255
기본권 제한의 정당성 요건 80
기본권 침해의 구조화 260
기후정의 30
긴급하고 중대한 사회적 필요 124

[ㄴ]

난민의 권리 195
내용 중립성 원칙 85
넓은 판단 여지 146
노인의 인권 332

[ㄷ]

다문화주의적 접근 16
다원성 84

다차원적 차별 구조 305
다차원적인 불이익 구조 325
단계적 접근 320
단독판사 21
대리 차별 282
대재판부 21
대체 제도의 미비 255
덜 침해적인 대안 187
데이터 윤리 가이드라인 286
데이터 통제권 46
독립적 감독기구 296
독일 연방헌법재판소 154
동태적 해석 322
디지털 권리 29, 46
디지털서비스법 234
딥 러닝 알고리즘 276

[ㄹ]

리스본 조약 337

[ㅁ]

마푸토 의정서 223
명예권 90
모니터링 17
목적의 다원성 177
목적의 정당성 80
문화 상대주의 15
문화적 다양성 39
문화적 상대주의 6
미주인권재판소 13
민주사회에 필요한 제한 147

[ㅂ]

반(反)고정관념 접근법 307
발전권 6
법익 균형성 80
법적 주체성 272
벨렘두파라 협약 223
보다 완화된 방식 187
보상 중심 구제 방식의 한계 326
보충성의 원칙 23
보편적 취약성 333
본질적 표현의 자유 125
부가적 차별 303
비교 가능한 유사한 상황 350
비례성 원칙 80
비례의 원칙 110

[ㅅ]

사법심사 강도 177
사상과 표현의 자유 107
사생활과 가족생활 존중의 권리 244
사생활과 가족생활의 보호 20
사이버 폭력 221
사회보장제도와 연령기준 344
살아 있는 문서 28
상황·맥락 중심 심사 127
새로운 이주·망명에 관한 협정 195
생명권 20
생명윤리 및 의학적 자기결정권 30
생산적 고령화 338
샤리아 49
선택적 정의 44
성 소수자의 인권 243

성적 폭력 220
성차별의 금지 173
성평등과 직접 차별 174
소극적 국가 모델 261
소극적 의무 256
소수자 보호 258
소재판부 21
수단과 목적 간의 비례성 347
수단의 복합성 177
수단의 적합성 80
시민결합(Civil Union) 제도 252
시민적, 정치적 권리에 관한 국제규약 5
신체적 폭력 220
실질적 평등 310, 343
실질적·즉각적 위험성 119
실효성 있는 구제책 88
심리적 폭력 220
심사 강도 321
심사 절차의 투명성 88

[ㅇ]

아동 권리협약 9
아프리카 인권·민족권재판소 13
알고리즘 감사 285
알고리즘 감사 제도 296
알고리즘 공정성 283
알고리즘 차별 271
알고리즘에서의 인종·성별 편향 279
알고리즘의 윤리적 투명성 274
애국법 45
엄격 심사 79
엄격한 기준 348
엄격한 비례성 검토 189
엄격한 심사 83
여성에 대한 구조적 차별 315
여성에 대한 모든 형태의 차별 철폐 협약(CEDAW) 223
여성에 대한 사이버 폭력 219
여성에 대한 폭력 216
여성차별철폐협약 9
연령 차별 332
연령주의 332
연령차별고용법(ADEA) 341, 353
예방 원칙 178
온라인 혐오 표현 113
요새화된 유럽 196
우분투 49
위험 기반 접근법 294
유럽인권재판소 12, 55
유럽인권협약 5
유럽중심주의 142
유엔 인권이사회 7
유엔인권고등판무관사무소 11
윤리적 책임성 276
이루다 사건 278
이스탄불 협약 222
이익형량 92
이중적 접근법 119
이행 메커니즘 27
인공지능과 인권 271
인공지능과 인권, 민주주의 및 법치주의에 관한 프레임워크 협약 29
인공지능에 관한 특별위원회 29
인권의 정치화 44

인종차별 철폐협약 9
일반 개인정보 보호 규정 47
임상적 성공 가능성 155, 159
입국 거부(refusal) 201
입법 부작위 252
입법자의 부작위 158

[ㅈ]

자연법 3
자유권규약위원회 11
잠정 조치(interim measure) 62
장애인에 대한 간접차별 159
적극적 국가 모델 261
적극적 의무 216
적극적 의무의 확장 253
적법성 82
적응적 조치 320
절차적 공백 209
정당성 82
제3자의견 71
제한적 관할권 27
젠더 기반 폭력 218
종교의 자유 20, 135
직접 차별 190
집단추방 199

[ㅊ]

차등대우의 정당성과 비례성 350
차별 금지 원칙 251
차별 사유 간 부정적 상호작용 316
차별 사유의 범위 267
차별금지 원칙 34
차별의 다차원적 형태 280
참여적 접근 16
채용 알고리즘 사건 277
천부적 권리 3
청구인 적격성 65
최소침해 원칙 85
추방(expulsion) 201
충격적·불쾌한 표현 112
침해의 최소성 80

[ㅋ]

크리미그레이션 196

[ㅌ]

탈식민주의적 인권 비판 50
투명성 권리 46
특별보고관 10

[ㅍ]

판단의 여지 181
판단의 재량 범위 256
평등과 비차별 155
포괄적 차별금지법 264
표현의 자유 20, 79
푸시백 관행 198
프라이버시 침해 271
플랫폼 사업자의 책임 234
피해자 중심 접근 127
피해자 집단의 취약성 119
피해자의 입장 127

[ㅎ]

함께 사는 것의 원칙 138
합리적 편의 제공 152

혐오 표현 104
협약상 권리의 본질 320
협의의 비례성 176
형식적 평등 343
혼인에 관한 권리 251
화자의 입장 126
회원국 간 합의 148
효과적 구제 수단 202
효율성 190
휴먼 라이츠 워치 7

[기타]

1세대 인권 9
2단계 공식 204
2세대 인권 9
A v. United Kingdom 24
AI Act 272
AI 차별 모니터링 전담 기구 287
Atamanchuk v. Russia 126
B.S. v. Spain 304
Babb v. Wilkie 341
Barbulescu v. Romania 29
Bayev and Others v. Russia 34
Biao v. Denmark 355
Brighton Declaration 25
Brussels Declaration 25
but−for 원인 353
Buturugă v. Romania 230
Carvalho Pinto de Sousa Morais v. Portugal 302
Centre for Legal Resources on behalf of Valentin Câmpeanu v. Romania 167
Chahal v. United Kingdom 72
Christine Goodwin v. United Kingdom 28
Copenhagen Declaration 25
D.H. and Others v. the Czech Republic 304
Dahlab v. Switzerland 145
Demir and Baykara v. Turkey 24, 28
Dudgeon v. the United Kingdom 33
Erbakan v. Turkey 114
EU 고용평등지침 334
EU 차별금지법 280
EU 회원국 간의 분산 수용과 책임 분담 209
Eweida and Others v. the United Kingdom 147
Fedotova v. Russia 248
Garaudy v. France 117
Gross v. FBL Financial Services 340
Handyside v. UK 111
Hirsi Jamaa and Others v. Italy 203
Hirst v. the United Kingdom 33
Jersild v. Denmark 119
Kimel v. Argentina 89
Klimaseniorinnen v. Switzerland 30
Kokkinakis v. Greece 138
Konstantin Markin v. Russia 174
Kontrová v. Slovakia 216, 236
Lautsi v. Italy 147
Leyla Şahin v. Turkey 136
Mamère v. France 89
margin of appreciation 122

Modinos v. Cyprus 33
N.D. and N.T. v. Spain 197
Norris v. Ireland 33
Obergefell v. Hodges 246
Oliari v. Italy 246
Opuz v. Turkey 321
Perinçek v. Switzerland 118
Petrovic v. Austria 174
S.A.S. v. France 136
Saadi v. Italy 59
Schalk and Kopf v. Austria 243
Smith and Grady v. the United Kingdom 249
Smith v. City of Jackson, Mississippi 339
Soering v. the United Kingdom 32
Stec and Others v. the United Kingdom 344
Triage 결정 154
Tyrer v. United Kingdom 28, 322
Vallianatos and Others v. Greece 243
Volodina v. Russia(No. 1) 217
Wide Margin of Appreciation 146

[저자 약력]

이 현 정

저자 이현정은 한국외국어대학교 영어교육학 학사를 취득한 후 같은 대학교 법학전문대학원을 졸업하고 서울에서 변호사 생활을 하다가 2015년 독일로 이주하여 프리드리히 알렉산더 대학교에서 인권학(인권법학) 석사학위, 법학(헌법) 박사학위를 취득한 후 같은 대학교 법학부와 인권학 석사 과정 비전임 교수(Adjunct Faculty)로 재직하면서 EU 차별금지법, 헌법해석학, 인권법원 중요판례, 전환기적 정의, 미주인권시스템 등을 강의하고 있다. 영어로 낸 저서로 Discrimination Based on Sexual Orientation(Springer, 2022)과 유럽인권재판소 판례 비교 분석을 통한 교차 차별에 관한 연구(2024), 표현의 자유와 인격권 사이의 이익형량에 관한 비교법적 고찰(2023) 등이 있다.

전 형 준

저자 전형준은 서강대학교 불문학, 경제학 학사를 취득한 후 국내외 금융 회사에 근무하다가 2015년 가족과 함께 독일로 이주하여 프리드리히 알렉산더 대학교에서 인권학(인권철학) 석사학위, 철학(인권철학) 박사학위를 취득한 후 같은 대학교 법철학부 박사후 연구원으로 재직중이다. 영어로 낸 저서로 Beyond Asiatic Perfectionism(FAU University Press, 2021)과 최근 연구 논문으로는 차별의 문제로서의 여성에 대한 젠더 기반 폭력(2024), 표현의 자유와 국가의 역할 그리고 상호주체성(2023), 성차별에서 나타나는 고정관념에 관한 분석(2023) 등이 있다.

인권법

초판발행 2025년 9월 10일

지은이 이현정 · 전형준
펴낸이 김중용

편 집 심성보 · 김인숙

펴낸곳 도서출판 정독
경기도 고양시 일산서구 하이파크로 113, 102-204
등록 제406-2014-000093호
전 화 031)924-7203 팩 스 031)935-0345
홈페이지 www.jeongdok.co.kr 이메일 admin@jeongdok.co.kr
ISBN 979-11-6858-405-1 93360

정 가 25,000원